"十四五"职业教育国家规划教材

职业教育财务会计类专业规划教材

SHUIFEI JISUAN YU SHENBAO

税费计算与申报

（第二版）

主　编　李　辉　李　赞　蔡晓方
副主编　王　靖　杨梓振

苏州大学出版社
Soochow University Press

图书在版编目(CIP)数据

税费计算与申报／李辉，李赞，蔡晓方主编. -- 2版. -- 苏州：苏州大学出版社，2023.7
ISBN 978-7-5672-4493-1

Ⅰ.①税… Ⅱ.①李…②李…③蔡… Ⅲ.①税费-计算②纳税-税收管理-中国 Ⅳ.①F810.423②F812.42

中国国家版本馆 CIP 数据核字(2023)第 143973 号

税费计算与申报（第二版）
李　辉　李　赞　蔡晓方　主编
责任编辑　曹晓晴

苏州大学出版社出版发行
（地址：苏州市十梓街1号　邮编：215006）
丹阳兴华印务有限公司印装
（地址：丹阳市胡桥镇　邮编：212313）

开本 787 mm×1 092 mm　1/16　印张 24.5　字数 627 千
2023 年 7 月第 2 版　2023 年 7 月第 1 次印刷
ISBN 978-7-5672-4493-1　定价：69.00 元

若有印装错误，本社负责调换
苏州大学出版社营销部　电话：0512-67481020
苏州大学出版社网址 http://www.sudapress.com
苏州大学出版社邮箱 sdcbs@suda.edu.cn

第二版前言

本教材是为适应五年制高等职业教育会计类专业课程改革和"税费计算与申报"精品课程建设,在会计专业人才培养方案和"税费计算与申报"课程标准的基础上,由江苏联合职业技术学院财务会计专业协作委员会开发编写的精品课程教材。在编写过程中,编者力求以"能力本位"课程观为主导,以理实一体化为原则,以系统化税收知识和税收申报能力训练两条教学主线的融合为切入点,以重构课程知识体系和能力训练体系为重点,以体现时代性、立体性和动态性为要求,从而达到以学生为主体,有创新、有特色,适应高职财经类专业教学的开发目标,使学生基本具备税费的计算能力和申报能力。

本教材主要依据最新的税收法规和国家现行有关会计制度的规定,按照五年制高职会计类专业人才培养方案的要求,努力吸收税收学科教科研的前沿成果,重点结合教师实际教学的经验总结编写而成,突出实用性、通用性、交互性和操作性等特点,积极吸收税务会计领域新的研究成果,特别强调税费的计算和申报等操作技能的培养和训练。

本教材在以下几个方面进行了创新和探索:

一是探索项目课程教学的新思路。整个教材共划分为六个教学项目,每一教学项目又划分出若干教学任务,每一任务均以"案例导入""任务描述"为导向,以"知识准备""任务实施"为抓手,通过为学生提供理论基础和方法思路,结合"案例训练""任务分析"等教学交互模块,促进学生巩固应知应会的基本知识和操作技能,具有较强的创新性和可操作性。

二是每一任务均以典型的税收案例引入,让学生通过系统地学习、掌握与案例有关的理论知识,学会分析业务,进而提高解决问题的能力。本教材兼顾税收改革的前沿成果,对高职会计类专业学生提出税收知识学习上的深层次要求,有利于学生在社会实践中更好地发挥专业才能。

三是建立了立体化、层次性教学内容体系,通过省级在线精品课程"税费计算与申报"的建设,以及大量教学课件、微课视频、知识链接、案例资料等教学内容的编排,教材具有可读性、趣味性、实践性,教材体例新颖、项目化突出，内容的层次性明显增强，有利于培养学生的学习兴趣和自学能力，也为教师教学提供了大量教案素材和教学思路。

四是校企合作，及时更新，适用面广。本教材由江苏联合职业技术学院徐州财经分院、厦门网中网软件有限公司和南京司书软件系统有限公司联合编写，理论采用最新的税收政策，实操采用最新的纳税申报表，便于学生操作，方便适用。

本教材由江苏联合职业技术学院徐州财经分院李辉教授及李赞、蔡晓方老师担任主编，制定编写大纲、设计教材体例、提出编写方案并统稿、总纂。具体分工如下："项目一 企业纳税事务办理"由徐州财经分院王静和南京司书软件系统有限公司曾健编写；"项目二 增值税的计算与申报"由徐州财经分院李赞和厦门网中网软件有限公司蔡理强编写；"项目三 消费税的计算与申报"由徐州财经分院王婕和厦门网中网软件有限公司刘青编写；"项目四 企业所得税的计算与申报"由徐州财经分院杨雅晴和厦门网中网软件有限公司杨润斌编写；"项目五 个人所得税的计算与申报"由徐州财经分院蔡晓方和厦门网中网软件有限公司朱一强编写；"项目六 其他税种的计算与申报"由徐州财经分院程晓鹤和厦门网中网软件有限公司林琼珍编写。本教材由徐州财经分院郑在柏教授主审。

本教材是在江苏联合职业技术学院领导的关心、支持和精心指导下立项编写的。本教材第一版付梓前在徐州财经分院经过了一个学期的教学试用，很多老师提出了宝贵的修改意见。另外，在教材编写过程中，编者也参考了社会上最新税费计算与申报的教研成果，在此一并表示衷心感谢。

本教材分别于 2022 年和 2023 年相继入选"十四五"职业教育江苏省规划教材和"十四五"职业教育国家规划教材。为体现教材的先进性和实用性，编者在第一版教材的基础上，结合国家规划教材的要求，对本教材进行了修订：一是进一步丰富了教学课件、微课视频、知识链接等教学内容；二是对教材中使用的案例进了全面修订；三是增加"税惠为民"板块，全面融入课程思政内容，推动执法更规范、监管更精准、风险更可控，为激发市场主体活力、维护法治公平税收环境，积极宣传税费优惠政策,充分发挥税费优惠政策对市场主体的扶持和激励作用。

  本教材主要适用于五年制高等职业教育财经类专业,也适用于三年制高等职业教育、中等职业教育财经类专业,还可以作为会计从业人员的学习用书。

  由于时间仓促,编者水平有限,难免有不足之处,望广大同人不吝赐教,在此深表谢意。

编 者
2023 年 6 月 20 日

CONTENTS 目录

项目一 企业纳税事务办理 001

任务一 税收基础知识 002
任务二 税务登记 006
任务三 发票管理 018
任务四 纳税申报与税款缴纳 021

项目二 增值税的计算与申报 026

任务一 增值税认知 027
任务二 增值税的计算 034
任务三 增值税的申报 138

项目三 消费税的计算与申报 159

任务一 消费税认知 160
任务二 消费税的计算 166
任务三 消费税的申报 200

项目四　企业所得税的计算与申报　　216

　　任务一　企业所得税认知　　217
　　任务二　企业所得税的计算　　230
　　任务三　企业所得税的申报　　304

项目五　个人所得税的计算与申报　　312

　　任务一　个人所得税认知　　313
　　任务二　个人所得税的计算　　317
　　任务三　个人所得税的申报与年度汇算清缴　　336

项目六　其他税种的计算与申报　　348

　　任务一　关税的计算与申报　　349
　　任务二　城市维护建设税、教育费附加的计算与申报　　356
　　任务三　印花税的计算与申报　　362
　　任务四　车船税的计算与申报　　369
　　任务五　社会保险费的计算与申报　　375

项目一

企业纳税事务办理

项目描述

本项目内容主要包括税收基础知识、税务登记办理、发票管理及纳税申报,要求学生在学完本项目后能根据企业类型和业务种类判断应纳的税种,能向税务机关办理税务登记,能根据企业经营范围的需要领购发票。

学习目标

- **知识目标**
1. 了解我国现行税制概况及税收分类
2. 熟悉税务登记的基本知识和要求
3. 熟悉发票管理的相关规定
4. 了解纳税申报和税款缴纳的基本知识
- **能力目标**
1. 通过对税务登记流程的学习,能够独立办理税务登记
2. 通过对发票管理规定的学习,能够独立办理发票的领购和缴销
3. 通过对纳税申报流程的学习,能够选择正确的纳税申报方式
- **素质目标**
1. 培养爱国主义情怀
2. 培养严谨认真的学习态度
3. 培养遵纪守法、诚信为本的职业素养

任务一 税收基础知识

小张从市场营销专业毕业后,创办了一家化妆品批发与零售企业。小张认为,自己创办的企业规模小,只要缴纳增值税就可以了,而且企业目前还未实现盈利,可以不申报纳税。

1. 小张认为企业规模小,只要缴纳增值税就可以了,请问小张的想法是否正确?为什么?
2. 小张认为企业目前还未实现盈利,可以不申报纳税,请问小张的想法是否正确?为什么?
3. 在应纳税额的计算中,是否只能采用比例税率?

一、税收的概念与作用

(一) 税收的概念

税收是国家为了实现其职能,满足社会公共需要,凭借政治权力,按照国家法律法规的规定,强制、无偿取得财政收入的一种分配形式。

(二) 税收的作用

(1) 税收是国家组织财政收入的主要形式和工具。
(2) 税收是国家调控经济运行的重要手段。
(3) 税收具有维护国家政权的作用。
(4) 税收是国际经济交往中维护国家利益的可靠保证。

二、税收的特征

(一) 强制性

国家以社会管理者的身份,通过法律形式对征、纳双方的权利与义务进行制约。

（二）无偿性

国家征税既不需要直接偿还给纳税人，也不需要向纳税人支付任何形式的直接报酬。

（三）固定性

国家征税必须通过法律形式，事先对课税对象和征收比例做出规定。税收的固定性也可以理解为规范性，既包括时间上的连续性，又包括征收比例的固定性。

三、税收的分类

随着经济的发展，税收制度变得越来越复杂。对税种进行科学分类，成为税收制度研究的重要前提。对税种的分类有多种方法，主要有按征税对象的性质分类、按管理和使用权限分类。

（一）按征税对象的性质分类

（1）流转税类。流转税是指以纳税人商品生产、流通环节的流转额或数量及非商品交易的营业额为征税对象的一类税收。流转税包括增值税、消费税、关税。

（2）所得税类。所得税是指国家对法人、自然人和其他经济组织在一定时期内的各种所得征收的一类税收。所得税包括企业所得税、个人所得税。

（3）资源税类。资源税是指以各种应税自然资源为课税对象，为了调节资源级差收入并体现国有资源有偿使用而征收的一类税收。

（4）财产税类。财产税是指以纳税人所有或归其支配的财产为课税对象的一类税收，它以财产为课税对象，向财产的所有者征收。财产税包括房产税、契税等。

（5）行为税类。行为税是指国家为了对某些特定行为进行限制或开辟某些财源而征收的一类税收。行为税包括城市维护建设税、印花税、车辆购置税、车船税等。

（二）按管理和使用权限分类

（1）中央税。中央税属于中央政府的财政收入。中央税包括关税、消费税等。

（2）地方税。地方税属于地方各级政府的财政收入。地方税包括城镇土地使用税、契税等。

（3）中央地方共享税。中央地方共享税属于中央政府和地方政府财政的共同收入，由中央政府和地方政府按一定的比例分享。中央地方共享税包括增值税、企业所得税等。

> ☞ 提示
>
> 习近平总书记在中国共产党第二十次全国代表大会上的报告指出：
>
> 健全现代预算制度，优化税制结构，完善财政转移支付体系。加大税收、社会保障、转移支付等的调节力度。完善个人所得税制度，规范收入分配秩序，规范财富积累机制，保护合法收入，调节过高收入，取缔非法收入。

四、我国的税收制度

税收制度由许多要素构成,其中有些基本要素的内容是国家在制定税收制度时必须加以明确规定的。税收制度的基本要素包括纳税义务人、课税对象、税目、税率、纳税环节、纳税期限、纳税地点、税额计算、减税免税、法律责任等。

（一）纳税义务人和扣缴义务人

（1）纳税义务人简称纳税人,是指依法直接负有纳税义务的自然人、法人和其他组织。

（2）扣缴义务人是税法规定的,在其经营活动中负有代扣税款并向国库缴纳义务的单位和个人。扣缴义务人主要有两类:一类是向纳税人支付收入的单位和个人;另一类是为纳税人办理汇款的单位。

（二）课税对象

课税对象又称征税对象、纳税客体、征税范围,是指税收法律关系中权利义务所指向的对象,即对什么征税。课税对象包括物和行为。

（三）税目、税率

（1）税目是税法中具体规定应当征税的项目,是征税对象的具体化,体现每个税种的征税广度。

（2）税率是指应纳税额与计税金额（数量）之间的比例,是计算税额的尺度,体现征税深度。税率是税收制度中的核心要素。

我国现行税法规定的税率有比例税率、累进税率、定额税率、零税率与负税率。

① 比例税率。比例税率是指对同一征税对象,不论其数额大小,均按同一个比例征税的税率。

② 累进税率。累进税率是指根据征税对象数额的大小,规定不同等级的税率。累进税率可分为全额累进税率、超额累进税率、全率累进税率、超率累进税率和超倍累进税率等多种形式。

全额累进税率。全额累进税率是将征税对象的数额划分为不同等级,并对每一个等级规定不同的税率,征税对象的数额达到哪一个等级,则全额按该等级对应的税率征税。目前,我国的税收制度中已经不采用这种税率。

超额累进税率。超额累进税率是将征税对象的数额划分为不同等级,对每一个等级规定不同的税率并分别计算每一个等级的税额,各等级税额之和就是纳税人的应纳税额。例如,《中华人民共和国个人所得税法》规定对工资薪金所得征收个人所得税采用七级超额累进税率。

全率累进税率。全率累进税率是把不同纳税人拥有的征税对象的利润率依据其大小分成不同等级,并相应设计各等级不同的税率,纳税人按其利润率所属等级,相应适用某一个税率来计税。全率累进税率和全额累进税率一样,虽然计算方法比较简单易行,但同样会给纳税人带来不合理的负担,因此,我国的税收制度中一般不采用全率累进税率。

超率累进税率。超率累进税率是按征税对象数额的某种比例来划分不同等级,对不同等级分别规定相应的税率。例如,《中华人民共和国土地增值税暂行条例》规定土地增值税按增值额与扣除项目金额比例的不同采用四级超率累进税率。

超倍累进税率。超倍累进税率是以征税对象的数额相当于计税基数的倍数为累进依据,按照超额方式计算应纳税额的税率。

③ 定额税率。定额税率又称固定税额,是指对征税对象的数量单位直接规定固定的税额。例如,现行的消费税中成品油——汽油以升为计量单位,税率为1.52元/升。采用定额税率征税,税额的多少同征税对象的数量成正比。

④ 零税率与负税率。零税率是指税率为零,是免税的一种形式。负税率是指政府利用税收形式对所得额低于某一特定标准的家庭或个人给予补贴的比例。负税率是目前西方发达国家把所得税与社会福利补助制度相结合的一种主张和试验。即对那些实际收入低于维持一定生活水平所需费用的家庭或个人,按照一定比例由国家付给其所得税。

(四) 纳税环节

纳税环节是指税法规定的征税对象在从生产到消费的流转过程中应当缴纳税款的环节。纳税环节包括工业生产、农业生产、货物进出口、农产品采购或发运、商业批发、商业零售等在内的各个环节。

(五) 纳税期限

纳税期限是指纳税人的纳税义务发生后应依法缴纳税款的期限。我国税法对不同税种根据不同的情况规定了各自的纳税期限,分为按期纳税和按次纳税两种形式。例如,增值税的纳税期限分别为1日、3日、5日、10日、15日、1个月或1个季度。

(六) 纳税地点

纳税地点是指根据各个税种征税对象的纳税环节和有利于对税款的源泉控制而规定的纳税人(包括代征、代扣、代缴义务人)申报纳税的地点。

(七) 税额计算

根据纳税人的生产经营或其他具体情况,对其应纳税产品(商品)或项目,按照国家规定的税率,采用一定的计算方法,计算出纳税人的应纳税额。

(八) 减税免税

减免税是国家对某些纳税人或征税对象给予鼓励和照顾的一种特殊规定。减税是指对应征税款减少征收一部分。免税是指对按规定应征收的税款全部免税。

(九) 法律责任

法律责任是对违反国家税法规定的行为人采取的处罚措施,一般包括违法行为和因违法而应承担的法律责任两部分内容。纳税人和税务人员违反税法规定,都将依法承担法律责任。

任务实施

任务 1.1-1 问题见本任务的任务描述

任务分析:

1. 小张认为企业规模小,只要缴纳增值税就可以了,是不正确的。因为小张创办的化妆品批发与零售企业除了缴纳增值税外,还可能涉及消费税、城市维护建设税、教育费附加、企业所得税、房产税、印花税、车辆购置税、进口关税等。

2. 小张认为企业目前还未实现盈利,可以不申报纳税,是不正确的。因为凡在税法规定范围内发生应税行为、取得应税收入或所得的,都必须按照税法规定履行纳税义务,且税收具有强制性、无偿性和固定性的特征。

3. 在应纳税额的计算中,不是只能采用比例税率。我国现行税法规定的税率有比例税率、累进税率、定额税率、零税率与负税率。

任务二 税务登记

案例导入

小王在医疗用品公司工作3年后发现了口罩行业的商机,决定辞职后与同学小李合伙成立一家口罩生产企业。经过选址、装修等一系列的准备工作,企业即将开业。小王要求会计小钱只办理工商登记,在企业有稳定收入后再办理开业税务登记。

任务描述

1. 请问小王的做法是否合理?为什么?
2. 除了开业登记外,税务登记还包括哪些?

知识储备

一、税务登记的概念与种类

(一)税务登记的概念

税务登记又称纳税登记,是整个税收过程的起点,是税务机关对纳税人生产经营活动进行登记管理的一项法定制度,也是纳税人依法履行纳税义务的法定手续。税务登记有利于税务机关了解纳税人的基本情况,掌握税源分布情况。

(二) 税务登记的种类

税务登记包括开业登记、变更登记、停业登记、复业登记、注销登记、外出经营报验登记等。

二、开业税务登记

(一) 开业税务登记的对象

(1) 取得工商营业执照从事生产经营的纳税人。取得工商营业执照从事生产经营的纳税人主要是指企业、企业在外地设立的分支机构和从事生产经营的场所、个体工商户、从事生产经营的事业单位。

(2) 其他纳税人。其他纳税人主要是指无须进行工商登记,但又负有纳税义务的单位和个人。例如,公办学校经主管部门批准成立,无须进行工商登记,不从事生产经营,但负有纳税义务。

> ☞提示
> 下列纳税人可以不申报办理税务登记:
> (1) 偶尔取得应当缴纳增值税、消费税收入的纳税人。
> (2) 自产自销免税农、林、牧、水产品的农业生产者。
> (3) 县级以上国家税务机关规定不需要办理税务登记的其他纳税人。

(二) 开业税务登记的时限

凡经工商行政管理机关批准开业的纳税人,应当自领取工商营业执照之日起30日内申报办理税务登记。从事生产经营的纳税人未办理工商营业执照,但经有关部门批准设立的,应当自有关部门批准设立之日起30日内申报办理税务登记。

(三) 开业税务登记的流程

采用"多证合一、一照一码"办证模式的,将工商营业执照的注册号、组织机构代码证号、税务登记证号、统计登记证号、社会保险登记证号等统一为一个登记码,标注在工商营业执照上,如图1.2-1所示。

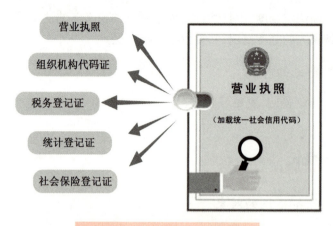

图 1.2-1　多证合一、一照一码

"多证合一、一照一码"办证模式,采取"一表申请、一窗受理、并联审批、一份证照"的流程,如图 1.2-2 所示。

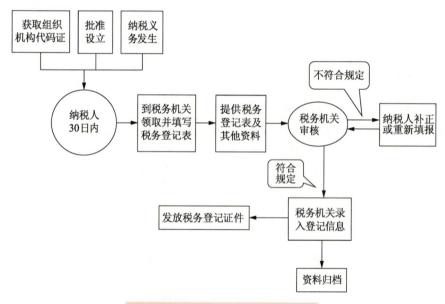

图 1.2-2　开业税务登记流程图

（四）《"多证合一"登记信息确认表》样表（表1.2-1）

表1.2-1 "多证合一"登记信息确认表

尊敬的纳税人：

　　以下是您在工商机关办理注册登记时提供的信息。为保障您的合法权益，请您仔细阅读，对其中不全的信息进行补充，对不准的信息进行更正，对需要更新的信息进行补正，以便为您提供相关服务。

一、以下信息非常重要，请您务必仔细阅读并予以确认							
纳税人名称				统一社会信用代码			
登记注册类型			批准设立机关			开业（设立）日期	
生产经营期限起		生产经营期限止		注册地址邮政编码		注册地址联系电话	
注册地址							
生产经营地址							
经营范围	（可根据内容调整表格大小）						
注册资本	币种				金额		
投资方名称	证件类型		证件号码		投资比例	国籍或地址	
			□□□□□□□□□□□□□□□□□□				
			□□□□□□□□□□□□□□□□□□				
……	……		……		……	……	
项目＼联系人	姓名	证件类型		证件号码		固定电话	移动电话
法定代表人				□□□□□□□□□□□□□□□□□□			
财务负责人				□□□□□□□□□□□□□□□□□□			
二、以下信息比较重要，请您根据您的实际情况予以确认							
法定代表人电子邮箱				财务负责人电子邮箱			
投资总额	币种				金额		
若您是总机构，请您确认							
分支机构名称				分支机构统一社会信用代码			
分支机构名称				分支机构统一社会信用代码			
分支机构名称				分支机构统一社会信用代码			
……				……			

续表

若您是分支机构,请您确认			
总机构名称		总机构统一社会信用代码	
	经办人:	纳税人(签章)	
			年　月　日

三、变更税务登记

变更税务登记是指纳税人税务登记内容发生重要变化时,向原税务登记机关申报办理变更税务登记的活动。

(一) 变更税务登记的情形

纳税人需要办理变更税务登记的情形包括改变单位名称、改变法定代表人、改变住所或经营地点(不涉及主管税务机关变动的)、扩大和缩小生产经营范围及改变其他税务登记内容。

(二) 变更税务登记的时限

纳税人已在工商行政管理机关办理变更登记的,应当自工商行政管理机关变更登记之日起30日内,向原税务登记机关如实申报办理变更税务登记;按照规定不需要在工商行政管理机关办理变更登记,或其变更登记的内容与工商登记内容无关的,应当自税务登记内容实际发生变化之日起30日内,或自有关机关批准或宣布变更之日起30日内申报办理变更税务登记。

(三) 变更税务登记的流程(图1.2-3)

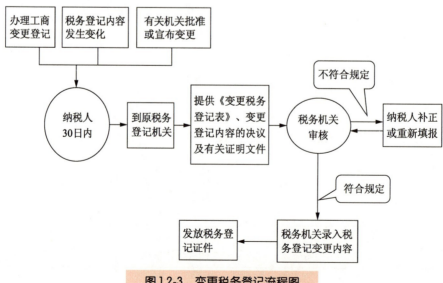

图1.2-3　变更税务登记流程图

（四）《变更税务登记表》样表(表 1.2-2)

表 1.2-2　　　　　　　　　　变更税务登记表

纳税人名称			纳税人识别号	
变更登记事项					
序号	变更项目	变更前内容	变更后内容	批准机关名称及文件

送缴证件情况：

纳税人

经办人：　　　　　　　法定代表人(负责人)：　　　　　纳税人(签章)
　年　月　日　　　　　　　　　年　月　日　　　　　　　　　年　月　日

经办税务机关审核意见：

经办人：　　　　　　　负责人：　　　　　　　　　　　　税务机关(签章)
　年　月　日　　　　　　　　　年　月　日　　　　　　　　　年　月　日

四、停业税务登记

停业税务登记是指实行定期定额征收方式的个体工商户需要停业的，在停业前向主管税务机关申报办理停业登记的活动。

（一）停业税务登记的时限

实行定期定额征收方式的个体工商户需要停业的，应当在停业前(通常为停业前 7 个工作日)向税务机关申报办理停业登记。纳税人的停业期限不得超过 1 年。

纳税人停业期满不能及时恢复生产经营的，应当在停业期满前填写《延期复业申请审批表》，向主管税务机关提出延长停业登记申请，并如实填写《停业复业报告书》，主管税务机关核准后发放《核准延期复业通知书》，方可延期。

纳税人停业期满未按期复业又不申请延长停业登记的，主管税务机关视为已恢复营业，实施正常的税收征收管理。纳税人在停业期间发生纳税义务的，应当按照税收法律、行政法规的规定申报缴纳税款。

（二）停业税务登记的流程（图1.2-4）

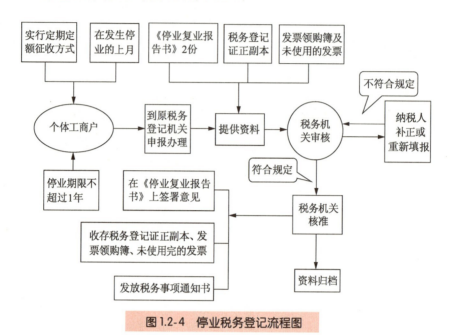

图1.2-4 停业税务登记流程图

（三）《停业复业报告书》样表（表1.2-3）

表1.2-3 停业复业报告书

填表日期：　　　年　　　月　　　日

纳税人基本情况	纳税人名称			纳税人识别号			经营地点		
停业期限				复业时间					
缴回发票情况	种类	号码	本数	领回发票情况	种类	号码	本数		
缴存税务资料情况	发票领购簿 是（否）	税务登记证 是（否）	其他资料 是（否）	领用税务资料情况	发票领购簿 是（否）	税务登记证 是（否）	其他资料 是（否）		
结清税款情况	应纳税款 是（否）	滞纳金 是（否）	罚款 是（否）	停业期是（否）纳税	已缴应纳税款 是（否）	已缴滞纳金 是（否）	已缴罚款 是（否）		

续表

税务机关复核	经办人： 年　月　日	负责人： 年　月　日	纳税人（签章） 年　月　日 税务机关（签章） 年　月　日

五、复业税务登记

已办理停业登记的纳税人应当于恢复生产经营之前，向原税务登记机关申报办理复业登记，如实填写《停业复业报告书》（参照表1.2-3），领回并启用税务登记证件、发票领购簿及其停业前领购的发票。

复业税务登记的流程如图1.2-5所示。

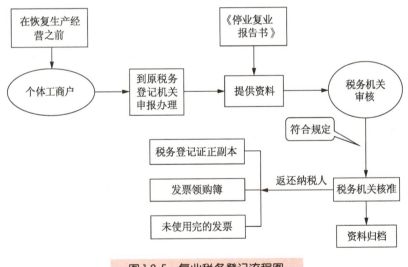

图1.2-5　复业税务登记流程图

六、注销税务登记

注销税务登记是指纳税人发生解散、破产、撤销及其他情形，依法终止纳税义务的，在向工商行政管理机关或者其他机关办理注销登记前，持有关证件和资料向原税务登记机关申报办理注销税务登记的活动。

（一）注销税务登记的时限

（1）按照规定不需要在工商行政管理机关或者其他机关办理注册登记的，应当自有关机关批准或者宣告终止之日起 15 日内,持有关证件和资料向原税务登记机关申报办理注销税务登记。

(2) 纳税人因住所、经营地点变动,涉及改变税务登记机关的,应当在向工商行政管理机关或者其他机关申请办理变更、注销登记前,或者住所、经营地点变动前,持有关证件和资料,向原税务登记机关申报办理注销税务登记,并自注销税务登记之日起 30 日内向迁达地税务机关申报办理税务登记。

(3) 纳税人被工商行政管理机关吊销工商营业执照或者被其他机关予以撤销登记的,应当自工商营业执照被吊销或者被撤销登记之日起 15 日内,向原税务登记机关申报办理注销税务登记。

(二) 注销税务登记的流程(图 1.2-6)

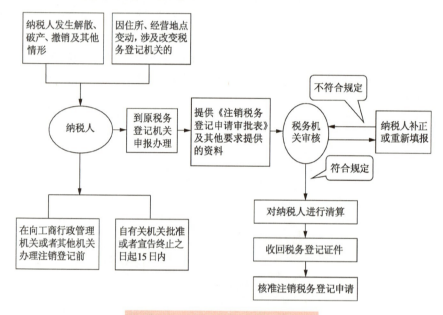

图 1.2-6　注销税务登记流程图

(三)《注销税务登记申请审批表》样表(表 1.2-4)

表 1.2-4　　　　　　　　　　注销税务登记申请审批表

纳税人名称		纳税人识别号	
注销原因			
附送资料			

续表

纳税人			
经办人： 年 月 日	法定代表人(负责人)： 年 月 日		纳税人(签章) 年 月 日
以下由税务机关填写			
受理时间	经办人： 年 月 日		负责人： 年 月 日
清缴税款、 滞纳金、罚款情况	经办人： 年 月 日		负责人： 年 月 日
缴销发票情况	经办人： 年 月 日		负责人： 年 月 日
税务检查意见	检查人员： 年 月 日		负责人： 年 月 日
收缴税务 证件情况	种类	税务登记 证正本	税务登记 证副本	临时税务 登记证正本	临时税务 登记证副本
	收缴数量				
	经办人： 年 月 日		负责人： 年 月 日		
批准意见	部门负责人： 年 月 日		税务机关(签章) 年 月 日		

七、外出经营报验登记

外出经营报验登记是指纳税人到外县(市)临时从事生产经营活动的,应当在外出生产经营以前,持税务登记证向主管税务机关申请开具《外出经营活动税收管理证明》(以下简称《外管证》)。

(一) 外出经营报验登记的时限

税务机关按照一地一证的原则,即时核发《外管证》。《外管证》的有效期限一般为30日,最长不得超过180日。

纳税人外出经营活动结束,应当向经营地税务机关填报《外出经营活动情况申报表》,并结清税款、缴销发票。纳税人应当在《外管证》有效期届满后10日内,持《外管证》回原税务登记地税务机关办理《外管证》缴销手续。

（二）外出经营报验登记的流程（图 1.2-7）

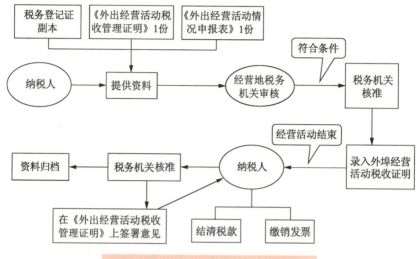

图 1.2-7 外出经营报验登记流程图

（三）《外出经营活动税收管理证明》和《外出经营活动情况申报表》样表（表 1.2-5 和表 1.2-6）

表 1.2-5　　　　　　　　　　外出经营活动税收管理证明

税外证〔　〕　号

纳税人名称		纳税人识别号	
法定代表人（负责人）		身份证件名称		身份证件号码	
联系人		联系电话			
外出经营地		外出经营地行政区划码			
登记注册类型		经营方式			
外出经营活动情况					
货物或服务名称	外出经营地点	合同有效期限		合同金额	
		年　月　日至　年　月　日			
		年　月　日至　年　月　日			
合同对方企业名称		合同对方纳税人识别号			
机构所在地主管税务机关					
经办人：　　　　　　　　　负责人：					
税务机关（签章）　　　　　　　　　　　　　　　　　　年　月　日					
税务机关联系电话：					
事项告知：纳税人应当在《外出经营活动税收管理证明》（以下简称《外管证》）有效期届满后 10 日内，持《外管证》回原税务登记地税务机关办理《外管证》缴销手续。					

续表

证明有效日期	自　　年　　月　　日起至　　年　　月　　日						
以下由外出经营地税务机关填写							
货物或服务名称	预缴征收率（2%或3%）	预缴税款金额	代开发票金额	代开发票名称	代开发票代码	代开发票号码	
合计金额							
外出经营地税务机关意见： 经办人：　　　　　　　　　　　　负责人：　　　　　　　　　　　税务机关（签章） 　　年　月　日　　　　　　　　　　年　月　日　　　　　　　　　　年　月　日							

表1.2-6　　　　　　　　　外出经营活动情况申报表

纳税人名称		纳税人识别号			
外出经营活动税收管理证明号码					
证明有效期	自　　年　　月　　日到　　年　　月　　日				
实际经营期间	自　　年　　月　　日到　　年　　月　　日				
到达时间			报验时间		
经营地点			货物存放地点		
货物（服务）名称	预缴税款征收率（2%或3%）	已预缴税款金额	实际合同金额	开具发票金额（含自开和代开）	应补预缴税款金额
合计金额					
申请单位： 经办人：　　　法定代表人（负责人）： 　年　月　日　　　　年　月　日 　　　　　　　　　申请单位（签章） 　　　　　　　　　　年　月　日			税务机关意见： 经办人：　　　　　负责人： 　年　月　日　　　　年　月　日 　　　　　税务机关（签章） 　　　　　　年　月　日		

八、违反税务登记规定的法律责任

纳税人不办理税务登记的,由税务机关责令限期改正;逾期不改正的,经税务机关提请,由工商行政管理机关吊销其营业执照。纳税人未按照规定的期限申报办理税务登记、变更或者注销登记的,由税务机关责令限期改正,可以处二千元以下的罚款;情节严重的,处二千元以上一万元以下的罚款。

纳税人未按照规定使用税务登记证件,或者转借、涂改、损毁、买卖、伪造税务登记证件的,处二千元以上一万元以下的罚款;情节严重的,处一万元以上五万元以下的罚款。

任务实施

任务 1.2-1　问题见本任务的任务描述

任务分析:

1. 小王要求会计小钱只办理工商登记,在企业有稳定收入后再办理开业税务登记的做法不合理。因为目前开业税务登记采用"多证合一、一照一码"办证模式,工商营业执照的注册号、组织机构代码证号、税务登记证号、统计登记证号、社会保险登记证号等统一为一个登记码,标注在工商营业执照上,所以工商登记和开业税务登记同时办理即可。而税法规定,凡经工商行政管理机关批准开业的纳税人,应当自领取工商营业执照之日起 30 日内申报办理税务登记。案例中的企业有稳定收入的时限是未知的,因此小王要求会计小钱在企业有稳定收入后再办理开业税务登记的做法不合理。

2. 除了开业登记外,税务登记还包括变更登记、停业登记、复业登记、注销登记、外出经营报验登记等。

任务三　发票管理

案例导入

小张创办的家具生产企业原为增值税小规模纳税人,因产业升级,企业规模不断扩大,会计核算也逐渐完善,目前已申请转为增值税一般纳税人。会计小钱去税务局办理业务时欲继续申请领购增值税普通发票。

1. 会计小钱的做法是否正确?为什么?
2. 该企业如果有没用完的增值税普通发票该如何处理?

知识储备

发票是指单位和个人在购销商品、提供或者接受服务及从事其他经营活动中,开具、收取的收付款凭证。它是确定经营收支行为发生的法定凭证,是会计核算的原始依据,也是税务稽查的重要依据。税务机关是发票的主管机关,负责发票印制、领购、开具、取得、保管、缴销的管理和监督。

发票的种类、联次、内容及使用范围由国家税务总局规定。发票的基本联次为三联,第一联为存根联,由开票方留存备查;第二联为发票联,由受票方作为付款原始凭证;第三联为记账联,由开票方作为记账原始凭证。

纳税人领取税务登记证后,应携带有关证件向税务机关提出领购发票的申请,然后凭税务机关发给的发票领购簿中核准的发票种类、数量及领购方式,向税务机关领购发票。

(一) 普通发票的领购

纳税人凭税务登记证副本到主管税务机关领取并填写发票领购申请审批表,同时提交经办人身份证明、财务专用章或发票专用章印模及主管税务机关要求报送的其他材料。

领取普通发票时,纳税人须报送税务登记证副本、发票领购簿及经办人身份证明,一般纳税人领购增值税普通发票还需要提供税控盘,供主管税务机关在审批发售增值税普通发票时查验。以验旧购新和交旧购新方式售票的,纳税人还需要提供前次领购的发票存根联。

(二) 增值税专用发票的领购

经税务机关认定的增值税一般纳税人,凭增值税一般纳税人申请认定表,到主管税务机关领取并填写领取增值税专用发票领购簿申请书,同时提交税务登记证副本(加盖有"增值税一般纳税人"确认专章)、经办人身份证明、财务专用章或发票专用章印模、增值税专用发票最高开票限额申请表及主管税务机关要求报送的其他材料。

二、发票的缴销

发票缴销是指将从税务机关领购的发票交回税务机关查验并作废,用票人在办理变更、注销税务登记时,须办理发票缴销手续。

用票人因变更名称、地址、电话、开户行、账户须废止原有发票或注销税务登记时,要到主管税务机关领取并填写《发票缴销登记表》,经批准后,将发票领购簿及未使用的发票交主管税务机关发票管理部门缴销。

办理发票缴销手续时,须携带发票领购簿、须缴销的空白发票及税务机关要求的其他材料。

三、《发票领购簿》《发票领购记录》《发票缴销、挂失记录》样表（表 1.3-1、表 1.3-2、表 1.3-3）

表 1.3-1

发票领购簿

国家税务总局监制

纳税人识别号：
发票领购簿号码：
纳税人名称：　　　　　　　　　　纳税人（签章）
法定代表人（负责人）：
发票管理人：

　　　　　　　　　　　　　　　　　　　税务机关（签章）
　　　　　　　　　　　　　　　　　　　　年　　月　　日

核准使用发票情况	发票种类	发票代码	发票名称	单位	限购数量		备注
					每次限购 / 每月限购		
					数量	票面金额	

购票方式：□批量供应　□验旧购新
　　　　　□交旧购新　□其他

须提供发票担保的，是否已经提供担保人或交纳保证金：　□是　　□否

表 1.3-2

发票领购记录

年		发票代码	发票名称	单位	数量	字轨	起讫号码	售票人	购票人
月	日								

项目一　企业纳税事务办理

表1.3-3　　　　　　　　　发票缴销、挂失记录

年		发票代码	发票名称	缴销	挂失	单位	数量	字轨	起讫号码	经办人
月	日									

任务1.3-1　问题见本任务的任务描述

1. 会计小钱去税务局办理业务时欲继续申请领购增值税普通发票的做法不正确。因为该企业已经变更为增值税一般纳税人,会计小钱应该申请领购增值税专用发票。

2. 该企业如果有没用完的增值税普通发票,应该去税务局办理发票缴销手续。因为用票人从增值税小规模纳税人变更为增值税一般纳税人时办理了变更税务登记,须办理发票缴销手续。

任务四　纳税申报与税款缴纳

甲卷烟厂为了顺利完成订单,委托 A 企业将其发出的烟叶加工成烟丝,等收回烟丝后再自行加工成卷烟出售。一周后,A 企业将烟叶加工成烟丝并通知甲卷烟厂取货,同时要求甲卷烟厂支付该批烟丝负担的消费税。小李作为卷烟厂新入职的会计,第一次接触该类型的业务,认为消费税应该于卷烟出售之后再行缴纳。

1. 小李的想法是否合理?为什么?
2. 在进行纳税申报时,纳税申报方式包括哪些?

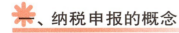

一、纳税申报的概念

纳税申报是指纳税人、扣缴义务人按照法律和行政法规的规定,在申报期限内就纳税事项向税务机关书面申报的一种法定手续。

二、纳税申报对象

下列纳税人或者扣缴义务人、委托代征人应当按期向主管税务机关办理纳税申报或者报送代扣代缴、代收代缴税款报告表及委托代征税款报告表。

(1) 依法已向国家税务机关办理税务登记的纳税人。具体分为以下五类：① 各项收入均应当纳税的纳税人；② 全部或部分产品、项目或者税种享受减税、免税的纳税人；③ 当期营业额未达起征点或没有营业收入的纳税人；④ 实行定期定额纳税的纳税人；⑤ 应当向国家税务机关缴纳企业所得税及其他税种的纳税人。

(2) 按规定不需要向国家税务机关办理税务登记，以及应当办理而未办理税务登记的纳税人。

(3) 扣缴义务人和国家税务机关确定的委托代征人。

三、纳税申报期限

（一）正常缴纳

(1) 以 1 个月或者 1 个季度为一期纳税的，自期满之日起 15 日内申报纳税；以 1 日、3 日、5 日、10 日、15 日为一期纳税的，自期满之日起 5 日内预缴税款，于次月 1 日起 15 日内申报纳税并结算上月应纳税款。

(2) 企业所得税的纳税人应当自月份或者季度终了之日起 15 日内，办理预缴所得税申报；自年度终了之日起 5 个月内，办理所得税汇算清缴申报。

(3) 税法未明确规定纳税申报期限的，按主管税务机关根据具体情况确定的期限申报。

（二）定期定额缴纳

实行简易申报、简并征期等申报纳税方式的，由税务机关核准申报期限，可以按季、半年或年缴纳税款。

（三）延期办理纳税申报

(1) 纳税人、扣缴义务人按照规定的期限办理纳税申报或者报送代扣代缴、代收代缴税款报告表确有困难，需要延期的，应当在规定的期限内向主管税务机关提出书面延期申请，经主管税务机关核准，在核准的期限内办理。

(2) 纳税人、扣缴义务人因不可抗力情形，不能按期办理纳税申报或者报送代扣代缴、代收代缴税款报告表的，可以延期办理。但是，应当在不可抗力情形消除后立即向主管税务机关报告。

（四）申报期限顺延

纳税人办理纳税申报期限的最后一日，如遇公休、节假日的，可以顺延。

四、纳税申报方式

（一）直接申报

纳税人、扣缴义务人应当在纳税申报期限内到主管税务机关办理纳税申报和报送代扣代缴、代收代缴税款报告表。

（二）邮寄申报

纳税人采用邮寄方式办理纳税申报的,应当使用统一的纳税申报专用信封,并以邮政部门收据作为申报凭据。邮寄申报以寄出的邮戳日期为实际申报日期。

（三）数据电文申报

数据电文方式是指税务机关确定的电话语音、电子数据交换和网络传输等电子方式。纳税人采用电子方式办理纳税申报的,应当按照税务机关规定的期限和要求保存有关资料,并定期书面报送主管税务机关。

五、税款缴纳

（一）税款缴纳的概念

税款缴纳是指纳税人、扣缴义务人依照国家法律和行政法规的规定实现的税款依法通过不同方式缴纳入库的过程。

（二）税款缴纳的方式

（1）自核自缴。生产经营规模较大、财务制度健全、会计核算准确、一贯依法纳税的企业,经主管税务机关批准,依照税法规定自行计算应纳税款,自行填写、审核纳税申报表,自行填写税收缴款书,到开户银行解缴应纳税款,并按规定向主管税务机关办理纳税申报并报送纳税资料和财务会计报表。

（2）申报核实缴纳。生产经营正常,财务制度基本健全,账簿、凭证完整,会计核算较准确的企业,依照税法规定自行计算应纳税款,自行填写、审核纳税申报表,按照规定向主管税务机关办理纳税申报并报送纳税资料和财务会计报表。经主管税务机关审核,并填开税收缴款书,纳税人按规定期限到开户银行缴纳税款。

（3）申报查定缴纳。财务制度不够健全,账簿、凭证不完备的固定业户,应当如实向主管税务机关办理纳税申报并提供其生产能力、原材料、能源消耗情况及生产经营情况等信息,经主管税务机关审查测定或实地查验后,填开税收缴款书或者完税证明,纳税人按规定期限到开户银行或者税务机关缴纳税款。

（4）定额申报缴纳。生产经营规模较小、确无建账能力或者账证不健全、不能提供准确纳税资料的固定业户,按照国家税务机关核定的营业(销售)额和征收率,按规定期限向主管税务机关申报缴纳税款。

（5）转账缴纳。转账缴纳是指纳税人、扣缴义务人根据税务机关填制的税收缴款书,通过开户银行转账缴纳税款的方式。

（6）银税一体化缴纳。税务机关在税款征收工作中利用现代计算机网络技术,与有关银行、国库联网后,进行纳税人应纳税款的划解,以方便和简化纳税人的缴税手续,提高税款划解的效率。

该征税方法具体分为以下三类：① 预储账户缴税；② 支票缴税；③ 税务、国库、银行联网实时缴税。

（7）现金缴纳。现金缴纳是指纳税人用现金支付税款的方式。

（8）委托代征缴纳。委托代征缴纳是指委托代征单位按照税务机关规定的代征范围和要求，以税务机关的名义向纳税人征收零散税款的方式。

（三）税款的补征和追征制度

（1）因税务机关的责任造成的未缴或者少缴税款，税务机关可以在3年内要求纳税人、扣缴义务人补缴税款，但不得加收滞纳金。

（2）因纳税人、扣缴义务人计算错误等造成的未缴或者少缴税款，在一般情况下，税务机关的追征期为3年，在特殊情况下，追征期为5年。税务机关在追征税款的同时，还要追征滞纳金。

（3）对偷税、抗税、骗税的，税务机关可以无限期地追征偷税、抗税的税款和滞纳金及纳税人、扣缴义务人所骗取的税款。

任务实施

任务 1.4-1　问题见本任务的任务描述

1. 小李认为消费税应该于卷烟出售之后再行缴纳的想法不正确。因为企业委托加工的应税消费品，由受托方在向委托方交货时代扣代缴消费税。委托代征单位按照税务机关规定的代征范围和要求，以税务机关的名义向纳税人征收零散税款。因此，委托加工环节的消费税应由 A 企业代替税务机关先向甲卷烟厂收取，再由 A 企业代替甲卷烟厂上缴税款，小李应将该批烟丝负担的消费税支付给 A 企业。

2. 纳税申报方式包括直接申报、邮寄申报和数据电文申报。直接申报是指纳税人、扣缴义务人应当在纳税申报期限内到主管税务机关办理纳税申报和报送代扣代缴、代收代缴税款报告表；邮寄申报是指纳税人采用邮寄方式办理纳税申报时，应当使用统一的纳税申报专用信封，并以邮政部门收据作为申报凭据；数据电文申报是指纳税人通过税务机关确定的电话语音、电子数据交换和网络传输等电子方式进行的申报。

税惠为民

江苏："税动力"激发民企"智造"升级动能

江苏省税务部门牢牢把握高质量发展这个首要任务，积极发挥税收职能作用，在"政策落实"和"便民服务"上持续发力，为江苏民企敢闯、敢干注入强大"税动力"。

当谈及盛虹集团成长历程时，全国人大代表缪汉根表示："精准'落袋'的税收优惠，给予了企业'真金白银'的支持，让企业放开胆子进行研发投入，从而在新材料领域取得了关键核心技术突破，加速了企业'智造'升级。"

在税收优惠政策驱动下，越来越多的江苏民企加大科技创新力度，逐渐走出了一条"破局出圈"的"加速路"。

"一系列税费政策引来了'资金活水',提振了企业敢闯敢拼的底气。"接过税务部门送来的"税费优惠"年度清单,全国人大代表、徐州博康信息化学品有限公司董事长傅志伟对未来发展信心十足。

税费红利直达快享,产业发展加速"起航"。新年开局,江苏民企迅速掀起拼外贸、抓商机、抢订单的热潮。"有了税收政策的支持,企业产能加码、全线投产的底气更足了。"全国人大代表、江苏共创人造草坪股份有限公司创始人王强众说道,"2022年,在税务部门的帮助下,公司实现了资金快速周转,让公司产品顺利'出海'拓市场。"

拿到税务部门送来的"'走出去'税收指引",全国人大代表、南京天加环境科技有限公司董事长蒋立表示:"税务部门为我们设立专席联络员,实现了税企的无缝对接,帮助企业及时享受税收优惠,为企业扬帆海外解决了后顾之忧。"

产业"开花",乡村"蝶变"。跟随着便民办税"春风",从黄海之滨穿行至长江之畔,一幅农业强、农村美、农民富的时代画卷在江淮大地徐徐铺开。

在宿迁,全国人大代表、宿迁经济技术开发区渔樵种植专业合作社理事长姚路路表示:"税务部门量身定制了服务方案,线上随时解疑,线下定期辅导,实现开票、申报、享惠'一站式'服务。"

在淮安,全国人大代表、盱眙业盛鲜果专业合作社理事长李叶红说:"借着税收优惠政策和优质服务的'春风',我们合作社抓住机会快发展,走出了一条生产、加工、销售产业融合的路子,成功带领周边农户共同致富。"

（资料来源：国家税务总局江苏省税务局）

职业能力测评表

（★掌握,○基本掌握,□未掌握）

评价指标	自测结果
1. 了解我国现行税制概况及税收分类	★ ○ □
2. 熟悉税务登记的基本知识和要求	★ ○ □
3. 熟悉发票管理的相关规定	★ ○ □
4. 了解纳税申报和税款缴纳的基本知识	★ ○ □
教师评语：	

项目二

增值税的计算与申报

 **项目描述**

增值税作为我国税收体系中一个重要组成部分,只对增值额征税,这不仅可以避免对一个经营额重复征税,而且可以防止前一生产经营环节企业的偷漏税行为。它有利于促进生产的专业化和体现公平竞争,也有利于财政收入的稳定增长。本项目首先引导学生对增值税进行认知,进而对增值税在不同情况下的计算及申报进行详细阐释。通过本项目的学习,学生可以更加深入地理解增值税的原理,掌握增值税的计算及申报,从而提高自身实践能力。

 学习目标

- 知识目标
1. 熟悉增值税的纳税人、征税范围和税率
2. 掌握增值税应纳税额的计算
3. 掌握增值税及附加税费申报表的填制
4. 熟悉增值税的税收优惠
5. 熟悉增值税纳税义务的发生时间、纳税地点和纳税期限
6. 熟悉增值税的纳税申报流程
- 能力目标
1. 通过对增值税及附加税费申报表的学习,能够独立填制增值税及附加税费申报表
2. 通过对增值税税收优惠的学习,能够充分理解党的二十大报告中提出的"优化税制结构"
3. 通过对增值税纳税申报流程的学习,能够正确地进行增值税纳税申报
- 素质目标
1. 培养工匠精神
2. 培养严谨认真的学习态度
3. 培养廉洁奉公、全心全意为人民服务的职业素养

任务一 增值税认知

小张毕业后就职于厦门市世纪奥商业集团,该集团从事多种经营活动,下设化肥生产厂、起重机租赁公司及宾馆。平时小张主要负责集团的纳税申报工作。

1. 小张在进行纳税申报时,是否需要为化肥生产厂、起重机租赁公司及宾馆缴纳增值税?
2. 如果需要,它们适用的税率分别是多少?

知识储备

增值税是以商品(含应税劳务)在流转过程中产生的"增值额"为计税依据而征收的一种货物和劳务税。

一、增值税的纳税义务人

(一)概念

增值税的纳税义务人是指在中国境内销售货物或者提供加工、修理修配劳务,销售服务、无形资产、不动产及进口货物的单位和个人。

(二)分类

增值税纳税义务人分为一般纳税人和小规模纳税人,具体分类见表2.1-1。

表2.1-1 增值税纳税义务人的分类标准

项目	小规模纳税人	一般纳税人
标准	年应税销售额"500万元及以下"	超过小规模纳税人标准
特殊情况	(1)其他个人(非个体工商户) (2)非企业性单位 (3)不经常发生应税行为的企业 【注意】(1)"必须"按小规模纳税人纳税,(2)(3)"可选择"按小规模纳税人纳税	小规模纳税人"会计核算健全",能够提供准确税务资料的,可以申请登记为一般纳税人

续表

项目	小规模纳税人	一般纳税人
计税规定	简易征税；使用增值税普通发票 【注意】住宿业等8个行业的小规模纳税人试点自开票，其他行业的小规模纳税人可以向税务机关申请代开增值税专用发票	执行税款抵扣制；可以使用增值税专用发票

二、增值税的征税范围

（一）征税范围的一般规定

增值税的征税范围包括在中国境内"销售或者进口货物"、"提供加工、修理修配劳务"及"销售服务、无形资产或者不动产"。

1. 销售或者进口货物

（1）销售货物是指在中国境内有偿转让货物的所有权。

① 货物是指有形动产，包括电力、热力、气体。

② 有偿是指从购买方取得货币、货物或者其他经济利益。

（2）进口货物应当在报关进口时征收进口环节增值税。

2. 提供劳务（加工、修理修配劳务）

（1）加工对象为有形动产。加工必须是委托方提供原料及主要材料，受托方可以提供辅料，若受托方提供原料，则不属于加工业务，属于销售货物。

（2）修理修配是指对货物（有形动产）进行修复。

3. 销售服务、无形资产或者不动产

（1）销售服务。

① 交通运输服务。交通运输服务是指使用运输工具将货物或者旅客送达目的地，使其空间位置得到转移的业务活动，包括陆路运输服务、水路运输服务、航空运输服务和管道运输服务。

② 邮政服务。邮政服务是指中国邮政集团公司及其所属邮政企业提供邮件寄递、邮政汇兑、机要通信和邮政代理等邮政基本服务的业务活动，包括邮政普遍服务、邮政特殊服务和其他邮政服务。

③ 电信服务。电信服务包括基础电信服务和增值电信服务。基础电信服务包括通话服务，出租、出售带宽服务，等等。增值电信服务包括短信、彩信服务，互联网接入服务，卫星电视信号落地转接服务，等等。

④ 建筑服务。建筑服务是指各类建筑物、构筑物及其附属设施的建造、修缮、装饰、线路、管道、设备、设施等的安装及其他工程作业的业务活动，包括工程服务、安装服务、修缮服务、装饰服务和其他建筑服务。

⑤ 金融服务。金融服务是指经营金融保险的业务活动，包括贷款服务、直接收费金融服务、保险服务和金融商品转让。

⑥ 现代服务。现代服务是指围绕制造业、文化产业、现代物流产业等提供技术性、知识

性服务的业务活动,包括研发和技术服务、信息技术服务、文化创意服务、物流辅助服务、租赁服务、鉴证咨询服务、广播影视服务、商务辅助服务和其他现代服务。

⑦ 生活服务。生活服务是指为满足城乡居民日常生活需求提供的各类服务活动,包括文化体育服务、教育医疗服务、旅游娱乐服务、餐饮住宿服务、居民日常服务和其他生活服务。

(2) 销售无形资产或者不动产。

① 销售无形资产。销售无形资产是指转让无形资产所有权或者使用权的业务活动。无形资产是指不具实物形态但能带来经济利益的资产,包括技术、商标、著作权、商誉、自然资源使用权和其他权益性无形资产。

② 销售不动产。销售不动产是指转让不动产所有权的业务活动。不动产是指不能移动或者移动后会引起性质、形状改变的财产,包括建筑物、构筑物等。

(二) 征税范围的特殊规定

1. 视同销售货物的情形
(1) 委托代销行为。
① 将货物交付其他单位或者个人代销。
② 销售代销货物。
(2) 异地移送。
总分机构(不在同一县市)之间移送货物用于销售的,移送当天发生增值税纳税义务。
(3) 自产、委托加工或购进的货物用于下列用途:
① 将自产、委托加工的货物用于非增值税应税项目。
② 将自产、委托加工的货物用于集体福利或者个人消费。
③ 将自产、委托加工或购进的货物作为投资,提供给其他单位或者个体工商户。
④ 将自产、委托加工或购进的货物分配给股东或者投资者。
⑤ 将自产、委托加工或购进的货物无偿赠送其他单位或者个人。

2. 视同销售服务、无形资产或者不动产的情形
(1) 单位或者个体工商户向其他单位或者个人无偿提供服务,但用于公益事业或者以社会公众为对象的除外。
(2) 单位或者个人向其他单位或者个人无偿转让无形资产或者不动产,但用于公益事业或者以社会公众为对象的除外。
(3) 财政部和国家税务总局规定的其他情形。

3. 不属于销售服务、无形资产或者不动产的情形
销售服务、无形资产或者不动产是指有偿提供服务、有偿转让无形资产或者不动产,但属于下列非经营活动的情形除外。
(1) 行政单位收取的同时满足以下条件的政府性基金或者行政事业性收费:
① 由国务院或者财政部批准设立的政府性基金,由国务院或者省级人民政府及其财政、价格主管部门批准设立的行政事业性收费。
② 收取时开具省级以上(含省级)财政部门监(印)制的财政票据。
③ 所收款项全额上缴财政。
(2) 单位或者个体工商户聘用的员工为本单位或者雇主提供取得工资的服务。

(3) 单位或者个体工商户为聘用的员工提供服务。
(4) 财政部和国家税务总局规定的其他情形。

三、增值税的税率与征收率

（一）税率（表2.1-2）

表2.1-2　　　　　　　　　　　增值税税率表

基本税率	13%	(1) 销售或进口货物,税法另有规定的除外 (2) 全部的加工、修理修配劳务 (3) 有形动产租赁服务
低税率	9%	(1) 粮食等农产品、食用植物油、食用盐 (2) 自来水、暖气、冷气、热水、煤气、石油液化气、天然气、二甲醚、沼气、居民用煤炭制品 (3) 图书、报纸、杂志、音像制品、电子出版物 (4) 饲料、化肥、农药、农机、农膜 【提示1】低税率中的农产品是指"一般纳税人"销售或进口的农产品 【提示2】执行低税率的粮食及农产品为"初级农产品"（包括面粉）,不包括再加工的产品,如淀粉、方便面、速冻水饺 (5) 销售交通运输、邮政、基础电信、建筑、不动产租赁服务,销售不动产,转让土地使用权
	6%	销售增值电信、金融、现代、生活服务,销售无形资产
零税率	0	(1) 国际运输服务：在境内载运旅客或货物出境；在境外载运旅客或货物入境；在境外载运旅客或货物 (2) 航天运输服务 (3) 向境外单位提供的完全在境外消费的部分服务：① 研发服务；② 合同能源管理服务；③ 设计服务；④ 广播影视节目（作品）的制作和发行服务；⑤ 软件服务；⑥ 电路设计及测试服务；⑦ 信息系统服务；⑧ 业务流程管理服务；⑨ 离岸服务外包业务；⑩ 转让技术

（二）征收率

1. 征收率的一般规定

自2009年1月1日起,小规模纳税人增值税征收率统一调整为3%,不再设置工业和商业两档征收率。征收率的调整,由国务院决定。

2. 征收率的特殊规定（表2.1-3、表2.1-4和表2.1-5）

表2.1-3　　　　　　　　　　　减按2%征收情形

纳税人身份	征税项目	计算方法
一般纳税人	(1) 自己使用过的"购入时不得抵扣且未抵扣进项税额"的固定资产 (2) 销售旧货	含税销售额÷(1+3%)×2%
小规模纳税人	(1) 自己使用过的固定资产 (2) 销售旧货	

表 2.1-4　　　　　　　　　一般纳税人按照3%的征收率纳税情形

应按3%征收率	（1）寄售商店代销寄售物品（包括居民个人寄售的物品在内） （2）典当业销售死当物品 （3）经国务院或国务院授权机关批准的免税商店零售的免税品	
可按3%征收率	销售自产货物	（1）县级及以下小型水力发电单位生产的电力 （2）建筑用和生产建筑材料所用的砂、土、石料 （3）以自己采掘的砂、土、石料等连续生产的砖、瓦、石灰 （4）用微生物、微生物代谢物、动物毒素、人或动物的血液或组织制成的生物制品 （5）自来水 （6）商品混凝土
	一般纳税人为建筑工程老项目提供的建筑服务，建筑工程老项目是指合同开工日期在2016年4月30日前的建筑工程项目	

表 2.1-5　　　　　　　　　按照5%的征收率纳税情形

小规模纳税人应按5%的征收率征收	（1）转让其取得（不含自建）的不动产 （2）出租其不动产（不含个人出租住房） （3）销售自行开发的房地产老项目
一般纳税人可选择适用 简易计税方法按5%的征收率征收	（1）转让其2016年4月30日前取得（不含自建）的不动产 （2）出租其2016年4月30日前取得的不动产 （3）销售自行开发的房地产老项目
纳税人提供劳务派遣服务的	选择差额纳税的，按照5%的征收率征收

四、增值税的税收优惠

（一）增值税的免税项目

1. 销售货物类免征增值税项目
（1）农业生产者销售的自产农产品。
（2）避孕药品和用具。
（3）古旧图书。
（4）直接用于科学研究、科学试验和教学的进口仪器、设备。
（5）外国政府、国际组织（不包括外国企业）无偿援助的进口物资和设备。
（6）由残疾人组织直接进口供残疾人专用的物品。
（7）其他个人销售自己使用过的物品。

2. 销售服务、不动产或者无形资产类免征增值税项目
（1）托儿所、幼儿园提供的保育和教育服务。
（2）养老机构提供的养老服务。
（3）残疾人福利机构提供的育养服务。
（4）残疾人员本人为社会提供的服务。
（5）从事学历教育的学校提供的教育服务。

（6）学生勤工俭学提供的服务。

（7）政府举办的从事学历教育的高等、中等和初等学校，举办进修班、培训班取得的全部归该学校所有的收入。

（8）纪念馆、博物馆、文化馆、文物保护单位管理机构、美术馆、展览馆、书画院、图书馆在自己的场所提供文化体育服务取得的第一道门票收入。

（9）寺院、宫观、清真寺和教堂举办文化、宗教活动的门票收入。

（10）医疗机构提供的医疗服务。

（11）福利彩票、体育彩票的发行收入。

（12）行政单位之外的其他单位收取的符合规定的政府性基金和行政事业性收费。

（13）台湾地区航运公司、航空公司从事海峡两岸海上直航、空中直航业务在大陆取得的运输收入。

（14）纳税人提供的直接或间接国际货物运输代理服务。

（15）纳税人提供技术转让、技术开发和与之相关的技术咨询、技术服务。

（16）个人转让著作权。

（17）利息收入：

① 国家助学贷款。

② 国债、地方政府债。

③ 人民银行对金融机构的贷款。

④ 住房公积金管理中心用住房公积金在指定的委托银行发放的个人住房贷款等。

（18）保险公司开办的 1 年期以上人身保险产品取得的保费收入。

（19）被撤销金融机构以货物、不动产、无形资产、有价证券、票据等财产清偿债务。

（20）金融商品转让收入：

① 合格境外投资者委托境内公司在我国从事证券买卖业务。

② 我国香港市场投资者通过沪港通买卖上海证券交易所上市 A 股。

③ 我国香港市场投资者通过基金互认买卖内地基金份额。

④ 证券投资基金管理人运用基金买卖股票、债券。

⑤ 个人从事金融商品转让业务。

（21）金融同业往来利息收入。

（22）将土地使用权转让给农业生产者用于农业生产。

（23）涉及家庭财产分割的个人无偿转让不动产、土地使用权。

（24）个人销售自建自用住房。

（25）为了配合国家住房制度改革，企业、行政事业单位按房改成本、标准价出售住房取得的收入。

（26）农业机耕、排灌、病虫害防治、植物保护、农牧保险及相关技术培训业务，家禽、牲畜、水生动物的配种和疾病防治。

（27）家政服务企业由员工制家政服务员提供家政服务取得的收入。

（28）婚姻介绍服务。

（29）殡葬服务。

（30）土地所有者出让土地使用权和土地使用者将土地使用权归还给土地所有者。

（31）县级以上地方人民政府或自然资源行政主管部门出让、转让或收回自然资源使用权（不含土地使用权）。

（32）军队空余房产租赁收入。

（33）随军家属就业。

（34）军队转业干部就业。

（35）境内的单位和个人销售的下列服务免征增值税，但适用零税率的除外：

① 工程项目在境外的建筑服务。

② 工程项目在境外的工程监理服务。

③ 工程、矿产资源在境外的工程勘察勘探服务。

④ 会议展览地点在境外的会议展览服务。

⑤ 存储地点在境外的仓储服务。

⑥ 标的物在境外使用的有形动产租赁服务。

⑦ 在境外提供的广播影视节目（作品）的播映服务。

⑧ 在境外提供的文化体育服务、教育医疗服务、旅游服务。

（36）境内的单位和个人为出口货物提供的邮政服务、收派服务、保险服务。

（37）境内的单位和个人向境外单位提供的完全在境外消费的下列服务和无形资产免征增值税，但适用增值税零税率的除外：

① 电信服务。

② 知识产权服务。

③ 物流辅助服务（仓储服务、收派服务除外）。

④ 鉴证咨询服务。

⑤ 专业技术服务。

⑥ 商务辅助服务。

⑦ 广告投放地在境外的广告服务。

⑧ 无形资产。

（38）境内的单位和个人以无运输工具承运方式提供的国际运输服务。

（39）境内的单位和个人为境外单位之间的货币资金融通及其他金融业务提供的直接收费金融服务，且该服务与境内的货物、无形资产和不动产无关。

（40）个人将购买的住房对外销售：

购买年限在2年以下的住房，按照5%的征收率全额缴纳；购买年限在2年及以上的北、上、广、深四个一线城市的非普通住房，以销售收入减去购买住房价款后的差额按照5%的征收率缴纳，普通住房免征增值税；购买年限在2年及以上的其他地区的住房，免征增值税。

（二）增值税的即征即退

一般纳税人提供管道运输服务、有形动产融资租赁服务与有形动产融资性售后回租服务，实际税负超过3%的部分实行增值税即征即退政策。

（三）增值税的起征点

对未达到增值税起征点的纳税人实行免税，超过起征点的全额征税，仅限于个人，不适用于登记为一般纳税人的个体工商户。具体标准为：
（1）按期纳税：月销售额 5 000~20 000 元（含本数）。
（2）按次纳税：每次（日）销售额 300~500 元（含本数）。

任务实施

任务 2.1-1　问题见本任务的任务描述

任务分析：

该集团缴纳增值税及适用税率情况如下：
（1）化肥生产厂、起重机租赁公司及宾馆都应缴纳增值税。
（2）销售化肥税率为 9%；起重机租赁税率为 13%；宾馆属于生活服务业，税率为 6%。

任务二　增值税的计算

案例导入

厦门市舒友体育用品有限公司（以下简称"舒友公司"）为增值税一般纳税人，2023 年 1 月发生业务如下：
（1）2023 年 1 月 4 日，舒友公司向泰康公司销售一批健身器材并开具增值税专用发票，发票注明金额为 200 万元，税额为 26 万元。
（2）2023 年 1 月 10 日，舒友公司向小规模纳税人浩克公司销售一批健身器材并开具增值税普通发票，发票注明价税合计金额为 135.6 万元。
（3）2023 年 1 月 18 日，舒友公司向个人销售健身器材，其中开具的普通发票价税合计销售额为 339 万元，未开票部分的收入为 226 万元。
（4）2023 年 1 月，舒友公司购入原材料，取得 5 张增值税专用发票，发票注明金额为 500 万元，税额为 65 万元，当月已认证。
（5）舒友公司上期留抵税额为 15 万元。

任务描述

1. 根据以上业务计算舒友公司本期增值税应纳税额。
2. 填写增值税及附加税费申报表。

知识储备

一般纳税人销售货物或提供应税劳务，其应纳税额的计算运用税款抵扣办法。

计算公式为

$$应纳税额＝当期销项税额－当期进项税额$$

实行按照销售额和征收率计算应纳税额的简易办法时,不得抵扣进项税额。

计算公式为

$$应纳税额＝销售额×征收率$$

对应税销售行为采用销售额和增值税销项税额合并定价方法的,要分离出不含税销售额。

计算公式为

$$不含税销售额＝含税销售额÷(1+征收率)$$

任务实施

任务 2.2-1 问题见本任务的任务描述

任务分析:

表 2.2-1:

(1) 第 1 行第 1 列:2 000 000.00 元。

(2) 第 1 行第 2 列:260 000.00 元。

(3) 第 1 行第 3 列:4 200 000.00 元。

开具其他发票销售额＝1 356 000÷(1+13%)+3 390 000÷(1+13%)＝4 200 000.00(元)

(4) 第 1 行第 4 列:546 000.00 元。

开具其他发票销项(应纳)税额＝4 200 000×13%＝546 000.00(元)

(5) 第 1 行第 5 列:2 000 000.00 元。

未开具发票销售额＝2 260 000÷(1+13%)＝2 000 000.00(元)

(6) 第 1 行第 6 列:260 000.00 元。

未开具发票销项(应纳)税额＝2 000 000×13%＝260 000.00(元)

表 2.2-1

增值税及附加税费申报表附列资料（一）
（本期销售情况明细）

税款所属时间：2023 年 01 月 01 日至 2023 年 01 月 31 日

纳税人名称：（公章）厦门市舒友体育用品有限公司

金额单位：元（列至角分）

项目及栏次			开具增值税专用发票		开具其他发票		未开具发票		纳税检查调整		合计			服务、不动产和无形资产扣除项目本期实际扣除金额	扣除后	
			销售额	销项（应纳）税额	销售额	销项（应纳）税额	销售额	销项（应纳）税额	销售额	销项（应纳）税额	销售额	销项（应纳）税额	价税合计		含税（免税）销售额	销项（应纳）税额
			1	2	3	4	5	6	7	8	9=1+3+5+7	10=2+4+6+8	11=9+10	12	13=11-12	14=13÷(100%+税率或征收率)×税率或征收率
一、一般计税方法计税	全部征税项目	13%税率的货物及加工修理修配劳务	1	2 000 000.00	260 000.00	4 200 000.00	546 000.00	2 000 000.00	260 000.00			8 200 000.00	1 066 000.00	—	—	—	—
		13%税率的服务、不动产和无形资产	2									0.00	0.00	0.00	—	0.00	0.00
		9%税率的货物及加工修理修配劳务	3									0.00	0.00	—	—	—	—
		9%税率的服务、不动产和无形资产	4									0.00	0.00	0.00	—	0.00	0.00
		6%税率	5									0.00	0.00	0.00	—	0.00	0.00
	其中：即征即退货物及加工修理修配劳务		6									0.00	0.00	—	—	—	—
	即征即退服务、不动产和无形资产		7									0.00	0.00	0.00	—	0.00	0.00
二、简易计税方法计税	全部征税项目	6%征收率	8									0.00	0.00	—	—	—	—
		5%征收率的货物及加工修理修配劳务	9a									0.00	0.00	0.00	—	0.00	0.00
		5%征收率的服务、不动产和无形资产	9b									0.00	0.00	0.00	—	0.00	0.00
		4%征收率	10									0.00	0.00	—	—	—	—
		3%征收率的货物及加工修理修配劳务	11									0.00	0.00	—	—	—	—

续表

项目及栏次			开具增值税专用发票		开具其他发票		未开具发票		纳税检查调整		合计			服务、不动产和无形资产扣除项目本期实际扣除金额	扣除后	
			销售额	销项(应纳)税额	销售额	销项(应纳)税额	销售额	销项(应纳)税额	销售额	销项(应纳)税额	销售额	销项(应纳)税额	价税合计		含税(免税)销售额	销项(应纳)税额
			1	2	3	4	5	6	7	8	9=1+3+5+7	10=2+4+6+8	11=9+10	12	13=11-12	14=13÷(100%+税率或征收率)×税率或征收率
二、简易计税方法计税	全部征税项目	3%征收率的服务、不动产和无形资产 12									0.00	0.00	0.00	0.00	0.00	0.00
		预征率 % 13a									0.00	0.00	0.00	0.00	0.00	0.00
		预征率 % 13b									0.00	0.00	0.00	0.00	0.00	0.00
		预征率 % 13c									0.00	0.00	0.00	0.00	0.00	0.00
	其中:即征即退项目	即征即退货物及加工修理修配劳务 14	—	—	—	—	—	—	—	—				—	—	—
		即征即退服务、不动产和无形资产 15	—	—	—	—	—	—	—	—	0.00		0.00	—	0.00	—
三、免抵退税	货物及加工修理修配劳务 16		—	—	—	—	—	—	—	—	0.00	—	0.00	—	0.00	—
	服务、不动产和无形资产 17		—	—	—	—	—	—	—	—	0.00	—	0.00	—	0.00	—
四、免税	货物及加工修理修配劳务 18		—	—	—	—	—	—	—	—	0.00	—	—	—	—	—
	服务、不动产和无形资产 19		—	—	—	—	—	—	—	—	0.00	—	—	—	0.00	—

表 2.2-2：

(1) 第 2 行：份数：5；金额：5 000 000.00 元；税额：650 000.00 元。

(2) 第 35 行：份数：5；金额：5 000 000.00 元；税额：650 000.00 元。

表 2.2-2　增值税及附加税费申报表附列资料（二）
（本期进项税额明细）

税款所属时间：2023 年 01 月 01 日至 2023 年 01 月 31 日

纳税人名称：(公章)厦门市舒友体育用品有限公司　　　　　金额单位：元(列至角分)

一、申报抵扣的进项税额				
项目	栏次	份数	金额	税额
（一）认证相符的增值税专用发票	1=2+3	5	5 000 000.00	650 000.00
其中：本期认证相符且本期申报抵扣	2	5	5 000 000.00	650 000.00
前期认证相符且本期申报抵扣	3			
（二）其他扣税凭证	4=5+6+7+8a+8b	0	0.00	0.00
其中：海关进口增值税专用缴款书	5			
农产品收购发票或者销售发票	6			
代扣代缴税收缴款凭证	7		—	—
加计扣除农产品进项税额	8a	—	—	
其他	8b			
（三）本期用于购建不动产的扣税凭证	9			
（四）本期用于抵扣的旅客运输服务扣税凭证	10			
（五）外贸企业进项税额抵扣证明	11		—	—
当期申报抵扣进项税额合计	12=1+4+11	5	5 000 000.00	650 000.00
二、进项税额转出额				
项目	栏次		税额	
本期进项税额转出额	13=14 至 23 之和		0.00	
其中：免税项目用	14			
集体福利、个人消费	15			
非正常损失	16			
简易计税方法征税项目用	17			
免抵退税办法不得抵扣的进项税额	18			
纳税检查调减进项税额	19			
红字专用发票信息表注明的进项税额	20			
上期留抵税额抵减欠税	21			
上期留抵税额退税	22			
异常凭证转出进项税额	23a			
其他应作进项税额转出的情形	23b			

续表

三、待抵扣进项税额				
项目	栏次	份数	金额	税额
（一）认证相符的增值税专用发票	24	—	—	—
期初已认证相符但未申报抵扣	25			
本期认证相符且本期未申报抵扣	26			
期末已认证相符但未申报抵扣	27			
其中：按照税法规定不允许抵扣	28			
（二）其他扣税凭证	29=30至33之和	0	0.00	0.00
其中：海关进口增值税专用缴款书	30			
农产品收购发票或者销售发票	31			
代扣代缴税收缴款凭证	32		—	
其他	33			
	34			
四、其他				
项目	栏次	份数	金额	税额
本期认证相符的增值税专用发票	35	5	5 000 000.00	650 000.00
代扣代缴税额	36	—	—	

表 2.2-3：

（1）第 1 列：266 000.00 元。

增值税税额 = 1 066 000 - 650 000 - 150 000 = 266 000（元）

（2）第 5 列：城市维护建设税 18 620.00 元；教育费附加 7 980.00 元；地方教育附加 5 320.00 元。

城市维护建设税本期应纳税额 = 266 000×7% = 18 620.00（元）

教育费附加本期应纳费额 = 266 000×3% = 7 980.00（元）

地方教育附加本期应纳费额 = 266 000×2% = 5 320.00（元）

表 2.2-3

增值税及附加税费申报表附列资料(五)
(附加税费情况表)

税(费)款所属时间：2023 年 01 月 01 日至 2023 年 01 月 31 日

纳税人名称：(公章)厦门市舒友体育用品有限公司

金额单位：元(列至角分)

税(费)种		计税(费)依据			税(费)率(%)	本期应纳税(费)额	本期减免税(费)额		试点建设培育产教融合型企业		本期已缴税(费)额	本期应补(退)税(费)额
		增值税税额	增值税免抵税额	留抵退税本期扣除额			减免性质代码	减免税(费)额	减免性质代码	本期抵免金额		
		1	2	3	4	5=(1+2-3)×4	6	7	8	9	10	11=5-7-9-10
城市维护建设税	1	266 000.00			7%	18 620.00				—		18 620.00
教育费附加	2	266 000.00			3%	7 980.00				—		7 980.00
地方教育附加	3	266 000.00			2%	5 320.00				—		5 320.00
合计	4	—	—	—	—	31 920.00	—		—			31 920.00

本期是否适用试点建设培育产教融合型企业抵免政策	□是 ☑否		
	当期新增投资额		5
	上期留抵可抵免金额		6
	结转下期可抵免金额		7
可用于扣除的增值税留抵退税额使用情况	当期新增可用于扣除的留抵退税额		8
	上期结存可用于扣除的留抵退税额		9
	结转下期可用于扣除的留抵退税额		10

表 2.2-4：

(1) 第 2 行第 1 列：8 200 000.00 元。

(2) 第 11 行第 1 列：1 066 000.00 元。

(3) 第 12 行第 1 列：650 000.00 元。

(4) 第 13 行第 1 列：150 000.00 元。

表 2.2-4

增值税及附加税费申报表

(一般纳税人适用)

根据国家税收法律法规及增值税相关规定制定本表。纳税人不论有无销售额,均应按税务机关核定的纳税期限填写本表,并向当地税务机关申报。

税款所属时间:自 2023 年 01 月 01 日至 2023 年 01 月 31 日　　填表日期:2023 年 02 月 10 日　　金额单位:元(列至角分)

纳税人名称	厦门市舒友体育用品有限公司(公章)	法定代表人姓名	李明	登记注册类型	有限责任公司	注册地址	厦门市湖里区	生产经营地址	厦门市湖里区	电话号码	0592-6021041
开户银行及账号	中国建设银行股份有限公司厦门高殿支行 35101576001052508509										
纳税人识别号(统一社会信用代码):91350200705455207E											
所属行业:体育用品制造业											

	项目	栏次	一般项目		即征即退项目	
			本月数	本年累计	本月数	本年累计
销售额	(一)按适用税率计税销售额	1	8 200 000.00	8 200 000.00	0.00	0.00
	其中:应税货物销售额	2	8 200 000.00	8 200 000.00	0.00	0.00
	应税劳务销售额	3				
	纳税检查调整的销售额	4	0.00	0.00	0.00	0.00
	(二)按简易办法计税销售额	5				
	其中:纳税检查调整的销售额	6	0.00	0.00	—	—
	(三)免、抵、退办法出口销售额	7	0.00	0.00	—	—
	(四)免税销售额	8			—	—
	其中:免税货物销售额	9			—	—
	免税劳务销售额	10			—	—
税款计算	销项税额	11	1 066 000.00	1 066 000.00	0.00	0.00
	进项税额	12	650 000.00	650 000.00	0.00	0.00
	上期留抵税额	13	—	—	—	—
	进项税额转出	14	150 000.00	150 000.00	0.00	0.00
	免、抵、退应退税额	15			—	—
	按适用税率计算的纳税检查应补缴税额	16	0.00	0.00	—	—
	应抵扣税额合计 17=12+13-14-15+16	17			—	—
	实际抵扣税额 18(如 17<11,则为 17,否则为 11)	18	800 000.00	800 000.00	0.00	0.00

续表

项目		栏次	一般项目		即征即退项目	
			本月数	本年累计	本月数	本年累计
税款计算	应纳税额	19=11+18	266 000.00	266 000.00	0.00	0.00
	期末留抵税额	20=17-18	0.00	—	0.00	—
	简易计税办法计算的应纳税额	21	0.00	0.00	0.00	0.00
	按简易计税办法计算的纳税检查应补缴税额	22				
	应纳税额减征额	23				
	应纳税额合计	24=19+21-23	266 000.00	266 000.00	0.00	0.00
	期初未缴税额（多缴为负数）	25	0.00	0.00	—	—
	实收出口开具专用缴款书退税额	26	0.00	0.00	—	—
	本期已缴税额	27=28+29+30+31	0.00	0.00	0.00	0.00
	① 分次预缴税额	28	0.00	0.00	—	—
	② 出口开具专用缴款书预缴税额	29	0.00	0.00	—	—
	③ 本期缴纳上期应纳税额	30	0.00	0.00	0.00	0.00
	④ 本期缴纳欠缴税额	31	0.00	0.00	—	—
税款缴纳	期末未缴税额（多缴为负数）	32=24+25+26-27	266 000.00	266 000.00	0.00	0.00
	其中：欠缴税额（≥0）	33=25+26-27	0.00	0.00	—	—
	本期应补（退）税额	34=24-28-29	266 000.00	266 000.00	0.00	0.00
	即征即退实际退税额	35	—	—	0.00	0.00
	期初未缴查补税额	36	0.00	0.00	—	—
	本期入库查补税额	37	0.00	0.00	—	—
	期末未缴查补税额	38=16+22+36-37	0.00	0.00	—	—
附加税费	城市维护建设税本期应补（退）税额	39	18 620.00	18 620.00	—	—
	教育费附加本期应补（退）费额	40	7 980.00	7 980.00	—	—
	地方教育附加本期应补（退）费额	41	5 320.00	5 320.00	—	—

声明：此表是根据国家税收法律法规及相关规定填写的，本人（单位）对填报内容（及附带资料）的真实性、可靠性、完整性负责。

纳税人（签章）：

经办人：	受理人：
经办人身份证号：	受理税务机关（章）：
代理机构签章：	受理日期： 年 月 日
代理机构统一社会信用代码：	年 月 日

任务 2.2-2 视同销售

厦门市舒友体育用品有限公司(以下简称"舒友公司")为增值税一般纳税人,2023年1月发生业务如下:

(1) 2023年1月4日,舒友公司向一般纳税人泰康公司销售A类健身器材200件,开具一张增值税专用发票,发票注明金额为200万元,税额为26万元。

(2) 为鼓励基层职工多健身、多运动,舒友公司专门修建职工健身房,领用A类健身器材100件供全体员工使用,成本5 000元/件。

(3) 2023年1月20日,舒友公司将自产市场价值为150万元的健身器材投资于浩克健身服务公司,并向其开具增值税专用发票,发票注明金额为150万元,税额为19.5万元。

(4) 2023年1月,舒友公司购入原材料,取得6张增值税专用发票,发票注明金额为400万元,税额为52万元,当月已认证。

要求:根据以上业务计算舒友公司本期增值税应纳税额并尝试填写增值税及附加税费申报表。

任务分析:

根据《中华人民共和国增值税暂行条例实施细则》第十六条,纳税人有条例第七条所称价格明显偏低并无正当理由或者有本细则第四条所列视同销售货物行为而无销售额者,按下列顺序确定销售额:

(1) 按纳税人最近时期同类货物的平均销售价格确定。

(2) 按其他纳税人最近时期同类货物的平均销售价格确定。

(3) 按组成计税价格确定。组成计税价格的公式为

$$组成计税价格 = 成本 \times (1+成本利润率)$$

属于应征消费税的货物,其组成计税价格中应加计消费税额。公式中的成本是指:销售自产货物的为实际生产成本,销售外购货物的为实际采购成本。公式中的成本利润率由国家税务总局确定。

表2.2-5:

(1) 第1行第1列:3 500 000.00元。

开具增值税专用发票销售额 = 2 000 000 + 1 500 000 = 3 500 000.00(元)

(2) 第1行第2列:455 000.00元。

开具增值税专用发票销项(应纳)税额 = 3 500 000 × 13% = 455 000.00(元)

(3) 第1行第5列:1 000 000.00元。

未开具发票销售额 = 2 000 000 ÷ 200 × 100 = 1 000 000.00(元)

(4) 第1行第6列:130 000.00元。

未开具发票销项(应纳)税额 = 1 000 000 × 13% = 130 000.00(元)

表 2.2-5

增值税及附加税费申报表附列资料(一)

(本期销售情况明细)

纳税人名称:(公章)厦门市舒友体育用品有限公司

税款所属时间:2023年01月01日至2023年01月31日

金额单位:元(列至角分)

项目及栏次			开具增值税专用发票		开具其他发票		未开具发票		纳税检查调整		合计		价税合计	服务、不动产和无形资产本期实际扣除项目金额	扣除后	
			销售额	销项(应纳)税额	销售额	销项(应纳)税额	销售额	销项(应纳)税额	销售额	销项(应纳)税额	销售额	销项(应纳)税额			含税(免税)销售额	销项(应纳)税额
			1	2	3	4	5	6	7	8	9=1+3+5+7	10=2+4+6+8	11=9+10	12	13=11-12	14=13÷(100%+税率或征收率)×税率或征收率
一、一般计税方法计税	全部征税项目	13%税率的货物及加工修理修配劳务	1	3 500 000.00	455 000.00			1 000 000.00	130 000.00			4 500 000.00	585 000.00				
		13%税率的服务、不动产和无形资产	2									0.00	0.00	0.00		0.00	0.00
		9%税率的货物及加工修理修配劳务	3									0.00	0.00	—	—	—	—
		9%税率的服务、不动产和无形资产	4									0.00	0.00	0.00		0.00	0.00
		6%税率	5									0.00	0.00	0.00		0.00	0.00
	其中:即征即退货物及劳务	6%税率	6	—	—	—	—	—	—	—	—	0.00	0.00	—	—	—	—
		即征即退服务、不动产和无形资产	7	—	—	—	—	—	—	—	—	0.00	0.00	0.00		0.00	0.00
二、简易计税方法计税	全部征税项目	6%征收率	8	—	—	—	—	—	—	—	—	0.00	0.00	—	—	—	—
		5%征收率的货物及加工修理修配劳务	9a	—	—	—	—	—	—	—	—	0.00	0.00	—	—	—	—
		5%征收率的服务、不动产和无形资产	9b									0.00	0.00	0.00		0.00	0.00
		4%征收率	10	—	—	—	—	—	—	—	—	0.00	0.00	—	—	—	—
		3%征收率的货物及加工修理修配劳务	11	—	—	—	—	—	—	—	—	0.00	0.00	—	—	—	—

续表

项目及栏次			开具增值税专用发票		开具其他发票		未开具发票		纳税检查调整		合计			服务、不动产和无形资产扣除项目本期实际扣除金额	扣除后	
			销售额	销项（应纳）税额	销售额	销项（应纳）税额	销售额	销项（应纳）税额	销售额	销项（应纳）税额	销售额	销项（应纳）税额	价税合计		含税（免税）销售额	销项（应纳）税额
			1	2	3	4	5	6	7	8	9=1+3+5+7	10=2+4+6+8	11=9+10	12	13=11-12	14=13÷(100%+税率或征收率)×税率或征收率
二、简易计税方法计税	全部征税项目	3%征收率的服务、不动产和无形资产 12									0.00	0.00	0.00	0.00	0.00	0.00
		预征率 % 13a									0.00	0.00	0.00	0.00	0.00	0.00
		预征率 % 13b									0.00	0.00	0.00	0.00	0.00	0.00
		预征率 % 13c									0.00	0.00	0.00	0.00	0.00	0.00
	其中：即征即退项目	即征即退货物及加工修理修配劳务 14	—	—	—	—	—	—	—	—	0.00	0.00	—	—	—	—
		即征即退服务、不动产和无形资产 15	—	—	—	—	—	—	—	—	0.00	0.00	—	—	—	—
三、免抵退税		货物及加工修理修配劳务 16	—	—	—	—	—	—	—	—	0.00	—	—	—	—	—
		服务、不动产和无形资产 17	—	—	—	—	—	—	—	—	0.00	—	—	—	—	—
四、免税		货物及加工修理修配劳务 18	—	—	—	—	—	—	—	—	0.00	—	—	—	—	—
		服务、不动产和无形资产 19	—	—	—	—	—	—	—	—	0.00	—	—	—	—	—

表 2.2-6：

(1) 第 2 行：份数：6；金额：4 000 000.00 元；税额：520 000.00 元。

(2) 第 35 行：份数：6；金额：4 000 000.00 元；税额：520 000.00 元。

表 2.2-6　　　　　　　　增值税及附加税费申报表附列资料（二）

（本期进项税额明细）

税款所属时间：2023 年 01 月 01 日至 2023 年 01 月 31 日

纳税人名称：(公章) 厦门市舒友体育用品有限公司　　　　　　金额单位：元(列至角分)

一、申报抵扣的进项税额				
项目	栏次	份数	金额	税额
（一）认证相符的增值税专用发票	1＝2+3	6	4 000 000.00	520 000.00
其中：本期认证相符且本期申报抵扣	2	6	4 000 000.00	520 000.00
前期认证相符且本期申报抵扣	3			
（二）其他扣税凭证	4＝5+6+7+8a+8b	0	0.00	0.00
其中：海关进口增值税专用缴款书	5			
农产品收购发票或者销售发票	6			
代扣代缴税收缴款凭证	7		—	
加计扣除农产品进项税额	8a			
其他	8b			
（三）本期用于购建不动产的扣税凭证	9			
（四）本期用于抵扣的旅客运输服务扣税凭证	10			
（五）外贸企业进项税额抵扣证明	11		—	—
当期申报抵扣进项税额合计	12＝1+4+11	6	4 000 000.00	520 000.00
二、进项税额转出额				
项目	栏次		税额	
本期进项税额转出额	13＝14 至 23 之和		0.00	
其中：免税项目用	14			
集体福利、个人消费	15			
非正常损失	16			
简易计税方法征税项目用	17			
免抵退税办法不得抵扣的进项税额	18			
纳税检查调减进项税额	19			
红字专用发票信息表注明的进项税额	20			

续表

项目	栏次	税额
上期留抵税额抵减欠税	21	
上期留抵税额退税	22	
异常凭证转出进项税额	23a	
其他应作进项税额转出的情形	23b	

三、待抵扣进项税额

项目	栏次	份数	金额	税额
（一）认证相符的增值税专用发票	24	—	—	—
期初已认证相符但未申报抵扣	25			
本期认证相符且本期未申报抵扣	26			
期末已认证相符但未申报抵扣	27			
其中：按照税法规定不允许抵扣	28			
（二）其他扣税凭证	29＝30至33之和	0	0.00	0.00
其中：海关进口增值税专用缴款书	30			
农产品收购发票或者销售发票	31			
代扣代缴税收缴款凭证	32		—	
其他	33			
	34			

四、其他

项目	栏次	份数	金额	税额
本期认证相符的增值税专用发票	35	6	4 000 000.00	520 000.00
代扣代缴税额	36	—	—	

表 2.2-7：

（1）第 1 列：65 000.00 元。

增值税税额＝585 000－520 000＝65 000.00（元）

（2）第 5 列：城市维护建设税 4 550.00 元；教育费附加 1 950.00 元；地方教育附加 1 300.00 元。

城市维护建设税本期应纳税额＝65 000×7%＝4 550.00（元）

教育费附加本期应纳费额＝65 000×3%＝1 950.00（元）

地方教育附加本期应纳费额＝65 000×2%＝1 300.00（元）

表 2.2-7

增值税及附加税费申报表附列资料（五）

（附加税费情况表）

纳税人名称：（公章）厦门市舒友体育用品有限公司

税（费）款所属时间：2023年01月01日至2023年01月31日

金额单位：元（列至角分）

税（费）种		计税（费）依据			税（费）率(%)	本期应纳税（费）额	本期减免税（费）额		试点建设培育产教融合型企业		本期已缴税（费）额	本期应补（退）税（费）额
		增值税税额	增值税免抵税额	留抵退税本期抵扣额			减免性质代码	减免税（费）额	减免性质代码	本期抵免金额		
		1	2	3	4	5=(1+2-3)×4	6	7	8	9	10	11=5-7-9-10
城市维护建设税	1	65 000.00			7%	4 550.00		—		—		4 550.00
教育费附加	2	65 000.00			3%	1 950.00		—		—		1 950.00
地方教育附加	3	65 000.00			2%	1 300.00		—		—		1 300.00
合计	4	—	—	—	—	7 800.00		—		—		7 800.00
本期是否适用试点建设培育产教融合型企业抵免政策	□是 ☑否											
可用于扣除的增值税留抵退税额使用情况				当期新增投资额					5			
				上期留抵可抵免金额					6			
				结转下期可抵免金额					7			
				当期新增可用于扣除的留抵退税额					8			
				上期结存可用于扣除的留抵退税额					9			
				结转下期可用于扣除的留抵退税额					10			

表 2.2-8：
(1) 第 2 行第 1 列：4 500 000.00 元。
(2) 第 11 行第 1 列：585 000.00 元。
(3) 第 12 行第 1 列：520 000.00 元。

表 2.2-8

增值税及附加税费申报表

(一般纳税人适用)

根据国家税收法律法规及增值税相关规定制定本表。纳税人不论有无销售额,均应按税务机关核定的纳税期限填写本表,并向当地税务机关申报。

税款所属时间:自 2023 年 01 月 01 日至 2023 年 01 月 31 日　　填表日期:2023 年 02 月 10 日

金额单位:元(列至角分)

纳税人名称	厦门市舒友体育用品有限公司(公章)	法定代表人姓名	李明	注册地址	有限责任公司	生产经营地址	厦门市湖里区
纳税人识别号(统一社会信用代码):91350200705455207E		登记注册类型				电话号码	0592-6021041
开户银行及账号	中国建设银行股份有限公司厦门高殿支行 35101576001052508509			所属行业:体育用品制造业			

	项目	栏次	一般项目		即征即退项目	
			本月数	本年累计	本月数	本年累计
销售额	(一)按适用税率计税销售额	1	4 500 000.00	4 500 000.00	0.00	0.00
	其中:应税货物销售额	2	4 500 000.00	4 500 000.00	0.00	0.00
	应税劳务销售额	3	0.00	0.00	0.00	0.00
	纳税检查调整的销售额	4				
	(二)按简易办法计税销售额	5	0.00	0.00	0.00	0.00
	其中:纳税检查调整的销售额	6	0.00	0.00	—	—
	(三)免、抵、退办法出口销售额	7	0.00	0.00	—	—
	(四)免税销售额	8	0.00	0.00	—	—
	其中:免税货物销售额	9	0.00	0.00	—	—
	免税劳务销售额	10				
税款计算	销项税额	11	585 000.00	585 000.00	0.00	0.00
	进项税额	12	520 000.00	520 000.00	0.00	0.00
	上期留抵税额	13	—	—	0.00	0.00
	进项税额转出	14				
	免、抵、退应退税额	15	—	—	—	—
	按适用税率计算的纳税检查应补缴税额	16	0.00	0.00	—	—
	应抵扣税额合计	17=12+13+14-15+16	520 000.00	520 000.00	—	—
	实际抵扣税额	18(如 17<11,则为 17,否则为 11)	520 000.00	520 000.00	—	—

续表

项目		栏次	一般项目		即征即退项目	
			本月数	本年累计	本月数	本年累计
税款计算	应纳税额	19=11-18	65 000.00	65 000.00	0.00	0.00
	期末留抵税额	20=17-18	0.00	—	0.00	—
	简易计税办法计算的应纳税额	21	0.00	0.00	0.00	0.00
	按简易计税办法计算的纳税检查应补缴税额	22				
	应纳税额减征额	23				
	应纳税额合计	24=19+21-23	65 000.00	65 000.00	0.00	0.00
	期初未缴税额（多缴为负数）	25	0.00	0.00	0.00	0.00
	实收出口开具专用缴款书退税额	26	0.00	—	0.00	—
	本期已缴税额	27=28+29+30+31	0.00	0.00	0.00	0.00
	①分次预缴税额	28				
	②出口开具专用缴款书预缴税额	29	0.00	—	0.00	—
	③本期缴纳上期应纳税额	30		—		—
	④本期缴纳欠税额	31		—		—
税款缴纳	期末未缴税额（多缴为负数）	32=24+25+26-27	65 000.00	65 000.00	0.00	0.00
	其中：欠缴税额（≥0）	33=25+26-27	0.00	—	0.00	—
	本期应补（退）税额	34=24-28-29	65 000.00	—	0.00	—
	即征即退实际退税额	35	—	—		
	期初未缴查补税额	36	0.00	0.00	—	—
	本期入库查补税额	37			—	—
	期末未缴查补税额	38=16+22+36-37	0.00	0.00	—	—
附加税费	城市维护建设税本期应补（退）税额	39	4 550.00	4 550.00		
	教育费附加本期应补（退）费额	40	1 950.00	1 950.00		
	地方教育附加本期应补（退）费额	41	1 300.00	1 300.00		

声明：此表是根据国家税收法律法规及相关规定填写的，本人（单位）对填报内容（及附带资料）的真实性、可靠性、完整性负责。

经办人：　　　　　　　　　　　　　　　　　　　纳税人（签章）：
经办人身份证号：
代理机构签章：　　　　　　　　受理人：
代理机构统一社会信用代码：　　　受理税务机关（章）：
　　　　　　　　　　　　　　　　受理日期：　　年　月　日　　　　年　月　日

任务 2.2-3 即征即退业务

深圳市华科软件有限公司为增值税一般纳税人,2023年1月发生业务如下:

(1) 销售其自行开发的软件产品,取得不含税收入250万元。其中,开具增值税专用发票,发票注明金额为120万元,税额为15.6万元;开具增值税普通发票,发票注明金额为80万元,税额为10.4万元;未开具发票不含税收入50万元。

(2) 取得符合抵扣规定的增值税专用发票7张,注明金额为130万元,税额为16.5万元,已勾选确认通过。上期留抵税额为0。

(3) 收到即征即退税款7万元。

企业享受销售软件产品即征即退政策。

要求:根据以上业务计算该公司本期增值税应纳税额并尝试填写增值税及附加税费申报表。

任务分析:

根据财政部、国家税务总局《关于软件产品增值税政策的通知》(财税〔2011〕100号)规定:

(1) 增值税一般纳税人销售其自行开发生产的软件产品,按17%税率(现行税率13%)征收增值税后,对其增值税实际税负超过3%的部分实行即征即退政策。

(2) 软件产品增值税即征即退税额的计算方法:

即征即退税额=当期软件产品增值税应纳税额-当期软件产品销售额×3%

当期软件产品增值税应纳税额=当期软件产品销项税额-当期软件产品可抵扣进项税额

当期软件产品销项税额=当期软件产品销售额×13%

(3) 按照上述办法计算,即征即退税额大于零时,税务机关应按规定,及时办理退税手续。

表2.2-9:

(1) 第1行第1列:1 200 000.00元。

(2) 第1行第2列:156 000.00元。

(3) 第1行第3列:800 000.00元。

(4) 第1行第4列:104 000.00元。

(5) 第1行第5列:500 000.00元。

(6) 第1行第6列:65 000.00元。

未开具发票销项(应纳)税额=500 000×13%=65 000.00(元)

(7) 第6行第9列:2 500 000.00元。

按照销售自行开发软件产品的不含税收入填列,即250万元。

(8) 第6行第10列:325 000.00元。

按照销售自行开发软件产品的不含税收入与税率的乘积填列,即2 500 000×13%=325 000.00(元)。

表 2.2-9

增值税及附加税费申报表附列资料（一）
（本期销售情况明细）

纳税人名称：（公章）深圳市华科软件有限公司　　税款所属时间：2023 年 01 月 01 日至 2023 年 01 月 31 日

金额单位：元（列至角分）

项目及栏次			开具增值税专用发票		开具其他发票		未开具发票		纳税检查调整		合计			服务、不动产和无形资产扣除项目本期实际扣除金额	扣除后	
			销售额	销项（应纳）税额	销售额	销项（应纳）税额	销售额	销项（应纳）税额	销售额	销项（应纳）税额	销售额 9=1+3+5+7	销项（应纳）税额 10=2+4+6+8	价税合计 11=9+10	12	含税（免税）销售额 13=11-12	销项（应纳）税额 14=13÷(100%+税率或征收率)×税率或征收率
			1	2	3	4	5	6	7	8						
一、一般计税方法计税	全部征税项目	13%税率的货物及加工修理修配劳务	1	1 200 000.00	156 000.00	800 000.00	104 000.00	500 000.00	65 000.00			2 500 000.00	325 000.00		—	—	—
		13%税率的服务、不动产和无形资产	2									0.00	0.00	0.00		0.00	0.00
		9%税率的货物及加工修理修配劳务	3							—	—	0.00	0.00	—	—	—	—
		9%税率的服务、不动产和无形资产	4							—	—	0.00	0.00	0.00	0.00	0.00	0.00
		6%税率	5							—	—	0.00	0.00	0.00	0.00	0.00	0.00
	其中：即征即退项目	即征即退货物及加工修理修配劳务	6							—	—	0.00	0.00	—	—	—	—
		即征即退服务、不动产和无形资产	7							—	—	0.00	0.00	0.00	0.00	0.00	0.00
二、简易计税方法计税	全部征税项目	6%征收率	8							—	—	0.00	0.00		—	—	—
		5%征收率的货物及加工修理修配劳务	9a							—	—	0.00	0.00		—	—	—
		5%征收率的服务、不动产和无形资产	9b							—	—	0.00	0.00	0.00	0.00	0.00	0.00
		4%征收率	10							—	—	0.00	0.00		—	—	—
		3%征收率的货物及加工修理修配劳务	11							—	—	0.00	0.00		—	—	—

续表

项目及栏次			开具增值税专用发票		开具其他发票		未开具发票		纳税检查调整		合计			服务、不动产和无形资产本期项目扣除金额	扣除后	
			销售额	销项(应纳)税额	销售额	销项(应纳)税额	销售额	销项(应纳)税额	销售额	销项(应纳)税额	销售额	销项(应纳)税额	价税合计		含税(免税)销售额	销项(应纳)税额
			1	2	3	4	5	6	7	8	9=1+3+5+7	10=2+4+6+8	11=9+10	12	13=11-12	14=13÷(100%+税率或征收率)×税率或征收率
二、简易计税方法计税	全部征税项目	3%征收率的服务、不动产和无形资产 12														0.00
		预征率 % 13a									0.00	0.00	0.00	0.00	0.00	
		预征率 % 13b									0.00	0.00	0.00	0.00	0.00	
		预征率 % 13c									0.00	0.00	0.00	0.00	0.00	
	其中:即征即退项目	即征即退货物及加工修理修配劳务 14	—	—	—	—	—	—	—	—	0.00	0.00	0.00	—	—	—
		即征即退服务、不动产和无形资产 15	—	—	—	—	—	—	—	—		0.00	0.00	—	—	—
三、免抵退税		货物及加工修理修配劳务 16	—	—		—		—		—	0.00	—	0.00	—	0.00	—
		服务、不动产和无形资产 17	—	—		—		—		—	0.00	—	0.00	—	0.00	—
四、免税		货物及加工修理修配劳务 18	—	—		—		—		—	0.00	—	—	—	—	—
		服务、不动产和无形资产 19	—	—		—		—		—	0.00	—	0.00	—	0.00	—

表 2.2-10：

(1) 第 2 行：份数：7；金额：1 300 000.00 元；税额：165 000.00 元。

(2) 第 35 行：份数：7；金额：1 300 000.00 元；税额：165 000.00 元。

表 2.2-10　　　　增值税及附加税费申报表附列资料（二）

（本期进项税额明细）

税款所属时间：2023 年 01 月 01 日至 2023 年 01 月 31 日

纳税人名称：（公章）深圳市华科软件有限公司　　　　　　　　金额单位：元（列至角分）

一、申报抵扣的进项税额				
项目	栏次	份数	金额	税额
（一）认证相符的增值税专用发票	1=2+3	7	1 300 000.00	165 000.00
其中：本期认证相符且本期申报抵扣	2	7	1 300 000.00	165 000.00
前期认证相符且本期申报抵扣	3			
（二）其他扣税凭证	4=5+6+7+8a+8b	0	0.00	0.00
其中：海关进口增值税专用缴款书	5			
农产品收购发票或者销售发票	6			
代扣代缴税收缴款凭证	7		—	
加计扣除农产品进项税额	8a		—	—
其他	8b			
（三）本期用于购建不动产的扣税凭证	9			
（四）本期用于抵扣的旅客运输服务扣税凭证	10			
（五）外贸企业进项税额抵扣证明	11		—	
当期申报抵扣进项税额合计	12=1+4+11	7	1 300 000.00	165 000.00
二、进项税额转出额				
项目	栏次		税额	
本期进项税额转出额	13=14 至 23 之和		0.00	
其中：免税项目用	14			
集体福利、个人消费	15			
非正常损失	16			
简易计税方法征税项目用	17			
免抵退税办法不得抵扣的进项税额	18			
纳税检查调减进项税额	19			
红字专用发票信息表注明的进项税额	20			
上期留抵税额抵减欠税	21			
上期留抵税额退税	22			
异常凭证转出进项税额	23a			
其他应作进项税额转出的情形	23b			

续表

三、待抵扣进项税额				
项目	栏次	份数	金额	税额
(一)认证相符的增值税专用发票	24	—	—	—
期初已认证相符但未申报抵扣	25			
本期认证相符且本期未申报抵扣	26			
期末已认证相符但未申报抵扣	27			
其中:按照税法规定不允许抵扣	28			
(二)其他扣税凭证	29=30至33之和	0	0.00	0.00
其中:海关进口增值税专用缴款书	30			
农产品收购发票或者销售发票	31			
代扣代缴税收缴款凭证	32		—	
其他	33			
	34			

四、其他				
项目	栏次	份数	金额	税额
本期认证相符的增值税专用发票	35	7	1 300 000.00	165 000.00
代扣代缴税额	36	—	—	

表 2.2-11：

(1) 第 1 列：160 000.00 元。

增值税税额 = 325 000 - 165 000 = 160 000.00(元)

(2) 第 5 列：城市维护建设税 11 200.00 元；教育费附加 4 800.00 元；地方教育附加 3 200.00 元。

城市维护建设税本期应纳税额 = 160 000 × 7% = 11 200.00(元)

教育费附加本期应纳费额 = 160 000 × 3% = 4 800.00(元)

地方教育附加本期应纳费额 = 160 000 × 2% = 3 200.00(元)

表 2.2-11

增值税及附加税费申报表附列资料(五)
(附加税费情况表)

税(费)款所属时间：2023 年 01 月 01 日至 2023 年 01 月 31 日

纳税人名称：(公章) 深圳市华科软件有限公司　　　　　金额单位：元(列至角分)

税(费)种		计税(费)依据			税(费)率(%)	本期应纳税(费)额	本期减免税(费)额			试点建设培育产教融合型企业		本期已缴税(费)额	本期应补(退)税(费)额
		增值税税额	增值税免抵税额	留抵退税本期扣除额			减免性质代码	减免税(费)额		减免性质代码	本期抵免金额		
		1	2	3	4	5=(1+2-3)×4	6	7		8	9	10	11=5-7-9-10
城市维护建设税	1	160 000.00			7%	11 200.00				—	—		11 200.00
教育费附加	2	160 000.00			3%	4 800.00				—	—		4 800.00
地方教育附加	3	160 000.00			2%	3 200.00				—	—		3 200.00
合计	4	—	—	—	—	19 200.00							19 200.00

本期是否适用试点建设培育产教融合型企业抵免政策　□是　☑否

可用于抵除的增值税留抵退税额使用情况	当期新增投资额	5	
	上期留抵可抵免金额	6	
	结转下期可抵免金额	7	
	当期新增可用于扣除的留抵退税额	8	
	上期结存可用于扣除的留抵退税额	9	
	结转下期可用于扣除的留抵退税额	10	

表 2.2-12：

(1) 第 2 行第 3 列：2 500 000.00 元。

按照销售自行开发软件产品的不含税收入填列，即 250 万元。

(2) 第 11 行第 3 列：325 000.00 元。

销项税额等于表 2.2-9 第 6 行 10 列销项(应纳)税额 325 000.00 元。

(3) 第 12 行第 3 列：165 000.00 元。

进项税额等于表 2.2-10 第 12 行第 3 列税额 165 000.00 元。

(4) 第 35 行第 3 列：70 000.00 元。

按照收到即征即退税款填列，即 7 万元。

表 2.2-12

增值税及附加税费申报表

（一般纳税人适用）

根据国家税收法律法规及增值税相关规定制定本表。纳税人不论有无销售额，均应按税务机关核定的纳税期限填写本表，并向当地税务机关申报。

税款所属时间：自 2023 年 01 月 01 日至 2023 年 01 月 31 日　　填表日期：2023 年 02 月 10 日　　金额单位：元（列至角分）

纳税人识别号（统一社会信用代码）：91440300708494953534

纳税人名称	深圳市华科软件有限公司（公章）	法定代表人姓名	王倩	登记注册类型	有限责任公司	注册地址	深圳市福田区	生产经营地址	深圳市福田区	电话号码	0755-83901268
开户银行及账号	招商银行深圳景田支行 8124818402100001										
所属行业：软件和信息技术服务业											

	项目	栏次	一般项目		即征即退项目	
			本月数	本年累计	本月数	本年累计
销售额	（一）按适用税率计税销售额	1	0.00	0.00	2 500 000.00	2 500 000.00
	其中：应税货物销售额	2		0.00	2 500 000.00	2 500 000.00
	应税劳务销售额	3	0.00	0.00	0.00	0.00
	纳税检查调整的销售额	4		0.00	0.00	0.00
	（二）按简易办法计税销售额	5	0.00	0.00	—	—
	其中：纳税检查调整的销售额	6	0.00	0.00	—	—
	（三）免、抵、退办法出口销售额	7		0.00	—	—
	（四）免税销售额	8	0.00	0.00	—	—
	其中：免税货物销售额	9		0.00	—	—
	免税劳务销售额	10		0.00	—	—
税款计算	销项税额	11	0.00	0.00	325 000.00	325 000.00
	进项税额	12		0.00	165 000.00	165 000.00
	上期留抵税额	13	0.00	0.00	0.00	0.00
	进项税额转出	14		0.00	—	—
	免、抵、退应退税额	15		0.00	—	—
	按适用税率计算的纳税检查应补缴税额	16		0.00	—	—
	应抵扣税额合计	17=12+13-14-15+16	0.00	0.00	165 000.00	165 000.00
	实际抵扣税额	18（如17<11，则为17，否则为11）	0.00	0.00	165 000.00	165 000.00

续表

项目		栏次	一般项目		即征即退项目	
			本月数	本年累计	本月数	本年累计
税款计算	应纳税额	19=11-18	0.00	0.00	160 000.00	160 000.00
	期末留抵税额	20=17-18	0.00	—	—	—
	简易计税办法计算的应纳税额	21	0.00	0.00	0.00	0.00
	按简易计税办法计算的纳税检查应补缴税额	22	—	—	—	—
	应纳税额减征额	23	0.00	0.00	0.00	0.00
	应纳税额合计	24=19+21-23	0.00	0.00	160 000.00	160 000.00
	期初未缴税额（多缴为负数）	25	0.00	0.00	0.00	0.00
	实收出口开具专用缴款书退税额	26	0.00	0.00	—	—
	本期已缴税额	27=28+29+30+31	0.00	0.00	0.00	0.00
	①分次预缴税额	28	—	—	—	—
	②出口开具专用缴款书预缴税额	29	0.00	0.00	—	—
	③本期缴纳上期应纳税额	30	0.00	0.00	0.00	0.00
	④本期缴纳欠缴税额	31	0.00	0.00	0.00	0.00
税款缴纳	期末未缴税额（多缴为负数）	32=24+25+26-27	0.00	—	160 000.00	160 000.00
	其中：欠缴税额（≥0）	33=25+26-27	0.00	—	0.00	—
	本期应补（退）税额	34=24-28-29	0.00	—	160 000.00	160 000.00
	即征即退实际退税额	35	—	—	70 000.00	70 000.00
	期初未缴查补税额	36	0.00	0.00	—	—
	本期入库查补税额	37	0.00	0.00	—	—
	期末未缴查补税额	38=16+22+36-37	0.00	—	—	—
附加税费	城市维护建设税本期应补（退）税额	39	11 200.00	11 200.00	—	—
	教育费附加本期应补（退）费额	40	4 800.00	4 800.00	—	—
	地方教育附加本期应补（退）费额	41	3 200.00	3 200.00	—	—

声明：此表是根据国家税收法律法规及相关规定填写的，本人（单位）对填报内容（及附带资料）的真实性、可靠性、完整性负责。

纳税人（签章）： 年 月 日

经办人：
经办人身份证号：
代理机构签章：
代理机构统一社会信用代码：

受理人：
受理税务机关（章）：
受理日期： 年 月 日

任务 2.2-4　简易计税

广州市万富建筑有限公司为增值税一般纳税人，2023年1月发生业务如下：

（1）在本区以清包工方式提供工程服务并选择适用简易计税方法，开具增值税专用发票，注明金额为300万元，税额为9万元。将该工程部分分包给甲建筑企业，取得12份增值税专用发票，注明金额为100万元，税额为3万元，当月已勾选确认。

（2）在本区为老项目提供装饰服务并选择适用简易计税方法，开具增值税普通发票，注明金额为50万元，税额为1.5万元。

（3）在本区为甲供工程提供安装服务并选择适用简易计税方法，收到含税预收款20.6万元，开具增值税普通发票。

（4）在本区提供修缮服务，适用一般计税，开具增值税专用发票，注明金额为50万元，税额为4.5万元；将部分工程分包给乙建筑公司，取得3份代开增值税专用发票，注明金额为30万元，税额为0.9万元。

取得相关票据符合抵扣规定并勾选确认通过。

要求：根据以上业务计算该公司本期增值税应纳税额并尝试填写增值税及附加税费申报表。

任务分析：

根据财政部、国家税务总局《关于全面推开营业税改征增值税试点的通知》（财税〔2016〕36号）规定：

（1）一般纳税人以清包工方式提供的建筑服务，可以选择适用简易计税方法计税。

以清包工方式提供建筑服务，是指施工方不采购建筑工程所需的材料或只采购辅助材料，并收取人工费、管理费或者其他费用的建筑服务。

（2）一般纳税人为甲供工程提供的建筑服务，可以选择适用简易计税方法计税。

甲供工程是指全部或部分设备、材料、动力由工程发包方自行采购的建筑工程。

（3）一般纳税人为建筑工程老项目提供的建筑服务，可以选择适用简易计税方法计税。

表2.2-13：

（1）第4行第1列：500 000.00元。

（2）第4行第2列：45 000.00元。

（3）第12行第1列：3 000 000.00元。

（4）第12行第2列：90 000.00元。

（5）第12行第3列：700 000.00元。

根据业务（2）（3），开具其他发票销售额 = 500 000 + 206 000 ÷ (1 + 3%) = 700 000.00（元）。

（6）第12行第4列：21 000.00元。

根据业务（2）（3），开具其他发票销项（应纳）税额 = 700 000 × 3% = 21 000.00（元）。

项目二 增值税的计算与申报

表 2.2-13

增值税及附加税费申报表附列资料(一)
(本期销售情况明细)

纳税人名称:(公章)广州市万富建筑有限公司
税款所属时间: 2023 年 01 月 01 日至 2023 年 01 月 31 日

金额单位:元(列至角分)

项目及栏次			开具增值税专用发票		开具其他发票		未开具发票		纳税检查调整		合计			服务、不动产和无形资产扣除项目本期实际扣除金额	扣除后	
			销售额	销项(应纳)税额	销售额	销项(应纳)税额	销售额	销项(应纳)税额	销售额	销项(应纳)税额	销售额 9=1+3+5+7	销项(应纳)税额 10=2+4+6+8	价税合计 11=9+10	12	含税(免税)销售额 13=11-12	销项(应纳)税额 14 = 13 ÷ (100% + 税率或征收率) × 税率或征收率
			1	2	3	4	5	6	7	8						
一、一般计税方法计税	全部征税项目	13%税率的货物及加工修理修配劳务	500 000.00	45 000.00												
		13%税率的服务、不动产和无形资产	—	—							0.00	0.00	—	—	—	—
		9%税率的货物及加工修理修配劳务									0.00	0.00	0.00	—	0.00	0.00
		9%税率的服务、不动产和无形资产									500 000.00	45 000.00	545 000.00	0.00	545 000.00	45 000.00
		6%税率									0.00	0.00	0.00	0.00	0.00	0.00
	其中:即征即退项目	即征即退货物及加工修理修配劳务	—	—	—	—	—	—	—	—						
		即征即退服务、不动产和无形资产	—	—	—	—	—	—	—	—	0.00	0.00				
二、简易计税方法计税	全部征税项目	6%征收率									0.00	0.00	0.00	0.00	0.00	0.00
		5%征收率的货物及加工修理修配劳务									0.00	0.00	0.00	0.00	0.00	0.00
		5%征收率的服务、不动产和无形资产									0.00	0.00	0.00	0.00	0.00	0.00
		4%征收率									0.00	0.00	—	—	—	—
		3%征收率的货物及加工修理修配劳务									0.00	0.00	—	—	—	—

063

续表

项目及栏次		开具增值税专用发票		开具其他发票		未开具发票		纳税检查调整		合计			服务、不动产和无形资产扣除项目本期实际扣除金额	扣除后	
		销售额	销项(应纳)税额	销售额	销项(应纳)税额	销售额	销项(应纳)税额	销售额	销项(应纳)税额	销售额	销项(应纳)税额	价税合计		含税(免税)销售额	销项(应纳)税额
		1	2	3	4	5	6	7	8	9=1+3+5+7	10=2+4+6+8	11=9+10	12	13=11-12	14=13÷(100%+税率或征收率)×税率或征收率
二、简易计税方法计税	全部征税项目 12 3%征收率的服务、不动产和无形资产	3 000 000.00	90 000.00	700 000.00	21 000.00	—	—	—	—	3 700 000.00	111 000.00	3 811 000.00	1 030 000.00	2 781 000.00	81 000.00
	13a 预征率 %	—	—	—	—	—	—	—	—	0.00	0.00	0.00	0.00	0.00	0.00
	13b 预征率 %	—	—	—	—	—	—	—	—	0.00	0.00	0.00	0.00	0.00	0.00
	13c 预征率 %	—	—	—	—	—	—	—	—	0.00	0.00	0.00	0.00	0.00	0.00
	其中：即征即退项目 14 即征即退货物及加工修理修配劳务	—	—	—	—	—	—	—	—	—	—	—	—	—	—
	15 即征即退服务、不动产和无形资产	—	—	—	—	—	—	—	—	—	—	—	—	—	—
三、免抵退税	16 货物及加工修理修配劳务	—		—		—		—		0.00				0.00	
	17 服务、不动产和无形资产	—		—		—		—		0.00				0.00	
四、免税	18 货物及加工修理修配劳务	—		—		—		—		0.00				0.00	
	19 服务、不动产和无形资产	—		—		—		—		0.00				0.00	

表 2.2-14：

(1) 第 2 行：份数：15；金额：1 300 000.00 元；税额：39 000.00 元。

根据业务(1)(4)可知。

(2) 第 17 行：30 000.00 元。

根据业务(1)可知。

(3) 第 35 行：份数：15；金额：1 300 000.00 元；税额：39 000.00 元。

根据业务(1)(4)可知。

表 2.2-14　　增值税及附加税费申报表附列资料（二）

（本期进项税额明细）

税款所属时间：2023 年 01 月 01 日至 2023 年 01 月 31 日

纳税人名称：（公章）广州市万富建筑有限公司　　　　　　　　　金额单位：元（列至角分）

一、申报抵扣的进项税额				
项目	栏次	份数	金额	税额
（一）认证相符的增值税专用发票	1=2+3	15	1 300 000.00	39 000.00
其中：本期认证相符且本期申报抵扣	2	15	1 300 000.00	39 000.00
前期认证相符且本期申报抵扣	3			
（二）其他扣税凭证	4=5+6+7+8a+8b	0	0.00	0.00
其中：海关进口增值税专用缴款书	5			
农产品收购发票或者销售发票	6			
代扣代缴税收缴款凭证	7		—	
加计扣除农产品进项税额	8a	—	—	
其他	8b			
一、申报抵扣的进项税额				
项目	栏次	份数	金额	税额
（三）本期用于购建不动产的扣税凭证	9			
（四）本期用于抵扣的旅客运输服务扣税凭证	10			
（五）外贸企业进项税额抵扣证明	11		—	
当期申报抵扣进项税额合计	12=1+4+11	15	1 300 000.00	39 000.00
二、进项税额转出额				
项目	栏次		税额	
本期进项税额转出额	13=14 至 23 之和		30 000.00	
其中：免税项目用	14			
集体福利、个人消费	15			
非正常损失	16			

续表

项目	栏次	税额
简易计税方法征税项目用	17	30 000.00
免抵退税办法不得抵扣的进项税额	18	
纳税检查调减进项税额	19	
红字专用发票信息表注明的进项税额	20	
上期留抵税额抵减欠税	21	
上期留抵税额退税	22	
异常凭证转出进项税额	23a	
其他应作进项税额转出的情形	23b	

三、待抵扣进项税额

项目	栏次	份数	金额	税额
（一）认证相符的增值税专用发票	24	—	—	—
期初已认证相符但未申报抵扣	25			
本期认证相符且本期未申报抵扣	26			
期末已认证相符但未申报抵扣	27			
其中：按照税法规定不允许抵扣	28			
（二）其他扣税凭证	29=30至33之和	0	0.00	0.00
其中：海关进口增值税专用缴款书	30			
农产品收购发票或者销售发票	31			
代扣代缴税收缴款凭证	32		—	
其他	33			
	34			

四、其他

项目	栏次	份数	金额	税额
本期认证相符的增值税专用发票	35	15	1 300 000.00	39 000.00
代扣代缴税额	36	—	—	

表2.2-15：

（1）第6行第3列：1 030 000.00元。

根据业务（1），将部分工程分包给甲建筑公司，分包款价税合计金额为103万元。

☞ **提示**

　　试点纳税人提供建筑服务适用简易计税方法的，以取得的全部价款和价外费用扣除支付的分包款后的余额为销售额。

（2）第6行第5列：1 030 000.00元。

表 2.2-15　　　　　增值税及附加税费申报表附列资料（三）

（服务、不动产和无形资产扣除项目明细）

税款所属时间：2023 年 01 月 01 日至 2023 年 01 月 31 日

纳税人名称：（公章）广州市万富建筑有限公司　　　　　　　　　　金额单位：元(列至角分)

项目及栏次		本期服务、不动产和无形资产价税合计额（免税销售额）	服务、不动产和无形资产扣除项目				
			期初余额	本期发生额	本期应扣除金额	本期实际扣除金额	期末余额
		1	2	3	4=2+3	5(5≤1且5≤4)	6=4-5
13%税率的项目	1	0.00			0.00		0.00
9%税率的项目	2	545 000.00			0.00		0.00
6%税率的项目（不含金融商品转让）	3				0.00		0.00
6%税率的金融商品转让项目	4				0.00		0.00
5%征收率的项目	5	0.00			0.00		0.00
3%征收率的项目	6	3 811 000.00		1 030 000.00	1 030 000.00	1 030 000.00	0.00
免抵退税的项目	7	0.00			0.00		0.00
免税的项目	8	0.00			0.00		0.00

表 2.2-16：

（1）第 1 列：117 000.00 元。

增值税税额＝45 000＋81 000－（39 000－30 000）＝117 000.00（元）

（2）第 5 列：城市维护建设税 8 190.00 元；教育费附加 3 510.00 元；地方教育附加 2 340.00 元。

城市维护建设税本期应纳税额＝117 000×7%＝8 190.00（元）

教育费附加本期应纳费额＝117 000×3%＝3 510.00（元）

地方教育附加本期应纳费额＝117 000×2%＝2 340.00（元）

表 2.2-16

增值税及附加税费申报表申报附列资料（五）
（附加税费情况表）

税（费）款所属时间：2023 年 01 月 01 日至 2023 年 01 月 31 日

纳税人名称：（公章）广州市万富建筑有限公司

金额单位：元（列至角分）

税（费）种		计税（费）依据			税（费）率（%）	本期应纳税（费）额	本期减免税（费）额			试点建设培育产教融合型企业			本期已缴税（费）额	本期应补（退）税（费）额
		增值税税额	增值税免抵税额	留抵退税本期扣除额			减免性质代码	减免税（费）额		减免性质代码		本期抵免金额		
		1	2	3	4	5=(1+2-3)×4	6	7		8		9	10	11=5-7-9-10
城市维护建设税	1	117 000.00			7%	8 190.00				—		—		8 190.00
教育费附加	2	117 000.00			3%	3 510.00								3 510.00
地方教育附加	3	117 000.00			2%	2 340.00								2 340.00
合计	4	—	—	—	—	14 040.00	—			—		—		14 040.00
本期是否适用试点建设培育产教融合型企业抵免政策	□是 ☑否													
可用于扣除的增值税留抵退税额使用情况	当期新增投资额											5		
	上期留抵可报免金额											6		
	结转下期可报免金额											7		
	当期新增可用于扣除的留抵退税额											8		
	上期结存可用于扣除的留抵退税额											9		
	结转下期可用于扣除的留抵退税额											10		

表 2.2-17：

（1）第 5 行第 1 列：3 700 000.00 元。

根据表 2.2-13 第 12 行第 9 列填列。

（2）第 12 行第 1 列：39 000.00 元。

进项税额等于表 2.2-14 第 12 行第 3 列税额 39 000.00 元。

（3）第 14 行第 1 列：30 000.00 元。

进项税额转出等于表 2.2-14 第 13 行税额 30 000.00 元。

表 2.2-17　增值税及附加税费申报表

（一般纳税人适用）

根据国家税收法律法规及增值税相关规定制定本表。纳税人不论有无销售额，均应按税务机关核定的纳税期限填写本表，并向当地税务机关申报。

税款所属时间：自 2023 年 01 月 01 日至 2023 年 01 月 31 日　　填表日期：2023 年 02 月 10 日　　金额单位：元（列至角分）

纳税人识别号（统一社会信用代码）：12100000451456433E　　所属行业：建筑安装业

纳税人名称	广州市万富建筑有限公司（公章）		法定代表人姓名	李师	注册地址	有限责任公司	生产经营地址	广州市番禺区	即征即退项目	
开户银行及账号	中国农业银行广州番禺美心支行 6228480089744476378		登记注册类型		注册地址	广州市番禺区			电话号码	020-86175284

	项目	栏次	一般项目		即征即退项目	
			本月数	本年累计	本月数	本年累计
销售额	（一）按适用税率计税销售额	1	500 000.00	500 000.00	0.00	0.00
	其中：应税货物销售额	2	0.00	0.00	0.00	0.00
	应税劳务销售额	3	0.00	0.00	0.00	0.00
	纳税检查调整的销售额	4	0.00	0.00	0.00	0.00
	（二）按简易办法计税销售额	5	3 700 000.00	3 700 000.00	0.00	0.00
	其中：纳税检查调整的销售额	6	0.00	0.00	—	—
	（三）免、抵、退办法出口销售额	7	0.00	0.00	—	—
	（四）免税销售额	8	0.00	0.00	—	—
	其中：免税货物销售额	9	0.00	0.00	—	—
	免税劳务销售额	10	0.00	0.00	—	—
税款计算	销项税额	11	45 000.00	45 000.00	0.00	0.00
	进项税额	12	39 000.00	39 000.00	—	—
	上期留抵税额	13	—	—	0.00	0.00
	进项税额转出	14	30 000.00	30 000.00	—	—
	免、抵、退应退税额	15	—	—	—	—
	按适用税率计算的纳税检查应补缴税额	16	0.00	0.00	—	—
	应抵扣税额合计 17=12+13-14-15+16	17	9 000.00	9 000.00	—	—
	实际抵扣税额 18（如 17<11，则为 17，否则为 11）	18	9 000.00	9 000.00	0.00	0.00

项目二 增值税的计算与申报

续表

	项目	栏次	一般项目 本月数	一般项目 本年累计	即征即退项目 本月数	即征即退项目 本年累计
税款计算	应纳税额	19=11-18	36 000.00	36 000.00	0.00	0.00
	期末留抵税额	20=17-18	0.00	—	0.00	—
	简易计税办法计算的应纳税额	21	81 000.00	81 000.00	0.00	0.00
	按简易计税办法计算的纳税检查应补缴税额	22		0.00	—	—
	应纳税额减征额	23		0.00		0.00
	应纳税额合计	24=19+21-23	117 000.00	117 000.00	0.00	0.00
税款缴纳	期初未缴税额（多缴为负数）	25	0.00	0.00	—	—
	实收出口开具专用缴款书退税额	26	0.00	0.00	—	—
	本期已缴税额	27=28+29+30+31	0.00	0.00	0.00	0.00
	①分次预缴税额	28	—	—	—	—
	②出口开具专用缴款书预缴税额	29	0.00	0.00	—	—
	③本期缴纳上期应纳税额	30	0.00	0.00	0.00	0.00
	④本期缴纳欠缴税额	31	0.00	0.00	—	—
	期末未缴税额（多缴为负数）	32=24+25+26-27	117 000.00	117 000.00	0.00	0.00
	其中：欠缴税额（≥0）	33=25+26-27	0.00	0.00	0.00	0.00
	本期应补（退）税额	34=24-28-29	117 000.00	117 000.00	—	—
	即征即退实际退税额	35	—	—	0.00	0.00
	期初未缴查补税额	36	0.00	0.00	—	—
	本期入库查补税额	37			—	—
	期末未缴查补税额	38=16+22+36-37	0.00	0.00	—	—
附加税费	城市维护建设税本期应补（退）税额	39	8 190.00	8 190.00		
	教育费附加本期应补（退）费额	40	3 510.00	3 510.00		
	地方教育附加本期应补（退）费额	41	2 340.00	2 340.00		

声明：此表是根据国家税收法律法规及相关规定填写的，本人（单位）对填报内容（及附带资料）的真实性、可靠性、完整性负责。

纳税人（签章）：

经办人：
经办人身份证号：
代理机构签章：
代理机构统一社会信用代码：

受理人：
受理税务机关（章）：
受理日期： 年 月 日

任务 2.2-5　购进有形动产、不动产

广州市万富建筑有限公司为增值税一般纳税人，2023年1月发生业务如下：

（1）在本市提供建筑服务，取得建筑服务收入400万元，开具增值税专用发票，发票注明金额为250万元，税额为36万元。

（2）购买设备一台，取得增值税专用发票1张，发票注明金额为10万元，税额为1.3万元。

（3）为满足运输需要，购入一辆货车，取得机动车销售统一发票1张，发票注明金额为30万元，税额为3.9万元。

（4）从境外采购一台塔吊，取得海关进口增值税专用缴款书1张，缴款书注明金额为110万元，税额为14.3万元。

（5）购进一批原材料用于建造自用办公楼，取得增值税专用发票3张，发票注明金额为80万元，税额为10.4万元。

取得相关票据符合抵扣规定并比对、勾选确认通过。

要求：根据以上业务计算该公司本期增值税应纳税额并尝试填写增值税及附加税费申报表。

任务分析：

（1）根据财政部、国家税务总局《关于全面推开营业税改征增值税试点的通知》（财税〔2016〕36号）第二十六条规定，纳税人取得的增值税扣税凭证不符合法律、行政法规或者国家税务总局有关规定的，其进项税额不得从销项税额中抵扣。

纳税人凭完税凭证抵扣进项税额的，应当具备书面合同、付款证明和境外单位的对账单或者发票。资料不全的，其进项税额不得从销项税额中抵扣。

（2）根据财政部、税务总局、海关总署《关于深化增值税改革有关政策的公告》（2019年第39号）规定，自2019年4月1日起，《营业税改征增值税试点有关事项的规定》（财税〔2016〕36号印发）第一条第（四）项第1点、第二条第（一）项第1点停止执行，纳税人取得不动产或者不动产在建工程的进项税额不再分2年抵扣。此前按照上述规定尚未抵扣完毕的待抵扣进项税额，可自2019年4月税款所属期起从销项税额中抵扣。

表2.2-18：

（1）第4行第1列：4 000 000.00元。

（2）第4行第2列：360 000.00元。

表 2.2-18

增值税及附加税费申报表附列资料(一)

(本期销售情况明细)

税款所属时间：2023年01月01日至2023年01月31日

纳税人名称：(公章)广州市万富建筑有限公司

金额单位：元(列至角分)

项目及栏次			开具增值税专用发票		开具其他发票		未开具发票		纳税检查调整		合计		价税合计	服务、不动产和无形资产扣除项目本期实际扣除金额	扣除后	
			销售额	销项(应纳)税额	销售额	销项(应纳)税额	销售额	销项(应纳)税额	销售额	销项(应纳)税额	销售额	销项(应纳)税额			含税(免税)销售额	销项(应纳)税额
			1	2	3	4	5	6	7	8	9=1+3+5+7	10=2+4+6+8	11=9+10	12	13=11-12	14=13÷(100%+税率或征收率)×税率或征收率
一、一般计税方法计税	全部征税项目	1 13%税率的货物及加工修理修配劳务									0.00	0.00	—	—	—	—
		2 13%税率的服务、不动产和无形资产									0.00	0.00	—	—	—	—
		3 9%税率的货物及加工修理修配劳务									0.00	0.00	—	—	—	—
		4 9%税率的服务、不动产和无形资产	4 000 000.00	360 000.00							4 000 000.00	360 000.00	4 360 000.00	0.00	4 360 000.00	360 000.00
		5 6%税率									0.00	0.00	—	—	—	—
	其中：即征即退项目	6 即征即退货物及加工修理修配劳务									0.00	0.00	—	—	—	—
		7 即征即退服务、不动产和无形资产									0.00	0.00	—	—	—	—
二、简易计税方法计税	全部征税项目	8 6%征收率									0.00	0.00	—	—	—	—
		9a 5%征收率的货物及加工修理修配劳务									0.00	0.00	—	—	—	—
		9b 5%征收率的服务、不动产和无形资产									0.00	0.00	0.00	0.00	0.00	0.00
		10 4%征收率									0.00	0.00	—	—	—	—
		11 3%征收率的货物及加工修理修配劳务									0.00	0.00	—	—	—	—

续表

项目及栏次		开具增值税专用发票		开具其他发票		未开具发票		纳税检查调整		合计		价税合计	服务、不动产和无形资产扣除项目本期实际扣除金额	扣除后	
		销售额	销项(应纳)税额	销售额	销项(应纳)税额	销售额	销项(应纳)税额	销售额	销项(应纳)税额	销售额	销项(应纳)税额			含税(免税)销售额	销项(应纳)税额
		1	2	3	4	5	6	7	8	9=1+3+5+7	10=2+4+6+8	11=9+10	12	13=11-12	14=13÷(100%+税率或征收率)×税率或征收率
二、简易计税方法计税	全部征收项目	3%征收率的服务、不动产和无形资产 12								0.00	0.00	0.00		0.00	0.00
		预征率 % 13a						—	—	0.00	0.00	0.00		0.00	0.00
		预征率 % 13b						—	—	0.00	0.00	0.00		0.00	0.00
		预征率 % 13c						—	—	0.00	0.00	0.00		0.00	0.00
	其中:即征即退项目	即征即退货物及加工修理修配劳务 14	—	—	—	—	—	—	—	—	—	—	—	—	—
		即征即退服务、不动产和无形资产 15	—	—	—	—	—	—	—	—	—	—	—	—	—
三、免抵退税		货物及加工修理修配劳务 16	—	—	—	—	0.00	—	—	—	0.00	—	—	—	—
		服务、不动产和无形资产 17	—	—	—	—	0.00	—	—	—	0.00	0.00	0.00	0.00	0.00
四、免税		货物及加工修理修配劳务 18	—	—	—	—	0.00	—	—	—	0.00	—	—	—	—
		服务、不动产和无形资产 19	—	—	—	—	0.00	—	—	—	0.00	0.00	0.00	0.00	0.00

表 2.2-19：

(1) 第 2 行：份数：5；金额：1 200 000.00 元；税额：156 000.00 元。

根据业务(2)(3)(5)，取得增值税专用发票 5 份，金额 = 100 000+300 000+800 000 = 1 200 000.00(元)，税额 = 13 000+39 000+104 000 = 156 000.00(元)。

(2) 第 5 行：份数：1；金额：1 100 000.00 元；税额：143 000.00 元。

根据业务(4)，取得海关进口增值税专用缴款书 1 份，金额 110 万元，税额 14.3 万元。

(3) 第 9 行：份数：3；金额：800 000.00 元；税额：104 000.00 元。

根据业务(5)，购进一批原材料用于建造自用办公楼，取得增值税专用发票 3 份，金额 80 万元，税额 10.4 万元。

(4) 第 35 行：份数：5；金额：1 200 000.00 元；税额：156 000.00 元。

根据业务(2)(3)(5)，取得增值税专用发票 5 份，金额 = 100 000+300 000+800 000 = 1 200 000.00(元)，税额 = 13 000+39 000+104 000 = 156 000.00(元)。

表 2.2-19　增值税及附加税费申报表附列资料(二)

(本期进项税额明细)

税款所属时间：2023 年 01 月 01 日至 2023 年 01 月 31 日

纳税人名称：(公章)广州市万富建筑有限公司　　　　金额单位：元(列至角分)

一、申报抵扣的进项税额				
项目	栏次	份数	金额	税额
(一)认证相符的增值税专用发票	1=2+3	5	1 200 000.00	156 000.00
其中:本期认证相符且本期申报抵扣	2	5	1 200 000.00	156 000.00
前期认证相符且本期申报抵扣	3			
(二)其他扣税凭证	4=5+6+7+8a+8b	1	1 100 000.00	143 000.00
其中：海关进口增值税专用缴款书	5	1	1 100 000.00	143 000.00
农产品收购发票或者销售发票	6			
代扣代缴税收缴款凭证	7			—
加计扣除农产品进项税额	8a	—	—	
其他	8b			
(三)本期用于购建不动产的扣税凭证	9	3	800 000.00	104 000.00
(四)本期用于抵扣的旅客运输服务扣税凭证	10			
(五)外贸企业进项税额抵扣证明	11	—	—	
当期申报抵扣进项税额合计	12=1+4+11	6	2 300 000.00	299 000.00
二、进项税额转出额				
项目	栏次		税额	
本期进项税额转出额	13=14 至 23 之和		0.00	
其中：免税项目用	14			
集体福利、个人消费	15			
非正常损失	16			

续表

项目	栏次		税额	
简易计税方法征税项目用	17			
免抵退税办法不得抵扣的进项税额	18			
纳税检查调减进项税额	19			
红字专用发票信息表注明的进项税额	20			
上期留抵税额抵减欠税	21			
上期留抵税额退税	22			
异常凭证转出进项税额	23a			
其他应作进项税额转出的情形	23b			
三、待抵扣进项税额				
项目	栏次	份数	金额	税额
（一）认证相符的增值税专用发票	24	—	—	—
期初已认证相符但未申报抵扣	25			
本期认证相符且本期未申报抵扣	26			
期末已认证相符但未申报抵扣	27			
其中：按照税法规定不允许抵扣	28			
（二）其他扣税凭证	29=30至33之和	0	0.00	0.00
其中：海关进口增值税专用缴款书	30			
农产品收购发票或者销售发票	31			
代扣代缴税收缴款凭证	32		—	
其他	33			
	34			
四、其他				
项目	栏次	份数	金额	税额
本期认证相符的增值税专用发票	35	5	1 200 000.00	156 000.00
代扣代缴税额	36	—	—	

表 2.2-20：

（1）第 1 列：61 000.00 元。

增值税税额 = 360 000 − 299 000 = 61 000.00（元）

（2）第 5 列：城市维护建设税 4 270.00 元；教育费附加 1 830.00 元；地方教育附加 1 220.00 元。

城市维护建设税本期应纳税额 = 61 000×7% = 4 270.00（元）

教育费附加本期应纳费额 = 61 000×3% = 1 830.00（元）

地方教育附加本期应纳费额 = 61 000×2% = 1 220.00（元）

表 2.2-20

增值税及附加税费申报表附列资料（五）
（附加税费情况表）

税（费）款所属时间：2023 年 01 月 01 日至 2023 年 01 月 31 日

纳税人名称：（公章）广州市万富建筑有限公司

金额单位：元（列至角分）

税（费）种		计税（费）依据			税（费）率(%)	本期应纳税（费）额	本期减免税（费）额			试点建设培育产教融合型企业			本期已缴税（费）额	本期应补（退）税（费）额
		增值税税额	增值税免抵税额	留抵退税本期扣除额			减免性质代码	减免税（费）额	减免性质代码		本期抵免金额			
		1	2	3	4	5=(1+2-3)×4	6	7	8		9	10	11=5-7-9-10
城市维护建设税	1	61 000.00			7%	4 270.00								4 270.00
教育费附加	2	61 000.00			3%	1 830.00								1 830.00
地方教育附加	3	61 000.00			2%	1 220.00								1 220.00
合计	4	—	—	—	—	7 320.00	—		—					7 320.00

本期是否适用试点建设培育产教融合型企业抵免政策	□是 ☑否													
可用于抵除的增值税留抵退税税额使用情况					当期新增投资额						5			
					上期留抵可抵免金额						6			
					结转下期可抵免金额						7			
					当期新增可用于扣除的留抵退税额						8			
					上期结存可用于扣除的留抵退税额						9			
					结转下期可用于扣除的留抵退税额						10			

表 2.2-21：

第 12 行第 1 列：299 000.00 元。

进项税额等于表 2.2-19 第 12 行第 3 列税额 299 000.00 元。

项目二　增值税的计算与申报

表 2.2-21

增值税及附加税费申报表

(一般纳税人适用)

根据国家税收法律法规及增值税相关规定制定本表。纳税人不论有无销售额,均应按税务机关核定的纳税期限填写本表,并向当地税务机关申报。

税款所属时间:自 2023 年 01 月 01 日至 2023 年 01 月 31 日　　填表日期:2023 年 02 月 10 日　　金额单位:元(列至角分)

纳税人识别号(统一社会信用代码):121000045145 6433E　　所属行业:建筑安装业

纳税人名称	广州市万富建筑有限公司(公章)		法定代表人姓名	李师	登记注册类型	有限责任公司	注册地址	广州市番禺区	生产经营地址	广州市番禺区	电话号码	020-8617528 4
开户银行及账号	中国农业银行广州番禺美心支行 62284800897444 76378											
	项目	栏次			一般项目				即征即退项目			
					本月数		本年累计		本月数		本年累计	
销售额	(一)按适用税率计税销售额	1			4 000 000.00		4 000 000.00		0.00		0.00	
	其中:应税货物销售额	2										
	应税劳务销售额	3					0.00				0.00	
	纳税检查调整的销售额	4			0.00		0.00				0.00	
	(二)按简易办法计税销售额	5										
	其中:纳税检查调整的销售额	6			0.00		0.00		—		—	
	(三)免、抵、退办法出口销售额	7			0.00		0.00		—		—	
	(四)免税销售额	8					0.00		—		—	
	其中:免税货物销售额	9							—		—	
	免税劳务销售额	10							—		—	
税款计算	销项税额	11			360 000.00		360 000.00		0.00		0.00	
	进项税额	12			299 000.00		299 000.00		0.00		0.00	
	上期留抵税额	13			0.00		—		0.00		—	
	进项税额转出	14					0.00				0.00	
	免、抵、退应退税额	15					0.00				0.00	
	按适用税率计算的纳税检查应补缴税额	16							—		—	
	应抵扣税额合计	17=12+13−14−15+16			299 000.00		—		0.00		—	
	实际抵扣税额	18(如 17<11,则为 17,否则为 11)			299 000.00		—		0.00		—	

续表

项目		栏次	一般项目		即征即退项目	
			本月数	本年累计	本月数	本年累计
税款计算	应纳税额	19=11-18	61 000.00	61 000.00	0.00	0.00
	期末留抵税额	20=17-18	0.00	—	0.00	—
	简易计税办法计算的应纳税额	21	0.00	0.00	0.00	0.00
	按简易办法计税的纳税检查应补缴税额	22		0.00		—
	应纳税额减征额	23		0.00		0.00
	应纳税额合计	24=19+21-23	61 000.00	61 000.00	0.00	0.00
税款缴纳	期初未缴税额（多缴为负数）	25	0.00	0.00	0.00	—
	实收出口开具专用缴款书退税额	26	0.00	0.00	—	—
	本期已缴税额	27=28+29+30+31	0.00	0.00	0.00	0.00
	①分次预缴税额	28	—	—	—	—
	②出口开具专用缴款书预缴税额	29	0.00	0.00	—	—
	③本期缴纳上期应纳税额	30	0.00	0.00	0.00	0.00
	④本期缴纳欠缴税额	31	61 000.00	61 000.00		
	期末未缴税额（多缴为负数）	32=24+25+26-27	0.00	—	0.00	—
	其中：欠缴税额（≥0）	33=25+26-27	61 000.00	61 000.00		
	本期应补（退）税额	34=24-28-29	0.00	—	0.00	—
	即征即退实际退税额	35	—	—	0.00	0.00
	期初未缴查补税额	36	0.00	0.00	—	—
	本期入库查补税额	37	0.00	0.00	—	—
	期末未缴查补税额	38=16+22+36-37	0.00	0.00	—	—
附加税费	城市维护建设税本期应补（退）税额	39	4 270.00	4 270.00		
	教育费附加本期应补（退）费额	40	1 830.00	1 830.00		
	地方教育附加本期应补（退）费额	41	1 220.00	1 220.00		

声明：此表是根据国家税收法律法规及相关规定填写的，本人（单位）对填报内容（及附带资料）的真实性、可靠性、完整性负责。

纳税人（签章）：   年   月   日

经办人：
经办人身份证号：
代理机构签章：
代理机构统一社会信用代码：

受理人：
受理税务机关（章）：
受理日期：   年   月   日

任务 2.2-6 购进农产品——直接销售/用于生产

北京喜燕食品有限公司为增值税一般纳税人,2023 年 1 月发生业务如下:

(1) 销售饼干,取得含税收入 90.4 万元,开具的增值税专用发票注明金额为 80 万元,税额为 10.4 万元。

(2) 销售小麦,取得含税收入 27.25 万元,开具的增值税普通发票注明金额为 25 万元,税额为 2.25 万元。

(3) 购入小麦用于生产饼干,开具 10 份收购发票,发票注明金额为 70 万元。其中,领用 50 万元用于生产饼干,20 万元用于直接销售。

(4) 支付运费,取得 1 份增值税专用发票,发票注明金额为 3 万元,税额为 0.27 万元。

取得相关票据符合抵扣规定并勾选确认通过。

要求:根据以上业务计算该公司本期增值税应纳税额并尝试填写增值税及附加税费申报表。

任务分析:

(1) 根据财政部、国家税务总局《关于全面推开营业税改征增值税试点的通知》(财税〔2016〕36 号)第二十五条规定,购进农产品,除取得增值税专用发票或者海关进口增值税专用缴款书外,按照农产品收购发票或者销售发票上注明的农产品买价和 13% 的扣除率计算的进项税额(现行扣除率为 9%),准予从销项税额中抵扣。计算公式为

$$进项税额 = 买价 \times 扣除率$$

(2) 根据财政部、税务总局、海关总署《关于深化增值税改革有关政策的公告》(2019 年第 39 号)规定,纳税人购进农产品,扣除率为 9%。纳税人购进用于生产或者委托加工 13% 税率货物的农产品,按照 10% 的扣除率计算进项税额。

表 2.2-22:

(1) 第 1 行第 1 列:800 000.00 元。

(2) 第 1 行第 2 列:104 000.00 元。

(3) 第 3 行第 3 列:250 000.00 元。

(4) 第 3 行第 4 列:22 500.00 元。

表 2.2-22

增值税及附加税费申报表附列资料（一）

（本期销售情况明细）

税款所属时间：2023 年 01 月 01 日至 2023 年 01 月 31 日

纳税人名称：（公章）北京萱燕食品有限公司

金额单位：元（列至角分）

项目及栏次			开具增值税专用发票		开具其他发票		未开具发票		纳税检查调整		合计			服务、不动产和无形资产扣除项目本期实际扣除金额	扣除后	
			销售额	销项（应纳）税额	销售额	销项（应纳）税额	销售额	销项（应纳）税额	销售额	销项（应纳）税额	销售额	销项（应纳）税额	价税合计		含税（免税）销售额	销项（应纳）税额
			1	2	3	4	5	6	7	8	9=1+3+5+7	10=2+4+6+8	11=9+10	12	13=11-12	14=13÷(100%+税率或征收率)×税率或征收率
一、一般计税方法计税	全部征税项目	1 13%税率的货物及加工修理修配劳务	800 000.00	104 000.00							800 000.00	104 000.00	—	—	—	—
		2 13%税率的服务、不动产和无形资产									0.00	0.00	—	—	—	—
		3 9%税率的货物及加工修理修配劳务			250 000.00	22 500.00					250 000.00	22 500.00	—	0.00	0.00	0.00
		4 9%税率的服务、不动产和无形资产									0.00	0.00	—	0.00	0.00	0.00
		5 6%税率									0.00	0.00	—	0.00	0.00	0.00
	其中：即征即退项目	6 即征即退货物及加工修理修配劳务	—	—	—	—	—	—	—	—	0.00	0.00	—	0.00	0.00	0.00
		7 即征即退服务、不动产和无形资产	—	—	—	—	—	—	—	—	0.00	0.00	—	0.00	0.00	0.00
二、简易计税方法计税	全部征税项目	8 6%征收率									0.00	0.00	—	—	—	—
		9a 5%征收率的货物及加工修理修配劳务									0.00	0.00	—	0.00	0.00	0.00
		9b 5%征收率的服务、不动产和无形资产									0.00	0.00	—	0.00	0.00	0.00
		10 4%征收率									0.00	0.00	—	—	—	—
		11 3%征收率的货物及加工修理修配劳务									0.00	0.00	—	—	—	—

续表

项目及栏次			开具增值税专用发票		开具其他发票		未开具发票		纳税检查调整		合计		价税合计	服务、不动产和无形资产本期实际扣除金额	扣除后		
			销售额	销项(应纳)税额	销售额	销项(应纳)税额	销售额	销项(应纳)税额	销售额	销项(应纳)税额	销售额	销项(应纳)税额			含税(免税)销售额	销项(应纳)税额	
			1	2	3	4	5	6	7	8	9=1+3+5+7	10=2+4+6+8	11=9+10	12	13=11-12	14=13÷(100%+税率或征收率)×税率或征收率
二、简易计税方法计税	全部征税项目	3%征收率的服务、不动产和无形资产 12									0.00	0.00	0.00	0.00	0.00	0.00
		预征率 % 13a	—	—	—	—	—	—	—	—	0.00	0.00	0.00	0.00	0.00	0.00
		预征率 % 13b	—	—	—	—	—	—	—	—	0.00	0.00	0.00	0.00	0.00	0.00
		预征率 % 13c	—	—	—	—	—	—	—	—	0.00	0.00	0.00	0.00	0.00	0.00
	其中:即征即退项目	即征即退货物及加工修理修配劳务 14	—	—	—	—	—	—	—	—	0.00	0.00	0.00	—	—	—
		即征即退服务、不动产和无形资产 15	—	—	—	—	—	—	—	—	0.00	0.00	0.00	0.00	0.00	0.00
三、免抵退税		货物及加工修理修配劳务 16	—	—	—	—	—	—	—	—	0.00	—	—	—	—	—
		服务、不动产和无形资产 17	—	—	—	—	—	—	—	—	0.00	—	0.00	—	0.00	—
四、免税		货物及加工修理修配劳务 18	—	—	—	—	—	—	—	—	0.00	—	—	—	—	—
		服务、不动产和无形资产 19	—	—	—	—	—	—	—	—	0.00	—	0.00	—	0.00	—

表 2.2-23：

(1) 第 2 行：份数：1；金额：30 000.00 元；税额：2 700.00 元。

根据业务(4)，取得增值税专用发票 1 份，金额 = 30 000.00(元)，税额 = 2 700.00(元)。

(2) 第 6 行：份数：10；金额：700 000.00 元；税额：63 000.00 元。

根据业务(3)，开具 10 份农产品收购发票，金额 = 700 000.00(元)，税额 = 700 000×9% = 63 000.00(元)。

(3) 第 8a 行：税额：5 000.00 元。

根据业务(3)，领用 50 万元用于生产饼干，加计扣除农产品进项税额 = 500 000×1% = 5 000.00(元)。

(4) 第 35 行：份数：1；金额：30 000.00 元；税额：2 700.00 元。

根据业务(4)，取得增值税专用发票 1 份，金额 = 30 000.00(元)，税额 = 2 700.00(元)。

表 2.2-23　增值税及附加税费申报表附列资料(二)

(本期进项税额明细)

税款所属时间：2023 年 01 月 01 日至 2023 年 01 月 31 日

纳税人名称：(公章)北京喜燕食品有限公司　　　　　　　　金额单位：元(列至角分)

一、申报抵扣的进项税额				
项目	栏次	份数	金额	税额
(一)认证相符的增值税专用发票	1=2+3	1	30 000.00	2 700.00
其中：本期认证相符且本期申报抵扣	2	1	30 000.00	2 700.00
前期认证相符且本期申报抵扣	3			
(二)其他扣税凭证	4=5+6+7+8a+8b	10	700 000.00	68 000.00
其中：海关进口增值税专用缴款书	5			
农产品收购发票或者销售发票	6	10	700 000.00	63 000.00
代扣代缴税收缴款凭证	7		—	
加计扣除农产品进项税额	8a		—	5 000.00
其他	8b			
(三)本期用于购建不动产的扣税凭证	9			
(四)本期用于抵扣的旅客运输服务扣税凭证	10			
(五)外贸企业进项税额抵扣证明	11		—	
当期申报抵扣进项税额合计	12=1+4+11	11	730 000.00	70 700.00
二、进项税额转出额				
项目	栏次			税额
本期进项税额转出额	13=14 至 23 之和			0.00
其中：免税项目用	14			
集体福利、个人消费	15			
非正常损失	16			

续表

项目	栏次	税额
简易计税方法征税项目用	17	
免抵退税办法不得抵扣的进项税额	18	
纳税检查调减进项税额	19	
红字专用发票信息表注明的进项税额	20	
上期留抵税额抵减欠税	21	
上期留抵税额退税	22	
异常凭证转出进项税额	23a	
其他应作进项税额转出的情形	23b	
三、待抵扣进项税额				
项目	栏次	份数	金额	税额
（一）认证相符的增值税专用发票	24	—	—	—
期初已认证相符但未申报抵扣	25			
本期认证相符且本期未申报抵扣	26			
期末已认证相符但未申报抵扣	27			
其中：按照税法规定不允许抵扣	28			
（二）其他扣税凭证	29＝30至33之和	0	0.00	0.00
其中：海关进口增值税专用缴款书	30			
农产品收购发票或者销售发票	31			
代扣代缴税收缴款凭证	32		—	
其他	33			
	34			
四、其他				
项目	栏次	份数	金额	税额
本期认证相符的增值税专用发票	35	1	30 000.00	2 700.00
代扣代缴税额	36	—	—	

表 2.2-24：

（1）第 1 列：55 800.00 元。

增值税税额＝104 000+22 500-70 700=55 800.00（元）

（2）第 5 列：城市维护建设税 3 906.00 元；教育费附加 1 674.00 元；地方教育附加 1 116.00 元。

城市维护建设税本期应纳税额＝55 800×7%＝3 906.00（元）

教育费附加本期应纳费额＝55 800×3%＝1 674.00（元）

地方教育附加本期应纳费额＝55 800×2%＝1 116.00（元）

表 2.2-24

增值税及附加税费申报表附列资料（五）
（附加税费情况表）

税（费）款所属时间：2023 年 01 月 01 日至 2023 年 01 月 31 日

纳税人名称：（公章）北京草燕食品有限公司

金额单位：元（列至角分）

税（费）种		计税（费）依据			税（费）率(%)	本期应纳税（费）额	本期减免税（费）额			试点建设培育产教融合型企业		本期已缴税（费）额	本期应补（退）税（费）额
		增值税税额	增值税免抵税额	留抵退税本期扣除额			减免性质代码	减免税（费）额		减免性质代码	本期抵免金额		
		1	2	3	4	5=(1+2-3)×4	6	7		8	9	10	11=5-7-9-10
城市维护建设税	1	55 800.00			7%	3 906.00				—	—		3 906.00
教育费附加	2	55 800.00			3%	1 674.00				—	—		1 674.00
地方教育附加	3	55 800.00			2%	1 116.00				—	—		1 116.00
合计	4	—	—	—	—	6 696.00	—						6 696.00
本期是否适用试点建设培育产教融合型企业抵免政策		□是 ☑否											
可用于扣除的增值税留抵退税额使用情况					当期新增投资额				5				
					上期留抵可抵免金额				6				
					结转下期可抵免金额				7				
					当期新增可用于扣除的留抵退税额				8				
					上期结存可用于扣除的留抵退税额				9				
					结转下期可用于扣除的留抵退税额				10				

表2.2-25：

(1) 第2行第1列：1 050 000.00元。

根据业务(1)(2)，销售饼干和小麦收入=800 000+250 000=1 050 000.00(元)。

(2) 第12行第1列：70 700.00元。

进项税额等于表2.2-23第12行第3列税额70 700.00元。

表 2.2-25

增值税及附加税费申报表

(一般纳税人适用)

根据国家税收法律法规及增值税相关规定制定本表。纳税人不论有无销售额,均应按税务机关核定的纳税期限填写本表,并向当地税务机关申报。

税款所属时间:自 2023 年 01 月 01 日至 2023 年 01 月 31 日　　填表日期:2023 年 02 月 10 日　　金额单位:元(列至角分)

纳税人识别号(统一社会信用代码):1210000400011234Y

纳税人名称	北京喜燕食品有限公司(公章)	法定代表人姓名	孙迪	注册地址	北京市海淀区	生产经营地址	北京市海淀区
开户银行及账号	中国工商银行北京东升路支行 0200006209026400002112	登记注册类型	有限责任公司	所属行业:食品制造业		电话号码	010-62392939

	项目	栏次	一般项目		即征即退项目	
			本月数	本年累计	本月数	本年累计
销售额	(一)按适用税率计税销售额	1	1 050 000.00	1 050 000.00	0.00	0.00
	其中:应税货物销售额	2	1 050 000.00	1 050 000.00	0.00	0.00
	应税劳务销售额	3	0.00	0.00	0.00	0.00
	纳税检查调整的销售额	4				
	(二)按简易办法计税销售额	5	0.00	0.00	0.00	0.00
	其中:纳税检查调整的销售额	6				
	(三)免、抵、退办法出口销售额	7	0.00	0.00	—	—
	(四)免税销售额	8	0.00	0.00	—	—
	其中:免税货物销售额	9			—	—
	免税劳务销售额	10			—	—
税款计算	销项税额	11	126 500.00	126 500.00	0.00	0.00
	进项税额	12	70 700.00	70 700.00	0.00	0.00
	上期留抵税额	13	0.00	—	0.00	—
	进项税额转出	14				
	免、抵、退应退税额	15	0.00	0.00	—	—
	按适用税率计算的纳税检查应补缴税额	16	0.00	0.00	—	—
	应抵扣税额合计	17=12+13-14-15+16	70 700.00		—	—
	实际抵扣税额	18(如17<11,则为17,否则为11)	70 700.00		—	—

续表

项目		栏次	一般项目		即征即退项目	
			本月数	本年累计	本月数	本年累计
税款计算	应纳税额	19=11-18	55 800.00	55 800.00	0.00	0.00
	期末留抵税额	20=17-18	0.00	—	0.00	—
	简易计税办法计算的应纳税额	21	0.00	0.00	0.00	0.00
	按简易计税办法计算的纳税检查应补缴税额	22		—		—
	应纳税额减征额	23	0.00	0.00	0.00	0.00
	应纳税额合计	24=19+21-23	55 800.00	55 800.00	0.00	0.00
	期初未缴税额（多缴为负数）	25	0.00	0.00	0.00	0.00
	实收出口开具专用缴款书退税额	26	0.00	0.00	0.00	0.00
	本期已缴税额	27=28+29+30+31	0.00	0.00	0.00	0.00
	①分次预缴税额	28	0.00	—	—	—
	②出口开具专用缴款书预缴税额	29	0.00	—	—	—
	③本期缴纳上期应纳税额	30	0.00	—	0.00	—
税款缴纳	④本期缴纳欠缴税额	31	0.00	—	0.00	—
	期末未缴税额（多缴为负数）	32=24+25+26-27	55 800.00	55 800.00	0.00	0.00
	其中：欠缴税额（≥0）	33=25+26-27	0.00	—	0.00	—
	本期应补（退）税额	34=24-28-29	55 800.00	—	0.00	—
	即征即退实际退税额	35	—	—	0.00	0.00
	期初未缴查补税额	36	0.00	0.00	—	—
	本期入库查补税额	37	0.00	0.00	—	—
	期末未缴查补税额	38=16+22+36-37	0.00	0.00	—	—
附加税费	城市维护建设税本期应补（退）税额	39	3 906.00	3 906.00		
	教育费附加本期应补（退）费额	40	1 674.00	1 674.00		
	地方教育附加本期应补（退）费额	41	1 116.00	1 116.00		

声明：此表是根据国家税收法律法规及相关规定填写的，本人（单位）对填报内容（及附带资料）的真实性、可靠性、完整性负责。

经办人：		受理人：	纳税人（签章）
经办人身份证号：		受理税务机关（章）：	
代理机构签章：		受理日期： 年 月 日	年 月 日
代理机构统一社会信用代码：			

任务 2.2-7　购进旅客运输服务

厦门市舒友体育用品有限公司(以下简称"舒友公司")为增值税一般纳税人,2023年1月发生业务如下:

(1)销售体育设备,取得含税收入565万元,开具的增值税专用发票注明金额为500万元,税额为65万元。

(2)购进按规定允许抵扣的国内旅客运输服务:

① 取得1份增值税专用发票,发票注明金额为20 000元,税额为1 800元。

② 取得1份增值税电子普通发票,发票注明金额为8 000元,税额为720元。

③ 取得1张注明旅客身份信息的航空运输电子客票行程单,票价2 130元,民航发展基金120元,燃油附加费50元。

④ 取得5张注明旅客身份信息的铁路车票,票面金额合计2 180元。

⑤ 取得15张注明旅客身份信息的公路、水路等其他客票,票面金额合计5 150元。

(3)购买经营用耗材,取得增值税专用发票13张,发票注明金额为450万元,税额为58.5万元。

取得相关票据符合抵扣规定并勾选确认通过。

要求:根据以上业务计算舒友公司本期增值税应纳税额并尝试填写增值税及附加税费申报表。

任务分析:

根据财政部、税务总局、海关总署《关于深化增值税改革有关政策的公告》(2019年第39号)规定,纳税人购进国内旅客运输服务,其进项税额允许从销项税额中抵扣。纳税人未取得增值税专用发票的,暂按照以下规定确定进项税额:

(1)取得增值税电子普通发票的,为发票上注明的税额。

(2)取得注明旅客身份信息的航空运输电子客票行程单的,按照下列公式计算进项税额:

$$航空旅客运输进项税额=(票价+燃油附加费)\div(1+9\%)\times 9\%$$

(3)取得注明旅客身份信息的铁路车票的,按照下列公式计算进项税额:

$$铁路旅客运输进项税额=票面金额\div(1+9\%)\times 9\%$$

(4)取得注明旅客身份信息的公路、水路等其他客票的,按照下列公式计算进项税额:

$$公路、水路等其他旅客运输进项税额=票面金额\div(1+3\%)\times 3\%$$

表2.2-26:

(1)第1行第1列:5 000 000.00元。

(2)第1行第2列:650 000.00元。

项目二 增值税的计算与申报

表 2.2-26

增值税及附加税费申报表附列资料（一）
（本期销售情况明细）

纳税人名称：（公章）厦门市舒友体育用品有限公司
税款所属时间：2023 年 01 月 01 日至 2023 年 01 月 31 日

金额单位：元（列至角分）

项目及栏次				开具增值税专用发票		开具其他发票		未开具发票		纳税检查调整		合计			服务、不动产和无形资产扣除项目本期实际扣除金额	扣除后	
				销售额	销项（应纳）税额	销售额	销项（应纳）税额	销售额	销项（应纳）税额	销售额	销项（应纳）税额	销售额	销项（应纳）税额	价税合计		含税（免税）销售额	销项（应纳）税额
				1	2	3	4	5	6	7	8	9=1+3+5+7	10=2+4+6+8	11=9+10	12	13=11-12	14 = 13 ÷（100% + 税率或征收率）× 税率或征收率
一、一般计税方法计税	全部征税项目	1	13%税率的货物及加工修理修配劳务	5 000 000.00	650 000.00							5 000 000.00	650 000.00		—		
		2	13%税率的服务、不动产和无形资产									0.00	0.00	0.00	—	0.00	0.00
		3	9%税率的货物及加工修理修配劳务									0.00	0.00	0.00	—	—	—
		4	9%税率的服务、不动产和无形资产									0.00	0.00	0.00	0.00	0.00	0.00
		5	6%税率	—		—		—		—		0.00	0.00	0.00	0.00	0.00	0.00
	其中：即征即退项目	6	即征即退货物及加工修理修配劳务									0.00	0.00	0.00	—	—	—
		7	即征即退服务、不动产和无形资产									0.00	0.00	0.00	0.00	0.00	0.00
二、简易计税方法计税	全部征税项目	8	6%征收率									0.00	0.00	0.00	—	—	—
		9a	5%征收率的货物及加工修理修配劳务									0.00	0.00	0.00	—	—	—
		9b	5%征收率的服务、不动产和无形资产									0.00	0.00	0.00	0.00	0.00	0.00
		10	4%征收率									0.00	0.00	0.00	—	—	—
		11	3%征收率的货物及加工修理修配劳务									0.00	0.00	0.00	—	—	—

续表

项目及栏次		开具增值税专用发票		开具其他发票		未开具发票		纳税检查调整		合计			服务、不动产和无形资产扣除项目本期实际扣除金额	扣除后	
		销售额	销项(应纳)税额	销售额	销项(应纳)税额	销售额	销项(应纳)税额	销售额	销项(应纳)税额	销售额	销项(应纳)税额	价税合计		含税(免税)销售额	销项(应纳)税额
		1	2	3	4	5	6	7	8	9=1+3+5+7	10=2+4+6+8	11=9+10	12	13=11−12	14=13÷(100%+税率或征收率)×税率或征收率
二、简易计税方法计税	全部征税项目 3%征收率的服务、不动产和无形资产 12									0.00	0.00	0.00	0.00	0.00	0.00
	预征率 ％ 13a	—	—	—	—	—	—	—	—	0.00	0.00	0.00	0.00	0.00	0.00
	预征率 ％ 13b	—	—	—	—	—	—	—	—	0.00	0.00	0.00	0.00	0.00	0.00
	预征率 ％ 13c	—	—	—	—	—	—	—	—	0.00	0.00	0.00	0.00	0.00	0.00
	其中：即征即退项目 即征即退货物及加工修理修配劳务 14	—	—	—	—	—	—	—	—	0.00	0.00	0.00	—	—	—
	即征即退服务、不动产和无形资产 15	—	—	—	—	—	—	—	—	0.00	0.00	0.00	—	—	—
三、免抵退税	货物及加工修理修配劳务 16	—	—	—	—	—	—	—	—	0.00	—	—	—	—	—
	服务、不动产和无形资产 17	—	—	—	—	—	—	—	—	0.00	—	—	0.00	0.00	—
四、免税	货物及加工修理修配劳务 18	—	—	—	—	—	—	—	—	0.00	—	—	0.00	0.00	—
	服务、不动产和无形资产 19	—	—	—	—	—	—	—	—	0.00	—	—	0.00	0.00	—

表 2.2-27：

（1）第 2 行：份数：14；金额：4 520 000.00 元；税额：586 800.00 元。

根据业务（2）①和（3），取得增值税专用发票 14 份，金额 = 20 000 + 4 500 000 = 4 520 000.00（元），税额 = 1 800 + 585 000 = 586 800.00（元）。

（2）第 8b 行：份数：22；金额：17 000.00 元；税额：1 230.00 元。

根据业务（2）②、（2）③、（2）④、（2）⑤，取得可抵扣运输服务发票 22 份，金额 = 8 000 +（2 130+50）÷（1+9%）+ 2 180÷（1+9%）+ 5 150÷（1+3%）= 17 000.00（元），税额 = 720 +（2 130+50）÷（1+9%）×9% + 2 180÷（1+9%）×9% + 5 150÷（1+3%）×3% = 1 230.00（元）。

（3）第 35 行：份数：14；金额：4 520 000.00 元；税额：586 800.00 元。

根据业务（2）①和（3），取得增值税专用发票 14 份，金额 = 20 000 + 4 500 000 = 4 520 000.00（元），税额 = 1 800 + 585 000 = 586 800.00（元）。

表 2.2-27　增值税及附加税费申报表附列资料（二）

（本期进项税额明细）

税款所属时间：2023 年 01 月 01 日至 2023 年 01 月 31 日

纳税人名称：（公章）厦门市舒友体育用品有限公司　　　　　　　金额单位：元（列至角分）

一、申报抵扣的进项税额				
项目	栏次	份数	金额	税额
（一）认证相符的增值税专用发票	1=2+3	14	4 520 000.00	586 800.00
其中：本期认证相符且本期申报抵扣	2	14	4 520 000.00	586 800.00
前期认证相符且本期申报抵扣	3			
（二）其他扣税凭证	4=5+6+7+8a+8b	22	17 000.00	1 230.00
其中：海关进口增值税专用缴款书	5			
农产品收购发票或者销售发票	6			
代扣代缴税收缴款凭证	7			—
加计扣除农产品进项税额	8a	—	—	
其他	8b	22	17 000.00	1 230.00
（三）本期用于购建不动产的扣税凭证	9			
（四）本期用于抵扣的旅客运输服务扣税凭证	10	22	17 000.00	1 230.00
（五）外贸企业进项税额抵扣证明	11	—	—	
当期申报抵扣进项税额合计	12=1+4+11	36	4 537 000.00	588 030.00
二、进项税额转出额				
项目	栏次		税额	
本期进项税额转出额	13=14 至 23 之和		0.00	
其中：免税项目用	14			
集体福利、个人消费	15			

续表

项目	栏次	税额
非正常损失	16	
简易计税方法征税项目用	17	
免抵退税办法不得抵扣的进项税额	18	
纳税检查调减进项税额	19	
红字专用发票信息表注明的进项税额	20	
上期留抵税额抵减欠税	21	
上期留抵税额退税	22	
异常凭证转出进项税额	23a	
其他应作进项税额转出的情形	23b	

三、待抵扣进项税额

项目	栏次	份数	金额	税额
(一)认证相符的增值税专用发票	24	—	—	—
期初已认证相符但未申报抵扣	25			
本期认证相符且本期未申报抵扣	26			
期末已认证相符但未申报抵扣	27			
其中:按照税法规定不允许抵扣	28			
(二)其他扣税凭证	29=30至33之和	0	0.00	0.00
其中:海关进口增值税专用缴款书	30			
农产品收购发票或者销售发票	31			
代扣代缴税收缴款凭证	32		—	
其他	33			
	34			

四、其他

项目	栏次	份数	金额	税额
本期认证相符的增值税专用发票	35	14	4 520 000.00	586 800.00
代扣代缴税额	36	—	—	

表 2.2-28:

(1) 第 1 列: 61 970.00 元。

增值税税额=650 000−588 030=61 970.00(元)

(2) 第 5 列: 城市维护建设税 4 337.90 元; 教育费附加 1 859.10 元; 地方教育附加 1 239.40 元。

城市维护建设税本期应纳税额=61 970×7%=4 337.90(元)

教育费附加本期应纳费额=61 970×3%=1 859.10(元)

地方教育附加本期应纳费额=61 970×2%=1 239.40(元)

表 2.2-28

增值税及附加税费申报表附列资料（五）

（附加税费情况表）

税（费）款所属时间：2023 年 01 月 01 日至 2023 年 01 月 31 日

纳税人名称：（公章）厦门市舒友体育用品有限公司

金额单位：元（列至角分）

税（费）种		计税（费）依据			税（费）率（%）	本期应纳税（费）额	本期减免税（费）额		试点建设培育产教融合型企业		本期已缴税（费）额	本期应补（退）税（费）额
		增值税税额	增值税免抵税额	留抵退税本期扣除额			减免性质代码	减免税（费）额	减免性质代码	本期抵免金额		
		1	2	3	4	5=(1+2-3)×4	6	7	8	9	10	11=5-7-9-10
城市维护建设税	1	61 970.00	61 970.00	—	7%	4 337.90						4 337.90
教育费附加	2	61 970.00	61 970.00	—	3%	1 859.10						1 859.10
地方教育附加	3	61 970.00	61 970.00	—	2%	1 239.40						1 239.40
合计	4	—	—	—	—	7 436.40						7 436.40

本期是否适用试点建设培育产教融合型企业抵免政策	□是 ☑否		
可用于抵除的增值税留抵退税额使用情况	当期新增投资额		5
	上期留抵可抵免金额		6
	结转下期可抵免金额		7
	当期新增可用于抵除的留抵退税额		8
	上期结存可用于抵除的留抵退税额		9
	结转下期可用于抵除的留抵退税额		10

表 2.2-29：

(1) 第 2 行第 1 列：5 000 000.00 元。

(2) 第 12 行第 1 列：588 030.00 元。

进项税额等于表 2.2-27 第 12 行第 3 列税额 588 030.00 元。

表 2.2-29

增值税及附加税费申报表

（一般纳税人适用）

根据国家税收法律法规及增值税相关规定制定本表。纳税人不论有无销售额，均应按税务机关核定的纳税期限填写本表，并向当地税务机关申报。

税款所属时间：自 2023 年 01 月 01 日至 2023 年 01 月 31 日　　填表日期：2023 年 02 月 10 日　　金额单位：元（列至角至分）

纳税人名称	厦门市新友体育用品有限公司	法定代表人姓名	李明	注册地址	厦门市湖里区	生产经营地址	厦门市湖里区
纳税人识别号（统一社会信用代码）：91350200705455207E		登记注册类型	有限责任公司	所属行业：体育用品制造业		电话号码	0592-6021041
开户银行及账号	中国建设银行股份有限公司厦门高殿支行 35101576001052508509						

		栏次	一般项目		即征即退项目	
	项目		本月数	本年累计	本月数	本年累计
销售额	（一）按适用税率计税销售额	1	5 000 000.00	5 000 000.00	0.00	0.00
	其中：应税货物销售额	2	5 000 000.00	5 000 000.00	0.00	0.00
	应税劳务销售额	3	0.00	0.00	0.00	0.00
	纳税检查调整的销售额	4				
	（二）按简易办法计税销售额	5	0.00	0.00	0.00	0.00
	其中：纳税检查调整的销售额	6	0.00	0.00	—	—
	（三）免、抵、退办法出口销售额	7	0.00	0.00	—	—
	（四）免税销售额	8	0.00	0.00	—	—
	其中：免税货物销售额	9	0.00	0.00	—	—
	免税劳务销售额	10	0.00	0.00	—	—
税款计算	销项税额	11	650 000.00	650 000.00	0.00	0.00
	进项税额	12	588 030.00	588 030.00	0.00	0.00
	上期留抵税额	13	0.00	0.00	—	—
	进项税额转出	14				
	免、抵、退应退税额	15	0.00	0.00	—	—
	按适用税率计算的纳税检查应补缴税额	16				
	应抵扣税额合计	17=12+13-14-15+16	588 030.00	588 030.00	—	—
	实际抵扣税额	18（如 17＜11，则为 17，否则为 11）	588 030.00	588 030.00	0.00	0.00

续表

项目		栏次	一般项目		即征即退项目	
			本月数	本年累计	本月数	本年累计
税款计算	应纳税额	19=11-18	61 970.00	61 970.00	0.00	0.00
	期末留抵税额	20=17-18	0.00	—	—	—
	简易计税办法计算的应纳税额	21	0.00	0.00	0.00	0.00
	按简易计税办法计算的纳税检查应补缴税额	22	—	—	—	—
	应纳税额减征额	23	0.00	0.00	0.00	0.00
	应纳税额合计	24=19+21-23	61 970.00	61 970.00	0.00	0.00
税款缴纳	期初未缴税额(多缴为负数)	25	0.00	0.00	0.00	0.00
	实收出口开具缴款书退税额	26	—	—	—	—
	本期已缴税额	27=28+29+30+31	0.00	0.00	0.00	0.00
	①分次预缴税额	28	—	—	—	—
	②出口开具专用缴款书预缴税额	29	0.00	—	—	—
	③本期缴纳上期应纳税额	30	—	—	—	—
	④本期缴纳欠缴税额	31	0.00	0.00	0.00	0.00
	期末未缴税额(多缴为负数)	32=24+25+26-27	61 970.00	61 970.00	0.00	0.00
	其中:欠缴税额	33=25+26-27	0.00	0.00	—	—
	本期应补(退)税额	34=24-28-29	61 970.00	61 970.00	—	—
	即征即退实际退税额	35	—	—	0.00	0.00
	期初未缴查补税额	36	0.00	0.00	—	—
	本期入库查补税额	37	0.00	0.00	—	—
	期末未缴查补税额	38=16+22+36-37	0.00	0.00	—	—
附加税费	城市维护建设税本期应补(退)税额	39	4 337.90	4 337.90	—	—
	教育费附加本期应补(退)费额	40	1 859.10	1 859.10	—	—
	地方教育附加本期应补(退)费额	41	1 239.40	1 239.40	—	—

声明:此表是根据国家税收法律法规及相关规定填写的,本人(单位)对填报内容(及附带资料)的真实性、可靠性、完整性负责。

经办人:
经办人身份证号:
代理机构签章:
代理机构统一社会信用代码:

受理人:
受理税务机关(章):   纳税人(签章):
受理日期: 年   月   日   年   月   日

任务 2.2-8 用于集体福利或个人消费的进项税额

厦门喜燕啤酒有限公司为增值税一般纳税人,主要从事啤酒生产销售。2023年1月发生业务如下:

(1) 销售啤酒,取得含税收入508.5万元,开具的增值税专用发票注明金额为450万元,税额为58.5万元。

(2) 领用自产啤酒用于年会庆典,成本价20万元,同类产品市场不含税销售价格为50万元。

(3) 购入一箱白酒用于招待客户,取得1份增值税专用发票,发票注明金额为1万元,税额为0.13万元。

(4) 外购一批HI电饭煲发放给员工,取得1份增值税专用发票,发票注明金额为5万元,税额为0.65万元。

(5) 外购啤酒原材料(非农产品),取得3份增值税专用发票,发票注明金额为200万元,税额为26万元。

取得相关票据符合抵扣规定并勾选确认通过。

要求:根据以上业务计算该公司本期增值税应纳税额并尝试填写增值税及附加税费申报表。

任务分析:

根据财政部、国家税务总局《关于全面推开营业税改征增值税试点的通知》(财税〔2016〕36号)第二十七条,下列项目的进项税额不得从销项税额中抵扣:

用于简易计税方法计税项目、免征增值税项目、集体福利或者个人消费的购进货物、加工修理修配劳务、服务、无形资产和不动产。其中涉及的固定资产、无形资产、不动产,仅指专用于上述项目的固定资产、无形资产(不包括其他权益性无形资产)、不动产。纳税人的交际应酬消费属于个人消费。

根据《中华人民共和国增值税暂行条例实施细则》第十六条,纳税人有条例第七条所称价格明显偏低并无正当理由或者有本细则第四条所列视同销售货物行为而无销售额者,按下列顺序确定销售额:

(1) 按纳税人最近时期同类货物的平均销售价格确定。
(2) 按其他纳税人最近时期同类货物的平均销售价格确定。
(3) 按组成计税价格确定。组成计税价格的公式为

$$组成计税价格 = 成本 \times (1 + 成本利润率)$$

属于应征消费税的货物,其组成计税价格中应加计消费税额。

表 2.2-30:

(1) 第1行第1列:4 500 000.00元。
(2) 第1行第2列:585 000.00元。
(3) 第1行第5列:500 000.00元。
(4) 第1行第6列:65 000.00元。

未开具发票销项(应纳)税额 = 500 000 × 13% = 65 000.00(元)

表 2.2-30

增值税及附加税费申报表附列资料（一）
（本期销售情况明细）

税款所属时间：2023 年 01 月 01 日至 2023 年 01 月 31 日

纳税人名称：(公章) 厦门喜燕啤酒有限公司 金额单位：元（列至角分）

项目及栏次			开具增值税专用发票		开具其他发票		未开具发票		纳税检查调整		合计			服务、不动产和无形资产扣除项目本期实际扣除金额	扣除后	
			销售额	销项（应纳）税额	销售额	销项（应纳）税额	销售额	销项（应纳）税额	销售额	销项（应纳）税额	销售额	销项（应纳）税额	价税合计		含税（免税）销售额	销项（应纳）税额
			1	2	3	4	5	6	7	8	9=1+3+5+7	10=2+4+6+8	11=9+10	12	13=11-12	14=13÷(100%+税率或征收率)×税率或征收率
一、一般计税方法计税	全部征税项目	13%税率的货物及加工修理修配劳务	1	4 500 000.00	585 000.00			500 000.00	65 000.00			5 000 000.00	650 000.00				
		13%税率的服务、不动产和无形资产	2									0.00	0.00	0.00	—	—	—
		9%税率的货物及加工修理修配劳务	3									0.00	0.00	0.00	—	—	—
		9%税率的服务、不动产和无形资产	4									0.00	0.00	0.00		0.00	0.00
		6%税率	5									0.00	0.00	0.00		0.00	0.00
	其中：即征即退货物及加工修理修配劳务		6	—	—	—	—	—	—			0.00	0.00	0.00		0.00	0.00
	即征即退服务、不动产和无形资产		7	—	—	—	—	—	—			0.00	0.00	0.00		0.00	0.00
二、简易计税方法计税		6%征收率	8									0.00	0.00	0.00	—	—	—
	全部征税项目	5%征收率的货物及加工修理修配劳务	9a									0.00	0.00	0.00	—	—	—
		5%征收率的服务、不动产和无形资产	9b									0.00	0.00	0.00		0.00	0.00
		4%征收率	10									0.00	0.00	0.00	—	—	—
		3%征收率的货物及加工修理修配劳务	11									—	—	—	—	—	—

续表

项目及栏次		开具增值税专用发票		开具其他发票		未开具发票		纳税检查调整		合计		价税合计 11=9+10	服务、不动产和无形资产扣除项目本期实际扣除金额 12	扣除后	
		销售额 1	销项(应纳)税额 2	销售额 3	销项(应纳)税额 4	销售额 5	销项(应纳)税额 6	销售额 7	销项(应纳)税额 8	销售额 9=1+3+5+7	销项(应纳)税额 10=2+4+6+8			含税(免税)销售额 13=11-12	销项(应纳)税额 14=13÷(100%+税率或征收率)×税率或征收率
二、简易计税方法计税	全部征税项目 3%征收率的服务、不动产和无形资产 12									0.00	0.00	0.00	0.00	0.00	0.00
	预征率 % 13a									0.00	0.00	0.00	0.00	0.00	0.00
	预征率 % 13b									0.00	0.00	0.00	0.00	0.00	0.00
	预征率 % 13c									—	—	—	—	—	—
	其中:即征即退项目 即征即退货物及加工修理修配劳务 14	—	—	—	—	—	—	—	—	—	—	0.00	—	—	—
	即征即退服务、不动产和无形资产 15	—	—	—	—	—	—	—	—	—	—	—	—	—	—
三、免抵退税	货物及加工修理修配劳务 16	—	—	—	—	—	—	—	—	0.00	—	0.00	0.00	0.00	—
	服务、不动产和无形资产 17	—	—	—	—	—	—	—	—	0.00	—	0.00	0.00	0.00	—
四、免税	货物及加工修理修配劳务 18	—	—	—	—	—	—	—	—	0.00	—	0.00	0.00	0.00	—
	服务、不动产和无形资产 19	—	—	—	—	—	—	—	—	0.00	—	0.00	0.00	0.00	—

表 2.2-31：

(1) 第 2 行：份数：5；金额：2 060 000.00 元；税额：267 800.00 元。

根据业务(3)(4)(5)，取得增值税专用发票 5 份，金额 = 10 000+50 000+2 000 000 = 2 060 000.00(元)，税额 = 1 300+6 500+260 000 = 267 800.00(元)。

(2) 第 15 行：7 800.00 元。

根据业务(3)(4)，用于集体福利、个人消费的进项税额 = 1 300+6 500 = 7 800.00(元)。

外购白酒用于招待属于外购商品用于个人消费，应作进项税额转出；外购 HI 电饭煲发放给员工属于外购商品用于集体福利，应作进项税额转出。

(3) 第 35 行：份数：5；金额：2 060 000.00 元；税额：267 800.00 元。

根据业务(3)(4)(5)，取得增值税专用发票 5 份，金额 = 10 000+50 000+2 000 000 = 2 060 000.00(元)，税额 = 1 300+6 500+260 000 = 267 800.00(元)。

表 2.2-31　增值税及附加税费申报表附列资料(二)

(本期进项税额明细)

税款所属时间：2023 年 01 月 01 日至 2023 年 01 月 31 日

纳税人名称：(公章) 厦门喜燕啤酒有限公司　　　　　　　金额单位：元(列至角分)

一、申报抵扣的进项税额				
项目	栏次	份数	金额	税额
(一)认证相符的增值税专用发票	1=2+3	5	2 060 000.00	267 800.00
其中：本期认证相符且本期申报抵扣	2	5	2 060 000.00	267 800.00
前期认证相符且本期申报抵扣	3			
(二)其他扣税凭证	4=5+6+7+8a+8b	0	0.00	0.00
其中：海关进口增值税专用缴款书	5			
农产品收购发票或者销售发票	6			
代扣代缴税收缴款凭证	7			—
加计扣除农产品进项税额	8a	—	—	
其他	8b			
(三)本期用于购建不动产的扣税凭证	9			
(四)本期用于抵扣的旅客运输服务扣税凭证	10			
(五)外贸企业进项税额抵扣证明	11	—	—	
当期申报抵扣进项税额合计	12=1+4+11	5	2 060 000.00	267 800.00
二、进项税额转出额				
项目	栏次		税额	
本期进项税额转出额	13=14 至 23 之和		7 800.00	
其中：免税项目用	14			
集体福利、个人消费	15		7 800.00	

续表

项目	栏次	税额
非正常损失	16	
简易计税方法征税项目用	17	
免抵退税办法不得抵扣的进项税额	18	
纳税检查调减进项税额	19	
红字专用发票信息表注明的进项税额	20	
上期留抵税额抵减欠税	21	
上期留抵税额退税	22	
异常凭证转出进项税额	23a	
其他应作进项税额转出的情形	23b	
三、待抵扣进项税额		

项目	栏次	份数	金额	税额
（一）认证相符的增值税专用发票	24	—	—	—
期初已认证相符但未申报抵扣	25			
本期认证相符且本期未申报抵扣	26			
期末已认证相符但未申报抵扣	27			
其中：按照税法规定不允许抵扣	28			
（二）其他扣税凭证	29=30至33之和	0	0.00	0.00
其中：海关进口增值税专用缴款书	30			
农产品收购发票或者销售发票	31			
代扣代缴税收缴款凭证	32		—	
其他	33			
	34			
四、其他				

项目	栏次	份数	金额	税额
本期认证相符的增值税专用发票	35	5	2 060 000.00	267 800.00
代扣代缴税额	36	—	—	

表2.2-32：

（1）第1列：390 000.00元。

增值税税额=650 000-(267 800-7 800)=390 000.00(元)

（2）第5列：城市维护建设税27 300.00元；教育费附加11 700.00元；地方教育附加7 800.00元。

城市维护建设税本期应纳税额=390 000×7%=27 300.00(元)

教育费附加本期应纳费额=390 000×3%=11 700.00(元)

地方教育附加本期应纳费额=390 000×2%=7 800.00(元)

表 2.2-32

增值税及附加税费申报表附列资料（五）
（附加税费情况表）

税（费）款所属时间：2023 年 01 月 01 日至 2023 年 01 月 31 日

纳税人名称：（公章）厦门喜燕啤酒有限公司　　　　　　　　　　　　　　　金额单位：元（列至角分）

税（费）种		计税（费）依据			税（费）率（%）	本期应纳税（费）额	本期减免税（费）额			试点建设培育产教融合型企业			本期已缴税（费）额	本期应补（退）税（费）额
		增值税税额	增值税免抵税额	留抵退税本期扣除额			减免性质代码	减免税（费）额		减免性质代码		本期抵免金额		
		1	2	3	4	5=(1+2-3)×4	6	7		8		9	10	11=5-7-9-10
城市维护建设税	1	390 000.00			7%	27 300.00				—		—		27 300.00
教育费附加	2	390 000.00			3%	11 700.00				—		—		11 700.00
地方教育附加	3	390 000.00			2%	7 800.00				—		—		7 800.00
合计	4	—	—	—	—	46 800.00								46 800.00
本期是否适用试点建设培育产教融合型企业抵免政策		□是 ☑否												
可用于扣除的增值税留抵退税额使用情况		当期新增投资额					5							
		上期留抵可抵免金额					6							
		结转下期可抵免金额					7							
		当期新增可用于扣除的留抵退税额								8				
		上期结存可用于扣除的留抵退税额								9				
		结转下期可用于扣除的留抵退税额								10				

表 2.2-33：

（1）第 2 行第 1 列：5 000 000.00 元。

根据业务（1）（2）可知。

（2）第 12 行第 1 列：267 800.00 元。

进项税额等于表 2.2-31 第 12 行第 3 列税额 267 800.00 元。

（3）第 14 行第 1 列：7 800.00 元。

进项税额转出等于表 2.2-31 第 13 行税额 7 800.00 元。

表 2.2-33

增值税及附加税费申报表

（一般纳税人适用）

根据国家税收法律法规及增值税相关规定制定本表。纳税人不论有无销售额，均应按税务机关核定的纳税期限填写本表，并向当地税务机关申报。

税款所属时间：自 2023 年 01 月 01 日至 2023 年 01 月 31 日　　填表日期：2023 年 02 月 10 日　　金额单位：元（列至角分）

纳税人识别号（统一社会信用代码）：91350200705655407E　　所属行业：啤酒制造业

纳税人名称	厦门喜燕啤酒有限公司（公章）	法定代表人姓名		注册地址	厦门市湖里区	生产经营地址	厦门市湖里区
开户银行及账号	交通银行湖里支行 622262079000825950	登记注册类型	有限责任公司	电话号码			0592-6021356

	项目	栏次	一般项目		即征即退项目	
			本月数	本年累计	本月数	本年累计
销售额	（一）按适用税率计税销售额	1	5 000 000.00	5 000 000.00	0.00	0.00
	其中：应税货物销售额	2	5 000 000.00	5 000 000.00	0.00	0.00
	应税劳务销售额	3	0.00	0.00	0.00	0.00
	纳税检查调整的销售额	4				
	（二）按简易办法计税销售额	5	0.00	0.00	0.00	0.00
	其中：纳税检查调整的销售额	6			—	—
	（三）免、抵、退办法出口销售额	7	0.00	0.00	—	—
	（四）免税销售额	8	0.00	0.00	—	—
	其中：免税货物销售额	9			—	—
	免税劳务销售额	10			—	—
税款计算	销项税额	11	650 000.00	650 000.00	0.00	0.00
	进项税额	12	267 800.00	267 800.00	0.00	0.00
	上期留抵税额	13	0.00	0.00	0.00	0.00
	进项税额转出	14	7 800.00	7 800.00	0.00	0.00
	免、抵、退应退税额	15		0.00	—	—
	按适用税率计算的纳税检查应补缴税额	16		0.00	—	—
	应抵扣税额合计	17=12+13-14-15+16			—	—
	实际抵扣税额	18（如 17<11，则为 17，否则为 11）	260 000.00	260 000.00	0.00	0.00

续表

	项目	栏次	一般项目		即征即退项目	
			本月数	本年累计	本月数	本年累计
税款计算	应纳税额	19=11-18	390 000.00	390 000.00	0.00	0.00
	期末留抵税额	20=17-18	0.00	—	0.00	—
	简易计税办法计算的应纳税额	21	0.00	0.00	—	—
	按简易计税办法计算的纳税检查应补缴税额	22		0.00	—	—
	应纳税额减征额	23	0.00	0.00	0.00	0.00
	应纳税额合计	24=19+21-23	390 000.00	390 000.00	0.00	0.00
	期初未缴税额(多缴为负数)	25	0.00	—	—	—
	实收出口开具专用缴款书退税额	26	0.00	0.00	0.00	0.00
	本期已缴税额	27=28+29+30+31	0.00	0.00	0.00	0.00
	①分次预缴税额	28	0.00	0.00	—	—
	②出口开具专用缴款书预缴税额	29	0.00	0.00	—	—
	③本期缴纳上期应纳税额	30	0.00	0.00	0.00	0.00
	④本期缴纳欠缴税额	31	0.00	0.00	0.00	0.00
税款缴纳	期末未缴税额(多缴为负数)	32=24+25+26-27	390 000.00	390 000.00	0.00	0.00
	其中:欠缴税额(≥0)	33=25+26-27	0.00	0.00	—	—
	本期应补(退)税额	34=24-28-29	390 000.00	—	0.00	—
	即征即退实际退税额	35	—	—	0.00	0.00
	期初未缴查补税额	36	0.00	—	—	—
	本期入库查补税额	37	0.00	0.00	—	—
	期末未缴查补税额	38=16+22+36-37	0.00	0.00	—	—
附加税费	城市维护建设税本期应补(退)税额	39	27 300.00	27 300.00		
	教育费附加本期应补(退)费额	40	11 700.00	11 700.00		
	地方教育附加本期应补(退)费额	41	7 800.00	7 800.00		

声明:此表是根据国家税收法律法规及相关规定填写的,本人(单位)对填报内容(及附带资料)的真实性、可靠性、完整性负责。

纳税人(签章):

经办人:
经办人身份证号:
代理机构签章:
代理机构统一社会信用代码:

受理人:
受理税务机关(章):
受理日期: 年   月   日

项目二 增值税的计算与申报

107

任务 2.2-9　产生非正常损失的进项税额

厦门喜燕啤酒有限公司为增值税一般纳税人，主要从事啤酒生产销售。2023年1月发生业务如下：

（1）销售啤酒，取得含税收入508.5万元，开具的增值税专用发票注明金额为450万元，税额为58.5万元。

（2）领用自产啤酒用于年会庆典，成本价20万元，同类产品市场不含税销售价格为50万元。

（3）因管理不善霉烂变质一批材料，已抵扣过进项税额，账上成本10万元。

（4）因管理不善霉烂变质一批产成品，账上成本20万元，外购成本占比60%，已抵扣过进项税额。

（5）外购啤酒原材料（非农产品），取得3份增值税专用发票，发票注明金额为200万元，税额为26万元。

取得相关票据符合抵扣规定并勾选确认通过。

要求：根据以上业务计算该公司本期增值税应纳税额并尝试填写增值税及附加税费申报表。

任务分析：

根据财政部、国家税务总局《关于全面推开营业税改征增值税试点的通知》（财税〔2016〕36号）第二十七条规定，下列项目的进项税额不得从销项税额中抵扣：非正常损失的在产品、产成品所耗用的购进货物（不包括固定资产）、加工修理修配劳务和交通运输服务。

表2.2-34：

（1）第1行第1列：4 500 000.00元。

（2）第1行第2列：585 000.00元。

（3）第1行第5列：500 000.00元。

（4）第1行第6列：65 000.00元。

未开具发票销项（应纳）税额 = 500 000×13% = 65 000.00（元）

表 2.2-34

增值税及附加税费申报表申报附列资料（一）
（本期销售情况明细）

税款所属时间：2023 年 01 月 01 日至 2023 年 01 月 31 日

纳税人名称：（公章）厦门莒燕啤酒有限公司

金额单位：元（列至角分）

项目及栏次			开具增值税专用发票		开具其他发票		未开具发票		纳税检查调整		合计		价税合计	服务、不动产和无形资产扣除项目本期实际扣除金额	扣除后	
			销售额	销项(应纳)税额	销售额	销项(应纳)税额	销售额	销项(应纳)税额	销售额	销项(应纳)税额	销售额	销项(应纳)税额			含税(免税)销售额	销项(应纳)税额
			1	2	3	4	5	6	7	8	9=1+3+5+7	10=2+4+6+8	11=9+10	12	13=11-12	14=13÷(100%+税率或征收率)×税率或征收率
一、一般计税方法计税	全部征税项目	13%税率的货物及加工修理修配劳务 1	4 500 000.00	585 000.00			500 000.00	65 000.00			5 000 000.00	650 000.00				
		13%税率的服务、不动产和无形资产 2									0.00	0.00	—	—	—	—
		9%税率的货物及加工修理修配劳务 3									0.00	0.00	0.00	—	0.00	0.00
		9%税率的服务、不动产和无形资产 4									0.00	0.00	—	—	—	—
		6%税率 5									0.00	0.00	0.00	—	0.00	0.00
	其中：即征即退项目	即征即退工修理修配劳务 6	—	—	—	—	—	—	—	—	0.00	0.00	—	—	—	—
		即征即退服务、不动产和无形资产 7	—	—	—	—	—	—	—	—	0.00	0.00	0.00	—	0.00	0.00
二、简易计税方法计税	全部征税项目	6%征收率 8									0.00	0.00	—	—	—	—
		5%征收率的货物及加工修理修配劳务 9a									0.00	0.00	0.00	—	0.00	0.00
		5%征收率的服务、不动产和无形资产 9b									0.00	0.00	0.00	—	0.00	0.00
		4%征收率 10									0.00	0.00	—	—	—	—
		3%征收率的货物及加工修理修配劳务 11									0.00	0.00	—	—	—	—

续表

项目及栏次		开具增值税专用发票		开具其他发票		未开具发票		纳税检查调整		合计			扣除后	
		销售额	销项(应纳)税额	销售额	销项(应纳)税额	销售额	销项(应纳)税额	销售额	销项(应纳)税额	销售额	销项(应纳)税额	价税合计	服务、不动产和无形资产扣除项目本期实际扣除金额	含税(免税)销售额	销项(应纳)税额
		1	2	3	4	5	6	7	8	9=1+3+5+7	10=2+4+6+8	11=9+10	12	13=11-12	14=13÷(100%+税率或征收率)×税率或征收率
二、简易计税方法计税	全部征税项目	3%征收率的服务、不动产和无形资产 12								0.00	0.00	0.00	0.00	0.00	0.00
		预征率 % 13a								0.00	—	0.00	—	0.00	—
		预征率 % 13b								0.00	—	0.00	—	0.00	—
		预征率 % 13c								0.00	—	0.00	—	0.00	—
	其中:即征即退项目	即征即退货物及加工修理修配劳务 14		—	—	—	—	—	—	—	—	—	—	—	—
		即征即退服务、不动产和无形资产 15		—	—	—	—	—	—	0.00	—	0.00	—	0.00	—
三、免抵退税		货物及加工修理修配劳务 16	—		—		—		—		0.00	—	0.00	—	—	—
		服务、不动产和无形资产 17	—		—		—		—		0.00	—	0.00	—	—	—
四、免税		货物及加工修理修配劳务 18	—		—		—		—		0.00	—	0.00	—	—	—
		服务、不动产和无形资产 19	—		—		—		—		0.00	—	0.00	—	—	—

表 2.2-35：

（1）第 2 行：份数：3；金额：2 000 000.00 元；税额：260 000.00 元。

根据业务（5），取得增值税专用发票 3 份，金额 200 万元，税额 26 万元。

（2）第 16 行：28 600.00 元。

根据业务（3）（4），非正常损失进项税额 = 100 000 × 13% + 200 000 × 60% × 13% = 28 600.00（元）。

> ☞ 提示
>
> 产成品发生非正常损失时，并不是直接用产成品的成本乘以税率，而是取产成品耗用外购料工费部分乘以税率作进项税额转出。

（3）第 35 行：份数：3；金额：2 000 000.00 元；税额：260 000.00 元。

根据业务（5），取得增值税专用发票 3 份，金额 200 万元，税额 26 万元。

表 2.2-35　　　　　**增值税及附加税费申报表附列资料（二）**

（本期进项税额明细）

税款所属时间：2023 年 01 月 01 日至 2023 年 01 月 31 日

纳税人名称：（公章）厦门喜燕啤酒有限公司　　　　　　金额单位：元（列至角分）

一、申报抵扣的进项税额				
项目	栏次	份数	金额	税额
（一）认证相符的增值税专用发票	1=2+3	3	2 000 000.00	260 000.00
其中：本期认证相符且本期申报抵扣	2	3	2 000 000.00	260 000.00
前期认证相符且本期申报抵扣	3			
（二）其他扣税凭证	4=5+6+7+8a+8b	0	0.00	0.00
其中：海关进口增值税专用缴款书	5			
农产品收购发票或者销售发票	6			
代扣代缴税收缴款凭证	7		—	—
加计扣除农产品进项税额	8a		—	—
其他	8b			
（三）本期用于购建不动产的扣税凭证	9			
（四）本期用于抵扣的旅客运输服务扣税凭证	10			
（五）外贸企业进项税额抵扣证明	11		—	—
当期申报抵扣进项税额合计	12=1+4+11	3	2 000 000.00	260 000.00
二、进项税额转出额				
项目	栏次		税额	
本期进项税额转出额	13=14 至 23 之和		28 600.00	
其中：免税项目用	14			
集体福利、个人消费	15			

续表

项目	栏次	税额
非正常损失	16	28 600.00
简易计税方法征税项目用	17	
免抵退税办法不得抵扣的进项税额	18	
纳税检查调减进项税额	19	
红字专用发票信息表注明的进项税额	20	
上期留抵税额抵减欠税	21	
上期留抵税额退税	22	
异常凭证转出进项税额	23a	
其他应作进项税额转出的情形	23b	

三、待抵扣进项税额

项目	栏次	份数	金额	税额
（一）认证相符的增值税专用发票	24	—	—	—
期初已认证相符但未申报抵扣	25			
本期认证相符且本期未申报抵扣	26			
期末已认证相符但未申报抵扣	27			
其中：按照税法规定不允许抵扣	28			
（二）其他扣税凭证	29＝30至33之和	0	0.00	0.00
其中：海关进口增值税专用缴款书	30			
农产品收购发票或者销售发票	31			
代扣代缴税收缴款凭证	32		—	
其他	33			
	34			

四、其他

项目	栏次	份数	金额	税额
本期认证相符的增值税专用发票	35	3	2 000 000.00	260 000.00
代扣代缴税额	36	—	—	

表2.2-36：

（1）第1列：418 600.00元。

增值税税额＝650 000－（260 000－28 600）＝418 600.00（元）

（2）第5列：城市维护建设税29 302.00元；教育费附加12 558.00元；地方教育附加8 372.00元。

城市维护建设税本期应纳税额＝418 600×7%＝29 302.00（元）

教育费附加本期应纳费额＝418 600×3%＝12 558.00（元）

地方教育附加本期应纳费额＝418 600×2%＝8 372.00（元）

表 2.2-36

增值税及附加税费申报表附列资料（五）
（附加税费情况表）

税（费）款所属时间：2023 年 01 月 01 日至 2023 年 01 月 31 日

纳税人名称：（公章）厦门喜燕啤酒有限公司

金额单位：元（列至角分）

税（费）种		计税（费）依据			税（费）率（%）	本期应纳税（费）额	本期减免税（费）额		试点建设培育产教融合型企业		本期已缴税（费）额	本期应补（退）税（费）额
		增值税税额	增值税免抵税额	留抵退税本期扣除额			减免性质代码	减免税（费）额	减免性质代码	本期抵免金额		
		1	2	3	4	5=(1+2-3)×4	6	7	8	9	10	11=5-7-9-10
城市维护建设税	1	418 600.00			7%	29 302.00			—	—		29 302.00
教育费附加	2	418 600.00			3%	12 558.00			—	—		12 558.00
地方教育附加	3	418 600.00			2%	8 372.00						8 372.00
合计	4	—	—	—	—	50 232.00	—					50 232.00
本期是否适用试点建设培育产教融合型企业抵免政策					□是 ☑否							
可用于扣除的增值税留抵退税额使用情况						当期新增投资额		5				
						上期留抵可抵免金额		6				
						结转下期可抵免金额		7				
						当期新增可用于扣除的留抵退税额		8				
						上期结存可用于扣除的留抵退税额		9				
						结转下期可用于扣除的留抵退税额		10				

表 2.2-37：

（1）第 2 行第 1 列：5 000 000.00 元。

根据业务（1）（2）可知。

（2）第 12 行第 1 列：260 000.00 元。

进项税额等于表 2.2-35 第 12 行第 3 列税额 260 000.00 元。

（3）第 14 行第 1 列：28 600.00 元。

进项税额转出等于表 2.2-35 第 13 行税额 28 600.00 元。

表 2.2-37

增值税及附加税费申报表

（一般纳税人适用）

根据国家税收法律法规及增值税相关规定制定本表。纳税人不论有无销售额，均应按税务机关核定的纳税期限填写本表，并向当地税务机关申报。

税款所属时间：自 2023 年 01 月 01 日至 2023 年 01 月 31 日　　填表日期：2023 年 02 月 10 日　　金额单位：元（列至角分）

纳税人名称	厦门喜燕啤酒有限公司（公章）	法定代表人姓名		登记注册类型	有限责任公司	注册地址	厦门湖里区	生产经营地址	厦门市湖里区	电话号码	0592-6021356
纳税人识别号（统一社会信用代码）	91350200705655407E										
开户银行及账号	交通银行湖里支行 622262079000082595 0			所属行业：啤酒制造业							

		栏次	一般项目		即征即退项目	
	项目		本月数	本年累计	本月数	本年累计
销售额	（一）按适用税率计税销售额	1	5 000 000.00	5 000 000.00	0.00	0.00
	其中：应税货物销售额	2	5 000 000.00	5 000 000.00	0.00	0.00
	应税劳务销售额	3	0.00	0.00	—	—
	纳税检查调整的销售额	4		0.00		0.00
	（二）按简易办法计税销售额	5	0.00	0.00	0.00	0.00
	其中：纳税检查调整的销售额	6	0.00	0.00	—	—
	（三）免、抵、退办法出口销售额	7	0.00	0.00	—	—
	（四）免税销售额	8	0.00	0.00	—	—
	其中：免税货物销售额	9	0.00	0.00	—	—
	免税劳务销售额	10	0.00	0.00	—	—
税款计算	销项税额	11	650 000.00	650 000.00	0.00	0.00
	进项税额	12	260 000.00	260 000.00	0.00	0.00
	上期留抵税额	13	0.00	—	0.00	—
	进项税额转出	14	28 600.00	28 600.00	—	—
	免、抵、退应退税额	15	0.00	0.00	—	—
	按适用税率计算的纳税检查应补缴税额	16	0.00	0.00	—	—
	应抵扣税额合计 17=12+13-14-15+16	17	231 400.00	—	—	—
	实际抵扣税额 18（如17<11，则为17，否则为11）	18	231 400.00	—	—	—

续表

	项目	栏次	一般项目 本月数	一般项目 本年累计	即征即退项目 本月数	即征即退项目 本年累计
税款计算	应纳税额	19=11~18	418 600.00	418 600.00	0.00	0.00
	期末留抵税额	20=17~18	0.00	—	0.00	—
	简易计税办法计算的应纳税额	21	0.00	0.00	—	—
	按简易计税办法计算的纳税检查应补缴税额	22				
	应纳税额减征额	23	0.00	0.00	0.00	0.00
	应纳税额合计	24=19+21-23	418 600.00	418 600.00	0.00	0.00
税款缴纳	期初未缴税额（多缴为负数）	25	0.00	0.00	—	—
	实收出口开具专用缴款书退税额	26	0.00	0.00	—	—
	本期已缴税额	27=28+29+30+31	0.00	0.00	0.00	0.00
	①分次预缴税额	28	—	—	—	—
	②出口开具专用缴款书预缴税额	29	0.00	0.00	—	—
	③本期缴纳上期应纳税额	30	0.00	0.00	0.00	0.00
	④本期缴纳欠缴税额	31	0.00	0.00	—	—
	期末未缴税额（多缴为负数）	32=24+25+26-27	418 600.00	418 600.00	0.00	0.00
	其中：欠缴税额（≥0）	33=25+26-27	0.00	0.00	—	—
	本期应补（退）税额	34=24-28-29	418 600.00	418 600.00	0.00	0.00
	即征即退实际退税额	35	—	—	0.00	0.00
	期初未缴查补税额	36	0.00	0.00	—	—
	本期入库查补税额	37	0.00	0.00	—	—
	期末未缴查补税额	38=16+22+36-37	0.00	0.00	—	—
附加税费	城市维护建设税本期应补（退）税额	39	29 302.00	29 302.00		
	教育费附加本期应补（退）费额	40	12 558.00	12 558.00		
	地方教育附加本期应补（退）费额	41	8 372.00	8 372.00		

声明：此表是根据国家税收法律法规及相关规定填写的，本人（单位）对填报内容（及附带资料）的真实性、可靠性、完整性负责。

经办人：
经办人身份证号：
代理机构签章：
代理机构统一社会信用代码：

受理人：
受理税务机关（章）：
受理日期：　　年　　月　　日

纳税人（签章）：　　年　　月　　日

任务 2.2-10　税控盘减免税

厦门喜燕啤酒有限公司为增值税一般纳税人，主要从事啤酒生产销售，生产过程中会产生免税副产品酒糟。2023 年 1 月发生业务如下：

（1）销售啤酒，取得不含税收入 450 万元，开具的增值税专用发票注明金额为 450 万元，税额为 58.5 万元。

（2）销售免税酒糟取得收入 50 万元，未开具发票。

（3）购入原材料（非农产品），取得 18 份增值税专用发票，发票注明金额为 300 万元，税额为 39 万元。

（4）购入酿酒设备，取得 10 份增值税专用发票，发票注明金额为 100 万元，税额为 13 万元。

（5）首次购买税控设备，支付费用 200 元，取得增值税普通发票，并于当月支付全年技术维护服务费 280 元，取得 1 份增值税普通发票。

取得相关票据符合抵扣规定并勾选确认通过。

要求：根据以上业务计算该公司本期增值税应纳税额并尝试填写增值税及附加税费申报表。

任务分析：

财政部、国家税务总局《关于增值税税控系统专用设备和技术维护费用抵减增值税税额有关政策的通知》（财税〔2012〕15 号）规定：

增值税纳税人 2011 年 12 月 1 日（含，下同）以后初次购买增值税税控系统专用设备（包括分开票机）支付的费用，可凭购买增值税税控系统专用设备取得的增值税专用发票，在增值税应纳税额中全额抵减（抵减额为价税合计额），不足抵减的可结转下期继续抵减。增值税纳税人非初次购买增值税税控系统专用设备支付的费用，由其自行负担，不得在增值税应纳税额中抵减。

增值税纳税人 2011 年 12 月 1 日以后缴纳的技术维护费（不含补缴的 2011 年 11 月 30 日以前的技术维护费），可凭技术维护服务单位开具的技术维护费发票，在增值税应纳税额中全额抵减，不足抵减的可结转下期继续抵减。技术维护费按照价格主管部门核定的标准执行。

表 2.2-38：

（1）第 1 行第 1 列：4 500 000.00 元。

（2）第 1 行第 2 列：585 000.00 元。

（3）第 18 行第 5 列：500 000.00 元。

表 2.2-38

增值税及附加税费申报表附列资料（一）
（本期销售情况明细）

税款所属时间：2023 年 01 月 01 日至 2023 年 01 月 31 日

纳税人名称：（公章）厦门喜燕啤酒有限公司

金额单位：元（列至角分）

项目及栏次			开具增值税专用发票		开具其他发票		未开具发票		纳税检查调整		合计			服务、不动产和无形资产扣除项目本期实际扣除金额	扣除后	
			销售额	销项（应纳）税额	销售额	销项（应纳）税额	销售额	销项（应纳）税额	销售额	销项（应纳）税额	销售额	销项（应纳）税额	价税合计		含税（免税）销售额	销项（应纳）税额
			1	2	3	4	5	6	7	8	9=1+3+5+7	10=2+4+6+8	11=9+10	12	13=11-12	14=13÷(100%+税率或征收率)×税率或征收率
一、一般计税方法计税	全部征税项目	13%税率的货物及加工修理修配劳务	1	4 500 000.00	585 000.00							4 500 000.00	585 000.00				
		13%税率的服务、不动产和无形资产	2									0.00	0.00	—	—	—	—
		9%税率的货物及加工修理修配劳务	3									0.00	0.00	—	—	—	—
		9%税率的服务、不动产和无形资产	4									0.00	0.00	0.00	0.00	0.00	0.00
		6%税率	5									0.00	0.00	—	—	—	—
	其中：即征即退货物及劳务	6			—	—	—	—	—	—	0.00	0.00	—	—	—	—
	即征即退服务、不动产和无形资产	7			—	—	—	—	—	—	0.00	0.00	—	—	—	—
二、简易计税方法计税	全部征税项目	6%征收率	8									0.00	0.00	—	—	—	—
		5%征收率的货物及加工修理修配劳务	9a									0.00	0.00	0.00	0.00	0.00	0.00
		5%征收率的服务、不动产和无形资产	9b									0.00	0.00	0.00	0.00	0.00	0.00
		4%征收率	10									0.00	0.00	—	—	—	—
		3%征收率的货物及加工修理修配劳务	11									0.00	0.00	—	—	—	—

项目二 增值税的计算与申报

续表

项目及栏次		开具增值税专用发票		开具其他发票		未开具发票		纳税检查调整		合计		价税合计 11=9+10	服务、不动产和无形资产扣除项目本期实际扣除金额	扣除后	
		销售额	销项（应纳）税额	销售额	销项（应纳）税额	销售额	销项（应纳）税额	销售额	销项（应纳）税额	销售额 9=1+3+5+7	销项（应纳）税额 10=2+4+6+8			含税（免税）销售额	销项（应纳）税额
		1	2	3	4	5	6	7	8				12	13=11-12	14=13÷(100%+税率或征收率)×税率或征收率
二、简易计税方法计税	全部征税项目	3%征收率的服务、不动产和无形资产 12									0.00	0.00	0.00	0.00	
		预征率 % 13a						—	—	0.00	0.00	0.00	—	—	—
		预征率 % 13b						—	—	0.00	0.00	0.00	—	—	—
		预征率 % 13c						—	—	0.00	0.00	0.00	—	—	—
	其中：即征即退项目	即征即退货物及加工修理修配劳务 14	—	—	—	—	—	—	—	—	—	—	—	—	—
		即征即退服务、不动产和无形资产 15	—	—	—	—	—	—	—	—	—	0.00	0.00	0.00	—
三、免抵退税	货物及加工修理修配劳务 16	—	—	—	—	—	—	—	—	0.00	—	—	—	—	—
	服务、不动产和无形资产 17	—	—	—	—	—	—	—	—	0.00	—	0.00	—	0.00	—
四、免税	货物及加工修理修配劳务 18	—	—	—	—	500 000.00	—	—	—	500 000.00	—	—	—	0.00	—
	服务、不动产和无形资产 19	—	—	—	—	—	—	—	—	0.00	—	0.00	—	0.00	—

119

表2.2-39：

(1) 第2行：份数：28；金额：4 000 000.00元；税额：520 000.00元。

根据业务(3)(4)，取得增值税专用发票28份，金额=3 000 000+1 000 000=4 000 000.00(元)，税额=390 000+130 000=520 000.00(元)。

(2) 第14行：税额：39 000.00元。

用于免征增值税项目的购进货物，进项税额不得从销项税额中抵扣。

不得抵扣的进项税额=当期无法划分的全部进项税额×(当期简易计税方法计税项目销售额+免征增值税项目销售额)÷当期全部销售额=390 000×500 000÷(4 500 000+500 000)=39 000.00(元)。

(3) 第35行：份数：28；金额：4 000 000.00元；税额：520 000.00元。

根据业务(3)(4)，取得增值税专用发票28份，金额=3 000 000+1 000 000=4 000 000.00(元)，税额=390 000+130 000=520 000.00(元)。

表2.2-39   增值税及附加税费申报表附列资料(二)

(本期进项税额明细)

税款所属时间：2023年01月01日至2023年01月31日

纳税人名称：(公章)厦门喜燕啤酒有限公司　　　　　　　　　　金额单位：元(列至角分)

一、申报抵扣的进项税额				
项目	栏次	份数	金额	税额
(一)认证相符的增值税专用发票	1=2+3	28	4 000 000.00	520 000.00
其中：本期认证相符且本期申报抵扣	2	28	4 000 000.00	520 000.00
前期认证相符且本期申报抵扣	3			
(二)其他扣税凭证	4=5+6+7+8a+8b	0	0.00	0.00
其中：海关进口增值税专用缴款书	5			
农产品收购发票或者销售发票	6			
代扣代缴税收缴款凭证	7		—	
加计扣除农产品进项税额	8a	—	—	
其他	8b			
(三)本期用于购建不动产的扣税凭证	9			
(四)本期用于抵扣的旅客运输服务扣税凭证	10			
(五)外贸企业进项税额抵扣证明	11	—		
当期申报抵扣进项税额合计	12=1+4+11	28	4 000 000.00	520 000.00

续表

二、进项税额转出额		
项目	栏次	税额
本期进项税额转出额	13＝14 至 23 之和	39 000.00
其中：免税项目用	14	39 000.00
集体福利、个人消费	15	
非正常损失	16	
简易计税方法征税项目用	17	
免抵退税办法不得抵扣的进项税额	18	
纳税检查调减进项税额	19	
红字专用发票信息表注明的进项税额	20	
上期留抵税额抵减欠税	21	
上期留抵税额退税	22	
异常凭证转出进项税额	23a	
其他应作进项税额转出的情形	23b	

三、待抵扣进项税额				
项目	栏次	份数	金额	税额
（一）认证相符的增值税专用发票	24	—	—	—
期初已认证相符但未申报抵扣	25			
本期认证相符且本期未申报抵扣	26			
期末已认证相符但未申报抵扣	27			
其中：按照税法规定不允许抵扣	28			
（二）其他扣税凭证	29＝30 至 33 之和	0	0.00	0.00
其中：海关进口增值税专用缴款书	30			
农产品收购发票或者销售发票	31			
代扣代缴税收缴款凭证	32		—	
其他	33			
	34			

四、其他				
项目	栏次	份数	金额	税额
本期认证相符的增值税专用发票	35	28	4 000 000.00	520 000.00
代扣代缴税额	36	—	—	

表 2.2-40：

(1) 第 1 行第 2 列：480.00 元。

根据业务(5)，增值税税控系统专用设备费及技术维护费价税合计金额 = 200 + 280 = 480.00(元)。

(2) 第 1 行第 4 列：480.00 元。

由于销项税额−进项税额+进项税额转出>480.00 元，因此本期实际抵减税额为 480 元。

表 2.2-40 增值税及附加税费申报表附列资料(四)

(税额抵减情况表)

税款所属时间：2023 年 01 月 01 日至 2023 年 01 月 31 日

纳税人名称：(公章)厦门喜燕啤酒有限公司　　　　　　　金额单位：元(列至角分)

一、税额抵减情况						
序号	抵减项目	期初余额	本期发生额	本期应抵减税额	本期实际抵减税额	期末余额
		1	2	3 = 1+2	4 ≤ 3	5 = 3−4
1	增值税税控系统专用设备费及技术维护费	0.00	480.00	480.00	480.00	0.00
2	分支机构预征缴纳税款					
3	建筑服务预征缴纳税款					
4	销售不动产预征缴纳税款					
5	出租不动产预征缴纳税款					
二、加计抵减情况						
序号	加计抵减项目	期初余额	本期发生额	本期调减额	本期可抵减额	本期实际抵减额	期末余额
		1	2	3	4 = 1+2−3	5	6 = 4−5
6	一般项目加计抵减额计算						
7	即征即退项目加计抵减额计算						
8	合计						

表 2.2-41：

(1) 第 2 行减税性质代码及名称：选择"01129914 购置增值税税控系统专用设备抵减增值税"。

(2) 第 2 行第 2 列：480.00 元。

根据业务(5)，购置增值税税控系统专用设备抵减增值税为 480 元。

(3) 第 2 行第 4 列：480.00 元。

由于销项税额−进项税额+进项税额转出>480.00 元，因此本期实际抵减税额为 480 元。

表 2.2-41　　　　　　　　　　　增值税减免税申报明细表

税款所属时间：2023 年 01 月 01 日至 2023 年 01 月 31 日

纳税人名称（公章）：厦门喜燕啤酒有限公司　　　　　　　　　　　　金额单位：元(列至角分)

一、减税项目						
减税性质代码及名称	栏次	期初余额	本期发生额	本期应抵减税额	本期实际抵减税额	期末余额
		1	2	3 = 1+2	4 ≤ 3	5 = 3-4
合计	1	0.00	480.00	480.00	480.00	0.00
01129914 购置增值税税控系统专用设备抵减增值税	2	0.00	480.00	480.00	480.00	0.00
	3			0.00		0.00
	4			0.00		0.00
	5			0.00		0.00
	6			0.00		0.00
二、免税项目						
免税性质代码及名称	栏次	免征增值税项目销售额	免税销售额扣除项目本期实际扣除金额	扣除后免税销售额	免税销售额对应的进项税额	免税额
		1	2	3 = 1-2	4	5
合计	7					
出口免税	8		—			
其中：跨境服务	9		—	—	—	—
	10					
	11					
	12					
	13					
	14					
	15					
	16					

表 2.2-42：

（1）第 1 列：103 520.00 元。

增值税税额 = 585 000 - (520 000 - 39 000) - 480 = 103 520.00(元)

（2）第 5 列：城市维护建设税 7 246.40 元；教育费附加 3 105.60 元；地方教育附加 2 070.40 元。

城市维护建设税本期应纳税额 = 103 520×7% = 7 246.40(元)

教育费附加本期应纳费额 = 103 520×3% = 3 105.60(元)

地方教育附加本期应纳费额 = 103 520×2% = 2 070.40(元)

表 2.2-42

增值税及附加税费申报表申报附列资料（五）

（附加税费情况表）

税（费）款所属时间：2023 年 01 月 01 日至 2023 年 01 月 31 日

纳税人名称：（公章）厦门喜燕啤酒有限公司　　　　　　　　　　　　　　　金额单位：元（列至角分）

税（费）种		计税（费）依据			税（费）率（%）	本期应纳税（费）额	本期减免税（费）额			试点建设培育产教融合型企业		本期已缴税（费）额	本期应补（退）税（费）额
		增值税税额	增值税免抵税额	留抵退税本期扣除额			减免性质代码	减免税（费）额		减免性质代码	本期抵免金额		
		1	2	3	4	5=(1+2-3)×4	6	7		8	9	10	11=5-7-9-10
城市维护建设税	1	103 520.00			7%	7 246.40					—		7 246.40
教育费附加	2	103 520.00			3%	3 105.60				—	—		3 105.60
地方教育附加	3	103 520.00			2%	2 070.40				—	—		2 070.40
合计	4	—	—	—	—	12 422.40	—			—	—		12 422.40
本期是否适用试点建设培育产教融合型企业抵免政策					□是 ☑否	当期新增投资额			5				
						上期留抵可抵免金额			6				
						结转下期可抵免金额			7				
可用于扣除的增值税留抵退税额使用情况						当期新增可用于扣除的留抵退税额			8				
						上期结存可用于扣除的留抵退税额			9				
						结转下期可用于扣除的留抵退税额			10				

表 2.2-43：

（1）第 2 行第 1 列：4 500 000.00 元。

根据业务（1）可知。

（2）第 12 行第 1 列：520 000.00 元。

进项税额等于表 2.2-39 第 12 行第 3 列税额 520 000.00 元。

（3）第 14 行第 1 列：39 000.00 元。

进项税额转出等于表 2.2-39 第 13 行税额 39 000.00 元。

（4）第 23 行第 1 列：480.00 元。

应纳税额减征额等于表 2.2-40 第 1 行第 4 列本期实际抵减税额 480 元。

表 2.2-43

增值税及附加税费申报表

（一般纳税人适用）

根据国家税收法律法规及增值税相关规定制定本表。纳税人不论有无销售额，均应按税务机关核定的纳税期限填写本表，并向当地税务机关申报。

税款所属时间：自 2023 年 01 月 01 日至 2023 年 01 月 31 日　　填表日期：2023 年 02 月 10 日　　金额单位：元（列至角分）

纳税人识别号（统一社会信用代码）：91350200705655407E							
纳税人名称	厦门喜燕啤酒有限公司（公章）	法定代表人姓名		注册地址	有限责任公司	生产经营地址	厦门市湖里区
开户银行及账号	交通银行湖里支行 6222620790008825950	登记注册类型		所属行业：啤酒制造业		电话号码	0592-6021356

	项目	栏次	一般项目		即征即退项目	
			本月数	本年累计	本月数	本年累计
销售额	（一）按适用税率计税销售额	1	4 500 000.00	4 500 000.00	0.00	0.00
	其中：应税货物销售额	2	4 500 000.00	4 500 000.00	0.00	0.00
	应税劳务销售额	3	0.00	0.00	0.00	0.00
	纳税检查调整的销售额	4				
	（二）按简易办法计税销售额	5	0.00	0.00	0.00	0.00
	其中：纳税检查调整的销售额	6				
	（三）免、抵、退办法出口销售额	7	500 000.00	500 000.00	—	—
	（四）免税销售额	8	0.00	0.00	—	—
	其中：免税货物销售额	9			—	—
	免税劳务销售额	10			—	—
税款计算	销项税额	11	585 000.00	585 000.00	0.00	0.00
	进项税额	12	520 000.00	520 000.00	0.00	0.00
	上期留抵税额	13	0.00	0.00	—	—
	进项税额转出	14	39 000.00	39 000.00	—	—
	免、抵、退应退税额	15	0.00	0.00	—	—
	按适用税率计算的纳税检查应补缴税额	16			—	—
	应抵扣税额合计	17=12+13-14-15+16	481 000.00	481 000.00	—	—
	实际抵扣税额	18（如 17＜11，则为 17，否则为 11）	481 000.00	481 000.00	—	—

126

续表

项目		栏次	一般项目 本月数	一般项目 本年累计	即征即退项目 本月数	即征即退项目 本年累计
税款计算	应纳税额	19=11-18	104 000.00	104 000.00	0.00	0.00
	期末留抵税额	20=17-18	0.00	—	0.00	—
	简易计税办法计算的应纳税额	21	0.00	0.00	0.00	0.00
	按简易计税办法计算的纳税检查应补缴税额	22	480.00	480.00	—	—
	应纳税额减征额	23	0.00	0.00	0.00	0.00
	应纳税额合计	24=19+21-23	103 520.00	103 520.00	0.00	0.00
	期初未缴税额(多缴为负数)	25	0.00	0.00	0.00	0.00
	实收出口开具专用缴款书退税额	26	0.00	0.00	—	—
	本期已缴税额	27=28+29+30+31	0.00	0.00	0.00	0.00
	①分次预缴税额	28	0.00	—	—	—
	②出口开具专用缴款书预缴税额	29	0.00	—	—	—
	③本期缴纳上期应纳税额	30	0.00	—	0.00	—
	④本期缴纳欠缴税额	31	0.00	—	0.00	—
税款缴纳	期末未缴税额(多缴为负数)	32=24+25+26-27	103 520.00	103 520.00	0.00	0.00
	其中:欠缴税额(≥0)	33=25+26-27	0.00	—	0.00	—
	本期应补(退)税额	34=24-28-29	103 520.00	—	0.00	—
	即征即退实际退税额	35	—	—	0.00	0.00
	期初未缴查补税额	36	0.00	0.00	—	—
	本期入库查补税额	37	0.00	0.00	—	—
	期末未缴查补税额	38=16+22+36-37	0.00	0.00	—	—
附加税费	城市维护建设税本期应补(退)税额	39	7 246.40	7 246.40	—	—
	教育费附加本期应补(退)费额	40	3 105.60	3 105.60	—	—
	地方教育附加本期应补(退)费额	41	2 070.40	2 070.40	—	—

声明:此表是根据国家税收法律法规及相关规定填写的,本人(单位)对填报内容(及附带资料)的真实性、可靠性、完整性负责。

纳税人(签章): 年 月 日

经办人:
经办人身份证号:
代理机构签章:
代理机构统一社会信用代码:

受理人:
受理税务机关(章):
受理日期: 年 月 日

任务 2.2-11　销售自己使用过的固定资产

厦门喜燕啤酒有限公司为增值税一般纳税人，主要从事啤酒生产销售，生产过程中会产生免税副产品酒糟。2023 年 1 月发生业务如下：

（1）销售啤酒，取得不含税收入 450 万元，开具的增值税专用发票注明金额为 450 万元，税额为 58.5 万元。

（2）销售免税酒糟取得收入 50 万元，未开具发票。

（3）购入原材料（非农产品），取得 18 份增值税专用发票，发票注明金额为 300 万元，税额为 39 万元。

（4）购入酿酒设备，取得 10 份增值税专用发票，发票注明金额为 100 万元，税额为 13 万元。

（5）销售 2008 年购入的商务轿车，取得不含税收入 100 000 元，并开具增值税普通发票。

取得相关票据符合抵扣规定并勾选确认通过。

要求：根据以上业务计算该公司本期增值税应纳税额并尝试填写增值税及附加税费申报表。

任务分析：

纳税人	适用范围		增值税处理
一般纳税人	固定资产	属于条例规定不得抵扣且未抵扣进项税额的	按简易办法依照3%的征收率减按2%征收 增值税计税公式：应纳税额＝含税销售额÷(1+3%)×2%
		不属于条例规定不得抵扣且未抵扣进项税额的（可抵扣）	按适用税率征税，不适用征收率 销项税额＝含税价÷(1+13%)×13%（一般情况）
	其他物品		
小规模纳税人（除其他个人外；其他个人免征）	销售自己使用过的固定资产		按简易办法依照3%的征收率减按2%征收 增值税计税公式：应纳税额＝含税销售额÷(1+3%)×2%
	销售自己使用过的除固定资产以外的物品		按3%的征收率征税 增值税计税公式：应纳税额＝含税销售额÷(1+3%)×3%

注：已使用过的固定资产是指纳税人根据财务会计制度已经计提折旧的固定资产。

表 2.2-44：

（1）第 1 行第 1 列：4 500 000.00 元。

（2）第 1 行第 2 列：585 000.00 元。

（3）第 11 行第 3 列：100 000.00 元。

（4）第 11 行第 4 列：3 000.00 元。

开具其他发票销项（应纳）税额＝100 000×3%＝3 000.00（元）

表 2.2-44

增值税及附加税费申报表附列资料（一）
（本期销售情况明细）

税款所属时间：2023 年 01 月 01 日至 2023 年 01 月 31 日

纳税人名称：（公章）厦门喜燕啤酒有限公司

金额单位：元（列至角分）

项目及栏次				开具增值税专用发票		开具其他发票		未开具发票		纳税检查调整		合计				扣除后	
				销售额	销项（应纳）税额	销售额	销项（应纳）税额	销售额	销项（应纳）税额	销售额	销项（应纳）税额	销售额 9=1+3+5+7	销项（应纳）税额 10=2+4+6+8	价税合计 11=9+10	服务、不动产和无形资产扣除项目本期实际扣除金额 12	含税（免税）销售额 13=11-12	销项（应纳）税额 14=13÷(100%+税率或征收率)×税率或征收率
				1	2	3	4	5	6	7	8	9	10	11	12	13	14
一、一般计税方法计税	全部征税项目		13%税率的货物及加工修理修配劳务	1	4 500 000.00	585 000.00							4 500 000.00	585 000.00	—	—	—	—
			13%税率的服务、不动产和无形资产	2									0.00	0.00	0.00	0.00	0.00	0.00
			9%税率的货物及加工修理修配劳务	3									0.00	0.00	—	—	—	—
			9%税率的服务、不动产和无形资产	4									0.00	0.00	0.00	0.00	0.00	0.00
			6%税率	5									0.00	0.00	0.00	0.00	0.00	0.00
		其中：即征即退货物及加工修理修配劳务		6									0.00	0.00	—	—	—	—
		即征即退服务、不动产和无形资产		7									0.00	0.00	0.00	0.00	0.00	0.00
二、简易计税方法计税	全部征税项目		6%征收率	8									0.00	0.00	0.00	0.00	0.00	0.00
			5%征收率的货物及加工修理修配劳务	9a									0.00	0.00	—	—	—	—
			5%征收率的服务、不动产和无形资产	9b									0.00	0.00	0.00	0.00	0.00	0.00
			4%征收率	10									0.00	0.00	—	—	—	—
			3%征收率的货物及加工修理修配劳务	11			100 000.00	3 000.00					100 000.00	3 000.00	—	—	—	—

续表

项目及栏次			开具增值税专用发票		开具其他发票		未开具发票		纳税检查调整		合计			服务、不动产和无形资产扣除项目本期实际扣除金额	扣除后	
			销售额	销项(应纳)税额	销售额	销项(应纳)税额	销售额	销项(应纳)税额	销售额	销项(应纳)税额	销售额	销项(应纳)税额	价税合计		含税(免税)销售额	销项(应纳)税额
			1	2	3	4	5	6	7	8	9=1+3+5+7	10=2+4+6+8	11=9+10	12	13=11-12	14=13÷(100%+税率或征收率)×税率或征收率
二、简易计税方法计税	全部征税项目	3%征收率的服务、不动产和无形资产 12									0.00	0.00	0.00	0.00	0.00	0.00
		％预征率 13a									0.00	0.00	0.00	0.00	0.00	0.00
		％预征率 13b									0.00	0.00	0.00	0.00	0.00	0.00
		％预征率 13c									0.00	0.00	0.00	0.00	0.00	0.00
	其中:即征即退项目	即征即退货物及加工修理修配劳务 14	—	—	—	—	—	—	—	—	0.00	0.00	0.00	0.00	0.00	—
		即征即退服务、不动产和无形资产 15	—	—	—	—	—	—	—	—	0.00	0.00	0.00	0.00	0.00	—
三、免抵退税		货物及加工修理修配劳务 16	—	—				—		—	0.00	—	0.00	—	—	—
		服务、不动产和无形资产 17	—	—				—		—	0.00	—	0.00	—	—	—
四、免税		货物及加工修理修配劳务 18	—	—			500 000.00	—		—	500 000.00	—	—	—	0.00	—
		服务、不动产和无形资产 19	—	—				—		—	0.00	—	—	—	0.00	—

表2.2-45：

(1) 第2行：份数：28；金额：4 000 000.00元；税额：520 000.00元。

根据业务(3)(4)，取得增值税专用发票28份，金额=3 000 000+1 000 000=4 000 000.00(元)，税额=390 000+130 000=520 000.00(元)。

(2) 第14行：税额：39 000.00元。

用于免征增值税项目的购进货物，进项税额不得从销项税额中抵扣。

不得抵扣的进项税额=当期无法划分的全部进项税额×(当期简易计税方法计税项目销售额+免征增值税项目销售额)÷当期全部销售额=390 000×500 000÷(4 500 000+500 000)=39 000.00(元)

(3) 第35行：份数：28；金额：4 000 000.00元；税额：520 000.00元。

根据业务(3)(4)，取得增值税专用发票28份，金额=3 000 000+1 000 000=4 000 000.00(元)，税额=390 000+130 000=520 000.00(元)。

表2.2-45　　　　增值税及附加税费申报表附列资料(二)

(本期进项税额明细)

税款所属时间：2023年01月01日至2023年01月31日

纳税人名称：(公章)厦门喜燕啤酒有限公司　　　　金额单位：元(列至角分)

一、申报抵扣的进项税额				
项目	栏次	份数	金额	税额
(一)认证相符的增值税专用发票	1=2+3	28	4 000 000.00	520 000.00
其中：本期认证相符且本期申报抵扣	2	28	4 000 000.00	520 000.00
前期认证相符且本期申报抵扣	3			
(二)其他扣税凭证	4=5+6+7+8a+8b	0	0.00	0.00
其中：海关进口增值税专用缴款书	5			
农产品收购发票或者销售发票	6			
代扣代缴税收缴款凭证	7	—		
加计扣除农产品进项税额	8a	—		
其他	8b			
(三)本期用于购建不动产的扣税凭证	9			
(四)本期用于抵扣的旅客运输服务扣税凭证	10			
(五)外贸企业进项税额抵扣证明	11	—	—	
当期申报抵扣进项税额合计	12=1+4+11	28	4 000 000.00	520 000.00
二、进项税额转出额				
项目	栏次		税额	
本期进项税额转出额	13=14至23之和		39 000.00	
其中：免税项目用	14		39 000.00	
集体福利、个人消费	15			
非正常损失	16			
简易计税方法征税项目用	17			
免抵退税办法不得抵扣的进项税额	18			

续表

项目	栏次	份数	金额	税额
纳税检查调减进项税额	19			
红字专用发票信息表注明的进项税额	20			
上期留抵税额抵减欠税	21			
上期留抵税额退税	22			
异常凭证转出进项税额	23a			
其他应作进项税额转出的情形	23b			
三、待抵扣进项税额				
项目	栏次	份数	金额	税额
（一）认证相符的增值税专用发票	24	—	—	
期初已认证相符但未申报抵扣	25			
本期认证相符且本期未申报抵扣	26			
期末已认证相符但未申报抵扣	27			
其中：按照税法规定不允许抵扣	28			
（二）其他扣税凭证	29＝30至33之和	0	0.00	0.00
其中：海关进口增值税专用缴款书	30			
农产品收购发票或者销售发票	31			
代扣代缴税收缴款凭证	32		—	
其他	33			
	34			
四、其他				
项目	栏次	份数	金额	税额
本期认证相符的增值税专用发票	35	28	4 000 000.00	520 000.00
代扣代缴税额	36	—	—	

表2.2-46：

(1) 第2行减税性质代码及名称：选择"01129924 已使用固定资产减征增值税"。

(2) 第2行第2列：1 000.00元。

根据业务(5)，销售自己使用过的固定资产减征增值税本期发生额 = 100 000×1% = 1 000.00（元）。

> ☞ 提示
>
> 2009年1月1日前购进的固定资产不得抵扣进项税额，因此商务轿车属于不得抵扣且未抵扣进项税额的固定资产。一般纳税人销售自己使用过不得抵扣且未抵扣进项税额的固定资产，按照简易办法依照3%征收率减按2%征收增值税，实际减免1%。

（3）第2行第4列：1 000.00元。

由于销项税额-进项税额+进项税额转出>1 000.00元，因此本期实际抵减税额为1 000.00元。

表2.2-46 　　　　　　　　　增值税减免税申报明细表

税款所属时间：2023年01月01日至2023年01月31日

纳税人名称（公章）：厦门喜燕啤酒有限公司　　　　　　　　　金额单位：元（列至角分）

一、减税项目						
减税性质代码及名称	栏次	期初余额	本期发生额	本期应抵减税额	本期实际抵减税额	期末余额
		1	2	3=1+2	4≤3	5=3-4
合计	1	0.00	1 000.00	1 000.00	1 000.00	0.00
01129924 已使用固定资产减征增值税	2	0.00	1 000.00	1 000.00	1 000.00	0.00
	3			0.00		0.00
	4			0.00		0.00
	5			0.00		0.00
	6			0.00		0.00
二、免税项目						
免税性质代码及名称	栏次	免征增值税项目销售额	免税销售额扣除项目本期实际扣除金额	扣除后免税销售额	免税销售额对应的进项税额	免税额
		1	2	3=1-2	4	5
合计	7	500 000.00	0.00	500 000.00	39 000.00	26 000.00
出口免税	8	—	—	—	—	—
其中：跨境服务	9	—	—	—	—	—
1092202 饲料产品免征增值税优惠	10	500 000.00		500 000.00	39 000.00	26 000.00
	11					
	12					
	13					
	14					
	15					
	16					

表2.2-47：

（1）第1列：106 000.00元。

增值税税额=585 000+3 000-(520 000-39 000)-1 000=106 000.00(元)

（2）第5列：城市维护建设税7 420.00元；教育费附加3 180.00元；地方教育附加2 120.00元。

城市维护建设税本期应纳税额=106 000×7%=7 420.00(元)

教育费附加本期应纳费额=106 000×3%=3 180.00(元)

地方教育附加本期应纳费额=106 000×2%=2 120.00(元)

表 2.2-47

增值税及附加税费申报表附列资料(五)
(附加税费情况表)

税(费)款所属时间：2023 年 01 月 01 日至 2023 年 01 月 31 日

纳税人名称：(公章) 厦门草燕啤酒有限公司　　　　　　　　　　　　　　　　金额单位：元(列至角分)

税(费)种		计税(费)依据			税(费)率(%)	本期应纳税(费)额	本期减免税(费)额		试点建设培育产教融合型企业		本期已缴税(费)额	本期应补(退)税(费)额
		增值税税额	增值税免抵税额	留抵退税本期扣除额			减免性质代码	减免税(费)额	减免性质代码	本期抵免金额		
		1	2	3	4	5=(1+2-3)×4	6	7	8	9	10	11=5-7-9-10
城市维护建设税	1	106 000.00			7%	7 420.00						7 420.00
教育费附加	2	106 000.00			3%	3 180.00						3 180.00
地方教育附加	3	106 000.00			2%	2 120.00						2 120.00
合计	4	—	—	—	—	12 720.00	—		—			12 720.00

本期是否适用试点建设培育产教融合型企业抵免政策	□是 ☑否	
	当期新增投资额	5
	上期留抵可抵免金额	6
	结转下期可抵免金额	7
可用于扣除的增值税留抵退税额使用情况	当期新增可用于扣除的留抵退税额	8
	上期结存可用于扣除的留抵退税额	9
	结转下期可用于扣除的留抵退税额	10

表 2.2-48：

(1) 第 2 行第 1 列：4 500 000.00 元。

根据业务(1)可知。

(2) 第 5 行第 1 列：100 000.00 元。

根据业务(5)可知,按简易办法计税销售额为销售商务轿车取得的不含税收入 10 万元。

(3) 第 12 行第 1 列：520 000.00 元。

进项税额等于表 2.2-45 第 12 行第 3 列税额 520 000.00 元。

(4) 第 14 行第 1 列：39 000.00 元。

进项税额转出等于表 2.2-45 第 13 行税额 39 000.00 元。

(5) 第 23 行第 1 列：1 000.00 元。

应纳税额减征额等于表 2.2-46 第 1 行第 4 列本期实际抵减税额合计金额 1 000.00 元。

表2.2-48

增值税及附加税费申报表
(一般纳税人适用)

根据国家税收法律法规及增值税相关规定制定本表。纳税人不论有无销售额,均应按税务机关核定的纳税期限填写本表,并向当地税务机关申报。

税款所属时间:自2023年01月01日至2023年01月31日　　填表日期:2023年02月10日　　金额单位:元(列至角分)

纳税人名称	厦门喜燕啤酒有限公司(公章)	法定代表人姓名		登记注册类型		所属行业:啤酒制造业		
纳税人识别号(统一社会信用代码):91350200705655407E				注册地址	有限责任公司	厦门市湖里区	生产经营地址	厦门市湖里区
开户银行及账号	交通银行湖里支行 6222620790000825950						电话号码	0592-6021356

	项目	栏次	一般项目		即征即退项目	
			本月数	本年累计	本月数	本年累计
销售额	(一)按适用税率计税销售额	1	4 500 000.00	4 500 000.00	0.00	0.00
	其中:应税货物销售额	2	4 500 000.00	4 500 000.00	0.00	0.00
	应税劳务销售额	3	0.00	0.00	0.00	0.00
	纳税检查调整的销售额	4	0.00	0.00	0.00	0.00
	(二)按简易办法计税销售额	5	100 000.00	100 000.00	—	—
	其中:纳税检查调整的销售额	6	0.00	0.00	—	—
	(三)免、抵、退办法出口销售额	7	0.00	0.00	—	—
	(四)免税销售额	8	500 000.00	500 000.00	0.00	0.00
	其中:免税货物销售额	9	500 000.00	500 000.00	0.00	0.00
	免税劳务销售额	10	0.00	0.00	0.00	0.00
税款计算	销项税额	11	585 000.00	585 000.00	0.00	0.00
	进项税额	12	520 000.00	520 000.00	0.00	0.00
	上期留抵税额	13	0.00	0.00	—	—
	进项税额转出	14	39 000.00	39 000.00	—	—
	免、抵、退应退税额	15	0.00	0.00	—	—
	按适用税率计算的纳税检查应补缴税额	16	0.00	0.00	—	—
	应抵扣税额合计 17=12+13-14-15+16	17	481 000.00	481 000.00	—	—
	实际抵扣税额 18(如17＜11,则为17,否则为11)	18	481 000.00	481 000.00	0.00	0.00

续表

项目		栏次	一般项目		即征即退项目	
			本月数	本年累计	本月数	本年累计
税款计算	应纳税额	19=11-18	104 000.00	104 000.00	0.00	0.00
	期末留抵税额	20=17-18	0.00	—	—	—
	简易计税办法计算的应纳税额	21	3 000.00	3 000.00	0.00	0.00
	按简易计税办法计算的纳税检查应补缴税额	22			—	—
	应纳税额减征额	23	1 000.00	1 000.00	0.00	0.00
	应纳税额合计	24=19+21-23	106 000.00	106 000.00	0.00	0.00
	期初未缴税额（多缴为负数）	25	0.00	0.00	0.00	0.00
	实收出口具专用缴款书退税额	26	0.00	0.00	—	—
	本期已缴税额	27=28+29+30+31	0.00	0.00	0.00	0.00
	①分次预缴税额	28			—	—
	②出口具专用缴款书预缴税额	29	0.00	0.00	—	—
	③本期缴纳上期应纳税额	30			—	—
	④本期缴纳欠缴税额	31			—	—
税款缴纳	期末未缴税额（多缴为负数）	32=24+25+26-27	106 000.00	106 000.00	0.00	0.00
	其中：欠缴税额（≥0）	33=25+26-27	0.00	0.00	—	—
	本期应补（退）税额	34=24-28-29	106 000.00	106 000.00	—	—
	即征即退实际退税额	35	—	—	0.00	0.00
	期初未缴查补税额	36	0.00	0.00	—	—
	本期入库查补税额	37			—	—
	期末未缴查补税额	38=16+22+36-37	0.00	0.00	—	—
附加税费	城市维护建设税本期应补（退）税额	39	7 420.00	7 420.00		
	教育费附加本期应补（退）费额	40	3 180.00	3 180.00		
	地方教育附加本期应补（退）费额	41	2 120.00	2 120.00		

声明：此表是根据国家税收法律法规及相关规定填写的，本人（单位）对填报内容（及附带资料）的真实性、可靠性、完整性负责。

经办人：　　　　　　　　　　　　　　　　　　　　　　　　　　　　　　纳税人（签章）：

经办人身份证号：

代理机构签章：　　　　　　　　　　　　　　　　　　　　　　　　　　　　　　　　年　月　日

代理机构统一社会信用代码：

受理人：
受理税务机关（章）：
受理日期：　　年　月　日

任务三　增值税的申报

大连未名生物医药有限公司为增值税一般纳税人，2023年1月发生业务如下：

（1）采用商业折扣方式销售应税药品，开具增值税专用发票，金额栏注明销售额为3 000万元，折扣额为300万元，增值税额合计栏为351万元。合同约定运费由销售方承担，取得10份增值税专用发票，发票注明运费为20万元，税额为1.8万元。

（2）销售应税药品给增值税小规模纳税人，开具的增值税普通发票注明金额为60万元，税额为7.8万元，同时收取优质费1.13万元，开具收款收据。

（3）销售2008年5月购入的设备，开具的增值税普通发票注明价税合计金额为18.54万元。

（4）将自产应税药品发放给职工作为员工福利，账面成本为4万元，同期不含税销售额为10万元。

（5）购进原材料，取得22份增值税专用发票，发票注明价款为600万元，税额为78万元。支付运输费用，取得8份增值税专用发票，发票注明运费为10万元，税额为0.9万元。

（6）外购建筑材料用于修建员工健身房，取得12份增值税专用发票，发票注明金额为70万元，税额为9.1万元。

（7）购进小轿车，取得1份机动车销售统一发票，发票注明金额为20万元，税额为2.6万元。

（8）向增值税小规模纳税人购进办公用品，取得的增值税普通发票注明金额为1万元，税额为0.13万元。

（9）向农民购入药材，开具15份收购发票，发票注明收购价款为250万元，当月领用40%用于生产应税药品。

（10）报关进口生产设备，关税完税价格为500万元，关税税率为20%，取得1份海关进口增值税专用缴款书。

（11）外购办公楼，取得1份增值税专用发票，发票注明销售额为1 000万元，税额为90万元。

（12）取得6份增值税电子普通发票，金额10万元，税额0.9万元；取得100张注明旅客身份信息的航空运输电子客票行程单，票价21.3万元，民航发展基金1.2万元，燃油附加费0.5万元；取得400张注明旅客身份信息的铁路车票，票面金额合计6.54万元。

（13）因管理不善丢失一批药品，账面成本为5万元，其中耗用外购原料1万元，其他为人工成本。

取得相关票据符合抵扣规定并勾选确认通过。

任务描述

根据以上业务填写增值税及附加税费申报表。

知识储备

一、增值税纳税义务发生时间（表 2.3-1）

表 2.3-1 增值税纳税义务发生时间

销售方式		纳税义务发生时间
先开具发票		开具发票的当天
直接收款		收讫销售款项或取得索取销售款项凭据的当天（不论货物是否发出）
托收承付、委托收款		发出货物并办妥托收手续
赊销、分期收款		书面合同约定的收款日期的当天 【提示】特殊：无书面合同或书面合同没有约定收款日期的，为货物发出的当天
预收货款	一般情况	货物发出的当天 【提示】特殊：生产销售生产工期超过 12 个月的大型机械设备、船舶、飞机等货物，为收到预收款或书面合同约定的收款日期的当天
	提供租赁服务	收到预收款的当天
委托代销		收到代销清单或全部、部分货款的当天 【提示】特殊：未收到代销清单及货款的，为发出代销货物满 180 天的当天
金融商品转让		金融商品所有权转移的当天
视同销售	货物	货物移送的当天
	服务、无形资产或者不动产	服务、无形资产转让完成的当天或者不动产权属变更的当天
进口		报关进口的当天
代扣代缴		纳税人增值税纳税义务发生的当天

二、增值税纳税地点（表 2.3-2）

表 2.3-2 增值税纳税地点

业户		纳税申报地点
固定业户	一般情况	机构所在地
	到外县（市）销售	已报告：机构所在地
		未报告：销售地或劳务发生地。未申报的，回机构所在地补

139

续表

业户		纳税申报地点
固定业户	总分机构不在同一县(市)	分别向各自所在地主管税务机关申报
		经批准,可以由总机构汇总向总机构所在地主管税务机关申报
非固定业户		销售地或劳务发生地。未申报的,回机构所在地补
进口		报关地海关
其他个人提供建筑服务,销售或者租赁不动产,转让自然资源使用权(新增)		建筑服务发生地、不动产所在地、自然资源所在地
扣缴义务人		扣缴义务人机构所在地或者居住地

三、增值税纳税期限

(1) 增值税的纳税期限分别为 1 日、3 日、5 日、10 日、15 日、1 个月或 1 个季度。

以 1 个季度为纳税期限的规定适用于小规模纳税人、银行、财务公司、信托投资公司、信用社,以及财政部和国家税务总局规定的其他纳税人。以 1 个月或 1 个季度为 1 个纳税期的,自期满之日起 15 日内申报纳税。

(2) 纳税人进口货物,应当自海关填发海关进口增值税专用缴款书之日起 15 日内缴纳税款。

四、一般纳税人增值税纳税申报流程(图 2.3-1)

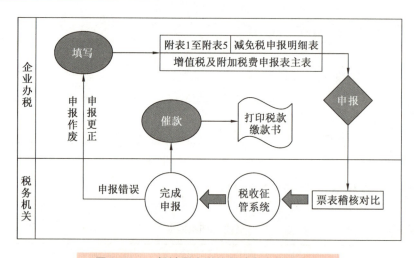

图 2.3-1 一般纳税人增值税纳税申报流程图

任务 2.3-1　问题见本任务的任务描述

任务分析:

表 2.3-3:

(1) 第 1 行第 1 列: 27 000 000.00 元。

根据业务(1),开具增值税专用发票销售额=30 000 000-3 000 000=27 000 000.00(元)。

(2) 第 1 行第 2 列: 3 510 000.00 元。

根据业务(1),开具增值税专用发票销项(应纳)税额 351 万元。

(3) 第 1 行第 3 列: 600 000.00 元。

根据业务(2),开具其他发票销售额 60 万元。

(4) 第 1 行第 4 列: 78 000.00 元。

根据业务(2),开具其他发票销项(应纳)税额 7.8 万元。

(5) 第 1 行第 5 列: 110 000.00 元。

根据业务(2)(4),未开具发票销售额=11 300÷(1+13%)+100 000=110 000.00(元)。

> **提示**
> 优质费属于价外费用,应计征增值税;自产货物用于员工福利应视同销售,视同销售价格按照同期同类产品的销售价格确定。

(6) 第 1 行第 6 列: 14 300.00 元。

根据业务(2)(4),未开具发票销项(应纳)税额=11 300÷(1+13%)×13%+100 000×13%=14 300.00(元)。

(7) 第 11 行第 3 列: 180 000.00 元。

根据业务(3),开具其他发票销售额=185 400÷(1+3%)=180 000.00(元)。

(8) 第 11 行第 4 列: 5 400.00 元。

根据业务(3),开具其他发票销项(应纳)税额=180 000×3%=5 400.00(元)。

表 2.3-3

增值税及附加税费申报表附列资料（一）
（本期销售情况明细）

税款所属时间：2023 年 01 月 01 日至 2023 年 01 月 31 日

纳税人名称：（公章）大连未名生物医药有限公司　　　　金额单位：元（列至角分）

项目及栏次			开具增值税专用发票		开具其他发票		未开具发票		纳税检查调整		合计		价税合计	服务、不动产和无形资产扣除项目本期实际扣除金额	扣除后	
			销售额	销项（应纳）税额	销售额	销项（应纳）税额	销售额	销项（应纳）税额	销售额	销项（应纳）税额	销售额	销项（应纳）税额			含税（免税）销售额	销项（应纳）税额
			1	2	3	4	5	6	7	8	9=1+3+5+7	10=2+4+6+8	11=9+10	12	13=11-12	14=13÷(100%+税率或征收率)×税率或征收率
一、一般计税方法计税	全部征税项目	1　13%税率的货物及加工修理修配劳务	27 000 000.00	3 510 000.00	600 000.00	78 000.00	110 000.00	14 300.00	—	—	27 710 000.00	3 602 300.00	—	—	—	—
		2　13%税率的服务、不动产和无形资产	—	—	—	—	—	—	—	—	0.00	0.00	—	—	—	—
		3　9%税率的货物及加工修理修配劳务	—	—	—	—	—	—	—	—	0.00	0.00	0.00	0.00	0.00	0.00
		4　9%税率的服务、不动产和无形资产	—	—	—	—	—	—	—	—	0.00	0.00	0.00	0.00	0.00	0.00
		5　6%税率	—	—	—	—	—	—	—	—	0.00	0.00	0.00	0.00	0.00	0.00
	其中：即征即退项目	6　即征即退货物及加工修理修配劳务	—	—	—	—	—	—	—	—	0.00	0.00	—	—	—	—
		7　即征即退服务、不动产和无形资产	—	—	—	—	—	—	—	—	0.00	0.00	—	—	—	—
		8　6%征收率	—	—	—	—	—	—	—	—	0.00	0.00	0.00	0.00	0.00	0.00
二、简易计税方法计税	全部征税项目	9a　5%征收率的货物及加工修理修配劳务	—	—	—	—	—	—	—	—	0.00	0.00	0.00	0.00	0.00	0.00
		9b　5%征收率的服务、不动产和无形资产	—	—	—	—	—	—	—	—	0.00	0.00	0.00	0.00	0.00	0.00
		10　4%征收率	—	—	—	—	—	—	—	—	0.00	0.00	—	—	—	—
		11　3%征收率的货物及加工修理修配劳务	—	—	180 000.00	5 400.00	—	—	—	—	180 000.00	5 400.00	—	—	—	—

续表

项目及栏次			开具增值税专用发票		开具其他发票		未开具发票		纳税检查调整		合计		价税合计	服务、不动产和无形资产扣除项目本期实际扣除金额	扣除后	
			销售额	销项(应纳)税额	销售额	销项(应纳)税额	销售额	销项(应纳)税额	销售额	销项(应纳)税额	销售额	销项(应纳)税额			含税(免税)销售额	销项(应纳)税额
			1	2	3	4	5	6	7	8	9=1+3+5+7	10=2+4+6+8	11=9+10	12	13=11-12	14=13÷(100%+税率或征收率)×税率或征收率
二、简易计税方法计税	全部征税项目	3%征收率的服务、不动产和无形资产 12									0.00	0.00	0.00	0.00	0.00	0.00
		预征率 % 13a									0.00	0.00	0.00	—	0.00	—
		预征率 % 13b									0.00	0.00	0.00	—	0.00	—
		预征率 % 13c									0.00	0.00	0.00	—	—	—
	其中：即征即退项目	即征即退货物加工修理修配劳务 14	—	—	—	—	—	—	—	—	0.00	0.00	0.00	0.00	0.00	0.00
		即征即退服务、不动产和无形资产 15	—	—	—	—	—	—	—	—	0.00	—	—	—	—	—
三、免抵退税	货物及加工修理修配劳务 16		—	—	—	—	—	—	—	—	0.00	—	0.00	0.00	—	—
	服务、不动产和无形资产 17		—	—	—	—	—	—	—	—	0.00	—	0.00	0.00	—	—
四、免税	货物及加工修理修配劳务 18		—	—	—	—	—	—	—	—	0.00	—	—	—	0.00	—
	服务、不动产和无形资产 19		—	—	—	—	—	—	—	—	0.00	—	—	—	0.00	—

表 2.3-4：

(1) 第 2 行：份数：54；金额：17 200 000.00 元；税额：1 824 000.00 元。

根据业务(1)(5)(6)(7)(11)，取得增值税专用发票 54 份，金额 = 200 000+6 000 000+100 000+700 000+200 000+10 000 000 = 17 200 000.00(元)，税额 = 18 000+780 000+9 000+91 000+26 000+900 000 = 1 824 000.00(元)。

(2) 第 5 行：份数：1；金额：6 000 000.00 元；税额：780 000.00 元。

根据业务(10)，海关进口增值税专用缴款书记载金额 = 5 000 000×(1+20%) = 6 000 000.00(元)，税额 = 6 000 000×13% = 780 000.00(元)。

(3) 第 6 行：份数：15；金额：2 500 000.00 元；税额：225 000.00 元。

根据业务(9)，开具 15 份农产品收购发票，金额 = 2 500 000.00(元)，税额 = 2 500 000×9% = 225 000.00(元)。

> ☞ 提示
>
> 购进时，按照 9% 扣除率计算农产品可抵扣税额，领用时加计 1% 扣除农产品进项税额。

(4) 第 8a 行：税额：10 000.00 元。

根据业务(9)，加计扣除农产品进项税额 = 2 500 000×40%×1% = 10 000.00(元)。

(5) 第 8b 行：份数：506；金额：360 000.00 元；税额：32 400.00 元。

根据业务(12)，其他扣税凭证 506 份，金额 = 100 000+(213 000+5 000)÷(1+9%)+65 400÷(1+9%) = 360 000.00(元)，税额 = 9 000+(213 000+5 000)÷(1+9%)×9%+65 400÷(1+9%)×9% = 32 400.00(元)。

(6) 第 9 行：份数：1；金额：10 000 000.00 元；税额：900 000.00 元。

根据业务(11)，取得增值税专用发票 1 份，金额 1 000 万元，税额 90 万元。

(7) 第 15 行：91 000.00 元。

根据业务(6)，修建员工健身房属于员工福利，外购建筑材料用于员工福利应作进项税额转出。

(8) 第 16 行：1 300.00 元。

根据业务(13)，因管理不善导致丢失，应作进项税额转出。进项税额转出额 = 10 000×13% = 1 300.00(元)。

(9) 第 35 行：份数：54；金额：17 200 000.00 元；税额：1 824 000.00 元。

根据业务(1)(5)(6)(7)(11)，取得增值税专用发票 54 份，金额 = 200 000+6 000 000+100 000+700 000+200 000+10 000 000 = 17 200 000.00(元)，税额 = 18 000+780 000+9 000+91 000+26 000+900 000 = 1 824 000.00(元)。

表 2.3-4 增值税及附加税费申报表附列资料(二)

(本期进项税额明细)

税款所属时间：2023 年 01 月 01 日至 2023 年 01 月 31 日

纳税人名称：(公章)大连未名生物医药有限公司　　　　　　　金额单位：元(列至角分)

一、申报抵扣的进项税额				
项目	栏次	份数	金额	税额
(一)认证相符的增值税专用发票	1=2+3	54	17 200 000.00	1 824 000.00
其中：本期认证相符且本期申报抵扣	2	54	17 200 000.00	1 824 000.00
前期认证相符且本期申报抵扣	3			
(二)其他扣税凭证	4=5+6+7+8a+8b	522	8 860 000.00	1 047 400.00
其中：海关进口增值税专用缴款书	5	1	6 000 000.00	780 000.00
农产品收购发票或者销售发票	6	15	2 500 000.00	225 000.00
代扣代缴税收缴款凭证	7			—
加计扣除农产品进项税额	8a	—	—	10 000.00
其他	8b	506	360 000.00	32 400.00
(三)本期用于购建不动产的扣税凭证	9	1	10 000 000.00	900 000.00
(四)本期用于抵扣的旅客运输服务扣税凭证	10	506	360 000.00	32 400.00
(五)外贸企业进项税额抵扣证明	11			
当期申报抵扣进项税额合计	12=1+4+11	576	26 060 000.00	2 871 400.00

二、进项税额转出额		
项目	栏次	税额
本期进项税额转出额	13=14 至 23 之和	92 300.00
其中：免税项目用	14	
集体福利、个人消费	15	91 000.00
非正常损失	16	1 300.00
简易计税方法征税项目用	17	
免抵退税办法不得抵扣的进项税额	18	
纳税检查调减进项税额	19	
红字专用发票信息表注明的进项税额	20	
上期留抵税额抵减欠税	21	
上期留抵税额退税	22	
异常凭证转出进项税额	23a	
其他应作进项税额转出的情形	23b	

三、待抵扣进项税额				
项目	栏次	份数	金额	税额
(一)认证相符的增值税专用发票	24	—	—	—
期初已认证相符但未申报抵扣	25			
本期认证相符且本期未申报抵扣	26			
期末已认证相符但未申报抵扣	27			
其中：按照税法规定不允许抵扣	28			
(二)其他扣税凭证	29=30 至 33 之和	0	0.00	0.00
其中：海关进口增值税专用缴款书	30			
农产品收购发票或者销售发票	31			
代扣代缴税收缴款凭证	32		—	
其他	33			
	34			

续表

四、其他				
项目	栏次	份数	金额	税额
本期认证相符的增值税专用发票	35	54	17 200 000.00	1 824 000.00
代扣代缴税额	36	—		

表 2.3-5：

(1) 第 2 行减税性质代码及名称：选择 "01129924 已使用固定资产减征增值税"。

(2) 第 2 行第 2 列：1 800.00 元。

根据业务(3)，销售自己使用过的固定资产减征增值税本期发生额 = 185 400 ÷ (1 + 3%) × 1% = 1 800.00（元）。

> **提示**
> 2009 年 1 月 1 日前购进的固定资产不得抵扣进项税额，因此设备属于不得抵扣且未抵扣进项税额的固定资产。一般纳税人销售自己使用过不得抵扣且未抵扣进项税额的固定资产，按照简易办法依照 3% 征收率减按 2% 征收增值税，实际减免 1%。

(3) 第 2 行第 4 列：1 800.00 元。

表 2.3-5　　　　　　增值税减免税申报明细表

税款所属时间：2023 年 01 月 01 日至 2023 年 01 月 31 日

纳税人名称（公章）：大连未名生物医药有限公司　　　　　　金额单位：元（列至角分）

一、减税项目						
减税性质代码及名称	栏次	期初余额	本期发生额	本期应抵减税额	本期实际抵减税额	期末余额
		1	2	3=1+2	4≤3	5=3-4
合计	1	0.00	1 800.00	1 800.00	1 800.00	0.00
01129924 已使用固定资产减征增值税	2	0.00	1 800.00	1 800.00	1 800.00	0.00
	3			0.00		0.00
	4			0.00		
	5			0.00		
	6			0.00		

二、免税项目						
免税性质代码及名称	栏次	免征增值税项目销售额	免税销售额扣除项目本期实际扣除金额	扣除后免税销售额	免税销售额对应的进项税额	免税额
		1	2	3=1-2	4	5
合计	7	0.00	0.00	0.00	0.00	0.00
出口免税	8		—			

续表

免税性质代码及名称	栏次	免征增值税项目销售额	免税销售额扣除项目本期实际扣除金额	扣除后免税销售额	免税销售额对应的进项税额	免税额
		1	2	3=1-2	4	5
其中:跨境服务	9		—	—	—	—
	10					
	11					
	12					
	13					
	14					
	15					
	16					

表2.3-6：

（1）第1列：826 800.00元。

增值税税额=3 602 300+5 400-(2 871 400-92 300)-1 800=826 800.00(元)

（2）第5列：城市维护建设税57 876.00元；教育费附加24 804.00元；地方教育附加16 536.00元。

城市维护建设税本期应纳税额=826 800×7%=57 876.00(元)

教育费附加本期应纳费额=826 800×3%=24 804.00(元)

地方教育附加本期应纳费额=826 800×2%=16 536.00(元)

表 2.3-6

增值税及附加税费申报表附列资料（五）
（附加税费情况表）

税（费）款所属时间：2023 年 01 月 01 日至 2023 年 01 月 31 日

纳税人名称：(公章) 大连未名生物医药有限公司

金额单位：元（列至角分）

税（费）种		计税（费）依据			税（费）率（%）	本期应纳税（费）额	本期减免税（费）额		试点建设培育产教融合型企业		本期已缴税（费）额	本期应补（退）税（费）额
		增值税税额	增值税免抵税额	留抵退税本期扣除额			减免性质代码	减免税（费）额	减免性质代码	本期抵免金额		
		1	2	3	4	5=(1+2-3)×4	6	7	8	9	10	11=5-7-9-10
城市维护建设税	1	826 800.00			7%	57 876.00				—		57 876.00
教育费附加	2	826 800.00			3%	24 804.00			—			24 804.00
地方教育附加	3	826 800.00			2%	16 536.00			—			16 536.00
合计	4	—	—	—	—	99 216.00	—					99 216.00

本期是否适用试点建设培育产教融合型企业抵免政策	□是 ☑否		
可用于扣除的增值税留抵退税额使用情况	当期新增投资额		5
	当期新增可抵免金额		6
	上期留抵可抵免金额		7
	结转下期可用于扣除的留抵退税免额		8
	当期新增可用于扣除的留抵退税额		9
	上期结存可用于扣除的留抵退税额		10
	结转下期可用于扣除的留抵退税额		

表 2.3-7：

（1）第 1 行第 1 列：27 710 000.00 元。

根据业务（1）（2）（4），销售应税药品（含优质费、用于员工福利）取得不含税销售额＝（30 000 000－3 000 000）＋600 000＋11 300÷（1＋13%）＋100 000＝27 710 000.00（元）。

（2）第 5 行第 1 列：180 000.00 元。

根据业务（3），按简易办法计税销售额本月数＝185 400÷（1＋3%）＝180 000.00（元）。

（3）第 12 行第 1 列：2 871 400.00 元。

进项税额等于表 2.3-4 第 12 行第 3 列税额 2 871 400.00 元。

（4）第 14 行第 1 列：92 300.00 元。

进项税额转出等于表 2.3-4 第 13 行税额 92 300.00 元。

（5）第 23 行第 1 列：1 800.00 元。

应纳税额减征额等于表 2.3-5 第 1 行第 4 列本期实际抵减税额合计金额 1 800.00 元。

表 2.3-7

增值税及附加税费申报表

（一般纳税人适用）

根据国家税收法律法规及增值税相关税收规定制定本表。纳税人不论有无销售额，均应按税务机关核定的纳税期限填写本表，并向当地税务机关申报。

税款所属时间：自 2023 年 01 月 01 日至 2023 年 01 月 31 日　　填表日期：2023 年 02 月 10 日　　金额单位：元（列至角分）

纳税人识别号（统一社会信用代码）：91210231468111997R								
纳税人名称	大连未名生物医药有限公司（公章）	法定代表人姓名	王敏	登记注册类型	有限责任公司	注册地址	大连市沙河口区	所属行业：医药制造业
开户银行及账号	中国工商银行大连车家村支行 6222083400007103688					生产经营地址	大连市沙河口区	电话号码 0411-84403689

			一般项目		即征即退项目	
项目		栏次	本月数	本年累计	本月数	本年累计
销售额	（一）按适用税率计税销售额	1	27 710 000.00	27 710 000.00	0.00	0.00
	其中：应税货物销售额	2	27 710 000.00	27 710 000.00	0.00	0.00
	应税劳务销售额	3	0.00	0.00	0.00	0.00
	纳税检查调整的销售额	4	180 000.00	180 000.00	0.00	0.00
	（二）按简易办法计税销售额	5	0.00	0.00	—	—
	其中：纳税检查调整的销售额	6	0.00	0.00	—	—
	（三）免、抵、退办法出口销售额	7	0.00	0.00	—	—
	（四）免税销售额	8	—	—	—	—
	其中：免税货物销售额	9	—	—	—	—
	免税劳务销售额	10	—	—	—	—
税款计算	销项税额	11	3 602 300.00	3 602 300.00	0.00	0.00
	进项税额	12	2 871 400.00	2 871 400.00	—	—
	上期留抵税额	13	0.00	0.00	—	—
	进项税额转出	14	92 300.00	92 300.00	0.00	0.00
	免、抵、退应退税额	15	0.00	0.00	—	—
	按适用税率计算的纳税检查应补缴税额	16	—	—	—	—
	应抵扣税额合计	17=12+13-14-15+16	2 779 100.00	2 779 100.00	—	—
	实际抵扣税额	18（如 17<11，则为 17，否则为 11）	2 779 100.00	2 779 100.00	0.00	0.00

续表

	项目	栏次	一般项目 本月数	一般项目 本年累计	即征即退项目 本月数	即征即退项目 本年累计
税款计算	应纳税额	19=11-18	823 200.00	823 200.00	0.00	0.00
	期末留抵税额	20=17-18	0.00	—	0.00	—
	简易计税办法计算的应纳税额	21	5 400.00	5 400.00	—	—
	按简易计税办法计算的纳税检查应补缴税额	22	0.00	0.00	—	—
	应纳税额减征额	23	1 800.00	1 800.00	0.00	0.00
	应纳税额合计	24=19+21-23	826 800.00	826 800.00	0.00	0.00
	期初未缴税额（多缴为负数）	25	0.00	0.00	—	—
	实收出口开具专用缴款书退税税额	26	0.00	0.00	—	—
	本期已缴税额	27=28+29+30+31	0.00	0.00	—	—
	①分次预缴税额	28	—	—	—	—
	②出口开具专用缴款书预缴税额	29	0.00	0.00	—	—
	③本期缴纳上期应纳税额	30	0.00	0.00	—	—
	④本期缴纳欠缴税额	31	0.00	0.00	—	—
税款缴纳	期末未缴税额（多缴为负数）	32=24+25+26-27	826 800.00	826 800.00	0.00	0.00
	其中：欠缴税额（≥0）	33=25+26-27	0.00	0.00	—	—
	本期应补（退）税额	34=24-28-29	826 800.00	826 800.00	0.00	0.00
	即征即退实际退税额	35	—	—	0.00	0.00
	期初未缴查补税额	36	0.00	0.00	—	—
	本期入库查补税额	37	0.00	0.00	—	—
	期末未缴查补税额	38=16+22+36-37	0.00	0.00	—	—
附加税费	城市维护建设税本期应补（退）税额	39	57 876.00	57 876.00		
	教育费附加本期应补（退）费额	40	24 804.00	24 804.00		
	地方教育附加本期应补（退）费额	41	16 536.00	16 536.00		

声明：此表是根据国家税收法律法规及相关规定填写的，本人（单位）对填报内容（及附带资料）的真实性、可靠性、完整性负责。

经办人：	受理人：	
经办人身份证号：	受理税务机关（章）：	纳税人（签章）：
代理机构签章：	受理日期： 年 月 日	年 月 日
代理机构统一社会信用代码：		

任务 2.3-2　小规模纳税人纳税申报

上海市图途旅游服务有限公司为增值税小规模纳税人，2023年1月发生业务如下：

（1）提供旅游服务，取得含税收入155.53万元，全额开具增值税普通发票。其中，门票费、住宿餐饮、交通费支出共计92.70万元，取得增值税普通发票。

（2）由于自然条件达不到景区开放要求，部分行程取消，退回游客1.03万元并开具红字增值税普通发票。

（3）提供旅客运输服务，取得不含税收入50万元，开具增值税专用发票。

（4）出租店铺，取得含税租金收入31.5万元，开具增值税普通发票。

（5）购进矿泉水120箱，取得的增值税专用发票注明金额为0.2万元。

（6）因管理不善丢失一批矿泉水，账面成本为0.09万元。

（7）支付税控专用设备技术维护费0.028万元，取得增值税普通发票。

要求：根据以上业务填写增值税及附加税费申报表。

任务分析：

表 2.3-8：

（1）第1行第2列：1 100 000.00元。

根据业务（1）（2）（3），应征增值税不含税销售额（3%征收率）=（1 555 300－927 000－10 300）÷（1＋3%）+500 000 = 1 100 000.00（元）。

（2）第3行第2列：1 500 000.00元。

根据业务（1）（2），其他增值税发票不含税销售额=（1 555 300－10 300）÷（1＋3%）= 1 500 000.00（元）。

（3）第4行第2列：300 000.00元。

根据业务（4），应征增值税不含税销售额（5%征收率）= 315 000÷（1＋5%）= 300 000.00（元）。

（4）第6行第2列：300 000.00元。

根据业务（4），其他增值税发票不含税销售额=315 000÷（1＋5%）= 300 000.00（元）。

（5）第16行第2列：280.00元。

根据业务（7），支付税控专用设备技术维护费0.028万元，可全额抵减税额。本期应纳税额减征额按照支付税控专用设备技术维护费280.00元填列。

项目二　增值税的计算与申报

| 表2.3-8 | | 增值税及附加税费申报表 | | | | |

（小规模纳税人适用）

纳税人识别号(统一社会信用代码)：
纳税人名称：上海市图途旅游服务有限公司　　　　　　　　金额单位：元(列至角分)
税款所属期：2023年01月01日至2023年01月31日　　　　填表日期：2023年02月10日

			本期数		本年累计	
	项目	栏次	货物及劳务	服务、不动产和无形资产	货物及劳务	服务、不动产和无形资产
一、计税依据	（一）应征增值税不含税销售额(3%征收率)	1		1 100 000.00	0.00	1 10 000.00
	增值税专用发票不含税销售额	2			0.00	0.00
	其他增值税发票不含税销售额	3		1 500 000.00	0.00	1 500 000.00
	（二）应征增值税不含税销售额(5%征收率)	4	—	300 000.00	—	300 000.00
	增值税专用发票不含税销售额	5	—			0.00
	其他增值税发票不含税销售额	6	—	300 000.00	—	300 000.00
	（三）销售使用过的固定资产不含税销售额	7(7≥8)		—	0.00	—
	其中：其他增值税发票不含税销售额	8		—	0.00	—
	（四）免税销售额	9 = 10 + 11+12	0.00	0.00	0.00	0.00
	其中：小微企业免税销售额	10			0.00	0.00
	未达起征点销售额	11			0.00	0.00
	其他免税销售额	12			0.00	0.00
	（五）出口免税销售额	13(13≥14)			0.00	0.00
	其中：其他增值税发票不含税销售额	14			0.00	0.00
二、税款计算	本期应纳税额	15	0.00	48 000.00	0.00	48 000.00
	本期应纳税额减征额	16		280.00	0.00	280.00
	本期免税额	17			0.00	0.00
	其中：小微企业免税额	18			0.00	0.00
	未达起征点免税额	19			0.00	0.00
	应纳税额合计	20 = 15 - 16	0.00	47 720.00	0.00	47 720.00
	本期预缴税额	21			—	—
	本期应补(退)税额	22 = 20 - 21	0.00	47 720.00	—	—

续表

三、附加税费	项目	栏次	本期数		本年累计	
			货物及劳务	服务、不动产和无形资产	货物及劳务	服务、不动产和无形资产
	城市维护建设税本期应补(退)税额	23		3 340.40		3 340.40
	教育费附加本期应补(退)费额	24		1 431.60		1 431.60
	地方教育附加本期应补(退)费额	25		954.40		954.40

声明：此表是根据国家税收法律法规及相关规定填写的，本人(单位)对填报内容(及附带资料)的真实性、可靠性、完整性负责。

纳税人(签章)：　　年　月　日

经办人： 经办人身份证号： 代理机构签章： 代理机构统一社会信用代码：	受理人： 受理税务机关(章)： 受理日期：　　年　月　日

表 2.3-9：

(1) 第 2 列：927 000.00 元。

根据业务(1)，支付门票费、住宿餐饮、交通费支出共计 927 000.00 元。

(2) 第 3 列：927 000.00 元。

(3) 第 5 列：1 545 000.00 元。

根据业务(1)，取得全部含税收入 = 1 555 300 - 10 300 = 1 545 000.00 (元)。

表 2.3-9　增值税及附加税费申报表(小规模纳税人适用)附列资料(一)

税款所属期：2023 年 01 月 01 日至 2023 年 01 月 31 日　　填表日期：2023 年 02 月 10 日
纳税人名称(公章)：上海市图途旅游服务有限公司　　金额单位：元(列至角分)

应税行为(3%征收率)扣除额计算			
期初余额	本期发生额	本期扣除额	期末余额
1	2	3(3≤1+2 之和, 且 3≤5)	4=1+2-3
	927 000.00	927 000.00	0.00
应税行为(3%征收率)计税销售额计算			
全部含税收入(适用3%征收率)	本期扣除额	含税销售额	不含税销售额
5	6=3	7=5-6	8=7÷1.03
1 545 000.00	927 000.00	618 000.00	600 000.00
应税行为(5%征收率)扣除额计算			
期初余额	本期发生额	本期扣除额	期末余额
9	10	11(11≤9+10 之和, 且 11≤13)	12=9+10-11
		0.00	0.00
应税行为(5%征收率)计税销售额计算			
全部含税收入(适用5%征收率)	本期扣除额	含税销售额	不含税销售额
13	14=11	15=13-14	16=15÷1.05
315 000.00	0.00	315 000.00	300 000.00

表 2.3-10：

（1）第 1 列：47 720.00 元。

增值税税额＝1 100 000×3%＋300 000×5%－280＝47 720.00（元）

（2）第 3 列：城市维护建设税 3 340.40 元；教育费附加 1 431.60 元；地方教育附加 954.40 元。

城市维护建设税本期应纳税额＝47 720×7%＝3 340.40（元）

教育费附加本期应纳费额＝47 720×3%＝1 431.60（元）

地方教育附加本期应纳费额＝47 720×2%＝954.40（元）

表 2.3-10

增值税及附加税费申报表（小规模纳税人适用）附列资料（二）
（附加税费情况表）

纳税人名称：（公章）上海市图途旅游服务有限公司

税（费）款所属时间：2023 年 01 月 01 日至 2023 年 01 月 31 日

金额单位：元（列至角分）

税（费）种	计税（费）依据		税（费）率（%）	本期应纳税（费）额	本期减免税（费）额		增值税小规模纳税人"六税两费"减征政策		本期已缴税（费）额	本期应补（退）税（费）额
	增值税税额				减免性质代码	减免税（费）额	减征比例（%）	减征额		
	1		2	3=1×2	4	5	6	7=(3−5)×6	8	9=3−5−7−8
城市维护建设税	47 720.00		7%	3 340.40						3 340.40
教育费附加	47 720.00		3%	1 431.60						1 431.60
地方教育附加	47 720.00		2%	954.40						954.40
合计	—		—	5 726.40			—			5 726.40

表 2.3-11：

（1）第 2 行减税性质代码及名称：选择"01129914 购置增值税税控系统专用设备抵减增值税"。

（2）第 2 行第 2 列：280.00 元。

根据业务(7)，支付税控专用设备技术维护费 280.00 元。

（3）第 2 行第 4 列：280.00 元。

由于本期应纳税额>280.00 元，因此本期实际抵减税额为 280.00 元。

表 2.3-11　　　　　　　　　　增值税减免税申报明细表

税款所属时间：2023 年 01 月 01 日至 2023 年 01 月 31 日

纳税人名称（公章）：上海市图途旅游服务有限公司　　　　　　　　　金额单位：元至角分

一、减税项目						
减税性质代码及名称	栏次	期初余额	本期发生额	本期应抵减税额	本期实际抵减税额	期末余额
		1	2	3＝1+2	4≤3	5＝3-4
合计	1	0.00	280.00	280.00	280.00	0.00
01129914 购置增值税税控系统专用设备抵减增值税	2		280.00	280.00	280.00	0.00
	3			0.00		0.00
	4			0.00		0.00
	5			0.00		0.00
	6			0.00		0.00
二、免税项目						
免税性质代码及名称	栏次	免征增值税项目销售额	免税销售额扣除项目本期实际扣除金额	扣除后免税销售额	免税销售额对应的进项税额	免税额
		1	2	3＝1-2	4	5
合计	7	0.00	0.00	0.00	0.00	0.00
出口免税	8		—	—	—	—
其中：跨境服务	9		—	—	—	—
	10			0.00		
	11			0.00		
	12			0.00		
	13			0.00		
	14			0.00		
	15			0.00		
	16			0.00		

税惠为民

税务护航专精特新企业走稳创新路

辽宁省阜新市万达铸业有限公司(以下简称"万达铸业")是一家从零开始的本土民营企业,专业从事高精轻铝合金铸件的研发、生产和制造。截至2022年年底,万达铸业已发展成为国家专精特新"小巨人"企业、国家高新技术企业,经过多年的科技创新和可持续发展,在多个领域已发展成为国家多款高端产品的主力研发和批量生产基地。

2023年4月,国家税务总局阜新市税务局"专属服务"团队来到万达铸业,根据行业特征为企业量身梳理定制"专属税费大礼包",并第一时间进行专属辅导推送,为企业发展提供有力保障。万达铸业2022年度可适用高新技术企业研发费用100%比例加计扣除政策和企业新购设备500万元以内企业所得税税前一次性扣除政策,通过年度汇算清缴可享受优惠,"专属服务"团队就政策享受办理流程进行现场辅导。

"作为制造业企业,我们每年都会购置许多生产设备用于扩大生产规模、投入大量研发费用进行技术创新,快速得到这些减税降费的红利,可以有效解决资金紧张的问题。这些资金,我们将一部分用于购买原材料,一部分用在研发支出上,未来我们将进一步扩大经营规模,实现高质量发展。"万达铸业总经理高兴地说。

职业能力测评表

(★掌握,○基本掌握,□未掌握)

评价指标	自测结果
1. 了解增值税的纳税人、征税范围和税率	★　○　□
2. 掌握增值税应纳税额的计算	★　○　□
3. 规范填报增值税及附加税费申报表	★　○　□
4. 掌握增值税的纳税申报流程	★　○　□
5. 具备廉洁奉公、全心全意为人民服务的职业素养	★　○　□
6. 养成严谨认真的学习态度	★　○　□
教师评语:	

项目三

消费税的计算与申报

 **项目描述**

　　消费税作为我国目前三大流转税之一,与增值税共同构成了对流转额的交叉征税格局。消费税的征税范围具有选择性,不同税目的税负差异较大,计税方法灵活,计税环节相对单一。作为我国税收体系的重要组成部分,消费税不仅对我国财政收入有巨大贡献,而且能够引导消费、平衡供需,产生积极的调节作用。

　　本项目首先引导学生对消费税进行基本认知,明确消费税的纳税人、纳税环节及税目和税率,介绍消费税的税收优惠,进而对消费税应纳税额的计算及纳税申报表的填制进行详细阐释。通过本项目的学习,学生可以更加深入地理解消费税的原理,掌握消费税的计算及申报,从而提高自身实践能力。

 学习目标

- **知识目标**
1. 理解消费税的纳税人及纳税环节
2. 了解消费税的相关税收优惠
3. 掌握消费税的税目及税率
4. 掌握消费税应纳税额的计算方法
- **能力目标**
1. 能够准确计算消费税的应纳税额
2. 能够按照规定准确填列消费税及附加税费申报表
- **素质目标**
1. 培养节约资源、保护环境的意识
2. 培养绿色消费观念
3. 培养依法纳税思想

任务一　消费税认知

厦门市世纪喜燕集团从事多种经营活动，下设白酒生产公司、黄酒生产公司、高档化妆品生产公司、金银首饰零售公司等。

1. 请问白酒生产公司、黄酒生产公司、高档化妆品生产公司、金银首饰零售公司是否需要缴纳消费税？
2. 如果需要，它们适用的税率分别是多少？
3. 如果需要，它们分别有可能在什么环节缴纳消费税？

消费税是以特定商品的流转额为征税对象的一种流转税。

一、消费税的纳税人

（一）概念

在中华人民共和国境内生产、委托加工和进口应税消费品的单位和个人，以及国务院确定的销售《中华人民共和国消费税暂行条例》规定的应税消费品的其他单位和个人，为消费税的纳税人。

（二）纳税人的一般规定

一般情况下，生产销售、委托加工及进口应税消费品的单位和个人，为消费税的纳税人。除另有规定外，纳税人在批发、零售等环节不再缴纳消费税。

（三）纳税人的特殊规定

根据国务院有关部门的相关规定，零售金银首饰、铂金首饰和钻石及钻石饰品的单位和个人为"金银铂钻"零售环节的纳税人；将超豪华小汽车销售给消费者的单位和个人为超豪华小汽车零售环节的纳税人；在中华人民共和国境内从事卷烟、电子烟批发业务的单位和个人为卷烟、电子烟批发环节的纳税人。

、消费税的纳税环节

（一）一般规定

一般情况下，我国的消费税主要在"生产销售""委托加工""进口"三个环节一次性缴纳。

1. 生产销售环节

生产销售环节主要包括出厂销售和自产自用两种情况。

纳税人生产应税消费品用于销售的，在出厂销售环节纳税。

纳税人生产应税消费品自产自用，或用于其他方面的（用于生产非应税消费品、在建工程；用于管理部门、非生产机构、提供劳务；用于馈赠、赞助、集资、职工福利、奖励等方面），在移送使用环节纳税；用于连续生产应税消费品的，移送使用环节不纳税，最终应税消费品按规定纳税。

2. 委托加工环节

纳税人委托加工应税消费品，除受托方为个人外，由受托方在向委托方交货时代收代缴税款。受托方没有代收代缴消费税（含受托方为个人）的，由委托方收货后缴纳消费税。

3. 进口环节

消费税由税务机关征收，纳税人进口应税消费品的消费税由税务机关委托海关代征。海关应当将受托代征消费税的信息和货物出口报关的信息共享给税务机关。个人携带或者邮寄进境的应税消费品的消费税计征办法由国务院制定。

（二）特殊规定

1. 零售环节：金银首饰、铂金首饰和钻石及钻石饰品

经国务院批准，财政部和国家税务总局先后发布《关于调整金银首饰消费税纳税环节有关问题的通知》（财税字〔1994〕95号）、《关于钻石及上海钻石交易所有关税收政策的通知》（财税〔2001〕176号）和《关于铂金及其制品税收政策的通知》（财税〔2003〕86号），将"贵重首饰及珠宝玉石"税目下的金银首饰、铂金首饰和钻石及钻石饰品，由生产环节、进口环节征收消费税改为零售环节征收消费税。

目前，金银首饰、铂金首饰和钻石及钻石饰品在生产、进口和批发等环节不征收消费税，纳税人仅在零售环节一次性缴纳消费税。

2. 零售环节：超豪华小汽车

根据财政部、国家税务总局《关于对超豪华小汽车加征消费税有关事项的通知》（财税〔2016〕129号）规定，自2016年12月1日起，对超豪华小汽车在零售环节加征一道消费税。

目前，对超豪华小汽车在生产（进口）环节按现行税率征收消费税的基础上，在零售环节加征消费税，税率为10%。

3. 批发环节：卷烟、电子烟

根据财政部、国家税务总局《关于调整烟产品消费税政策的通知》（财税〔2009〕84号）规定，自2009年5月1日起，纳税人在卷烟批发环节加征一道消费税。纳税人销售给纳税人以外的单位和个人的卷烟于销售时纳税。纳税人（卷烟批发商）之间销售的卷烟不缴纳消费税。

根据财政部、海关总署、税务总局《关于对电子烟征收消费税的公告》(2022年第33号)规定,在中华人民共和国境内生产(进口)、批发电子烟的单位和个人为消费税纳税人。

目前,对卷烟、电子烟在生产、委托加工、进口环节按现行税率征收消费税的基础上,在批发环节加征消费税。

三、消费税的税目与税率

我国消费税的税率有定额税率、比例税率及复合税率三种形式,分别对应从量定额、从价定率及复合计税三种计税方式,详见表3.1-1。

表3.1-1　消费税的税率形式

税目	计税方式	税率形式
啤酒、黄酒、成品油	从量定额	定额税率
白酒、卷烟	复合计税	复合税率(比例税率和定额税率)
除啤酒、黄酒、成品油及白酒、卷烟以外的其他税目	从价定率	比例税率

目前,我国征收消费税的税目有15个,并在个别税目下设有若干子税目。

(一)烟

本税目下设有四个子目:卷烟、电子烟、雪茄烟、烟丝。

卷烟在生产、进口、委托加工环节需要按照卷烟的类型来确定税率。调拨价在70元/标准条(不含增值税价格)及以上的为甲类卷烟,调拨价在70元/标准条(不含增值税价格)以下的为乙类卷烟。卷烟在批发环节适用统一的复合税率加征一道消费税,不再区分甲类卷烟和乙类卷烟。详见表3.1-2。

电子烟是指用于产生气溶胶供人抽吸等的电子传输系统,包括烟弹、烟具及烟弹与烟具组合销售的电子烟产品。烟弹是指含有雾化物的电子烟组件。烟具是指将雾化物雾化为可吸入气溶胶的电子装置。电子烟实行从价定率的办法计算纳税。生产(进口)环节的税率为36%,批发环节的税率为11%。

雪茄烟和烟丝分别适用36%和30%的比例税率。

表3.1-2　烟的税目与税率表

税目				税率
烟	卷烟	生产、进口、委托加工环节	甲类卷烟	56%加0.003元/支
			乙类卷烟	36%加0.003元/支
		批发环节		11%加0.005元/支
	电子烟	生产、进口、委托加工环节		36%
		批发环节		11%
	雪茄烟			36%
	烟丝			30%

（二）酒

本税目下设有四个子目：白酒、黄酒、啤酒、其他酒。

白酒适用 20%加 0.5 元/500 克（500 毫升）的复合税率计征消费税。

黄酒、啤酒采用定额税率计征消费税。其中，黄酒适用 240 元/吨的税率，啤酒须根据啤酒类型选择适用的税率。详见表 3.1-3。

其他酒，如葡萄酒、药酒等，适用 10%的比例税率。

表 3.1-3　　　　　　　　　　　　酒的税目与税率表

税目			税率
酒	白酒		20%加 0.5 元/500 克（500 毫升）
	黄酒		240 元/吨
	啤酒	甲类啤酒［出厂价 3 000 元及以上（包含包装物及其押金，不包含增值税）］	250 元/吨
		乙类啤酒［出厂价 3 000 元以下（包含包装物及其押金，不包含增值税）］	220 元/吨
	其他酒		10%

备注：啤酒包装物押金不含重复使用的塑料周转箱押金。

（三）高档化妆品

高档化妆品的征收范围包括高档美容、修饰类化妆品，高档护肤类化妆品和成套化妆品，适用 15%的比例税率。

高档美容、修饰类化妆品和高档护肤类化妆品是指生产（进口）环节销售（完税）价格（不含增值税）在 10 元/毫升（克）或 15 元/片（张）及以上的美容、修饰类化妆品和护肤类化妆品，不包括舞台、戏剧、影视演员化妆用的上妆油、卸妆油、油彩。

（四）贵重首饰及珠宝玉石

贵重首饰及珠宝玉石的征收范围包括各种金银珠宝首饰和经采掘、打磨、加工的各种珠宝玉石。

其中，金银及金银镶嵌首饰、铂金首饰、钻石及钻石镶嵌饰品在零售环节纳税，适用5%的比例税率。其他贵重首饰和珠宝玉石在生产、进口、委托加工环节纳税，适用 10%的比例税率。

（五）鞭炮、焰火

鞭炮、焰火适用 15%的比例税率，征收范围不包括体育上用的发令纸、鞭炮药引线等。

（六）成品油

本税目下设有七个子目：汽油、柴油、航空煤油、石脑油、溶剂油、润滑油、燃料油，采用定额税率计征消费税，详见表 3.1-4。

其中，航空煤油暂缓征收消费税。

表 3.1-4　　　　　　　　　　　成品油的税目与税率表

税目		税率
成品油	汽油	1.52 元/升
	柴油	1.20 元/升
	航空煤油(暂缓征收)	1.20 元/升
	石脑油	1.52 元/升
	溶剂油	1.52 元/升
	润滑油	1.52 元/升
	燃料油	1.20 元/升

（七）摩托车

摩托车采用比例税率计征消费税。目前，我国取消了气缸容量 250 毫升以下的小排量摩托车的消费税。气缸容量为 250 毫升的摩托车适用 3% 的比例税率，气缸容量大于 250 毫升的摩托车适用 10% 的比例税率。

（八）小汽车

本税目下设有三个子目：乘用车、中轻型商用客车、超豪华小汽车，均采用比例税率计征消费税，详见表 3.1-5。

超豪华小汽车是指每辆零售价格在 130 万元（不含增值税）及以上的乘用车和中轻型商用客车，即乘用车和中轻型商用客车子税目中的超豪华小汽车。根据相关规定，自 2016 年 12 月 1 日起，对超豪华小汽车在零售环节加征 10% 的消费税。

表 3.1-5　　　　　　　　　　　小汽车的税目与税率表

税目		税率
小汽车	乘用车	
	气缸容量（排气量，下同）在 1.0 升（含 1.0 升）以下的	1%
	气缸容量在 1.0 升以上至 1.5 升（含 1.5 升）的	3%
	气缸容量在 1.5 升以上至 2.0 升（含 2.0 升）的	5%
	气缸容量在 2.0 升以上至 2.5 升（含 2.5 升）的	9%
	气缸容量在 2.5 升以上至 3.0 升（含 3.0 升）的	12%
	气缸容量在 3.0 升以上至 4.0 升（含 4.0 升）的	25%
	气缸容量在 4.0 升以上的	40%
	中轻型商用客车	5%
	超豪华小汽车	10%（零售环节加征）

（九）高尔夫球及球具

高尔夫球及球具的征收范围包括高尔夫球、高尔夫球杆、高尔夫球包(袋)，高尔夫球杆的杆头、杆身和握把，适用 10% 的比例税率。

（十）高档手表

高档手表是指售价为每只10 000元(不含增值税)及以上的手表,适用20%的比例税率。

（十一）游艇

游艇是指长度大于8米小于90米,主要用于水上运动和休闲娱乐等非牟利活动的各类机动艇,适用10%的比例税率。征收范围不包括无动力艇、帆艇。

（十二）木制一次性筷子

木制一次性筷子的征收范围包括未经打磨、倒角的木制一次性筷子,适用5%的比例税率。

（十三）实木地板

实木地板的征收范围包括各类规格的实木地板、实木指接地板、实木复合地板及用于装饰墙壁、天棚的侧端面为榫、槽的实木装饰板,适用5%的比例税率。

（十四）电池

电池的征收范围包括原电池、蓄电池、燃料电池、太阳能电池和其他电池,适用4%的比例税率。

（十五）涂料

涂料是指涂于物体表面能形成具有保护、装饰或特殊性能的固态涂膜的一类液体或固体材料的总称,适用4%的比例税率。

四、消费税的税收优惠

（1）纳税人出口应税消费品,免征消费税;国务院另有规定的除外。

（2）根据财政部、国家税务总局《关于对利用废弃的动植物油生产纯生物柴油免征消费税的通知》(财税〔2010〕118号)规定,经国务院批准,对利用废弃的动物油和植物油为原料生产的纯生物柴油免征消费税。从2009年1月1日起,对同时符合下列条件的纯生物柴油免征消费税:

① 生产原料中废弃的动物油和植物油用量所占比重不低于70%。
② 生产的纯生物柴油符合国家《柴油机燃料调合用生物柴油(BD100)》标准。

（3）根据财政部、国家税务总局《关于对成品油生产企业生产自用油免征消费税的通知》(财税〔2010〕98号)规定,从2009年1月1日起,对成品油生产企业在生产成品油过程中,作为燃料、动力及原料消耗掉的自产成品油,免征消费税。对用于其他用途或直接对外销售的成品油照章征收消费税。

（4）根据财政部、中国人民银行、国家税务总局《关于延续执行部分石脑油、燃料油消费税政策的通知》(财税〔2011〕87号)规定,自2011年10月1日起,生产企业自产石脑油、燃料油用于生产乙烯、芳烃类化工产品的,按实际耗用数量暂免征消费税。自2011年10月

1日起,对使用石脑油、燃料油生产乙烯、芳烃的企业购进并用于生产乙烯、芳烃类化工产品的石脑油、燃料油,按实际耗用数量暂退还所含消费税。

（5）根据财政部、税务总局《关于延长对废矿物油再生油品免征消费税政策实施期限的通知》（财税〔2018〕144号）规定,为进一步促进资源综合利用和环境保护,经国务院批准,《关于对废矿物油再生油品免征消费税的通知》（财税〔2013〕105号）实施期限延长5年,自2018年11月1日至2023年10月31日止,对以回收的废矿物油为原材料生产的润滑油基础油、汽油、柴油等工业油料免征消费税。

（6）航空煤油暂缓征收消费税。

（7）根据财政部、国家税务总局《关于对电池、涂料征收消费税的通知》（财税〔2015〕16号）规定,对施工状态下挥发性有机物（Volatile Organic Compounds,VOC）含量低于420克/升（含）的涂料免征消费税。

（8）根据财政部、国家税务总局《关于对电池、涂料征收消费税的通知》（财税〔2015〕16号）规定,对无汞原电池、金属氢化物镍蓄电池（又称"氢镍蓄电池"或"镍氢蓄电池"）、锂原电池、锂离子蓄电池、太阳能电池、燃料电池和全钒液流电池免征消费税。

任务实施

任务 3.1-1　问题见本任务的任务描述

任务分析：

1. 白酒生产公司、黄酒生产公司、高档化妆品生产公司、金银首饰零售公司都应缴纳消费税。

2. 生产销售白酒的税率为20%加0.5元/500克（500毫升）,生产销售黄酒的税率为240元/吨,生产销售高档化妆品的税率为15%,零售金银首饰的税率为5%。

3. 白酒、黄酒、高档化妆品均有可能在生产销售环节、委托加工环节和进口环节缴纳消费税；金银首饰在生产、进口、批发等环节不征收消费税,纳税人仅在零售环节一次性缴纳消费税。

任务二　消费税的计算

案例导入

武汉喜燕汽车制造有限公司为增值税一般纳税人,2023年1月发生业务如下：

(1) 本月生产120辆气缸容量在4.0升以上的小汽车,销售100辆,零售价56.5万元。

(2) 收取该型号小汽车室内装饰费、改装费1 356万元。

 **任务描述**

1. 室内装饰费、改装费是否属于价外费用？

2. 已知气缸容量在 4.0 升以上的小汽车消费税税率为 40%，根据以上业务填写消费税及附加税费申报表。

 **知识储备**

消费税的计算方法一般有从价定率、从量定额及复合计税三种。

（一）从价定率

从价定率的应税消费品以销售额为计税依据，包括除啤酒、黄酒、成品油及卷烟、白酒以外的应税消费品。

计算公式为

$$应纳税额=销售额\times 比例税率$$

（二）从量定额

从量定额的应税消费品以销售量为计税依据，包括啤酒、黄酒、成品油。

计算公式为

$$应纳税额=销售量\times 定额税率$$

（三）复合计税

复合计税的应税消费品同时以销售额和销售量为计税依据，包括卷烟和白酒两类应税消费品。

计算公式为

$$应纳税额=销售额\times 比例税率+销售量\times 定额税率$$

 任务实施

任务 3.2-1 生产销售环节：收取价外费用业务——小汽车

任务分析：

根据《中华人民共和国消费税暂行条例实施细则》第十四条规定，条例第六条所称价外费用，是指价外向购买方收取的手续费、补贴、基金、集资费、返还利润、奖励费、违约金、滞纳金、延期付款利息、赔偿金、代收款项、代垫款项、包装费、包装物租金、储备费、优质费、运输装卸费及其他各种性质的价外收费。但下列项目不包括在内：

（1）同时符合以下条件的代垫运输费用：

① 承运部门的运输费用发票开具给购买方的。

② 纳税人将该项发票转交给购买方的。

(2) 同时符合以下条件代为收取的政府性基金或者行政事业性收费：

① 由国务院或者财政部批准设立的政府性基金，由国务院或者省级人民政府及其财政、价格主管部门批准设立的行政事业性收费。

② 收取时开具省级以上财政部门印制的财政票据。

③ 所收款项全额上缴财政。

自2021年8月1日起，《消费税及附加税费申报表》正式启用，纳税人在进行消费税申报的同时完成附加税费申报。新申报表将原分税目的8张消费税纳税申报表主表整合为1张主表，基本框架结构维持不变。在进行消费税及附加税费申报时，系统将根据纳税人登记的消费税征收品目信息，自动带出申报表主表中的"应税消费品名称""适用税率"等内容及该纳税人需要填报的附表，方便纳税人填报。成品油消费税纳税人、卷烟消费税纳税人需要填报专用附表，其他纳税人不需要填报，系统也不会带出。

表3.2-1：

(1) 第7行第4列：100.00辆。

(2) 第7行第5列：62 000 000.00元。

本期销售额=(100×565 000+13 560 000)÷(1+13%)=62 000 000.00(元)

表3.2-1   消费税及附加税费申报表

税款所属期：自2023年01月01日至2023年01月31日

纳税人识别号(统一社会信用代码)：914201067355419654

纳税人名称：武汉喜燕汽车制造有限公司   金额单位：人民币元(列至角分)

应税消费品名称		适用税率		计量单位	本期销售数量	本期销售额	本期应纳税额
	项目	定额税率	比例税率				
		1	2	3	4	5	6=1×4+2×5
乘用车	气缸容量≤1.0升		1%	辆			
	1.0升<气缸容量≤1.5升		3%	辆			
	1.5升<气缸容量≤2.0升		5%	辆			
	2.0升<气缸容量≤2.5升		9%	辆			
	2.5升<气缸容量≤3.0升		12%	辆			
	3.0升<气缸容量≤4.0升		25%	辆			
	气缸容量>4.0升		40%	辆	100.00	62 000 000.00	24 800 000.00
中轻型商用客车			5%	辆			
合计		—	—	—	—	—	24 800 000.00
				栏次		本期税费额	
本期减(免)税额				7			
期初留抵税额				8			
本期准予扣除税额				9			

续表

	栏次	本期税费额
本期应扣除税额	10=8+9	
本期实际扣除税额	11[10<(6-7),则为10,否则为(6-7)]	
期末留抵税额	12=10-11	
本期预缴税额	13	
本期应补(退)税额	14=6-7-11-13	24 800 000.00
城市维护建设税本期应补(退)税额	15	1 736 000.00
教育费附加本期应补(退)费额	16	744 000.00
地方教育附加本期应补(退)费额	17	496 000.00

声明：此表是根据国家税收法律法规及相关规定填写的,本人(单位)对填报内容(及附带资料)的真实性、可靠性、完整性负责。

纳税人(签章)： 年 月 日

经办人： 经办人身份证号： 代理机构签章： 代理机构统一社会信用代码：	受理人： 受理税务机关(章)： 受理日期： 年 月 日

表3.2-2：

（1）第1列：24 800 000.00元。

（2）第3列：城市维护建设税 1 736 000.00元；教育费附加 744 000.00元；地方教育附加 496 000.00元。

表 3.2-2 　　　　　　　　　　　消费税附加税费计算表

金额单位：元(列至角分)

税(费)种	计税(费)依据 消费税税额	税(费)率(%)	本期应纳税(费)额	本期减免税(费)额		本期是否适用增值税小规模纳税人"六税两费"减征政策 □是 ☑否		本期已缴税(费)额	本期应补(退)税(费)额
				减免性质代码	减免税(费)额	减征比例(%)	减征额		
	1	2	3=1×2	4	5	6	7=(3-5)×6	8	9=3-5-7-8
城市维护建设税	24 800 000.00	7%	1 736 000.00						1 736 000.00
教育费附加	24 800 000.00	3%	744 000.00						744 000.00
地方教育附加	24 800 000.00	2%	496 000.00						496 000.00
合计	—	—	2 976 000.00		—				2 976 000.00

任务 3.2-2 生产销售环节：包装物押金业务——酒

北京市喜燕白酒有限公司为增值税一般纳税人，2023 年 1 月发生业务如下：

（1）生产销售喜燕粮食白酒 200 吨，开具的增值税专用发票注明金额为 800 万元。

（2）销售白酒同时向客户收取品牌使用费 22.6 万元。

（3）当期收取包装物押金 11.3 万元。没收 1 年前逾期未退回包装物押金 5.65 万元。

要求：根据以上业务填写消费税及附加税费申报表。

任务分析：

（1）根据国家税务总局《关于酒类产品消费税政策问题的通知》（国税发〔2002〕109 号）中关于"品牌使用费"征税问题的规定，白酒生产企业向商业销售单位收取的"品牌使用费"是随着应税白酒的销售而向购货方收取的，属于应税白酒销售价款的组成部分，因此，不论企业采取何种方式或以何种名义收取价款，均应并入白酒的销售额中缴纳消费税。

（2）根据财政部、国家税务总局《关于酒类产品包装物押金征税问题的通知》（财税字〔1995〕53 号）规定，为了确保国家的财政收入，堵塞税收漏洞，经研究决定：从 1995 年 6 月 1 日起，对酒类产品生产企业销售酒类产品而收取的包装物押金，无论押金是否返还与会计上如何核算，均须并入酒类产品销售额中，依酒类产品的适用税率征收消费税。

表 3.2-3：

业务（2），销售白酒取得的品牌使用费 22.6 万元属于价外费用。

业务（3），销售除啤酒、黄酒外的酒类产品收取的包装物押金，应在收取当期纳税，逾期没收时不再纳税，因此，当期收取的白酒包装物押金 11.3 万元应缴纳消费税，逾期未退回包装物押金 5.65 万元不再纳税。

（1）第 1 行第 4 列：400 000.00 斤。

根据业务（1），粮食白酒本期销售数量 = 200×2 000 = 400 000.00（斤）。

（2）第 1 行第 5 列：8 300 000.00 元。

根据业务（1）（2）（3），粮食白酒本期销售额 = 8 000 000 + (226 000 + 113 000) ÷ (1 + 13%) = 8 300 000.00（元）。

表 3.2-3　　　　　　　　　　消费税及附加税费申报表

税款所属期：自 2023 年 01 月 01 日 至 2023 年 01 月 31 日

纳税人识别号（统一社会信用代码）：91110101735541965V

纳税人名称：北京市喜燕白酒有限公司　　　　　　　　　　金额单位：人民币元（列至角分）

应税消费品名称	适用税率		计量单位	本期销售数量	本期销售额	本期应纳税额
	定额税率	比例税率				
	1	2	3	4	5	6=1×4+2×5
粮食白酒	0.5 元/500 克（毫升）	20%	500 克（毫升）	400 000.00	8 300 000.00	1 860 000.00

续表

应税消费品名称 \ 项目	适用税率 定额税率	适用税率 比例税率	计量单位	本期销售数量	本期销售额	本期应纳税额
	1	2	3	4	5	6＝1×4＋2×5
薯类白酒	0.5元/500克（毫升）	20%	500克（毫升）			
啤酒	250元/吨		吨			
啤酒	220元/吨		吨			
黄酒	240元/吨		吨			
其他酒		10%	吨			
合计	—	—	—	—	—	1 860 000.00

	栏次	本期税费额
本期减（免）税额	7	
期初留抵税额	8	
本期准予扣除税额	9	
本期应扣除税额	10＝8＋9	
本期实际扣除税额	11[10＜(6-7)，则为10，否则为(6-7)]	
期末留抵税额	12＝10-11	
本期预缴税额	13	
本期应补（退）税额	14＝6-7-11-13	1 860 000.00
城市维护建设税本期应补（退）税额	15	130 200.00
教育费附加本期应补（退）费额	16	55 800.00
地方教育附加本期应补（退）费额	17	37 200.00

声明：此表是根据国家税收法律法规及相关规定填写的,本人（单位）对填报内容（及附带资料）的真实性、可靠性、完整性负责。

纳税人（签章）： 年 月 日

经办人： 经办人身份证号： 代理机构签章： 代理机构统一社会信用代码：	受理人： 受理税务机关（章）： 受理日期： 年 月 日

表3.2-4：

(1) 第1列：1 860 000.00元。

(2) 第3列：城市维护建设税130 200.00元；教育费附加55 800.00元；地方教育附加37 200.00元。

表 3.2-4 消费税附加税费计算表

金额单位：元(列至角分)

税(费)种	计税(费)依据 消费税税额	税(费)率(%)	本期应纳税(费)额	本期减免税(费)额 减免性质代码	减免税(费)额	本期是否适用增值税小规模纳税人"六税两费"减征政策 □是 ☑否 减征比例(%)	减征额	本期已缴税(费)额	本期应补(退)税(费)额
	1	2	3=1×2	4	5	6	7=(3-5)×6	8	9=3-5-7-8
城市维护建设税	1 860 000.00	7%	130 200.00						130 200.00
教育费附加	1 860 000.00	3%	55 800.00						55 800.00
地方教育附加	1 860 000.00	2%	37 200.00						37 200.00
合计	—	—	223 200.00	—		—			223 200.00

任务 3.2-3 生产销售环节：换、投、抵业务——电池

宁德新能源有限公司为增值税一般纳税人，2023年1月发生业务如下：

(1) 销售锌二氧化锰原电池 100 万只，不含税销售价格 1.7 元/只。
(2) 销售锌二氧化锰原电池 50 万只，不含税销售价格 2 元/只。
(3) 用 10 万只锌二氧化锰原电池与供应商换取电池原材料。

已知电池消费税税率为 4%。

要求：根据以上业务填写消费税及附加税费申报表。

任务分析：

(1) 根据财政部、国家税务总局《关于对电池、涂料征收消费税的通知》(财税〔2015〕16号)规定，将电池、涂料列入消费税征收范围，在生产、委托加工和进口环节征收，适用税率均为 4%。

对无汞原电池、金属氢化物镍蓄电池(又称"氢镍蓄电池"或"镍氢蓄电池")、锂原电池、锂离子蓄电池、太阳能电池、燃料电池和全钒液流电池免征消费税。

2015年12月31日前对铅蓄电池缓征消费税；自2016年1月1日起，对铅蓄电池按4%税率征收消费税。

(2) 根据国家税务总局《关于印发〈消费税若干具体问题的规定〉的通知》(国税发〔1993〕156号)规定，纳税人用于换取生产资料和消费资料、投资入股和抵偿债务等方面的应税消费品，应当以纳税人同类应税消费品的最高销售价格作为计税依据计算消费税。

表 3.2-5：

(1) 第1行第4列：1 600 000.00 只。

根据业务(1)(2)(3)，电池本期销售数量 = 1 000 000+500 000+100 000 = 1 600 000.00(只)。

(2) 第1行第5列：2 900 000.00 元。

电池本期销售额 = 1 000 000×1.7+500 000×2+100 000×2 = 2 900 000.00(元)

表 3.2-5　　　　　　　　　　　消费税及附加税费申报表

税款所属期：自 2023 年 01 月 01 日至 2023 年 01 月 31 日
纳税人识别号（统一社会信用代码）：91350104735541965l3
纳税人名称：宁德新能源有限公司　　　　　　　　　　金额单位：人民币元（列至角分）

应税消费品名称	项目	适用税率		计量单位	本期销售数量	本期销售额	本期应纳税额
		定额税率	比例税率				
		1	2	3	4	5	6=1×4+2×5
电池（不含铅蓄电池）			4%	只	1 600 000.00	2 900 000.00	116 000.00
铅蓄电池			4%	只			
合计		—	—	—		—	116 000.00

	栏次	本期税费额
本期减（免）税额	7	
期初留抵税额	8	
本期准予扣除税额	9	
本期应扣除税额	10=8+9	
本期实际扣除税额	11［10<(6-7)，则为10,否则为(6-7)］	
期末留抵税额	12=10-11	
本期预缴税额	13	
本期应补（退）税额	14=6-7-11-13	116 000.00
城市维护建设税本期应补（退）税额	15	8 120.00
教育费附加本期应补（退）费额	16	3 480.00
地方教育附加本期应补（退）费额	17	2 320.00

声明：此表是根据国家税收法律法规及相关规定填写的,本人(单位)对填报内容(及附带资料)的真实性、可靠性、完整性负责。

　　　　　　　　　　　　　　　　　　　　　　纳税人（签章）：　　　年　月　日

经办人： 经办人身份证号： 代理机构签章： 代理机构统一社会信用代码：	受理人： 受理税务机关（章）： 受理日期：　　　年　月　日

表 3.2-6：

（1）第 1 列：116 000.00 元。

（2）第 3 列：城市维护建设税 8 120.00 元；教育费附加 3 480.00 元；地方教育附加 2 320.00 元。

表 3.2-6   消费税附加税费计算表

金额单位：元(列至角分)

税(费)种	计税(费)依据 消费税税额	税(费)率(%)	本期应纳税(费)额	本期减免税(费)额		本期是否适用增值税小规模纳税人"六税两费"减征政策 □是 ☑否		本期已缴税(费)额	本期应补(退)税(费)额
				减免性质代码	减免税(费)额	减征比例(%)	减征额		
	1	2	3=1×2	4	5	6	7=(3-5)×6	8	9=3-5-7-8
城市维护建设税	116 000.00	7%	8 120.00						8 120.00
教育费附加	116 000.00	3%	3 480.00						3 480.00
地方教育附加	116 000.00	2%	2 320.00						2 320.00
合计	—		13 920.00						13 920.00

任务 3.2-4　生产销售环节：自产自用应税消费品——化妆品

广州喜燕化妆品有限公司为增值税一般纳税人，2023 年 1 月发生业务如下：

（1）生产 QNY 面膜 900 盒，每盒 10 片，生产成本 16.83 万元。生产香水 900 瓶，每瓶 10 克，生产成本 21.42 万元。领用 900 盒面膜和 900 瓶香水发放给职工作为春节福利。

（2）将 1 000 瓶新研制、试生产的高档香水赠送给客户，每瓶 5 克，生产成本 17 万元。

已知化妆品全国平均成本利润率为 5%，消费税税率为 15%。

要求：根据以上业务填写消费税及附加税费申报表。

任务分析：

（1）根据《中华人民共和国消费税暂行条例》第七条规定，纳税人自产自用的应税消费品，按照纳税人生产的同类消费品的销售价格计算纳税；没有同类消费品销售价格的，按照组成计税价格计算纳税。

实行从价定率办法计算纳税的组成计税价格计算公式：

$$组成计税价格 = (成本 + 利润) \div (1 - 比例税率)$$

实行复合计税办法计算纳税的组成计税价格计算公式：

$$组成计税价格 = (成本 + 利润 + 自产自用数量 \times 定额税率) \div (1 - 比例税率)$$

（2）根据国家税务总局《关于印发〈消费税若干具体问题的规定〉的通知》（国税发〔1993〕156 号）规定，《中华人民共和国消费税暂行条例实施细则》第十七条对应税消费品全国平均成本利润率规定如下：

① 甲类卷烟 10%；② 乙类卷烟 5%；③ 雪茄烟 5%；④ 烟丝 5%；⑤ 粮食白酒 10%；⑥ 薯类白酒 5%；⑦ 其他酒 5%；⑧ 酒精 5%；⑨ 化妆品 5%；⑩ 护肤护发品 5%；⑪ 鞭炮、焰火 5%；⑫ 贵重首饰及珠宝玉石 6%；⑬ 汽车轮胎 5%；⑭ 摩托车 6%；⑮ 小轿车 8%；⑯ 越野车 6%；⑰ 小客车 5%。

（3）根据财政部、国家税务总局《关于调整化妆品消费税政策的通知》（财税〔2016〕103 号）

规定,取消对普通美容、修饰类化妆品征收消费税,将"化妆品"税目名称更名为"高档化妆品"。征收范围包括高档美容、修饰类化妆品,高档护肤类化妆品和成套化妆品。税率调整为15%。

高档美容、修饰类化妆品和高档护肤类化妆品是指生产(进口)环节销售(完税)价格(不含增值税)在 10 元/毫升(克)或 15 元/片(张)及以上的美容、修饰类化妆品和护肤类化妆品。

表 3.2-7:

(1) 第 1 行第 4 列:9 000.00 片。

根据业务(1),面膜本期销售数量=900×10=9 000.00(片)。

(2) 第 1 行第 5 列:207 900.00 元。

面膜本期销售额=168 300×(1+5%)÷(1-15%)=207 900.00(元)

面膜单价=207 900÷9 000=23.1(元/片)>15(元/片),属于高档化妆品,应征消费税。

> **提示**
> 纳税人自产自用的应税消费品,按照纳税人生产的同类消费品的销售价格计算纳税;没有同类消费品销售价格的,按照组成计税价格计算纳税。
> 实行从价定率办法计算纳税的组成计税价格计算公式:
> 组成计税价格=(成本+利润)÷(1-比例税率)=成本×(1+成本利润率)÷(1-比例税率)

(3) 第 2 行第 4 列:14 000.00 克。

根据业务(1)(2),香水本期销售数量=900×10+1 000×5=14 000.00(克)。

(4) 第 2 行第 5 列:474 600.00 元。

香水本期销售额=214 200×(1+5%)÷(1-15%)+170 000×(1+5%)÷(1-15%)=474 600.00(元)

业务(1)香水单价=214 200×(1+5%)÷(1-15%)÷(900×10)=29.40(元/克)>10(元/克),属于高档化妆品,应征消费税。

业务(2)香水单价=170 000×(1+5%)÷(1-15%)÷(1 000×5)=42(元/克)>10(元/克),属于高档化妆品,应征消费税。

表 3.2-7 消费税及附加税费申报表

税款所属期:自 2023 年 01 月 01 日至 2023 年 01 月 31 日

纳税人识别号(统一社会信用代码):914401037355419651

纳税人名称:广州喜燕化妆品有限公司　　　　　　　　　金额单位:人民币元(列至角分)

项目 应税消费品名称	适用税率		计量单位	本期销售数量	本期销售额	本期应纳税额
	定额税率	比例税率				
	1	2	3	4	5	6=1×4+2×5
高档化妆品		15%	片	9 000.00	207 900.00	31 185.00
高档化妆品		15%	克	14 000.00	474 600.00	71 190.00
合计	—	—	—	—	—	102 375.00

续表

	栏次	本期税费额
本期减(免)税额	7	
期初留抵税额	8	
本期准予扣除税额	9	
本期应扣除税额	10=8+9	
本期实际扣除税额	11[10<(6-7),则为10,否则为(6-7)]	
期末留抵税额	12=10-11	
本期预缴税额	13	
本期应补(退)税额	14=6-7-11-13	102 375.00
城市维护建设税本期应补(退)税额	15	7 166.25
教育费附加本期应补(退)费额	16	3 071.25
地方教育附加本期应补(退)费额	17	2 047.50

声明：此表是根据国家税收法律法规及相关规定填写的，本人(单位)对填报内容(及附带资料)的真实性、可靠性、完整性负责。

纳税人(签章)：　　　年　　月　　日

经办人： 经办人身份证号： 代理机构签章： 代理机构统一社会信用代码：	受理人： 受理税务机关(章)： 受理日期：　　年　　月　　日

表3.2-8：

（1）第1列：102 375.00元。

（2）第3列：城市维护建设税7 166.25元；教育费附加3 071.25元；地方教育附加2 047.50元。

表 3.2-8　　消费税附加税费计算表

金额单位：元(列至角分)

税(费)种	计税(费)依据	税(费)率(%)	本期应纳税(费)额	本期减免税(费)额		本期是否适用增值税小规模纳税人"六税两费"减征政策		本期已缴税(费)额	本期应补(退)税(费)额
	消费税税额			减免性质代码	减免税(费)额	□是　☑否			
						减征比例(%)	减征额		
	1	2	3=1×2	4	5	6	7=(3-5)×6	8	9=3-5-7-8
城市维护建设税	102 375.00	7%	7 166.25						7 166.25
教育费附加	102 375.00	3%	3 071.25						3 071.25
地方教育附加	102 375.00	2%	2 047.50						2 047.50
合计	—	—	12 285.00						12 285.00

任务 3.2-5　生产销售环节：自产自用应税消费品——酒

北京市喜燕白酒有限公司为增值税一般纳税人,2023 年 1 月发生业务如下:

自研自产新型薯类白酒 1 吨,发放给员工作为春节福利,无同类白酒销售价格,其成本为 15 万元/吨,成本利润率为 5%。

要求:根据以上业务填写消费税及附加税费申报表。

任务分析:

(1) 根据《中华人民共和国消费税暂行条例》第七条规定,纳税人自产自用的应税消费品,按照纳税人生产的同类消费品的销售价格计算纳税;没有同类消费品销售价格的,按照组成计税价格计算纳税。

实行从价定率办法计算纳税的组成计税价格计算公式:

$$组成计税价格 = (成本 + 利润) \div (1 - 比例税率)$$

实行复合计税办法计算纳税的组成计税价格计算公式:

$$组成计税价格 = (成本 + 利润 + 自产自用数量 \times 定额税率) \div (1 - 比例税率)$$

(2) 根据国家税务总局《关于印发〈消费税若干具体问题的规定〉的通知》(国税发〔1993〕156 号)规定,《中华人民共和国消费税暂行条例实施细则》第十七条对应税消费品全国平均成本利润率规定如下:

① 甲类卷烟 10%;② 乙类卷烟 5%;③ 雪茄烟 5%;④ 烟丝 5%;⑤ 粮食白酒 10%;⑥ 薯类白酒 5%;⑦ 其他酒 5%;⑧ 酒精 5%;⑨ 化妆品 5%;⑩ 护肤护发品 5%;⑪ 鞭炮、焰火 5%;⑫ 贵重首饰及珠宝玉石 6%;⑬ 汽车轮胎 5%;⑭ 摩托车 6%;⑮ 小轿车 8%;⑯ 越野车 6%;⑰ 小客车 5%。

表 3.2-9:

(1) 第 2 行第 4 列:2 000.00 斤。

(2) 第 2 行第 5 列:198 125.00 元。

实行复合计税办法计算纳税的组成计税价格计算公式:

$$组成计税价格 = (成本 + 利润 + 自产自用数量 \times 定额税率) \div (1 - 比例税率)$$
$$= [150\,000 \times (1 + 5\%) + 2\,000 \times 0.5] \div (1 - 20\%) = 198\,125.00(元)$$

表 3.2-9　　消费税及附加税费申报表

税款所属期:自 2023 年 01 月 01 日至 2023 年 01 月 31 日

纳税人识别号(统一社会信用代码):91110101735541965V

纳税人名称:北京市喜燕白酒有限公司　　　　　　　　　　　金额单位:人民币元(列至角分)

应税消费品名称	项目	适用税率		计量单位	本期销售数量	本期销售额	本期应纳税额
		定额税率	比例税率				
		1	2	3	4	5	6=1×4+2×5
粮食白酒		0.5 元/500 克(毫升)	20%	500 克(毫升)			

续表

应税消费品名称 \ 项目	适用税率 定额税率	适用税率 比例税率	计量单位	本期销售数量	本期销售额	本期应纳税额
	1	2	3	4	5	6=1×4+2×5
薯类白酒	0.5元/500克(毫升)	20%	500克(毫升)	2 000.00	198 125.00	40 625.00
啤酒	250元/吨		吨			
啤酒	220元/吨		吨			
黄酒	240元/吨		吨			
其他酒		10%	吨			
合计	—	—	—	—	—	40 625.00

	栏次	本期税费额
本期减(免)税额	7	
期初留抵税额	8	
本期准予扣除税额	9	
本期应扣除税额	10=8+9	
本期实际扣除税额	11[10<(6-7),则为10,否则为(6-7)]	
期末留抵税额	12=10-11	
本期预缴税额	13	
本期应补(退)税额	14=6-7-11-13	40 625.00
城市维护建设税本期应补(退)税额	15	2 843.75
教育费附加本期应补(退)费额	16	1 218.75
地方教育附加本期应补(退)费额	17	812.50

声明：此表是根据国家税收法律法规及相关规定填写的，本人(单位)对填报内容(及附带资料)的真实性、可靠性、完整性负责。

纳税人(签章)：　　　　年　月　日

经办人： 经办人身份证号： 代理机构签章： 代理机构统一社会信用代码：	受理人： 受理税务机关(章)： 受理日期：　　　年　月　日

表3.2-10：

（1）第1列：40 625.00元。

（2）第3列：城市维护建设税2 843.75元；教育费附加1 218.75元；地方教育附加812.50元。

表 3.2-10　　消费税附加税费计算表

金额单位：元(列至角分)

税(费)种	计税(费)依据 消费税税额	税(费)率(%)	本期应纳税(费)额	本期减免税(费)额 减免性质代码	减免税(费)额	本期是否适用增值税小规模纳税人"六税两费"减征政策 □是 ☑否 减征比例(%)	减征额	本期已缴税(费)额	本期应补(退)税(费)额
	1	2	3=1×2	4	5	6	7=(3-5)×6	8	9=3-5-7-8
城市维护建设税	40 625.00	7%	2 843.75						2 843.75
教育费附加	40 625.00	3%	1 218.75						1 218.75
地方教育附加	40 625.00	2%	812.50						812.50
合计	—	—	4 875.00						4 875.00

任务 3.2-6　生产销售环节：自产自用应税消费品——烟

厦门中烟工业有限公司为增值税一般纳税人，2023年1月发生业务如下：

(1) 生产销售七匹狼卷烟80箱，开具的增值税专用发票注明金额30万元，开具的增值税普通发票注明价税合计金额101.7万元，未开具发票销售额11.3万元。

(2) 领用10箱七匹狼卷烟，发放给员工作为春节福利。

(3) 新研制金七匹狼卷烟，领用11箱免费发放给客户作为销售样品，每箱生产成本为3.75万元。

要求：根据以上业务填写消费税及附加税费申报表。

任务分析：

(1) 根据《中华人民共和国消费税暂行条例》第七条规定，纳税人自产自用的应税消费品，按照纳税人生产的同类消费品的销售价格计算纳税；没有同类消费品销售价格的，按照组成计税价格计算纳税。

实行从价定率办法计算纳税的组成计税价格计算公式：

$$组成计税价格＝(成本＋利润)÷(1－比例税率)$$

实行复合计税办法计算纳税的组成计税价格计算公式：

$$组成计税价格＝(成本＋利润＋自产自用数量×定额税率)÷(1－比例税率)$$

(2) 根据国家税务总局《关于印发〈消费税若干具体问题的规定〉的通知》(国税发〔1993〕156号)规定，《中华人民共和国消费税暂行条例实施细则》第十七条对应税消费品全国平均成本利润率规定如下：

① 甲类卷烟10%；② 乙类卷烟5%；③ 雪茄烟5%；④ 烟丝5%；⑤ 粮食白酒10%；⑥ 薯类白酒5%；⑦ 其他酒5%；⑧ 酒精5%；⑨ 化妆品5%；⑩ 护肤护发品5%；⑪ 鞭炮、焰火5%；⑫ 贵重首饰及珠宝玉石6%；⑬ 汽车轮胎5%；⑭ 摩托车6%；⑮ 小轿车8%；⑯ 越野车6%；⑰ 小客车5%。

(3)根据财政部、国家税务总局《关于调整烟类产品消费税政策的通知》(财税〔2001〕91号)规定,下列卷烟一律适用45%的比例税率(财税〔2009〕84号:税率调整为56%):

① 进口卷烟;② 白包卷烟;③ 手工卷烟;④ 自产自用没有同牌号、规格调拨价格的卷烟;⑤ 委托加工没有同牌号、规格调拨价格的卷烟;⑥ 未经国务院批准纳入计划的企业和个人生产的卷烟。

表3.2-11:

业务(3),自产自用没有同牌号、规格调拨价格的卷烟,一律适用56%的比例税率。

(1)第1行第4列:55.00万支。

根据业务(3),甲类卷烟本期销售数量=11×250×200÷10 000=55.00(万支)。

(2)第1行第5列:1 035 000.00元。

根据业务(3),甲类卷烟本期销售额=11×[37 500×(1+10%)+150]÷(1-56%)
=1 035 000.00(元)。

(3)第2行第4列:450.00万支。

根据业务(1)(2),乙类卷烟本期销售数量=90×250×200÷10 000=450.00(万支)。

(4)第2行第5列:1 462 500.00元。

根据业务(1)(2),乙类卷烟本期销售额=[300 000+(1 017 000+113 000)÷(1+13%)]÷80×(80+10)=1 462 500.00元。

表3.2-11 消费税及附加税费申报表

税款所属期:自2023年01月01日至2023年01月31日

纳税人识别号(统一社会信用代码):913502127355419659

纳税人名称:厦门中烟工业有限公司　　　　　　　　金额单位:人民币元(列至角分)

应税消费品名称	项目 适用税率		计量单位	本期销售数量	本期销售额	本期应纳税额
	定额税率	比例税率				
	1	2	3	4	5	6=1×4+2×5
甲类卷烟〔调拨价70元(不含增值税)/条以上(含70元)〕	30元/万支	56%	万支	55.00	1 035 000.00	581 250.00
乙类卷烟〔调拨价70元(不含增值税)/条以下〕	30元/万支	36%	万支	450.00	1 462 500.00	540 000.00
合计	—	—	—	—	—	1 121 250.00
			栏次	本期税费额		
本期减(免)税额			7			
期初留抵税额			8			
本期准予扣除税额			9			
本期应扣除税额			10=8+9			
本期实际扣除税额			11〔10<(6-7),则为10,否则为(6-7)〕			

续表

	栏次	本期税费额
期末留抵税额	12=10-11	
本期预缴税额	13	
本期应补(退)税额	14=6-7-11-13	1 121 250.00
城市维护建设税本期应补(退)税额	15	78 487.50
教育费附加本期应补(退)费额	16	33 637.50
地方教育附加本期应补(退)费额	17	22 425.00

声明：此表是根据国家税收法律法规及相关规定填写的，本人(单位)对填报内容(及附带资料)的真实性、可靠性、完整性负责。

纳税人(签章)： 年 月 日

经办人：	受理人：
经办人身份证号：	受理税务机关(章)：
代理机构签章：	
代理机构统一社会信用代码：	受理日期： 年 月 日

表3.2-12：

(1) 第1列：1 121 250.00元。

(2) 第3列：城市维护建设税78 487.50元；教育费附加33 637.50元；地方教育附加22 425.00元。

表3.2-12　　　　　　　　　　消费税附加税费计算表

金额单位：元(列至角分)

税(费)种	计税(费)依据	税(费)率(%)	本期应纳税(费)额	本期减免税(费)额		本期是否适用增值税小规模纳税人"六税两费"减征政策 □是 ☑否		本期已缴税(费)额	本期应补(退)税(费)额
	消费税税额			减免性质代码	减免税(费)额	减征比例(%)	减征额		
	1	2	3=1×2	4	5	6	7=(3-5)×6	8	9=3-5-7-8
城市维护建设税	1 121 250.00	7%	78 487.50						78 487.50
教育费附加	1 121 250.00	3%	33 637.50						33 637.50
地方教育附加	1 121 250.00	2%	22 425.00						22 425.00
合计	—	—	134 550.00				—		134 550.00

任务 3.2-7　委托加工环节：委托加工(受托方)——烟

云南喜燕烟叶复烤有限公司为增值税一般纳税人，2023年1月发生业务如下：

(1) 接受厦门中烟工业有限公司委托加工烟丝，厦门中烟工业有限公司提供烟叶的成本为355万元。

(2) 公司代垫辅助材料不含税价格3万元，收取不含税加工费62万元。本月加工完成并交付给厦门中烟工业有限公司,开具的增值税专用发票注明税额 8.45 万元。

本公司无同类烟丝销售价格,烟丝全国平均成本利润率为 5%,烟丝消费税税率为 30%。

要求:根据以上业务填写代扣代缴、代收代缴税款明细报告表。

任务分析:

(1) 根据《中华人民共和国消费税暂行条例》第八条规定,委托加工的应税消费品,按照受托方的同类消费品的销售价格计算纳税;没有同类消费品销售价格的,按照组成计税价格计算纳税。

实行从价定率办法计算纳税的组成计税价格计算公式:

$$组成计税价格=(材料成本+加工费)\div(1-比例税率)$$

实行复合计税办法计算纳税的组成计税价格计算公式:

$$组成计税价格=(材料成本+加工费+委托加工数量\times定额税率)\div(1-比例税率)$$

(2) 根据《中华人民共和国消费税暂行条例实施细则》第十八条规定,条例第八条所称材料成本,是指委托方所提供加工材料的实际成本。委托加工应税消费品的纳税人,必须在委托加工合同上如实注明(或者以其他方式提供)材料成本,凡未提供材料成本的,受托方主管税务机关有权核定其材料成本。

第十九条规定,条例第八条所称加工费,是指受托方加工应税消费品向委托方所收取的全部费用(包括代垫辅助材料的实际成本)。

(3) 根据国家税务总局《关于增值税 消费税与附加税费申报表整合有关事项的公告》,扣缴义务人代扣消费税税款后,应给委托方开具《中华人民共和国税收缴款书(代扣代收专用)》,委托方可凭该缴款书按规定申报抵扣消费税税款。

扣缴义务人向主管税务机关申报缴纳代扣的消费税税款时,不再填报《本期代收代缴税额计算表》,应填报通用《代扣代缴、代收代缴税款明细报告表》和《中华人民共和国税收缴款书(代扣代收专用)》附表,并根据系统自动生成的《代扣代缴、代收代缴税款明细报告表》"实代扣代缴、代收代缴税额"栏的合计数,缴纳代扣的消费税税款。

表 3.2-13:

第 1 行第 9 列:6 000 000.00 元。

根据业务(1),烟叶成本为 355 万元。

加工费是指受托方加工应税消费品向委托方所收取的全部费用(包括代垫辅助材料的实际成本)。因此,根据业务(1),加工费=620 000+30 000=650 000.00(元)。

组成计税价格=(3 550 000+650 000)÷(1-30%)=6 000 000.00(元)

项目三 消费税的计算与申报

表 3.2-13

代扣代缴、代收代缴税款明细报告表

纳税人识别号：91530113735541965L

纳税人名称：云南喜燕烟叶复烤有限公司

中华人民共和国代扣代收税款凭证号	被代扣代缴、代收代缴纳税人识别号	被代扣代缴、代收代缴纳税人名称	征收项目	征收品目	税款所属期起	税款所属期止	应代扣代缴、代收代缴项目	计税依据	扣除项目	扣除项目标准	适用税率或单位税额	应减免税项目	应减免税额	增值税小规模纳税人减免性质	增值税小规模纳税人享受减征比例（%）	增值税小规模纳税人减征额	应代扣代缴、代收代缴税额	实代扣代缴、代收代缴税额	代扣代收标识
—	91350212735541 9659	厦门中烟工业有限公司	消费税	烟丝	2023-01-01	2023-01-31	消费税	6 000 000.00	—	—	30%	—	—				1 800 000.00	1 800 000.00	—
合计	—	—	—	—			—		—	—		—	—				1 800 000.00	1 800 000.00	—

申请人：　　　　　申报日期：　　　　　受理人：　　　　　受理日期：

任务 3.2-8 委托加工环节：委托加工（受托方）——酒

北京市喜燕酒厂有限公司为增值税一般纳税人，2023 年 1 月发生业务如下：

（1）北京市茅铺酒厂有限公司委托北京市喜燕酒厂有限公司生产一批粮食白酒，委托方提供原材料，合同注明成本 80 万元，代垫不含税辅助材料款 5 万元，收取不含税加工费 15 万元，本月收回粮食白酒 5 吨，无同类产品销售价格。

（2）北京市茅铺酒厂有限公司委托北京市喜燕酒厂有限公司生产一批黄酒，委托方提供原材料，合同注明成本 15 万元，代垫不含税辅助材料款 1 万元，收取不含税加工费 4 万元，本月收回黄酒 2 吨，同类产品不含税销售价格 40 万元。

粮食白酒全国平均成本利润率为 10%。

要求：根据以上业务填写代扣代缴、代收代缴税款明细报告表。

任务分析：

（1）根据《中华人民共和国消费税暂行条例》第八条规定，委托加工的应税消费品，按照受托方的同类消费品的销售价格计算纳税；没有同类消费品销售价格的，按照组成计税价格计算纳税。

实行从价定率办法计算纳税的组成计税价格计算公式：

组成计税价格=（材料成本+加工费）÷（1-比例税率）

实行复合计税办法计算纳税的组成计税价格计算公式：

组成计税价格=（材料成本+加工费+委托加工数量×定额税率）÷（1-比例税率）

（2）根据国家税务总局《关于印发〈消费税若干具体问题的规定〉的通知》（国税发〔1993〕156 号）规定，《中华人民共和国消费税暂行条例实施细则》第十七条对应税消费品全国平均成本利润率规定如下：

① 甲类卷烟 10%；② 乙类卷烟 5%；③ 雪茄烟 5%；④ 烟丝 5%；⑤ 粮食白酒 10%；⑥ 薯类白酒 5%；⑦ 其他酒 5%；⑧ 酒精 5%；⑨ 化妆品 5%；⑩ 护肤护发品 5%；⑪ 鞭炮、焰火 5%；⑫ 贵重首饰及珠宝玉石 6%；⑬ 汽车轮胎 5%；⑭ 摩托车 6%；⑮ 小轿车 8%；⑯ 越野车 6%；⑰ 小客车 5%。

表 3.2-14：

委托方提供原材料，受托方代垫辅助材料并收取加工费，属于委托加工业务。

（1）第 1 行第 9 列：10 000.00 斤，1 256 250.00 元。

根据业务（1），委托加工数量=5×2 000=10 000.00（斤）。

组成计税价格=（800 000+50 000+150 000+0.5×10 000）÷（1-20%）=1 256 250.00（元）

（2）第 2 行第 9 列：2.00 吨。

根据业务（2），委托加工黄酒收回 2 吨。

项目三 消费税的计算与申报

表 3.2-14

代扣代缴、代收代缴税款明细报告表

纳税人识别号:91110106735541965J　　　　　　纳税人名称:北京市喜燕酒厂有限公司

中华人民共和国代扣代收税款凭证证号	被代扣代缴、代收代缴纳税人识别号	被代扣代缴、代收代缴纳税人名称	征收项目	征收品目	税款所属期起	税款所属期止	应代扣代缴、代收代缴项目	计税依据	扣除项目	扣除项目标准	适用税率或单位税额	应减免税项目	应减免税额	增值税小规模纳税人减免性质	增值税小规模纳税人享受减征比例(%)	增值税小规模纳税人减征额	应代扣代缴、代收代缴税额	实代扣代缴、代收代缴税额	代扣代收标识
	913502127355489654	北京市茅铺酒厂有限公司	消费税	白酒	2023-01-01	2023-01-31	消费税	10 000.00 斤,1 256 250.00 元			0.5元/500克,20%						256 250.00	256 250.00	
	913502127355489654	北京市茅铺酒厂有限公司	消费税	黄酒	2023-01-01	2023-01-31	消费税	2.00 吨			240元/吨						480.00	480.00	
合计	—	—	—	—	—	—	—	—	—	—	—	—	—	—	—	—	256 730.00	256 730.00	—

申请人:　　　　　　　　　　　申报日期:　　　　　　　　　　　受理人:　　　　　　　　　　　受理日期:

任务 3.2-9　委托加工环节：委托加工(委托方)——酒

绍兴喜燕黄酒有限公司为增值税一般纳税人，2023年1月发生业务如下：

(1) 自产黄酒 336.7 百升，销售黄酒 288.6 百升，不含税销售额 115.44 万元。领用 19.24 百升黄酒用于发放员工福利。领用 4.81 百升黄酒用于订购会招待客户。

(2) 委托加工黄酒 96.2 百升，受托方已代扣代缴消费税。本期销售 76.96 百升黄酒取得 23.088 万元(不高于收回时的计税价格)收入。

要求：根据以上业务填写消费税及附加税费申报表。

任务分析：

(1) 根据《中华人民共和国消费税暂行条例实施细则》第十条规定，实行从量定额办法计算应纳税额的应税消费品，计量单位的换算标准如下：

黄酒　　1 吨 = 962 升

啤酒　　1 吨 = 988 升

汽油　　1 吨 = 1 388 升

柴油　　1 吨 = 1 176 升

航空煤油　1 吨 = 1 246 升

石脑油　1 吨 = 1 385 升

溶剂油　1 吨 = 1 282 升

润滑油　1 吨 = 1 126 升

燃料油　1 吨 = 1 015 升

(2) 根据《中华人民共和国消费税暂行条例》第四条规定，纳税人生产的应税消费品，于纳税人销售时纳税。纳税人自产自用的应税消费品，用于连续生产应税消费品的，不纳税；用于其他方面的，于移送使用时纳税。

委托加工的应税消费品，除受托方为个人外，由受托方在向委托方交货时代收代缴税款。委托加工的应税消费品，委托方用于连续生产应税消费品的，所纳税款准予按规定抵扣。

进口的应税消费品，于报关进口时纳税。

(3) 根据《中华人民共和国消费税暂行条例实施细则》第六条规定，条例第四条第一款所称用于连续生产应税消费品，是指纳税人将自产自用的应税消费品作为直接材料生产最终应税消费品，自产自用应税消费品构成最终应税消费品的实体。

条例第四条第一款所称用于其他方面，是指纳税人将自产自用应税消费品用于生产非应税消费品、在建工程、管理部门、非生产机构、提供劳务、馈赠、赞助、集资、广告、样品、职工福利、奖励等方面。

(4) 委托加工的应税消费品在提取货物时已由受托方代收代缴了消费税，委托方将收回的应税消费品以不高于受托方的计税价格出售的，不再缴纳消费税；委托方以高于受托方的计税价格出售的，须按照规定申报缴纳消费税。

表 3.2-15：

业务(1)，领用黄酒发放员工福利和领用黄酒招待客户属于应税消费品用于其他方面，应于移送使用时纳税。

业务(2),委托加工的应税消费品在提取货物时已由受托方代收代缴了消费税,委托方将收回的应税消费品以不高于受托方的计税价格出售的,不再缴纳消费税。

(1)第5行第4列:32.50吨。

根据业务(1),黄酒本期销售数量=288.6÷9.62+19.24÷9.62+4.81÷9.62=32.50(吨)。

(2)第5行第5列:1 250 600.00元。

根据业务(1),黄酒本期销售额=1 154 400÷(288.6÷9.62)×32.50=1 250 600.00(元)。

表 3.2-15　　　　　　　　　消费税及附加税费申报表

税款所属期:自 2023 年 01 月 01 日至 2023 年 01 月 31 日

纳税人识别号(统一社会信用代码):91330402735541965B

纳税人名称:绍兴喜燕黄酒有限公司　　　　　　　　　金额单位:人民币元(列至角分)

应税消费品名称	适用税率		计量单位	本期销售数量	本期销售额	本期应纳税额
	定额税率	比例税率				
	1	2	3	4	5	6=1×4+2×5
粮食白酒	0.5元/500克(毫升)	20%	500克(毫升)			
薯类白酒	0.5元/500克(毫升)	20%	500克(毫升)			
啤酒	250元/吨		吨			
啤酒	220元/吨		吨			
黄酒	240元/吨		吨	32.50	1 250 600.00	7 800.00
其他酒		10%	吨			
合计	—	—	—	—	—	7 800.00

	栏次	本期税费额
本期减(免)税额	7	
期初留抵税额	8	
本期准予扣除税额	9	
本期应扣除税额	10=8+9	
本期实际扣除税额	11[10<(6-7),则为10,否则为(6-7)]	
期末留抵税额	12=10-11	
本期预缴税额	13	
本期应补(退)税额	14=6-7-11-13	7 800.00
城市维护建设税本期应补(退)税额	15	546.00
教育费附加本期应补(退)费额	16	234.00

续表

	栏次	本期税费额
地方教育附加本期应补（退）费额	17	156.00
声明：此表是根据国家税收法律法规及相关规定填写的，本人（单位）对填报内容（及附带资料）的真实性、可靠性、完整性负责。 　　　　　　　　　　　　　　　　　　　　　　　纳税人（签章）：　　　　年　　月　　日		
经办人： 经办人身份证号： 代理机构签章： 代理机构统一社会信用代码：	受理人： 受理税务机关（章）： 受理日期：　　　年　　月　　日	

表 3.2-16：

（1）第 1 列：7 800.00 元。

（2）第 3 列：城市维护建设税 546.00 元；教育费附加 234.00 元；地方教育附加 156.00 元。

表 3.2-16　　　　　　　　　　**消费税附加税费计算表**

金额单位：元（列至角分）

税（费）种	计税（费）依据 消费税税额	税（费）率(%)	本期应纳税（费）额	本期减免税（费）额		本期是否适用增值税小规模纳税人"六税两费"减征政策 □是 ☑否		本期已缴税（费）额	本期应补（退）税（费）额
				减免性质代码	减免税（费）额	减征比例(%)	减征额		
	1	2	3=1×2	4	5	6	7=(3-5)×6	8	9=3-5-7-8
城市维护建设税	7 800.00	7%	546.00						546.00
教育费附加	7 800.00	3%	234.00						234.00
地方教育附加	7 800.00	2%	156.00						156.00
合计	—	—	936.00						936.00

任务 3.2-10　已纳消费税扣除：外购应税消费品抵扣——实木地板

成都喜燕实木地板有限公司为增值税一般纳税人，2023 年 1 月发生业务如下：

（1）生产并销售实木地板 4 万平方米，不含税销售价格 150 元/平方米。

（2）购入已税实木素板，取得的增值税专用发票注明金额 400 万元。实木素板期初库存 150 万元，期末库存 310 万元。

（3）购入原木，取得的增值税专用发票注明金额 200 万元。原木期初库存 90 万元，期末库存 180 万元。

要求：根据以上业务填写消费税及附加税费申报表。

任务分析：

根据财政部、国家税务总局《关于调整和完善消费税政策的通知》（财税〔2006〕33 号）

规定,新增高尔夫球及球具、高档手表、游艇、木制一次性筷子、实木地板税目。实木地板税率为5%。

下列应税消费品准予从消费税应纳税额中扣除原料已纳的消费税税款：

（1）以外购或委托加工收回的已税杆头、杆身和握把为原料生产的高尔夫球杆。

（2）以外购或委托加工收回的已税木制一次性筷子为原料生产的木制一次性筷子。

（3）以外购或委托加工收回的已税实木地板为原料生产的实木地板。

（4）以外购或委托加工收回的已税石脑油为原料生产的应税消费品。

（5）以外购或委托加工收回的已税润滑油为原料生产的润滑油。

已纳消费税税款抵扣的管理办法由国家税务总局另行制定。

表 3.2-17：

（1）第 1 行第 4 列：40 000.00 平方米。

（2）第 1 行第 5 列：6 000 000.00 元。

实木地板本期销售额＝40 000×150＝6 000 000.00（元）

表 3.2-17　　　　　　　　　消费税及附加税费申报表

税款所属期：自 2023 年 01 月 01 日至 2023 年 01 月 31 日

纳税人识别号(统一社会信用代码)：91510104735541965Y

纳税人名称：成都喜燕实木地板有限公司　　　　　金额单位：人民币元(列至角分)

应税消费品名称	适用税率 定额税率	适用税率 比例税率	计量单位	本期销售数量	本期销售额	本期应纳税额
	1	2	3	4	5	6＝1×4+2×5
实木地板		5%	平方米	40 000.00	6 000 000.00	300 000.00
合计			—	—	—	300 000.00

	栏次	本期税费额
本期减(免)税额	7	
期初留抵税额	8	
本期准予扣除税额	9	120 000.00
本期应扣除税额	10＝8+9	120 000.00
本期实际扣除税额	11［10<(6-7)，则为10,否则为(6-7)］	120 000.00
期末留抵税额	12＝10-11	
本期预缴税额	13	
本期应补(退)税额	14＝6-7-11-13	180 000.00

续表

	栏次	本期税费额
城市维护建设税本期应补(退)税额	15	12 600.00
教育费附加本期应补(退)费额	16	5 400.00
地方教育附加本期应补(退)费额	17	3 600.00
声明：此表是根据国家税收法律法规及相关规定填写的,本人(单位)对填报内容(及附带资料)的真实性、可靠性、完整性负责。 纳税人(签章)： 年 月 日		
经办人： 经办人身份证号： 代理机构签章： 代理机构统一社会信用代码：	受理人： 受理税务机关(章)： 受理日期： 年 月 日	

表 3.2-18：

（1）第 6 行第 1 列：1 500 000.00 元。

（2）第 7 行第 1 列：4 000 000.00 元。

（3）第 8 行第 1 列：3 100 000.00 元。

（4）第 9 行第 1 列：0.00 元。

（5）第 10 行第 1 列：5%。

表 3.2-18　本期准予扣除税额计算表

金额单位：元(列至角分)

准予扣除项目		应税消费品名称		实木地板		合计
一、本期准予扣除的委托加工应税消费品已纳税款计算		期初库存委托加工应税消费品已纳税款	1			
		本期收回委托加工应税消费品已纳税款	2			
		期末库存委托加工应税消费品已纳税款	3			
		本期领用不准予扣除委托加工应税消费品已纳税款	4			
		本期准予扣除委托加工应税消费品已纳税款	5=1+2-3-4			
二、本期准予扣除的外购应税消费品已纳税款计算	（一）从价计税	期初库存外购应税消费品买价	6	1 500 000.00		1 500 000.00
		本期购进应税消费品买价	7	4 000 000.00		4 000 000.00
		期末库存外购应税消费品买价	8	3 100 000.00		3 100 000.00

续表

准予扣除项目		应税消费品名称		实木地板		合计
二、本期准予扣除的外购应税消费品已纳税款计算	（二）从量计税	本期领用不准予扣除外购应税消费品买价	9	0.00		0.00
		适用税率	10	5%		—
		本期准予扣除外购应税消费品已纳税款	11=(6+7-8-9)×10	120 000.00		120 000.00
		期初库存外购应税消费品数量	12			
		本期外购应税消费品数量	13			
		期末库存外购应税消费品数量	14			
		本期领用不准予扣除外购应税消费品数量	15			
		适用税率	16			
		计量单位	17			
		本期准予扣除的外购应税消费品已纳税款	18=(12+13-14-15)×16			
三、本期准予扣除税款合计			19=5+11+18	120 000.00		120 000.00

表 3.2-19：

（1）第 1 列：180 000.00 元。

（2）第 3 列：城市维护建设税 12 600.00 元；教育费附加 5 400.00 元；地方教育附加 3 600.00 元。

表 3.2-19　　消费税附加税费计算表

金额单位：元(列至角分)

税(费)种	计税(费)依据		税(费)率(%)	本期应纳税(费)额	本期减免税(费)额		本期是否适用增值税小规模纳税人"六税两费"减征政策		本期已缴税(费)额	本期应补(退)税(费)额
	消费税税额				减免性质代码	减免税(费)额	□是 ☑否			
							减征比例(%)	减征额		
	1		2	3=1×2	4	5	6	7=(3-5)×6	8	9=3-5-7-8
城市维护建设税	180 000.00		7%	12 600.00						12 600.00
教育费附加	180 000.00		3%	5 400.00						5 400.00
地方教育附加	180 000.00		2%	3 600.00						3 600.00
合计	—		—	21 600.00						21 600.00

任务 3.2-11　已纳消费税扣除：外购应税消费品抵扣——成品油

茂名喜燕石油化工有限公司为增值税一般纳税人，2023 年 1 月发生业务如下：

（1）销售汽油 500 吨，含税销售价格 6 940 元/吨。

（2）以外购石脑油为原料生产汽油，当月购入 400 吨，含税单价 1 582 元/吨。石脑油期初库存 100 吨，账面成本 14 万元。石脑油期末库存 150 吨，账面成本 21 万元。

要求：根据以上业务填写消费税及附加税费申报表。

任务分析：

（1）根据财政部、国家税务总局《关于继续提高成品油消费税的通知》（财税〔2015〕11 号）规定：

① 将汽油、石脑油、溶剂油和润滑油的消费税单位税额由 1.4 元/升提高到 1.52 元/升。

② 将柴油、航空煤油和燃料油的消费税单位税额由 1.1 元/升提高到 1.2 元/升。航空煤油继续暂缓征收。

（2）根据《中华人民共和国消费税暂行条例实施细则》第十条规定，实行从量定额办法计算应纳税额的应税消费品，计量单位的换算标准如下：

黄酒　　1 吨 = 962 升

啤酒　　1 吨 = 988 升

汽油　　1 吨 = 1 388 升

柴油　　1 吨 = 1 176 升

航空煤油　1 吨 = 1 246 升

石脑油　1 吨 = 1 385 升

溶剂油　1 吨 = 1 282 升

润滑油　1 吨 = 1 126 升

燃料油　1 吨 = 1 015 升

表 3.2-20：

（1）第 1 行第 4 列：694 000.00 升。

根据业务（1），汽油本期销售数量 = 500×1 388 = 694 000.00（升）。

（2）第 1 行第 5 列：3 070 796.46（元）。

根据业务（1），汽油本期销售额 = 500×6 940÷（1+13%）= 3 070 796.46（元）。

表 3.2-20　　　　　　　　　　消费税及附加税费申报表

税款所属期：自 2023 年 01 月 01 日至 2023 年 01 月 31 日

纳税人识别号（统一社会信用代码）：91440404735541965I

纳税人名称：茂名喜燕石油化工有限公司　　　　　　　　金额单位：人民币元（列至角分）

应税消费品名称 / 项目	适用税率 - 定额税率	适用税率 - 比例税率	计量单位	本期销售数量	本期销售额	本期应纳税额
	1	2	3	4	5	6=1×4+2×5
汽油	1.52元/升		升	694 000.00	3 070 796.46	1 054 880.00
合计	—	—	—	—	—	1 054 880.00

	栏次	本期税费额
本期减（免）税额	7	
期初留抵税额	8	
本期准予扣除税额	9	736 820.00
本期应扣除税额	10=8+9	736 820.00
本期实际扣除税额	11[10<(6-7)，则为10，否则为(6-7)]	736 820.00
期末留抵税额	12=10-11	
本期预缴税额	13	
本期应补（退）税额	14=6-7-11-13	318 060.00
城市维护建设税本期应补（退）税额	15	22 264.20
教育费附加本期应补（退）费额	16	9 541.80
地方教育附加本期应补（退）费额	17	6 361.20

声明：此表是根据国家税收法律法规及相关规定填写的，本人（单位）对填报内容（及附带资料）的真实性、可靠性、完整性负责。

　　　　　　　　　　　　　　　　　　　　　　　　纳税人（签章）：　　　年　月　日

经办人： 经办人身份证号： 代理机构签章： 代理机构统一社会信用代码：	受理人： 受理税务机关（章）： 受理日期：　　年　月　日

表 3.2-21

(1) 第 3 行第 2 列:138 500.00 升。

根据业务(2),石脑油上期库存数量=100×1 385=138 500.00(升)。

(2) 第 3 行第 3 列:554 000.00 升。

根据业务(2),石脑油本期外购入库数量=400×1 385=554 000.00(升)。

(3) 第 3 行第 5 列:484 750.00 升。

根据业务(2),石脑油本期准予扣除数量=(400+100−150)×1 385=484 750.00(升)。

(4) 第 3 行第 6 列:736 820.00 元。

根据业务(2),石脑油本期准予扣除税额=484 750×1.52=736 820.00(元)。

(5) 第 3 行第 8 列:207 750.00 升。

根据业务(2),石脑油期末库存数量=150×1 385=207 750.00(升)。

表 3.2-21 本期准予扣除税额计算表

(成品油消费税纳税人适用)

金额单位:元(列至角分)

一、扣除税额及库存计算

扣除油品类别	上期库存数量	本期外购入库数量	委托加工收回连续生产数量	本期准予扣除数量	本期准予扣除税额	本期领用未用于连续生产不准予扣除数量	期末库存数量
1	2	3	4	5	6	7	8=2+3+4−5−7
汽油							
柴油							
石脑油	138 500.00	554 000.00	0.00	484 750.00	736 820.00	0.00	207 750.00
润滑油							
燃料油							
合计	138 500.00	554 000.00	0.00	484 750.00	736 820.00	0.00	207 750.00

二、润滑油基础油(废矿物油)和变性燃料乙醇领用存

产品名称	上期库存数量	本期入库数量	本期生产领用数量	期末库存数量
1	2	3	4	5=2+3−4
润滑油基础油(废矿物油)				
变性燃料乙醇				

表 3.2-22:

(1) 第 1 列:318 060.00 元。

(2) 第 3 列:城市维护建设税 22 264.20 元;教育费附加 9 541.80 元;地方教育附加 6 361.20 元。

表 3.2-22　　　　　　　　　消费税附加税费计算表

金额单位：元(列至角分)

税(费)种	计税(费)依据 消费税税额	税(费)率(%)	本期应纳税(费)额	本期减免税(费)额		本期是否适用增值税小规模纳税人"六税两费"减征政策 □是 ☑否		本期已缴税(费)额	本期应补(退)税(费)额
				减免性质代码	减免税(费)额	减征比例(%)	减征额		
	1	2	3=1×2	4	5	6	7=(3−5)×6	8	9=3−5−7−8
城市维护建设税	318 060.00	7%	22 264.20						22 264.20
教育费附加	318 060.00	3%	9 541.80						9 541.80
地方教育附加	318 060.00	2%	6 361.20						6 361.20
合计	—	—	38 167.20	—		—			38 167.20

任务 3.2-12　特殊环节：卷烟批发环节计税——卷烟

云南喜燕烟草有限公司为增值税一般纳税人，主营烟草批发。2023 年 1 月批发卷烟基本情况见表 3.2-23。

表 3.2-23　　　　2023 年 1 月云南喜燕烟草有限公司批发卷烟基本情况表

卷烟条包装商品条码	卷烟牌号规格	卷烟类别	卷烟类型
6901028161134	红塔山(软经典)	三类卷烟	国产卷烟
6901028169908	阿诗玛(硬盒)	一类卷烟	国产卷烟

（1）批发红塔山卷烟 40 箱，开具的增值税普通发票注明价税合计金额为 56.5 万元。
（2）批发阿诗玛卷烟 60 箱，取得不含税销售额 150 万元。
要求：根据以上业务填写消费税及附加税费申报表。

任务分析：

根据财政部、国家税务总局《关于调整卷烟消费税的通知》(财税〔2015〕60 号)规定，将卷烟批发环节从价税税率由 5%提高至 11%，并按 0.005 元/支加征从量税。

表 3.2-24：
（1）第 1 行第 4 列：500.00 万支。
卷烟本期销售数量 = 40×250×200÷10 000+60×250×200÷10 000 = 500.00(万支)
（2）第 1 行第 5 列：2 000 000.00 元。
卷烟本期销售额 = 565 000÷(1+13%)+1 500 000 = 2 000 000.00(元)

表 3.2-24   **消费税及附加税费申报表**

税款所属期：自 2023 年 01 月 01 日至 2023 年 01 月 31 日

纳税人识别号（统一社会信用代码）：915301027355419650

纳税人名称：云南喜燕烟草有限公司   金额单位：人民币元（列至角分）

应税消费品名称	项目	适用税率		计量单位	本期销售数量	本期销售额	本期应纳税额
		定额税率	比例税率				
		1	2	3	4	5	6=1×4+2×5
卷烟		50 元/万支	11%	万支	500.00	2 000 000.00	245 000.00
合计		—	—	—	—	—	245 000.00

	栏次	本期税费额
本期减（免）税额	7	
期初留抵税额	8	
本期准予扣除税额	9	
本期应扣除税额	10=8+9	
本期实际扣除税额	11 [10<(6-7)，则为10,否则为(6-7)]	
期末留抵税额	12=10-11	
本期预缴税额	13	
本期应补（退）税额	14=6-7-11-13	245 000.00
城市维护建设税本期应补（退）税额	15	17 150.00
教育费附加本期应补（退）费额	16	7 350.00
地方教育附加本期应补（退）费额	17	4 900.00

声明：此表是根据国家税收法律法规及相关规定填写的，本人（单位）对填报内容（及附带资料）的真实性、可靠性、完整性负责。

纳税人（签章）：   年   月   日

经办人： 经办人身份证号： 代理机构签章： 代理机构统一社会信用代码：	受理人： 受理税务机关（章）： 受理日期： 年 月 日

表 3.2-25：

（1）第 1 行第 5 列：50.00 元/条。

根据业务（1），销售价格=56.5÷(1+13%)×10 000÷(40×250)=50.00（元/条）。

（2）第 1 行第 6 列：200.00 万支。

根据业务（1），销售数量=40×250×200÷10 000=200.00（万支）。

（3）第 1 行第 7 列：500 000.00 元。

根据业务（1），销售额=56.5×10 000÷(1+13%)=500 000.00（元）。

（4）第2行第5列：100.00元/条。

根据业务（2），销售价格=150×10 000÷(60×250)=100.00（元/条）。

（5）第2行第6列：30.00万支。

根据业务（2），销售数量=60×250×200÷10 000=300.00（万支）。

（6）第2行第7列：1 500 000.00元。

根据业务（2），销售额=150×10 000=1 500 000.00（元）。

表3.2-25　　　　　　　　　　卷烟批发企业月份销售明细清单

（卷烟批发环节消费税纳税人适用）

卷烟条包装商品条码	卷烟牌号规格	卷烟类别	卷烟类型	销售价格	销售数量	销售额	备注
1	2	3	4	5	6	7	8
6901028161134	红塔山（软经典）	三类卷烟	国产卷烟	50.00元/条	200.00万支	500 000.00元	
6901028169908	阿诗玛（硬盒）	一类卷烟	国产卷烟	100.00元/条	300.00万支	1 500 000.00元	

表3.2-26：

（1）第1列：245 000.00元。

（2）第3列：城市维护建设税17 150.00元；教育费附加7 350.00元；地方教育附加4 900.00元。

表3.2-26　　　　　　　　　　消费税附加税费计算表

金额单位：元（列至角分）

税（费）种	计税（费）依据 消费税税额	税（费）率（%）	本期应纳税（费）额	本期减免税（费）额		本期是否适用增值税小规模纳税人"六税两费"减征政策 □是 ☑否		本期已缴税（费）额	本期应补（退）税（费）额
				减免性质代码	减免税（费）额	减征比例（%）	减征额		
	1	2	3=1×2	4	5	6	7=(3-5)×6	8	9=3-5-7-8
城市维护建设税	245 000.00	7%	17 150.00						17 150.00
教育费附加	245 000.00	3%	7 350.00						7 350.00
地方教育附加	245 000.00	2%	4 900.00						4 900.00
合计	—	—	29 400.00						29 400.00

任务 3.2-13　特殊环节：超豪华汽车零售环节计税——小汽车

武汉喜燕汽车销售有限公司为增值税一般纳税人，主营汽车及配件零售业务。2023年1月发生业务如下：

（1）销售S级轿车3辆，零售价293.8万元/辆。

（2）销售其他型号小轿车50辆，平均零售价37.29万元/辆，最高零售价73.45万元/辆。

要求：根据以上业务填写消费税及附加税费申报表。

任务分析：

根据财政部、国家税务总局《关于对超豪华小汽车加征消费税有关事项的通知》(财税〔2016〕129号)规定，"小汽车"税目下增设"超豪华小汽车"子税目。征收范围为每辆零售价格130万元(不含增值税)及以上的乘用车和中轻型商用客车，即乘用车和中轻型商用客车子税目中的超豪华小汽车。对超豪华小汽车，在生产(进口)环节按现行税率征收消费税基础上，在零售环节加征消费税，税率为10%。

表3.2-27：

(1) 第1行第4列：3.00辆。

(2) 第1行第5列：7 800 000.00元。

本期销售额=2 938 000÷(1+13%)×3=7 800 000.00(元)

> **提示**
>
> 武汉喜燕汽车销售有限公司属于汽车经销商，主营汽车及配件零售业务。对于每辆零售价格130万元(不含增值税)及以上的乘用车和中轻型商用客车在零售环节加征消费税，税率为10%。由于武汉喜燕汽车销售有限公司并非汽车生产商，因此对小汽车并不征收生产环节消费税。

表 3.2-27　消费税及附加税费申报表

税款所属期：自2023年01月01日至2023年01月31日

纳税人识别号(统一社会信用代码)：914201067355419657

纳税人名称：武汉喜燕汽车销售有限公司　　　　　　　金额单位：人民币元(列至角分)

应税消费品名称	适用税率		计量单位	本期销售数量	本期销售额	本期应纳税额
	定额税率	比例税率				
	1	2	3	4	5	6=1×4+2×5
超豪华小汽车		10%	辆	3.00	7 800 000.00	780 000.00
合计	—	—	—	—		780 000.00
				栏次	本期税费额	
本期减(免)税额				7		
期初留抵税额				8		
本期准予扣除税额				9		
本期应扣除税额				10=8+9		

续表

	栏次	本期税费额
本期实际扣除税额	11[10<(6-7),则为10,否则为(6-7)]	
期末留抵税额	12=10-11	
本期预缴税额	13	
本期应补(退)税额	14=6-7-11-13	780 000.00
城市维护建设税本期应补(退)税额	15	54 600.00
教育费附加本期应补(退)费额	16	23 400.00
地方教育附加本期应补(退)费额	17	15 600.00

声明:此表是根据国家税收法律法规及相关规定填写的,本人(单位)对填报内容(及附带资料)的真实性、可靠性、完整性负责。

纳税人(签章): 年 月 日

经办人: 经办人身份证号: 代理机构签章: 代理机构统一社会信用代码:	受理人: 受理税务机关(章): 受理日期: 年 月 日

表3.2-28:

(1)第1列:780 000.00元。

(2)第3列:城市维护建设税54 600.00元;教育费附加23 400.00元;地方教育附加15 600.00元。

表3.2-28　　　　　　　　　消费税附加税费计算表

金额单位:元(列至角分)

税(费)种	计税(费)依据	税(费)率(%)	本期应纳税(费)额	本期减免税(费)额		本期是否适用增值税小规模纳税人"六税两费"减征政策		本期已缴税(费)额	本期应补(退)税(费)额
						□是　☑否			
	消费税税额			减免性质代码	减免税额	减征比例(%)	减征额		
	1	2	3=1×2	4	5	6	7=(3-5)×6	8	9=3-5-7-8
城市维护建设税	780 000.00	7%	54 600.00						54 600.00
教育费附加	780 000.00	3%	23 400.00						23 400.00
地方教育附加	780 000.00	2%	15 600.00						15 600.00
合计	—		93 600.00	—					93 600.00

任务三　消费税的申报

云南喜燕中烟工业有限公司为增值税一般纳税人，2023年1月发生业务如下：

（1）生产红塔山卷烟200箱，销售90箱给丽江烟草专卖局，不含税销售额2万元/箱。销售50箱给昆明烟草专卖局，不含税销售额1.625万元/箱。

（2）领用10箱红塔山卷烟抵偿A公司债务15万元。

（3）新研制金标阿诗玛卷烟，未投放市场销售。领用330条作为福利发放给员工，生产成本为3.63万元，全国平均成本利润率为10%。

（4）收购烟叶10吨，开具的收购发票注明收购价款为30万元，价外补贴为2万元。委托四川中工业有限公司将烟叶加工成红河卷烟，支付受托方不含税代垫辅助材料和加工费8.51万元。委托方本月收回50箱卷烟，受托方无同类卷烟销售价格。

（5）销售10箱红河卷烟，不含税销售额3万元/箱。

（6）当月购进已税烟丝5吨，取得的增值税专用发票注明金额为150万元，税额为19.5万元。期初烟丝库存成本353万元，期末烟丝库存成本288万元。

1. 纳税人用于抵偿债务的应税消费品，应当如何确定消费税计税依据？
2. 纳税人自产自用的应税消费品，应当如何确定消费税计税依据？
3. 什么是委托加工？
4. 委托加工没有同牌号、规格调拨价格的卷烟，如何确定消费税税率？
5. 纳税人委托加工的应税消费品，如何确定消费税计税依据？
6. 纳税人将外购已税烟丝用于生产卷烟，如何确定卷烟的计税价格？
7. 请根据案例中的相关业务，填写消费税及附加税费申报表。

知识储备

一、消费税纳税义务发生时间(表 3.3-1)

表 3.3-1　　　　　　　　消费税纳税义务发生时间

纳税环节			纳税义务发生时间
生产销售	出厂销售	赊销和分期收款	书面合同约定的收款日期的当天;书面合同没有约定收款日期或无书面合同的,为发出应税消费品的当天
		预收货款	发出应税消费品的当天
		托收承付和委托银行收款	发出应税消费品并办妥托收手续的当天
		其他结算方式	收讫销售款或者取得索取销售款凭据的当天
	自产自用		移送使用的当天
委托加工			纳税人提货的当天
进口			报关进口的当天

二、消费税纳税申报地点(表 3.3-2)

表 3.3-2　　　　　　　　消费税纳税申报地点

纳税环节	纳税申报地点
生产销售	向纳税人机构所在地或者居住地的主管税务机关申报纳税
委托加工	由受托方向机构所在地或者居住地的主管税务机关解缴消费税税款 【提示】委托个人加工应税消费品,由委托方向其机构所在地或者居住地主管税务机关申报纳税(个人包括个体工商户和其他个人)
进口	由进口人或者其代理人向报关地海关申报纳税
特殊情况	纳税人到外县(市)销售或者委托外县(市)代销自产应税消费品的,应当于应税消费品销售后,回纳税人机构所在地或者居住地主管税务机关申报纳税
	纳税人的总机构与分支机构不在同一县(市)的,应在各自机构所在地主管税务机关申报纳税;纳税人的总机构与分支机构不在同一县(市),但在同一省(自治区、直辖市)范围内,经省(自治区、直辖市)财政厅(局)、税务局审批同意,可以由总机构汇总向总机构所在地的主管税务机关申报纳税 【提示】卷烟批发企业的纳税地点比较特殊,总机构与分支机构不在同一地区的,由总机构申报纳税

备注:生产销售环节包括出厂销售和自产自用。

三、消费税纳税期限

（1）消费税的纳税期限分别为 1 日、3 日、5 日、10 日、15 日、1 个月或 1 个季度。

纳税人的具体纳税期限,由主管税务机关根据纳税人应纳税额的大小分别核定。纳税人以 1 个月或 1 个季度为 1 个纳税期的,自期满之日起 15 日内申报纳税;纳税人以 1 日、3 日、5 日、10 日或 15 日为 1 个纳税期的,自期满之日起 5 日内预缴税款,于次月 1 日起 15 日内申报纳税并结清上月应纳税款。

（2）纳税人不能按照固定期限纳税的,可以按次纳税。

（3）纳税人进口应税消费品,应当自海关填发海关进口消费税专用缴款书之日起 15 日内缴纳税款。

四、纳税人消费税纳税申报流程

以烟类应税消费品为例,图 3.3-1 展示了消费税纳税人的纳税申报流程。

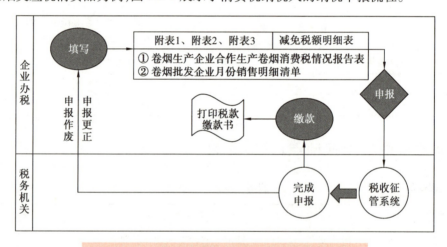

图 3.3-1　烟类应税消费品消费税纳税申报流程图

任务 3.3-1　问题见本任务的任务描述（烟草行业纳税申报）

任务分析：

（1）根据国家税务总局《关于印发〈消费税若干具体问题的规定〉的通知》（国税发〔1993〕156 号）规定,纳税人用于换取生产资料和消费资料、投资入股和抵偿债务等方面的应税消费品,应当以纳税人同类应税消费品的最高销售价格作为计税依据计算消费税。

（2）根据《中华人民共和国消费税暂行条例》第七条规定,纳税人自产自用的应税消费品,按照纳税人生产的同类消费品的销售价格计算纳税;没有同类消费品销售价格的,按照组成计税价格计算纳税。

实行从价定率办法计算纳税的组成计税价格计算公式：

组成计税价格=（成本+利润）÷（1-比例税率）

实行复合计税办法计算纳税的组成计税价格计算公式：

组成计税价格=（成本+利润+自产自用数量×定额税率）÷（1-比例税率）

（3）根据《中华人民共和国消费税暂行条例实施细则》第七条规定，条例第四条第二款所称委托加工的应税消费品，是指由委托方提供原料和主要材料，受托方只收取加工费和代垫部分辅助材料加工的应税消费品。对于由受托方提供原材料生产的应税消费品，或者受托方先将原材料卖给委托方，然后再接受加工的应税消费品，以及由受托方以委托方名义购进原材料生产的应税消费品，不论在财务上是否作销售处理，都不得作为委托加工应税消费品，而应当按照销售自制应税消费品缴纳消费税。

第十八条规定，条例第八条所称材料成本，是指委托方所提供加工材料的实际成本。

委托加工应税消费品的纳税人，必须在委托加工合同上如实注明（或者以其他方式提供）材料成本，凡未提供材料成本的，受托方主管税务机关有权核定其材料成本。

第十九条规定，条例第八条所称加工费，是指受托方加工应税消费品向委托方所收取的全部费用（包括代垫辅助材料的实际成本）。

（4）根据财政部、国家税务总局《关于调整烟类产品消费税政策的通知》（财税〔2001〕91号）规定，下列卷烟一律适用45%的比例税率（财税〔2009〕84号：税率调整为56%）：

① 进口卷烟；② 白包卷烟；③ 手工卷烟；④ 自产自用没有同牌号、规格调拨价格的卷烟；⑤ 委托加工没有同牌号、规格调拨价格的卷烟；⑥ 未经国务院批准纳入计划的企业和个人生产的卷烟。

（5）根据《中华人民共和国消费税暂行条例》第八条规定，委托加工的应税消费品，按照受托方的同类消费品的销售价格计算纳税；没有同类消费品销售价格的，按照组成计税价格计算纳税。

实行从价定率办法计算纳税的组成计税价格计算公式：

组成计税价格=（材料成本+加工费）÷（1-比例税率）

实行复合计税办法计算纳税的组成计税价格计算公式：

组成计税价格=（材料成本+加工费+委托加工数量×定额税率）÷（1-比例税率）

（6）根据国家税务总局《关于印发〈消费税若干具体问题的规定〉的通知》（国税发〔1993〕156号）规定，外购已税烟丝生产的卷烟可以以销售额扣除外购已税消费品买价后的余额作为计税价格计征消费税。

表3.3-3：

业务（2），抵偿债务应当以纳税人同类应税消费品的最高销售价格作为计税依据计算消费税。红塔山卷烟每条最高销售价格=20 000÷250=80（元/条）>70（元/条），属于甲类卷烟。

业务（3），自产自用没有同牌号、规格调拨价格的卷烟，一律适用56%的比例税率。

组成计税价格=（成本+利润+自产自用数量×定额税率）÷（1-比例税率）

=（36 300×1.1+330÷250×150）÷（1-56%）=91 200.00（元）

应纳消费税=91 200×56%+330÷250×150=51 270.00（元）

业务（4），委托加工没有同牌号、规格调拨价格的卷烟，一律适用56%的比例税率。

> **提示**
>
> 烟叶成本=(烟叶收购价格+价外补贴+烟叶税)-烟叶进项税额
>
> 烟叶进项税额=买价×扣除率,买价是指纳税人购进农产品在农产品收购发票或者销售发票上注明的价款和按照规定缴纳的烟叶税。纳税人购进农产品用于生产或者委托加工13%税率货物的农产品,按照10%的扣除率计算进项税额。

根据财政部、税务总局《关于明确烟叶税计税依据的通知》(财税〔2018〕75号)规定,纳税人收购烟叶实际支付的价款总额包括纳税人支付给烟叶生产销售单位和个人的烟叶收购价款和价外补贴。其中,价外补贴统一按烟叶收购价款的10%计算。

根据财政部、税务总局、海关总署《关于深化增值税改革有关政策的公告》(2019年第39号)规定,纳税人购进农产品,原适用10%扣除率的,扣除率调整为9%。纳税人购进用于生产或者委托加工13%税率货物的农产品,按照10%的扣除率计算进项税额。

材料成本=(300 000+20 000+300 000×1.1×0.2)×0.9=347 400.00(元)

委托加工数量=50×250×200÷10 000=250.00(万支)

卷烟代扣代缴消费税=(347 400+85 100+250×30)÷(1-56%)×56%+250×30=567 500.00(元)

业务(5),10箱卷烟代扣代缴消费税=567 500÷50×10=113 500(元)。

销售10箱卷烟应计消费税=10×150+10×30 000×56%=169 500.00(元)>113 500.00(元),以高于受托方的计税价格出售的,需要缴纳差额部分消费税。

应纳消费税=169 500-113 500=56 000.00(元)

业务(6),当月耗用烟丝可抵扣消费税税额=(3 530 000+1 500 000-2 880 000)×30%=645 000.00(元)。

本期准予扣除税额=113 500+645 000=758 500.00(元)

(1)第1行第4列:806.60万支。

根据业务(1)(2)(3)(5),甲类卷烟本期销售数量=(90+50+10)×250×200÷10 000+330×200÷10 000+10×250×200÷10 000=806.60(万支)。

(2)第1行第5列:3 203 700.00元。

根据业务(1)(2)(3)(5),甲类卷烟本期销售额=(90+10)×20 000+50×16 250+(36 300×1.1+330×200×0.003)÷(1-56%)+10×30 000=3 203 700.00(元)。

表 3.3-3

消费税及附加税费申报表

税款所属期：自 2023 年 01 月 01 日至 2023 年 01 月 31 日

纳税人识别号（统一社会信用代码）：915301117355419651

纳税人名称：云南喜燕中烟工业有限公司　　　　　　　　　　　金额单位：人民币元（列至角分）

项目 应税消费品名称	适用税率		计量单位	本期销售数量	本期销售额	本期应纳税额
	定额税率	比例税率				
	1	2	3	4	5	6=1×4+2×5
甲类卷烟[调拨价 70 元（不含增值税）/条以上（含 70 元）]	30 元/万支	56%	万支	806.60	3 203 700.00	1 818 270.00
合计	—	—	—	—	—	1 818 270.00
			栏次			本期税费额
本期减（免）税额			7			
期初留抵税额			8			
本期准予扣除税额			9			758 500.00
本期应扣除税额			10=8+9			758 500.00
本期实际扣除税额			11[10<(6-7)，则为 10，否则为(6-7)]			758 500.00
期末留抵税额			12=10-11			
本期预缴税额			13			
本期应补（退）税额			14=6-7-11-13			1 059 770.00
城市维护建设税本期应补（退）税额			15			74 183.90
教育费附加本期应补（退）费额			16			31 793.10
地方教育附加本期应补（退）费额			17			21 195.40

声明：此表是根据国家税收法律法规及相关规定填写的，本人（单位）对填报内容（及附带资料）的真实性、可靠性、完整性负责。

纳税人（签章）：　　　　年　　月　　日

经办人： 经办人身份证号： 代理机构签章： 代理机构统一社会信用代码：	受理人： 受理税务机关（章）： 受理日期：　　年　　月　　日

表 3.3-4：

根据业务（4）（5），本期准予扣除的委托加工应税消费品已纳税款计算：

第 1 行第 1 列：0.00 元。

第 2 行第 1 列：567 500.00 元。

第 3 行第 1 列：454 000.00 元。

第4行第1列：0.00元。

根据业务(6)，本期准予扣除的外购应税消费品已纳税款计算：

第6行第2列：3 530 000.00元。

第7行第2列：1 500 000.00元。

第8行第2列：2 880 000.00元。

第9行第2列：0.00元。

第10行第2列：30%。

表 3.3-4　　　　　　　　　　　　本期准予扣除税额计算表

金额单位：元(列至角分)

准予扣除项目		应税消费品名称	卷烟	烟丝	合计
一、本期准予扣除的委托加工应税消费品已纳税款计算		期初库存委托加工应税消费品已纳税款	1	0.00		0.00
		本期收回委托加工应税消费品已纳税款	2	567 500.00		567 500.00
		期末库存委托加工应税消费品已纳税款	3	454 000.00		454 000.00
		本期领用不准予扣除委托加工应税消费品已纳税款	4	0.00		0.00
		本期准予扣除委托加工应税消费品已纳税款	5=1+2-3-4	113 500.00		113 500.00
二、本期准予扣除的外购应税消费品已纳税款计算	(一)从价计税	期初库存外购应税消费品买价	6	3 530 000.00		3 530 000.00
		本期购进应税消费品买价	7	1 500 000.00		1 500 000.00
		期末库存外购应税消费品买价	8	2 880 000.00		2 880 000.00
		本期领用不准予扣除外购应税消费品买价	9	0.00		0.00
		适用税率	10	30%		—
		本期准予扣除外购应税消费品已纳税款	11=(6+7-8-9)×10	645 000.00		645 000.00

续表

准予扣除项目		应税消费品名称	卷烟	烟丝		合计
二、本期准予扣除的外购应税消费品已纳税款计算	（二）从量计税	期初库存外购应税消费品数量	12			
		本期外购应税消费品数量	13			
		期末库存外购应税消费品数量	14			
		本期领用不准予扣除外购应税消费品数量	15			
		适用税率	16			
		计量单位	17			
		本期准予扣除的外购应税消费品已纳税款	18=(12+13-14-15)×16			
三、本期准予扣除税款合计			19=5+11+18	113 500.00	645 000.00		758 500.00

表 3.3-5：

（1）第 1 列：1 059 770.00 元。

（2）第 3 列：城市维护建设税 74 183.90 元；教育费附加 31 793.10 元；地方教育附加 21 195.40 元。

表 3.3-5 消费税附加税费计算表

金额单位：元（列至角分）

税（费）种	计税（费）依据 消费税税额	税（费）率(%)	本期应纳税（费）额	本期减免税（费）额		本期是否适用增值税小规模纳税人"六税两费"减征政策 □是 ☑否		本期已缴税（费）额	本期应补（退）税（费）额
				减免性质代码	减免税（费）额	减征比例(%)	减征额		
	1	2	3=1×2	4	5	6	7=(3-5)×6	8	9=3-5-7-8
城市维护建设税	1 059 770.00	7%	74 183.90						74 183.90
教育费附加	1 059 770.00	3%	31 793.10						31 793.10
地方教育附加	1 059 770.00	2%	21 195.40						21 195.40
合计	—	—	127 172.40		—		—		127 172.40

任务 3.3-2 啤酒行业纳税申报

北京市喜燕啤酒有限公司为增值税一般纳税人,主要从事啤酒研究、生产、销售等业务,2023 年 1 月发生业务如下:

(1)向经销商销售喜燕冰爽啤酒 27 664 百升,收取不含税销售额 700 万元,收取瓶子不含税押金 138.32 万元。

(2)向经销商销售喜燕纯鲜啤酒 14 820 百升,收取不含税销售额 525 万元,收取瓶子不含税押金 148.2 万元。

(3)领用自产喜燕冰爽啤酒 49.4 百升用于员工福利。

(4)领用自产喜燕纯鲜啤酒 1.976 百升用于市场公关赠送。

(5)销售免税副产品酒糟 4 万元。

要求:根据以上业务填写消费税及附加税费申报表。

任务分析:

(1)根据财政部、国家税务总局《关于调整酒类产品消费税政策的通知》(财税〔2001〕84 号)规定,调整啤酒消费税单位税额:

① 每吨啤酒出厂价格(含包装物及包装物押金)在 3 000 元(含 3 000 元,不含增值税)以上的,单位税额 250 元/吨。

② 每吨啤酒出厂价格在 3 000 元(不含 3 000 元,不含增值税)以下的,单位税额 220 元/吨。

(2)根据财政部、国家税务总局《关于明确啤酒包装物押金消费税政策的通知》(财税〔2006〕20 号)规定,财政部和国家税务总局《关于调整酒类产品消费税政策的通知》(财税〔2001〕84 号)规定啤酒消费税单位税额按照出厂价格(含包装物及包装物押金)划分档次,上述包装物押金不包括供重复使用的塑料周转箱的押金。

(3)根据《中华人民共和国消费税暂行条例实施细则》第十条规定,实行从量定额办法计算应纳税额的应税消费品,计量单位的换算标准如下:

黄酒　　1 吨＝962 升

啤酒　　1 吨＝988 升

汽油　　1 吨＝1 388 升

柴油　　1 吨＝1 176 升

航空煤油　　1 吨＝1 246 升

石脑油　　1 吨＝1 385 升

溶剂油　　1 吨＝1 282 升

润滑油　　1 吨＝1 126 升

燃料油　　1 吨＝1 015 升

(4)根据《中华人民共和国消费税暂行条例》第四条规定,纳税人生产的应税消费品,于纳税人销售时纳税。纳税人自产自用的应税消费品,用于连续生产应税消费品的,不纳税;用于其他方面的,于移送使用时纳税。

委托加工的应税消费品,除受托方为个人外,由受托方在向委托方交货时代收代缴税款。

委托加工的应税消费品,委托方用于连续生产应税消费品的,所纳税款准予按规定抵扣。

进口的应税消费品,于报关进口时纳税。

(5)根据《中华人民共和国消费税暂行条例实施细则》第六条规定,条例第四条第一款所称用于连续生产应税消费品,是指纳税人将自产自用的应税消费品作为直接材料生产最终应税消费品,自产自用应税消费品构成最终应税消费品的实体。

条例第四条第一款所称用于其他方面,是指纳税人将自产自用应税消费品用于生产非应税消费品、在建工程、管理部门、非生产机构、提供劳务、馈赠、赞助、集资、广告、样品、职工福利、奖励等方面。

表3.3-6:

业务(1),喜燕冰爽啤酒销售数量=27 664÷9.88=2 800.00(吨)。喜燕冰爽啤酒销售每吨出厂价=(7 000 000+1 383 200)÷2 800=2 994.00(元/吨)<3 000.00(元/吨),属于乙类啤酒。

业务(2),喜燕纯鲜啤酒销售数量=14 820÷9.88=1 500.00(吨)。喜燕纯鲜啤酒销售每吨出厂价=(5 250 000+1 482 000)÷1 500=4 488.00(元/吨)>3 000.00(元/吨),属于甲类啤酒。

业务(3)(4),将自产啤酒用于员工福利和公关赠送,属于纳税人自产自用的应税消费品用于其他方面,于移送使用时纳税。应按同类啤酒缴纳消费税。

(1)第3行第4列:1 500.20吨。

根据业务(2)(4),啤酒本期销售数量=14 820÷9.88+1.976÷9.88=1 500.20(吨)。

(2)第3行第5列:5 250 700.00元。

根据业务(2)(4),啤酒本期销售额=5 250 000+5 250 000÷1 500×0.2=5 250 700.00(元)。

(3)第4行第4列:2 805.00吨。

根据业务(1)(3),啤酒本期销售数量=27 664÷9.88+49.4÷9.88=2 805.00(吨)。

(4)第4行第5列:7 012 500.00元。

根据业务(1)(3),啤酒本期销售额=7 000 000+7 000 000÷2 800×5=7 012 500.00(元)。

表3.3-6　　　　　　　　　　消费税及附加税费申报表

税款所属期:自2023年01月01日至2023年01月31日

纳税人识别号(统一社会信用代码):91110101735541965C

纳税人名称:北京市喜燕啤酒有限公司　　　　　　　　　金额单位:人民币元(列至角分)

应税消费品名称 \ 项目	适用税率		计量单位	本期销售数量	本期销售额	本期应纳税额
	定额税率	比例税率				
	1	2	3	4	5	6=1×4+2×5
粮食白酒	0.5元/500克(毫升)	20%	500克(毫升)			
薯类白酒	0.5元/500克(毫升)	20%	500克(毫升)			

续表

项目	适用税率		计量单位	本期销售数量	本期销售额	本期应纳税额
应税消费品名称	定额税率	比例税率				
	1	2	3	4	5	6=1×4+2×5
啤酒	250 元/吨		吨	1 500.20	5 250 700.00	375 050.00
啤酒	220 元/吨		吨	2 805.00	7 012 500.00	617 100.00
黄酒	240 元/吨		吨			
其他酒		10%	吨			
合计	—	—	—		—	992 150.00

	栏次	本期税费额
本期减(免)税额	7	
期初留抵税额	8	
本期准予扣除税额	9	
本期应扣除税额	10=8+9	
本期实际扣除税额	11[10<(6-7),则为10,否则为(6-7)]	
期末留抵税额	12=10-11	
本期预缴税额	13	
本期应补(退)税额	14=6-7-11-13	992 150.00
城市维护建设税本期应补(退)税额	15	69 450.50
教育费附加本期应补(退)费额	16	29 764.50
地方教育附加本期应补(退)费额	17	19 843.00

声明:此表是根据国家税收法律法规及相关规定填写的,本人(单位)对填报内容(及附带资料)的真实性、可靠性、完整性负责。

纳税人(签章): 年 月 日

经办人: 经办人身份证号: 代理机构签章: 代理机构统一社会信用代码:	受理人: 受理税务机关(章): 受理日期: 年 月 日

表 3.3-7:

(1)第 1 列:992 150.00 元。

(2)第 3 列:城市维护建设税 69 450.50 元;教育费附加 29 764.50 元;地方教育附加 19 843.00 元。

表 3.3-7 消费税附加税费计算表

金额单位：元(列至角分)

税(费)种	计税(费)依据 消费税税额	税(费)率(%)	本期应纳税(费)额	本期减免税(费)额		本期是否适用增值税小规模纳税人"六税两费"减征政策 □是 ☑否		本期已缴税(费)额	本期应补(退)税(费)额
				减免性质代码	减免税(费)额	减征比例(%)	减征额		
	1	2	3=1×2	4	5	6	7=(3-5)×6	8	9=3-5-7-8
城市维护建设税	992 150.00	7%	69 450.50						69 450.50
教育费附加	992 150.00	3%	29 764.50						29 764.50
地方教育附加	992 150.00	2%	19 843.00						19 843.00
合计	—	—	119 058.00	—	—	—	—		119 058.00

任务 3.3-3 白酒行业纳税申报

北京市喜燕酒厂有限公司为增值税一般纳税人，2023年1月发生业务如下：

（1）销售自产的杏花酱香型粮食白酒2吨给一级贸易公司甲，开具的增值税专用发票注明金额为32万元。销售自产的杏花酱香型粮食白酒300 kg给烟酒专卖店，开具的增值税普通发票注明价税合计金额为6.78万元。

（2）用自产的杏花酱香型粮食白酒500 kg换取200台电饭煲用于春节发放员工福利。

（3）销售2 500箱6×500 mL六福浓香型薯类白酒，开具的增值税普通发票注明价税合计金额为33.9万元，另外收取品牌使用费2万元，包装物押金0.7万元，违约金0.125万元。

（4）委托鸿毛酒厂生产高粱白酒2吨，原材料成本10万元，支付辅材和加工费金额2万元，鸿毛酒厂已代扣代缴消费税。委托收回后将80%用于加工成500箱6×500 mL药酒，通过非独立核算门市部销售，每箱不含税价格500元。将剩余20%用于员工福利。

要求：根据以上业务填写消费税及附加税费申报表。

任务分析：

（1）根据国家税务总局《关于印发〈消费税若干具体问题的规定〉的通知》（国税发〔1993〕156号）规定，纳税人用于换取生产资料和消费资料、投资入股和抵偿债务等方面的应税消费品，应当以纳税人同类应税消费品的最高销售价格作为计税依据计算消费税。

（2）根据《中华人民共和国消费税暂行条例实施细则》第十四条规定，条例第六条所称价外费用，是指价外向购买方收取的手续费、补贴、基金、集资费、返还利润、奖励费、违约金、滞纳金、延期付款利息、赔偿金、代收款项、代垫款项、包装费、包装物租金、储备费、优质费、运输装卸费及其他各种性质的价外收费。但下列项目不包括在内：

① 同时符合以下条件的代垫运输费用：

a. 承运部门的运输费用发票开具给购买方的。

b. 纳税人将该项发票转交给购买方的。

② 同时符合以下条件代为收取的政府性基金或者行政事业性收费：

a. 由国务院或者财政部批准设立的政府性基金，由国务院或者省级人民政府及其财政、价格主管部门批准设立的行政事业性收费。

b. 收取时开具省级以上财政部门印制的财政票据。

c. 所收款项全额上缴财政。

（3）根据财政部、国家税务总局《关于调整酒类产品消费税政策的通知》（财税〔2001〕84号）规定，停止执行外购或委托加工已税酒和酒精生产的酒（包括以外购已税白酒加浆降度，用外购已税的不同品种的白酒勾兑的白酒，用曲香、香精对外购已税白酒进行调香、调味及外购散装白酒装瓶出售等）外购酒及酒精已纳税款或受托方代收代缴税款准予抵扣政策。2001年5月1日以前购进的已税酒及酒精，已纳消费税税款没有抵扣完的一律停止抵扣。

（4）根据财政部、国家税务总局《关于调整消费税政策的通知》（财税〔2014〕93号）规定，取消酒精消费税。取消酒精消费税后，"酒及酒精"品目相应改为"酒"，并继续按现行消费税政策执行。

（5）委托加工的应税消费品在提取货物时已由受托方代收代缴了消费税，委托方将收回的应税消费品以不高于受托方的计税价格出售的，不再缴纳消费税；委托方以高于受托方的计税价格出售的，须按照规定申报缴纳消费税。

表3.3-8：

业务（2），用白酒换取电饭煲，应以纳税人同类应税消费品的最高销售价格作为计税依据计算消费税，即以销售给烟酒专卖店的价格为计税价格。

业务（3），品牌使用费、包装物押金、违约金属于价外费用，应并入销售价格计征消费税。

业务（4），委托加工收回白酒用于生产药酒，委托加工代扣代缴消费税不允许抵扣。委托加工收回白酒用于员工福利，不再缴纳消费税（未以高于计税价格销售）。

（1）第1行第4列：5 600.00斤。

根据业务（1）（2），粮食白酒本期销售数量=2×2 000+300×2+500×2=5 600.00（斤）。

（2）第1行第5列：480 000.00元。

根据业务（1）（2），粮食白酒本期销售额=320 000+67 800÷（1+13%）÷300×（300+500）
=480 000.00（元）。

（3）第2行第4列：15 000.00斤。

根据业务（3），薯类白酒本期销售数量=2 500×6=15 000.00（斤）。

（4）第2行第5列：325 000.00元。

根据业务（3），薯类白酒本期销售额=339 000÷（1+13%）+（20 000+7 000+1 250）÷（1+13%）
=325 000.00（元）。

（5）第6行第4列：1.50吨。

根据业务（4），药酒本期销售数量=500×6÷2 000=1.50（吨）。

（6）第6行第5列：250 000.00元。

根据业务（4），药酒本期销售额=500×500=250 000.00（元）。

表 3.3-8

消费税及附加税费申报表

税款所属期：自 2023 年 01 月 01 日至 2023 年 01 月 31 日

纳税人识别号(统一社会信用代码)：91110101735541965V

纳税人名称：北京市喜燕酒厂有限公司　　　　　　　　金额单位：人民币元(列至角分)

应税消费品名称	适用税率 定额税率	适用税率 比例税率	计量单位	本期销售数量	本期销售额	本期应纳税额
	1	2	3	4	5	6=1×4+2×5
粮食白酒	0.5元/500克(毫升)	20%	500克(毫升)	5 600.00	480 000.00	98 800.00
薯类白酒	0.5元/500克(毫升)	20%	500克(毫升)	15 000.00	325 000.00	72 500.00
啤酒	250元/吨		吨			
啤酒	220元/吨		吨			
黄酒	240元/吨		吨			
其他酒		10%	吨	1.50	250 000.00	25 000.00
合计	—	—	—	—	—	196 300.00

项目	栏次	本期税费额
本期减(免)税额	7	
期初留抵税额	8	
本期准予扣除税额	9	
本期应扣除税额	10=8+9	
本期实际扣除税额	11[10<(6-7)，则为10，否则为(6-7)]	
期末留抵税额	12=10-11	
本期预缴税额	13	
本期应补(退)税额	14=6-7-11-13	196 300.00
城市维护建设税本期应补(退)税额	15	13 741.00
教育费附加本期应补(退)费额	16	5 889.00
地方教育附加本期应补(退)费额	17	3 926.00

　　声明：此表是根据国家税收法律法规及相关规定填写的，本人(单位)对填报内容(及附带资料)的真实性、可靠性、完整性负责。

　　　　　　　　　　　　　　　　　　　　　　　　纳税人(签章)：　　　年　月　日

经办人： 经办人身份证号： 代理机构签章： 代理机构统一社会信用代码：	受理人： 受理税务机关(章)： 受理日期：　　年　月　日

表 3.3-9：

（1）第 1 列：196 300.00 元。

（2）第 3 列：城市维护建设税 13 741.00 元；教育费附加 5 889.00 元；地方教育附加 3 926.00 元。

表 3.3-9　　　　　　　　　消费税附加税费计算表

金额单位：元（列至角分）

税（费）种	计税（费）依据 消费税税额	税（费）率（%）	本期应纳税（费）额	本期减免税（费）额		本期是否适用增值税小规模纳税人"六税两费"减征政策 □是 ☑否		本期已缴税（费）额	本期应补（退）税（费）额
				减免性质代码	减免税（费）额	减征比例（%）	减征额		
	1	2	3=1×2	4	5	6	7=(3-5)×6	8	9=3-5-7-8
城市维护建设税	196 300.00	7%	13 741.00						13 741.00
教育费附加	196 300.00	3%	5 889.00						5 889.00
地方教育附加	196 300.00	2%	3 926.00						3 926.00
合计	—	—	23 556.00		—		—		23 556.00

税惠为民

保护生态环境，建设美丽中国

税收在国家治理中发挥着基础性、支柱性、保障性作用，在生态文明建设中扮演着重要角色。党的十八届三中全会将消费税改革作为税收制度改革的重要部分，提出要扩大消费税的征收范围，强化消费税的环境保护和调节收入分配功能。

消费税对鞭炮、焰火、实木地板、木制一次性筷子、电池等对人类健康、生态环境等造成危害的消费品征税，引导居民健康消费、保护环境，体现习近平总书记"绿水青山就是金山银山"的生态文明思想。对奢侈消费品征税，可以起到"抽肥补瘦"的作用。这种"抽肥补瘦"功能体现了税收的公平原则，引导居民合理消费，抑制超前消费、过度消费。

财政部有关负责人表示，在现行税制中，与生态环保密切相关的主要包括资源税、消费税、增值税、所得税、车辆购置税和车船税等，政策设计既注重对生态保护、创新发展的激励，又强化对破坏生态、粗放发展的约束，还积极推进减税降费，释放政策红利，为地方高质量发展注入强劲动力。

在支持绿色低碳发展的税收政策方面，一是对成品油征收消费税，调节交通运输领域的能源消耗。我国 2009 年实施了成品油税费改革，此后多次提高成品油单位税额。二是差别设置消费税税率，引导绿色低碳出行。根据"大排量多负税、小排量少负税"的原则，设置乘用车和摩托车消费税适用税率。

财政部和税务部门将持续推动完善绿色税收体系建设，充分发挥税收职能作用，积极助力打好蓝天、碧水、净土保卫战,护航美丽中国建设。

职业能力测评表

（★掌握,○基本掌握,□未掌握）

评价指标	自测结果
1. 理解消费税的纳税人及纳税环节	★　○　□
2. 了解消费税的相关税收优惠	★　○　□
3. 掌握消费税的税目及税率	★　○　□
4. 能够准确计算消费税的应纳税额	★　○　□
5. 能够按照规定准确填列消费税及附加税费申报表	★　○　□
6. 养成依法纳税意识、绿色消费观念	★　○　□
教师评语:	

项目四

企业所得税的计算与申报

 项目描述

　　企业所得税是以企业取得的生产经营所得和其他所得为征税对象所征收的一种税,是规范和处理国家与企业分配关系的重要形式。在我国现行税制中,企业所得税是仅次于增值税的第二大税种,在企业纳税活动中占有重要地位,具有很大的纳税筹划空间。企业所得税实行按年计征、分期预缴的征收管理办法,可以通过利润所得反映企业的经营业绩,同时有利于税收的征管。本项目首先引导学生对企业所得税进行认知,进而对企业所得税的计算及申报进行详细阐释。通过本项目的学习,学生可以更加深入地理解企业对其生产经营所得进行报税的原理、企业所得税的计算及申报,从而提高自身实践能力。

 学习目标

- **知识目标**
1. 了解企业所得税的纳税人、征税范围及适用税率
2. 了解企业所得税的税收优惠政策
3. 了解企业所得税纳税申报流程和税款缴纳的基本知识
- **能力目标**
1. 通过对企业所得税应纳税所得额计算的学习,熟悉企业所得税应纳税所得额的扣除项目及标准
2. 通过对企业所得税应纳税额计算的学习,能够正确计算企业所得税并填报纳税申报表
3. 通过对企业所得税纳税申报流程的学习,能够正确进行企业所得税的季度预缴、年终汇算清缴
- **素质目标**
1. 培养爱国主义精神,提高民族自豪感
2. 培养诚实守信的品质,强化自觉纳税、依法纳税的意识
3. 树立终身学习的职业发展理念

任务一 企业所得税认知

天津喜燕贸易有限公司 2022 年度实际发生职工薪酬 1 530 万元,经核定为合理的薪酬支出,全年提取职工福利费 214.2 万元,实际支出 234 万元;提取工会经费 30.6 万元,实际拨缴 30 万元;提取职工教育经费 38.25 万元,实际开支 40.8 万元。

1. 计算企业发生的职工福利费、工会经费、职工教育经费的准予扣除金额。
2. 企业在年终汇算清缴时应如何调整应纳税所得额?

知识储备

企业所得税是指对中华人民共和国境内的企业和其他取得收入的组织就其来源于中国境内外的生产经营所得和其他所得所征收的一种税。企业所得税有两种征收方式:一是查账征收(A 类);二是核定征收(B 类)。

一、企业所得税的纳税义务人

(一) 概念

企业所得税的纳税义务人包括各类企业、事业单位、社会团体、民办非企业单位和从事经营活动的其他组织。但依照中国法律、行政法规成立的个人独资企业、合伙企业,不适用《中华人民共和国企业所得税法》,不属于企业所得税纳税义务人。

(二) 分类

(1) 企业所得税纳税义务人按居住地可分为居民企业和非居民企业,具体分类见表 4.1-1。

表 4.1-1		企业所得税纳税义务人分类	
类型		划分标准	纳税义务
按居住地分类	居民企业	指依照中国法律在中国境内成立或者实际管理机构在中国境内的企业	全面纳税义务 来源于中国境内、境外的全部所得
	非居民企业	指依照外国（地区）法律成立且实际管理机构不在中国境内的企业 （1）在中国境内设立机构、场所 （2）在中国境内未设立机构、场所，但有来源于中国境内所得 满足（1）或（2）条件均可属于非居民企业	有限纳税义务 符合条件（1）：来源于中国境内的所得；发生在中国境外但与其所设机构、场所有实际联系的所得 符合条件（2）：来源于中国境内的所得

（2）企业所得税纳税义务人按征收方式可分为查账征收（A类）和核定征收（B类）。
① 查账征收（A类）：按月（季）预缴，年终汇算清缴。
② 核定征收（B类）：核定应纳所得税额；核定应税所得率。

（三）所得来源地的确定（表4.1-2）

表 4.1-2		所得来源地的确定
所得类型		来源地的确定
销售货物所得		交易活动发生地
提供劳务所得		劳务发生地
转让财产所得	不动产转让所得	不动产所在地
	动产转让所得	转让动产的企业或者机构、场所所在地
	权益性投资资产转让所得	被投资企业所在地
股息、红利等权益性投资所得		分配所得的企业所在地
利息所得		负担、支付所得的企业或者机构、场所所在地，或者负担、支付所得的个人的住所地
租金所得		
特许权使用费所得		

二、企业所得税的税率（表4.1-3）

表 4.1-3		企业所得税税率表
税率		适用对象
法定税率	25%	（1）居民企业 （2）在中国境内设立机构、场所且取得的所得与其所设立的机构、场所有实际联系的非居民企业
	20%	在中国境内未设立机构、场所的；或者虽设立机构、场所，但取得的所得与其所设机构、场所没有实际联系的非居民企业

续表

税率		适用对象
优惠税率	10%	(1) 在中国境内未设立机构、场所的非居民企业,取得来源于中国境内的所得 (2) 在中国境内设立了机构、场所的非居民企业,从中国境内取得与该机构、场所没有实际联系的所得
	15%	(1) 国家需要重点扶持的高新技术企业 (2) 经认定的技术先进型服务企业(服务贸易类) (3) 设在横琴新区、平潭综合实验区和前海深港现代服务业合作区的鼓励类产品企业 (4) 西部地区鼓励类产业企业 (5) 集成电路线宽小于0.25微米或投资额超过80亿元的集成电路生产企业 (6) 从事污染防治的第三方企业
	20%	小型微利企业 【提示】小型微利企业是指从事国家非限制和禁止行业,且同时符合年度应纳税所得额不超过300万元、从业人数不超过300人、资产总额不超过5 000万元等三个条件的企业

三、应纳税所得额

应纳税所得额=收入总额-不征税收入-免税收入-准予扣除项目金额-允许弥补的以前年度亏损

(一) 收入总额

1. 概念

(1) 企业以货币形式和非货币形式从各种来源取得的收入,为收入总额。

(2) 企业取得收入的货币形式,包括现金、银行存款、应收账款、应收票据、准备持有至到期的债券投资及债务的豁免等。

(3) 企业以非货币形式取得的收入,应当按照公允价值确定收入额。

2. 销售货物收入

(1) 收入时间的确定:

① 采用托收承付方式的,在办妥托收手续时确认收入。

② 采用预收款方式的,在发出商品时确认收入。

③ 销售商品需要安装和检验的,在购买方接受商品及安装和检验完毕时确认收入;如果安装程序比较简单,可在发出商品时确认收入。

④ 采用支付手续费方式委托代销的,在收到代销清单时确认收入。

⑤ 采用分期收款方式的,按照合同约定的收款日期确认收入。

⑥ 采取产品分成方式取得收入的,按照企业分得产品的日期确认收入的实现,其收入额按照产品的公允价值确定。

(2) 收入金额的确定:

① 考虑销售货物收入,同时将视同销售收入一并计入。

② 售后回购:销售的商品按售价确认收入,回购的商品作为购进商品处理。

③ 以旧换新:销售的商品应当按照销售商品收入确认条件确认收入,回收的商品作为

购进商品处理。

④ 商业折扣：按照扣除商业折扣后的金额（不含增值税）确定销售商品收入金额。

⑤ 现金折扣：按照扣除现金折扣前的金额（不含增值税）确定销售商品收入金额，现金折扣在实际发生时作为财务费用扣除。

⑥ 销售折让、销售退回：在"发生当期"冲减当期销售商品收入。

⑦ 买一赠一：企业以"买一赠一"等方式组合销售本企业商品的，不属于捐赠，应将总的销售金额按各项商品的公允价值的比例来分摊确认各项商品的销售收入。

3. 提供劳务收入

收入时间的确定：

① 一般规定：在各个纳税期末采用完工进度（完工百分比）法确认收入；企业受托加工制造大型机械设备、船舶、飞机，以及从事建筑、安装、装配工程业务或者提供其他劳务等，持续时间超过12个月的，按照纳税年度内完工进度或者完成的工作量确认收入。

② 安装费：根据安装完工进度确认收入。对商品销售附带安装的，安装费应在商品销售实现时确认收入。

③ 宣传媒介的收费：在相关的广告或商业行为出现于公众面前时确认收入。

④ 广告制作费：根据制作广告的完工进度确认收入。

⑤ 为特定客户开发软件的收费：根据开发的完工进度确认收入。

⑥ 包含在商品售价内可区分的服务费：在提供服务的期间分期确认收入。

⑦ 艺术表演、招待宴会和其他特殊活动的收费：相关活动发生时确认收入；收费涉及几项活动的，预收的款项应合理分配给每项活动，分别确认收入。

⑧ 会员费：对只取得会籍而不享受连续服务的，在取得会费时确认收入；一次取得会费而须提供连续服务的，其会费应在整个受益期内分期确认收入。

⑨ 特许权费：属于提供设备和其他有形资产的特许权费，在交付资产或转移资产所有权时确认收入；属于提供初始及后续服务的特许权费，在提供服务时确认收入。

⑩ 长期为客户提供重复的劳务收取的劳务费：在相关劳务活动发生时确认收入。

4. 其他收入

（1）收入时间的确定：

① 转让股权收入：转让协议生效且完成股权变更手续时确认收入。

② 股息、红利等权益性投资收益：按照被投资方做出利润分配决定的日期确认收入，除国务院财政、税务主管部门另有规定外。

③ 利息收入：按照合同约定的债务人应付利息的日期确认收入。

④ 租金收入：按照合同约定的承租人应付租金的日期确认收入；如果交易合同或协议中规定的租赁期限跨年度，且租金提前一次性支付的，出租人可对上述已确认的收入，在租赁期内，分期均匀计入相关年度收入。

⑤ 特许权使用费收入：按照合同约定的特许权使用人应付特许权使用费的日期确认收入。

⑥ 接受捐赠收入：按照实际收到捐赠资产的日期确认收入。

⑦ 企业发生债务重组：在债务重组合同或协议生效时确认收入。

(2) 收入金额的确定：

① 股权转让收入：转让股权收入扣除为取得该股权所发生的成本后，为股权转让所得。企业在计算股权转让所得时，不得扣除被投资企业未分配利润等股东留存收益汇总按该项股权所可能分配的金额。

② 股息、红利等权益性投资收益：被投资企业将股权（票）溢价所形成的资本公积转为股本的，不作为投资方企业的股息、红利收入，投资方企业也不得增加该项长期投资的计税基础。

（二）不征税收入

1. 概念

不征税收入是不应列入征税范围的收入。企业的不征税收入对应的费用、折旧、摊销一般不得在计算应纳税所得额时扣除。

2. 内容

(1) 财政拨款。

(2) 依法收取并纳入财政管理的行政事业性收费、政府性基金。

(3) 企业取得的由国务院财政、税务主管部门规定专项用途并经国务院批准的财政性资金。

（三）免税收入

1. 概念

免税收入是应列入征税范围的收入，只是国家出于特殊考虑给予税收优惠，在一定时期可能恢复征税。免税收入对应的费用、折旧、摊销一般可以在税前扣除。

2. 内容

(1) 国债利息收入。

(2) 符合条件的居民企业之间的股息、红利等权益性投资收益。

(3) 在中国境内设立机构、场所的非居民企业从居民企业取得与该机构、场所有实际联系的股息、红利等权益性投资收益。

(4) 符合条件的非营利组织取得的特定收入免税，但不包括非营利组织从事营利性活动取得的收入，国务院财政、税务主管部门另有规定的除外。

（四）准予扣除项目

1. 概念

企业实际发生的与取得收入有关的、合理的支出，包括成本、费用、税金、损失和其他支出，准予在计算应纳税所得额时扣除。

2. 内容

(1) 税金项目(表4.1-4)。

表4.1-4　税金扣除项目表

情形		税种
不得扣除		(1) 增值税(不得抵扣计入成本等的除外) (2) 企业所得税
可以扣除	计入税金及附加在当期扣除	消费税、资源税、土地增值税(房地产开发企业)、出口关税、城市维护建设税及教育费附加、房产税、车船税、城镇土地使用税、印花税
	发生当期计入相关资产成本,在以后各期分摊扣除	车辆购置税、契税、进口关税、耕地占用税、不得抵扣的增值税

(2) 与员工薪酬有关的项目(表4.1-5)。

表4.1-5　员工薪酬有关扣除项目表

项目	内容
工资薪金	工资薪金是指企业每一纳税年度支付给在本企业任职或者受雇员工的所有现金形式或者非现金形式的劳动报酬,包括基本工资、奖金、津贴、补贴、年终加薪、加班工资,以及与员工任职或者受雇有关的其他支出。企业发生的合理的工资薪金支出,准予扣除;企业发生的合理的劳动保护支出,准予扣除
三项经费	(1) 企业发生的职工福利费支出,不超过工资薪金总额14%的部分,准予扣除 (2) 企业拨缴的工会经费,不超过工资薪金总额2%的部分,准予扣除 (3) 企业发生的职工教育经费支出,不超过工资薪金总额8%的部分,准予在计算企业所得税应纳税所得额时扣除;超过部分,准予在以后纳税年度结转扣除
财产保险	企业参加财产保险,按照有关规定缴纳的保险费,准予在企业所得税税前扣除
基本社会保险	企业依照国务院有关主管部门或者省级人民政府规定的范围和标准为职工缴纳的基本养老保险费、基本医疗保险费、失业保险费、工伤保险费、生育保险费等基本社会保险费和住房公积金,准予在企业所得税税前扣除
补充社会保险	企业根据国家有关政策规定,为在本企业任职或者受雇的全体员工支付的补充养老保险费、补充医疗保险费,分别在不超过职工工资总额5%标准内的部分,在计算应纳税所得额时准予扣除;超过部分,不得扣除
商业人身保险	企业职工因公出差乘坐交通工具发生的人身意外保险费支出,准予扣除
	除企业按照国家规定为特殊工种职工支付的人身安全保险费和国务院财政、税务主管部门规定可以扣除的其他商业保险费外,企业为投资者或者职工支付的商业保险费,不得扣除

(3) 与企业生产经营直接相关的扣除项目(表 4.1-6)。

表 4.1-6　　　　　　　　　企业生产经营直接相关扣除项目表

项目	内容
业务招待费	企业发生的与生产经营活动有关的业务招待费支出,按照发生额的60%扣除,但最高不得超过当年销售(营业)收入的5‰
广告费和业务宣传费	企业发生的符合条件的广告费和业务宣传费支出,除国务院财政、税务主管部门另有规定外,不超过当年销售(营业)收入15%的部分,准予扣除;超过部分,准予在以后纳税年度结转扣除 化妆品制造或销售、医药制造和饮料制造(不含酒类制造)企业发生的广告费和业务宣传费支出,不超过当年销售(营业)收入30%的部分,准予扣除;超过部分,准予在以后纳税年度结转扣除 烟草企业的烟草广告费和业务宣传费支出,一律不得在计算应纳税所得额时扣除
公益性捐赠	公益性捐赠是指企业通过公益性社会组织(依法取得公益性捐赠税前扣除资格)或者县级(含县级)以上人民政府及其部门和直属机构,用于符合法律规定的慈善活动、公益事业的捐赠 企业发生的公益性捐赠支出,在年度利润总额12%以内的部分,准予在计算应纳税所得额时扣除;超过年度利润总额12%的部分,准予结转以后3年内在计算应纳税所得额时扣除
利息费用	(1) 非金融企业向金融企业借款的利息支出、金融企业的各项存款利息支出和同业拆借利息支出、企业经批准发行债券的利息支出,准予扣除 (2) 非金融企业向非金融企业借款的利息支出,不超过按照金融企业同期同类贷款利率计算的数额的部分,准予扣除;超过部分,不得扣除
借款费用	(1) 企业在生产经营活动中发生的合理的不需要资本化的借款费用,准予扣除 (2) 需要资本化的借款费用,应当计入资产成本,不得单独作为财务费用扣除
损失	(1) 企业发生的损失,减除责任人赔偿和保险赔款后的余额,依照国务院财政、税务主管部门的规定扣除 (2) 企业已经作为损失处理的资产,在以后纳税年度又全部收回或者部分收回时,应当计入当期收入 (3) 企业发生资产损失,应在按税法规定实际确认或者实际发生的当年申报扣除,不得提前或延后扣除
环境保护专项资金	企业依照有关规定提取的用于环境保护、生态恢复等方面的专项资金,准予扣除;上述专项资金提取后改变用途的,不得扣除
租赁费	(1) 以经营租赁方式租入固定资产发生的租赁费支出,按照租赁期限均匀扣除 (2) 以融资租赁方式租入固定资产发生的租赁费支出,按照规定构成融资租入固定资产价值的部分应当提取折旧费用,分期扣除
金融企业涉农贷款和中小企业贷款损失的扣除(2015年新增)	(1) 金融企业对其涉农贷款和中小企业贷款进行风险分类后,按照以下比例计提的贷款损失准备金,准予在计算应纳税所得额时扣除: 关注类贷款,计提比例为2% 次级类贷款,计提比例为25% 可疑类贷款,计提比例为50% 损失类贷款,计提比例为100% (2) 金融企业发生的符合条件的涉农贷款和中小企业贷款损失,应先冲减已在税前扣除的贷款损失准备金,不足冲减部分可据实在计算应纳税所得额时扣除

续表

项目	内容
存款保险保费	银行业金融机构按照不超过 0.16‰ 的存款保险费率,计算交纳的存款保险保费,准予在企业所得税税前扣除。准予在企业所得税税前扣除的存款保险保费,不包括存款保险保费滞纳金
手续费和佣金支出	企业发生与生产经营有关的手续费及佣金支出,不超过规定计算限额以内的部分,准予扣除;超过部分,不得扣除

(五) 允许弥补的以前年度亏损

1. 概念

亏损是指企业财务报表中的亏损额经主管税务机关按税法规定核实调整后的金额。

2. 内容

企业某一纳税年度发生的亏损,可以用下一年度的所得弥补,下一年度的所得不足以弥补的,可以逐年延续弥补,但最长不得超过 5 年。企业 5 年内不论是盈利或亏损,都作为实际弥补期限计算,企业的亏损弥补期限是自亏损年度报告的下一个年度起连续 5 年不间断地计算。

3. 特殊情况(2018 年新增)

自 2018 年 1 月 1 日起,当年具备高新技术企业或科技型中小企业资格的企业,其具备资格年度之前 5 个年度发生的尚未弥补完的亏损,准予结转以后年度弥补,最长结转年限由 5 年延长至 10 年。

四、资产的企业所得税处理

(一) 固定资产和生产性生物资产

1. 固定资产——以折旧方式扣除

(1) 不得计算折旧扣除的固定资产:

① 房屋、建筑物以外未投入使用的固定资产。

② 以经营租赁方式租入的固定资产。

③ 以融资租赁方式租出的固定资产。

④ 已足额提取折旧仍继续使用的固定资产。

⑤ 与经营活动无关的固定资产。

⑥ 单独估价作为固定资产入账的土地。

⑦ 其他不得计算折旧扣除的固定资产。

(2) 计税基础:

① 外购的固定资产:购买价款+支付的相关税费+直接归属使该资产达到预定用途发生的其他支出。

② 自行建造的固定资产:竣工结算前发生的支出。

③ 融资租入的固定资产:

a. 租赁合同约定付款总额：租赁合同约定的付款总额+承租人在签订租赁合同过程中发生的相关费用。

b. 租赁合同未约定付款总额：该资产的公允价值+承租人在签订租赁合同过程中发生的相关费用。

④ 盘盈的固定资产：同类固定资产的重置完全价值。

⑤ 通过捐赠、投资、非货币性资产交换、债务重组等方式取得的固定资产：该资产的公允价值+支付的相关税费。

⑥ 改建的固定资产：除法定的支出外，以改建过程中发生的改建支出增加计税基础。

(3) 折旧计提方式——直线法。

(4) 最低折旧年限：

① 房屋、建筑物：20年。

② 飞机、火车、轮船、机器、机械和其他生产设备：10年。

③ 与生产经营活动有关的器具、工具、家具等：5年。

④ 飞机、火车、轮船以外的运输工具：4年。

⑤ 电子设备：3年。

(5) 固定资产加速折旧或一次性扣除。

① 企业在2018年1月1日至2023年12月31日期间新购进的设备、器具，单位价值不超过500万元的，允许一次性计入当期成本费用在计算应纳税所得额时扣除，不再分年度计算折旧。

② 生物药品制造业，专用设备制造业，铁路、船舶、航空航天和其他运输设备制造业，计算机、通信和其他电子设备制造业，仪器仪表制造业，信息传输、软件和信息技术服务业等六个行业的企业2014年1月1日后新购进的固定资产，可缩短折旧年限或采取加速折旧的方法。

③ 缩短折旧年限的，最低折旧年限不得低于《中华人民共和国企业所得税法实施条例》第六十条规定折旧年限的60%；采取加速折旧方法的，可采取双倍余额递减法或者年数总和法。

(6) 中小微企业购置设备、器具按一定比例一次性税前扣除。

中小微企业在2022年1月1日至2022年12月31日期间新购置的设备、器具，单位价值在500万元以上的，按照单位价值的一定比例自愿选择在企业所得税税前扣除。其中，《中华人民共和国企业所得税法实施条例》规定最低折旧年限为3年的设备、器具，单位价值100%可在当年一次性税前扣除；最低折旧年限为4年、5年、10年的，单位价值的50%可在当年一次性税前扣除，其余50%按规定在剩余年度计算折旧进行税前扣除。

2. 生产性生物资产——以折旧方式扣除

(1) 计税基础：

① 外购的生产性生物资产：购买价款+支付的相关税费。

② 通过捐赠、投资、非货币性资产交换、债务重组等方式取得的生产性生物资产：该资产的公允价值+支付的相关税费。

(2) 最低折旧年限：

① 林木类生产性生物资产：10年。

② 畜类生产性生物资产：3年。

（二）无形资产

无形资产——以摊销方式扣除

（1）不得计算摊销费用扣除的无形资产：
① 自行开发的支出已在计算应纳税所得额时扣除的无形资产。
② 自创商誉。
③ 与经营活动无关的无形资产。
④ 其他不得计算摊销费用扣除的无形资产。

（2）计税基础：
① 外购的无形资产：购买价款+支付的相关税费+直接归属使该资产达到预定用途发生的其他支出。
② 自行开发的无形资产：开发过程中该资产符合资本化条件后至达到预定用途前发生的支出。
③ 通过捐赠、投资、非货币性资产交换、债务重组等方式取得的无形资产：该资产的公允价值+支付的相关税费。

（3）摊销年限：无形资产的摊销年限不得低于10年。

（三）长期待摊费用

（1）已足额提取折旧的固定资产的改建支出，按照固定资产预计尚可使用年限分期摊销。
（2）租入固定资产的改建支出，按照合同约定的剩余租赁期限分期摊销。
（3）固定资产的大修理支出，按照固定资产尚可使用年限分期摊销。
（4）其他应当作为长期待摊费用的支出，自支出发生月份的次月起，分期摊销，摊销年限不得低于3年。

（四）投资资产

（1）企业对外投资期间，投资资产的成本在计算应纳税所得额时不得扣除。
（2）企业在转让或者处置投资资产时，投资资产的成本准予扣除。

（五）存货

（1）企业使用或者销售存货，按照规定计算的存货成本准予在计算应纳税所得额时扣除。
（2）企业使用或者销售的存货的成本计算方法，可以在先进先出法、加权平均法、个别计价法中选用一种。计价方法一经选用，不得随意变更。

五、企业所得税的税收优惠

（一）减免税所得

1. 农、林、牧、渔业减、免税所得

企业从事下列项目的所得，免征企业所得税：

① 蔬菜、谷物、薯类、油料、豆类、棉花、麻类、糖料、水果、坚果的种植。
② 农作物新品种的选育。
③ 中药材的种植。
④ 林木的培育和种植。
⑤ 牲畜、家禽的饲养。
⑥ 林产品的采集。
⑦ 灌溉、农产品初加工、兽医、农技推广、农机作业和维修等农、林、牧、渔服务业项目。
⑧ 远洋捕捞。

2. 居民企业技术转让所得

居民企业技术转让所得不超过 500 万元的部分,免征企业所得税。

3. 国家鼓励的软件企业

自 2020 年 1 月 1 日起,国家鼓励的软件企业,自获利年度起,第 1 年至第 2 年免征企业所得税,第 3 年至第 5 年按照 25% 的法定税率减半征收企业所得税。

4. 国家鼓励的重点软件企业

自 2020 年 1 月 1 日起,国家鼓励的重点软件企业,自获利年度起,第 1 年至第 5 年免征企业所得税,接续年度减按 10% 的税率征收企业所得税。

(二) 减半征收

企业从事下列项目的所得,减半征收企业所得税:
① 花卉、茶及其他饮料作物和香料作物的种植。
② 海水养殖、内陆养殖。
③ 居民企业技术转让所得超过 500 万元的部分。

(三) 三免三减半

(1) 企业从事国家重点扶持的公共基础设施项目的投资经营所得,从项目取得第 1 笔生产经营收入所属纳税年度起,第 1 年至第 3 年免征企业所得税,第 4 年至第 6 年减半征收企业所得税。但是,企业承包经营、承包建设和内部自建自用上述项目的,不得享受上述企业所得税优惠。

(2) 企业从事符合条件的环境保护、节能节水项目的所得,从项目取得第 1 笔生产经营收入所属纳税年度起,第 1 年至第 3 年免征企业所得税,第 4 年至第 6 年减半征收企业所得税。

(四) 两免三减半

依法成立且符合条件的集成电路设计企业和软件企业,在 2018 年 12 月 31 日起自获利年度起计算优惠期,第 1 年至第 2 年免征企业所得税,第 3 年至第 5 年按照 25% 的法定税率减半征收企业所得税,并享受至期满为止。

(五) 加计扣除

1. 研发费用

企业开展研发活动中实际发生的研发费用,未形成无形资产计入当期损益的,在按规定据实扣除的基础上,在2018年1月1日至2020年12月31日期间,再按照实际发生额的75%在税前加计扣除;形成无形资产的,在上述期间按照无形资产成本的175%在税前摊销。

2. 安置残疾人员所支付的工资

企业安置残疾人员的,在按照支付给残疾职工工资据实扣除的基础上,按照支付给残疾职工工资的100%加计扣除。

3. 制造业企业研发费用

制造业企业开展研发活动中实际发生的研发费用,未形成无形资产计入当期损益的,在按规定据实扣除的基础上,自2021年1月1日起,再按照实际发生额的100%在税前加计扣除;形成无形资产的,自2021年1月1日起,按照无形资产成本的200%在税前摊销。

4. 科技型中小企业研发费用

科技型中小企业开展研发活动中实际发生的研发费用,未形成无形资产计入当期损益的,在按规定据实扣除的基础上,自2022年1月1日起,再按照实际发生额的100%在税前加计扣除;形成无形资产的,自2022年1月1日起,按照无形资产成本的200%在税前摊销。

(六) 减计收入

企业以《资源综合利用企业所得税优惠目录》规定的资源作为主要原材料,生产国家非限制和禁止并符合国家和行业相关标准的产品取得的收入,减按90%计入收入总额。

(七) 抵免应纳税额

企业购置并实际使用规定的环境保护、节能节水、安全生产等专用设备的,该专用设备投资额的10%可以从企业当年的应纳税额中抵免;当年不足抵免的,可以在以后5个纳税年度结转抵免。

(八) 抵扣应纳税所得额

(1) 创业投资企业采取股权投资方式投资于未上市的中小高新技术企业2年以上,符合相关条件的,可以按照其投资额的70%,在股权持有满2年的当年抵扣该创业投资企业的应纳税所得额;当年不足抵扣的,可以在以后纳税年度结转抵扣。

(2) 公司制创业投资企业采取股权投资方式直接投资于种子期、初创期科技型企业满2年的,可以按照投资额的70%在股权持有满2年的当年抵扣该公司制创业投资企业的应纳税所得额;当年不足抵扣的,可以在以后纳税年度结转抵扣。(2018年新增)

(3) 有限合伙制创业投资企业采取股权投资方式投资于未上市的中小高新技术企业满2年的,其法人合伙人可按照对未上市中小高新技术企业投资额的70%抵扣该法人合伙人从该有限合伙制创业投资企业分得的应纳税所得额;当年不足抵扣的,可以在以后纳税年度结转抵扣。

(4) 有限合伙制创业投资企业采取股权投资方式直接投资于初创科技型企业满2年的,其法人合伙人可以按照对初创科技型企业投资额的70%抵扣法人合伙人从合伙创投企业分得的所得;当年不足抵扣的,可以在以后纳税年度结转抵扣。(2018年新增)

(5) 天使投资个人采取股权投资方式直接投资于初创科技型企业满2年的,可以按照投资额的70%抵扣转让该初创科技型企业股权取得的应纳税所得额;当期不足抵扣的,可以在以后取得转让该初创科技型企业股权的应纳税所得额时结转抵扣。

（九） 专项政策税收优惠

1. 鼓励软件产业发展

符合条件的软件生产企业按规定实行增值税即征即退政策所退还的税款，由企业专款用于软件产品的研发和扩大再生产并单独进行核算，可以作为不征税收入，在计算应纳税所得额时从收入总额中扣除。

2. 鼓励证券投资基金发展

对证券投资基金从证券市场中取得的收入，包括买卖股票、债券的差价收入，股权的股息、红利收入，债券的利息收入及其他收入，暂不征收企业所得税。

3. 鼓励境外机构投资境内债券市场（2018年新增）

自2018年11月7日起至2021年11月6日止，对境外机构投资境内债券市场取得的债券利息收入暂免征收企业所得税和增值税。上述暂免征收企业所得税的范围不包括境外机构在境内设立的机构、场所取得的与该机构、场所有实际联系的债券利息。

4. 支持小型微利企业发展

对小型微利企业年应纳税所得额不超过100万元的部分，自2023年1月1日至2024年12月31日，减按25%计入应纳税所得额，按20%的税率缴纳企业所得税。

对小型微利企业年应纳税所得额超过100万元但不超过300万元的部分，自2022年1月1日至2024年12月31日，减按25%计入应纳税所得额，按20%的税率缴纳企业所得税。

六、企业所得税征收范围

（1）查账征收（A类）的企业所得税实行按月（季）预缴、年终汇算清缴的办法。

（2）核定征收（B类）的企业所得税征收范围：

① 依照法律、行政法规的规定可以不设置账簿的。

② 依照法律、行政法规的规定应当设置但未设置账簿的。

③ 擅自销毁账簿或者拒不提供纳税资料的。

④ 虽设置账簿，但账目混乱或者成本资料、收入凭证、费用凭证残缺不全，难以查账的。

⑤ 发生纳税义务，未按照规定的期限办理纳税申报，经税务机关责令限期申报，逾期仍不申报的。

⑥ 申报的计税依据明显偏低，又无正当理由的。

任务 4.1-1　问题见本任务的任务描述

任务分析：

1. 天津喜燕贸易有限公司全年实际发生职工薪酬1 530万元，按14%计提职工福利费

214.2万元,实际支出234万元,应该按不超过14%的标准扣除,超过部分19.8万元应调增应纳税所得额;按2%计提工会经费30.6万元,工会经费按实际拨缴数30万元扣除;按8%计提职工教育经费122.4万元,职工教育经费按实际开支数40.8万元扣除。

2. 天津喜燕贸易有限公司在年终汇算清缴时应调增应纳税所得额19.8万元。

任务二 企业所得税的计算

案例导入

北京喜燕啤酒有限公司为增值税一般纳税人,执行《企业会计准则》,2022年发生业务如下:与承租人A公司签订2年房屋租赁合同,租期是2021年7月1日到2023年6月30日,年租金60万元,合同约定2年租金提前在合同签订日一次性支付。根据税法规定,企业选择在合同签订日一次性确认收入。

任务描述

1. 企业签订房屋租赁合同时确认的一次性收入应如何进行企业所得税纳税调整?
2. 根据以上业务,填写A105020、A105000申报表。

知识储备

一、查账征收企业(A类)应纳所得税额的计算

(一) 年内按月(季)预缴所得税额的计算

1. 利润总额

利润总额=营业收入-营业成本-税金及附加-销售费用-管理费用-财务费用-资产减值损失+公允价值变动收益(-公允价值变动损失)+投资收益(-投资损失)+营业外收入-营业外支出

2. 应纳所得税额

$$应纳所得税额=利润总额\times 税率(25\%)$$

3. 减免所得税额

减免所得税额是指纳税人当期实际享受的减免所得税额,包括享受减免税优惠过渡期的税收优惠、小型微利企业的税率优惠、高新技术企业的税率优惠,以及经税务机关审批或备案的其他减免税优惠。

$$减免所得税额=利润累计数\times(25\%-优惠税率)$$

其中: 小型微利企业的减征税额=应纳税所得额×(25%-20%)

高新技术企业的减征税额=应纳税所得额×(25%-15%)

4. 实际已预缴所得税额

实际已预缴所得税额=年初至上月(季)累计预缴所得税额

5. 应补(退)所得税额

应补(退)所得税额=实现利润累计数×税率-减免所得税额-已累计预缴所得税额

6. 本月(季)应纳税所得额

本月(季)应纳税所得额=上一纳税年度应纳税所得额÷12(或4)

7. 本月(季)应纳所得税额

本月(季)应纳所得税额=本月(季)应纳税所得额×税率

(二) 应纳所得税额的年终汇算

企业所得税在按月(季)预缴的基础上,实行年终汇算清缴、多退少补的办法。

1. 本年度应补(退)所得税额的计算

(1) 本年度应纳税所得额。

本年度应纳税所得额=利润总额+纳税调整增加额-纳税调整减少额-税前弥补以前年度亏损额

(2) 减免所得税额。

小型微利企业的减征税额=应纳税所得额×(25%-20%)

高新技术企业的减征税额=应纳税所得额×(25%-15%)

(3) 实际应缴纳所得税额。

实际应缴纳所得税额=全年应纳税所得额×税率-减免所得税额

(4) 实际已预缴所得税额是指本年度按月(季)实际预缴的所得税额。

(5) 本年度应补(退)所得税额。

本年度应补(退)所得税额=实际应缴纳所得税额-实际已预缴所得税额

2. 根据纳税调整项目对应纳税额进行调增或调减

二、核定征收企业(B类)应纳所得税额的计算

(一) 核定应税所得率

(1) 能正确核算(查实)收入总额,但不能正确核算(查实)成本费用总额的:

应纳税所得额=收入总额×应税所得率

应纳所得税额=应纳税所得额×税率

(2) 能正确核算(查实)成本费用总额,但不能正确核算(查实)收入总额的:

应纳税所得额=$\dfrac{成本费用支出额}{1-应税所得率}$×应税所得率

应纳所得税额=应纳税所得额×税率

(二) 核定应纳所得税额

税务机关按照一定的标准、程序和方法,直接核定纳税人年度应纳所得税额的,由纳税人申报缴纳。

任务实施

任务 4.2-1　问题见本任务的任务描述

任务分析：

1.（1）企业应纳税所得额的计算，以权责发生制为原则，属于当期的收入和费用，不论款项是否收付，均作为当期的收入和费用；不属于当期的收入和费用，即使款项已经在当期收付，均不作为当期的收入和费用。

（2）企业提供固定资产、包装物或者其他有形资产的使用权取得的租金收入，应按交易合同或协议规定的承租人应付租金的日期确认收入的实现。其中，如果交易合同或协议中规定的租赁期限跨年度，且租金提前一次性支付的，根据《中华人民共和国企业所得税法实施条例》第九条规定的收入与费用配比原则，出租人可对上述已确认的收入，在租赁期内，分期均匀计入相关年度收入。出租方如为在我国境内设有机构、场所且采取据实申报缴纳企业所得税的非居民企业，也按以上规定执行。

2. 填写 A105020、A105000 申报表。

表 4.2-1：

（1）第 2 行第 1 列：1 200 000.00 元。

与承租人 A 公司签订 2 年房屋租赁合同，租期是 2021 年 7 月 1 日到 2023 年 6 月 30 日，年租金 60 万元，即合同金额为 120 万元。

（2）第 2 行第 2 列：300 000.00 元。

2021 年 7 月 1 日到 2021 年 12 月 31 日刚好 6 个月，年租金 60 万元，半年租金 30 万元。

（3）第 2 行第 3 列：300 000.00 元。

2021 年 7 月 1 日到 2021 年 12 月 31 日刚好 6 个月，年租金 60 万元，半年租金 30 万元。

（4）第 2 行第 4 列：1 200 000.00 元。

年租金 60 万元，合同约定 2 年租金提前在合同签订日一次性支付。根据税法规定，企业选择在合同签订日一次性确认收入，因此跨年租金税收金额为 120 万元。

（5）第 2 行第 5 列：1 200 000.00 元。

年租金 60 万元，合同约定 2 年租金提前在合同签订日一次性支付。根据税法规定，企业选择在合同签订日一次性确认收入，因此跨年租金税收金额为 120 万元。

表 4.2-1

A105020 未按权责发生制确认收入纳税调整明细表

行次	项目	合同金额 (交易金额)	账载金额		税收金额		纳税调整金额
			本年	累计	本年	累计	
		1	2	3	4	5	6(4-2)
1	一、跨期收取的租金、利息、特许权使用费收入(2+3+4)	1 200 000.00	300 000.00	300 000.00	1 200 000.00	1 200 000.00	900 000.00
2	(一)租金	1 200 000.00	300 000.00	300 000.00	1 200 000.00	1 200 000.00	900 000.00
3	(二)利息						0.00
4	(三)特许权使用费						0.00
5	二、分期确认收入(6+7+8)	0.00	0.00	0.00	0.00	0.00	0.00
6	(一)分期收款方式销售货物收入						0.00
7	(二)持续时间超过12个月的建造合同收入						0.00
8	(三)其他分期确认收入						0.00
9	三、政府补助递延收入(10+11+12)	0.00	0.00	0.00	0.00	0.00	0.00
10	(一)与收益相关的政府补助						0.00
11	(二)与资产相关的政府补助						0.00
12	(三)其他						0.00
13	四、其他未按权责发生制确认收入						0.00
14	合计(1+5+9+13)	1 200 000.00	300 000.00	300 000.00	1 200 000.00	1 200 000.00	900 000.00

表 4.2-2：

直接生成"保存"。

表 4.2-2 A105000 纳税调整项目明细表

行次	项目	账载金额 1	税收金额 2	调增金额 3	调减金额 4
1	一、收入类调整项目（2+3+…+8+10+11）	*	*	900 000.00	0.00
2	（一）视同销售收入（填写 A105010）	*	0.00	0.00	*
3	（二）未按权责发生制原则确认的收入（填写 A105020）	300 000.00	1 200 000.00	900 000.00	0.00
4	（三）投资收益（填写 A105030）	0.00	0.00	0.00	0.00
5	（四）按权益法核算长期股权投资对初始投资成本调整确认收益	*	*	*	
6	（五）交易性金融资产初始投资调整	*	*		*
7	（六）公允价值变动净损益		*	0.00	0.00
8	（七）不征税收入	*	*		
9	其中：专项用途财政性资金（填写 A105040）	*	*	0.00	0.00
10	（八）销售折扣、折让和退回			0.00	0.00
11	（九）其他				
12	二、扣除类调整项目（13+14+…+24+26+27+28+29+30）	*	*	0.00	
13	（一）视同销售成本（填写 A105010）	*	0.00	*	0.00
14	（二）职工薪酬（填写 A105050）	0.00	0.00		
15	（三）业务招待费支出			0.00	*
16	（四）广告费和业务宣传费支出（填写 A105060）	*	*	0.00	0.00
17	（五）捐赠支出（填写 A105070）	0.00	0.00	0.00	0.00
18	（六）利息支出			0.00	0.00
19	（七）罚金、罚款和被没收财物的损失		*	0.00	*
20	（八）税收滞纳金、加收利息		*	0.00	*
21	（九）赞助支出		*	0.00	*
22	（十）与未实现融资收益相关在当期确认的财务费用			0.00	0.00
23	（十一）佣金和手续费支出（保险企业填写 A105060）	0.00	0.00	0.00	0.00

续表

行次	项目	账载金额 1	税收金额 2	调增金额 3	调减金额 4
24	（十二）不征税收入用于支出所形成的费用	*	*		*
25	其中：专项用途财政性资金用于支出所形成的费用（填写A105040）	*	*	0.00	*
26	（十三）跨期扣除项目			0.00	0.00
27	（十四）与取得收入无关的支出		*	0.00	*
28	（十五）境外所得分摊的共同支出	*	*	0.00	*
29	（十六）党组织工作经费				
30	（十七）其他			0.00	0.00
31	三、资产类调整项目（32+33+34+35）	*	*	0.00	0.00
32	（一）资产折旧、摊销（填写A105080）	0.00	0.00	0.00	0.00
33	（二）资产减值准备金		*	0.00	0.00
34	（三）资产损失（填写A105090）	0.00	0.00	0.00	0.00
35	（四）其他			0.00	0.00
36	四、特殊事项调整项目（37+38+…+43）	*	*	0.00	0.00
37	（一）企业重组及递延纳税事项（填写A105100）	0.00	0.00	0.00	0.00
38	（二）政策性搬迁（填写A105110）	*	*	0.00	0.00
39	（三）特殊行业准备金（填写A105120）	0.00	0.00	0.00	0.00
40	（四）房地产开发企业特定业务计算的纳税调整额（填写A105010）	*	0.00	0.00	0.00
41	（五）合伙企业法人合伙人应分得的应纳税所得额			0.00	0.00
42	（六）发行永续债利息支出			0.00	0.00
43	（七）其他	*	*		
44	五、特别纳税调整应税所得	*	*		
45	六、其他	*	*		
46	合计（1+12+31+36+44+45）	*	*	900 000.00	0.00

任务 4.2-2　收入类纳税调整项目——视同销售收入及成本

广州喜燕数码科技有限公司为增值税一般纳税人,2022 年发生业务如下:

将自产的 10 台电脑用于目标脱贫地区公益性扶贫捐赠,该电脑的单位生产成本为 3 500 元,同期同类电脑单位销售价格为 5 000 元。账务处理如下:

借:营业外支出——捐赠支出　　　　　　　　　　　　　　　41 500
　　贷:库存商品　　　　　　　　　　　　　　　　　　　　　35 000
　　　　应交税费——应交增值税(销项税额)　　　　　　　　　6 500

要求:根据以上业务,填写 A105010、A105070、A105000 申报表。

任务分析:

(1)视同销售:企业发生非货币性资产交换,以及将货物、财产、劳务用于捐赠、偿债、赞助、集资、广告、样品、职工福利或者利润分配等用途的,应当视同销售货物、转让财产或者提供劳务,但国务院财政、税务主管部门另有规定的除外。

(2)扶贫捐赠支出:自 2019 年 1 月 1 日至 2022 年 12 月 31 日,企业通过公益性社会组织或者县级(含县级)以上人民政府及其组成部门和直属机构,用于目标脱贫地区的扶贫捐赠支出,准予在计算企业所得税应纳税所得额时据实扣除。

表 4.2-3:

(1)第 7 行第 1 列:50 000.00 元。

用于对外捐赠视同销售收入 = 5 000×10 = 50 000.00(元)

(2)第 17 行第 1 列:35 000.00 元。

用于对外捐赠视同销售成本 = 3 500×10 = 35 000.00(元)

表 4.2-3　A105010 视同销售和房地产开发企业特定业务纳税调整明细表

行次	项目	税收金额	纳税调整金额
		1	2
1	一、视同销售(营业)收入(2+3+4+5+6+7+8+9+10)	50 000.00	50 000.00
2	(一)非货币性资产交换视同销售收入		
3	(二)用于市场推广或销售视同销售收入		
4	(三)用于交际应酬视同销售收入		
5	(四)用于职工奖励或福利视同销售收入		
6	(五)用于股息分配视同销售收入		
7	(六)用于对外捐赠视同销售收入	50 000.00	50 000.00
8	(七)用于对外投资项目视同销售收入		
9	(八)提供劳务视同销售收入		
10	(九)其他		
11	二、视同销售(营业)成本(12+13+14+15+16+17+18+19+20)	35 000.00	−35 000.00
12	(一)非货币性资产交换视同销售成本		
13	(二)用于市场推广或销售视同销售成本		
14	(三)用于交际应酬视同销售成本		

续表

行次	项目	税收金额 1	纳税调整金额 2
15	（四）用于职工奖励或福利视同销售成本		
16	（五）用于股息分配视同销售成本		
17	（六）用于对外捐赠视同销售成本	35 000.00	-35 000.00
18	（七）用于对外投资项目视同销售成本		
19	（八）提供劳务视同销售成本		
20	（九）其他		
21	三、房地产开发企业特定业务计算的纳税调整额（22-26）	0.00	0.00
22	（一）房地产企业销售未完工开发产品特定业务计算的纳税调整额（24-25）	0.00	0.00
23	1. 销售未完工产品的收入		*
24	2. 销售未完工产品预计毛利额		
25	3. 实际发生的税金及附加、土地增值税		
26	（二）房地产企业销售的未完工产品转完工产品特定业务计算的纳税调整额（28-29）	0.00	0.00
27	1. 销售未完工产品转完工产品确认的销售收入		*
28	2. 转回的销售未完工产品预计毛利额		
29	3. 转回实际发生的税金及附加、土地增值税		

表 4.2-4：

（1）第 2 行第 1 列：41 500.00 元。

全额扣除的公益性捐赠即为营业外支出——捐赠支出 41 500 元。

（2）第 3 行第 1 列：41 500.00 元。

其中，扶贫捐赠即为营业外支出——捐赠支出 41 500 元。

表 4.2-4　　A105070 捐赠支出及纳税调整明细表

行次	项目	账载金额	以前年度结转可扣除的捐赠额	按税收规定计算的扣除限额	税收金额	纳税调增金额	纳税调减金额	可结转以后年度扣除的捐赠额
		1	2	3	4	5	6	7
1	一、非公益性捐赠		*	*	*	0.00	*	*
2	二、全额扣除的公益性捐赠	41 500.00	*	*	41 500.00	*	*	*
3	其中：扶贫捐赠	41 500.00	*	*	41 500.00	*	*	*
4	三、限额扣除的公益性捐赠（5+6+7+8）	0.00	0.00	0.00	0.00	0.00	0.00	0.00
5	前三年度（　　年）	*		*	*	*		*

续表

行次	项目	账载金额	以前年度结转可扣除的捐赠额	按税收规定计算的扣除限额	税收金额	纳税调增金额	纳税调减金额	可结转以后年度扣除的捐赠额
		1	2	3	4	5	6	7
6	前二年度(　　年)	*		*	*	*		
7	前一年度(2018年)	*		*	*	*		0.00
8	本　　年(2019年)		*	0.00			*	
9	合计(1+2+4)	41 500.00	0.00	0.00	41 500.00	0.00	0.00	0.00
附列资料	2015年度至本年发生的公益性扶贫捐赠合计金额			*	*		*	*	*

表 4.2-5：

直接生成"保存"。

表 4.2-5　　　　　　　　　　A105000 纳税调整项目明细表

行次	项目	账载金额	税收金额	调增金额	调减金额
		1	2	3	4
1	一、收入类调整项目(2+3+…+8+10+11)	*	*	50 000.00	0.00
2	（一）视同销售收入(填写 A105010)	*	50 000.00	50 000.00	*
3	（二）未按权责发生制原则确认的收入(填写 A105020)				0.00
4	（三）投资收益(填写 A105030)	0.00	0.00	0.00	0.00
5	（四）按权益法核算长期股权投资对初始投资成本调整确认收益	*	*	*	
6	（五）交易性金融资产初始投资调整	*	*		*
7	（六）公允价值变动净损益		*	0.00	0.00
8	（七）不征税收入	*	*		
9	其中：专项用途财政性资金(填写 A105040)	*	*	0.00	0.00
10	（八）销售折扣、折让和退回			0.00	0.00
11	（九）其他			0.00	0.00
12	二、扣除类调整项目(13+14+…+24+26+27+28+29+30)	*	*	0.00	35 000.00
13	（一）视同销售成本(填写 A105010)	*	35 000.00	*	35 000.00
14	（二）职工薪酬(填写 A105050)	0.00	0.00	0.00	0.00
15	（三）业务招待费支出			0.00	*
16	（四）广告费和业务宣传费支出(填写 A105060)	*	*		
17	（五）捐赠支出(填写 A105070)	41 500.00	41 500.00	0.00	0.00

续表

行次	项目	账载金额 1	税收金额 2	调增金额 3	调减金额 4
18	(六)利息支出			0.00	0.00
19	(七)罚金、罚款和被没收财物的损失		*	0.00	*
20	(八)税收滞纳金、加收利息		*	0.00	*
21	(九)赞助支出		*	0.00	*
22	(十)与未实现融资收益相关在当期确认的财务费用			0.00	0.00
23	(十一)佣金和手续费支出(保险企业填写A105060)	0.00	0.00	0.00	0.00
24	(十二)不征税收入用于支出所形成的费用	*	*		*
25	其中:专项用途财政性资金用于支出所形成的费用(填写A105040)	*	*	0.00	*
26	(十三)跨期扣除项目			0.00	0.00
27	(十四)与取得收入无关的支出		*	0.00	*
28	(十五)境外所得分摊的共同支出	*	*	0.00	*
29	(十六)党组织工作经费				
30	(十七)其他			0.00	0.00
31	三、资产类调整项目(32+33+34+35)	*	*	0.00	0.00
32	(一)资产折旧、摊销(填写A105080)	0.00	0.00	0.00	0.00
33	(二)资产减值准备金		*		
34	(三)资产损失(填写A105090)	0.00	0.00	0.00	0.00
35	(四)其他			0.00	0.00
36	四、特殊事项调整项目(37+38+…+43)	*	*	0.00	0.00
37	(一)企业重组及递延纳税事项(填写A105100)	0.00	0.00	0.00	0.00
38	(二)政策性搬迁(填写A105110)	*	*	0.00	0.00
39	(三)特殊行业准备金(填写A105120)	0.00	0.00	0.00	0.00
40	(四)房地产开发企业特定业务计算的纳税调整额(填写A105010)	*	0.00	0.00	0.00
41	(五)合伙企业法人合伙人应分得的应纳税所得额			0.00	0.00
42	(六)发行永续债利息支出			0.00	0.00
43	(七)其他		*	*	
44	五、特别纳税调整应税所得		*	*	
45	六、其他		*	*	
46	合计(1+12+31+36+44+45)		*	*	50 000.00	35 000.00

任务 4.2-3 收入类纳税调整项目——投资收益

上海喜燕文化有限公司为增值税一般纳税人,近年发生业务如下:

(1) 2021年12月31日,以1 000万元购入交易性金融资产A。2022年12月31日,交易性金融资产A公允价值为1 200万元。公司于2023年4月15日出售交易性金融资产A,售价为1 300万元。会计处理如下:

2023年4月15日,出售交易性金融资产A:

借:银行存款　　　　　　　　　　　　　　　　　　　　　13 000 000
　　贷:交易性金融资产——成本　　　　　　　　　　　　　10 000 000
　　　　　　　　　　——公允价值变动　　　　　　　　　　　2 000 000
　　　　投资收益　　　　　　　　　　　　　　　　　　　　　1 000 000

(2) 2021年12月31日,以1 000万元购入交易性金融资产B。2022年12月31日,交易性金融资产B公允价值为1 100万元。公司于2023年6月10日出售交易性金融资产B,售价为1 050万元。会计处理如下:

2023年6月10日,出售交易性金融资产B:

借:银行存款　　　　　　　　　　　　　　　　　　　　　10 500 000
　　投资收益　　　　　　　　　　　　　　　　　　　　　　　500 000
　　贷:交易性金融资产——成本　　　　　　　　　　　　　10 000 000
　　　　　　　　　　——公允价值变动　　　　　　　　　　　1 000 000

要求:根据以上业务,填写A105030、A105000申报表。

任务分析:

(1) 根据《中华人民共和国企业所得税法实施条例》第五十六条规定,企业的各项资产,包括固定资产、生物资产、无形资产、长期待摊费用、投资资产、存货等,以历史成本为计税基础。前款所称历史成本,是指企业取得该项资产时实际发生的支出。企业持有各项资产期间资产增值或者减值,除国务院财政、税务主管部门规定可以确认损益外,不得调整该资产的计税基础。

(2) 投资收益:根据《企业会计准则第22号——金融工具确认和计量》规定,处置交易性金融资产时,不再将持有期间计入"公允价值变动损益"科目累计的公允价值变动金额结转到当期投资收益。

表4.2-6:

(1) 第1行第4列:23 500 000.00元。

会计确认的处置收入=13 000 000+10 500 000=23 500 000.00(元)

(2) 第1行第5列:23 500 000.00元。

税收计算的处置收入=13 000 000+10 500 000=23 500 000.00(元)

(3) 第1行第6列:23 000 000.00元。

处置投资的账面价值即为2022年12月31日交易性金融资产账面价值,因此,处置投资的账面价值=12 000 000+11 000 000=23 000 000.00(元)。

(4) 第1行第7列:20 000 000.00元。

投资资产以历史成本为计税基础,历史成本是指企业取得该项资产时实际发生的支出。因此,处置投资的计税基础=10 000 000+10 000 000=20 000 000.00(元)。

表 4.2-6

A105030 投资收益纳税调整明细表

行次	项目	持有收益				处置收益						纳税调整金额 11(3+10)
		账载金额 1	税收金额 2	纳税调整金额 3(2-1)	会计确认的处置收入 4	税收计算的处置收入 5	处置投资的账面价值 6	处置投资的计税基础 7	会计确认的处置所得或损失 8(4-6)	税收计算的处置所得 9(5-7)	纳税调整金额 10(9-8)	
1	一、交易性金融资产			0.00	23 500 000.00	23 500 000.00	23 000 000.00	20 000 000.00	500 000.00	3 500 000.00	3 000 000.00	3 000 000.00
2	二、可供出售金融资产			0.00						0.00	0.00	0.00
3	三、持有至到期投资			0.00						0.00	0.00	0.00
4	四、衍生工具			0.00						0.00	0.00	0.00
5	五、交易性金融负债			0.00						0.00	0.00	0.00
6	六、长期股权投资			0.00						0.00	0.00	0.00
7	七、短期投资			0.00						0.00	0.00	0.00
8	八、长期债券投资			0.00						0.00	0.00	0.00
9	九、其他			0.00						0.00	0.00	0.00
10	合计(1+2+3+4+5+6+7+8+9)	0.00	0.00	0.00	23 500 000.00	23 500 000.00	23 000 000.00	20 000 000.00	500 000.00	3 500 000.00	3 000 000.00	3 000 000.00

表 4.2-7：
直接生成"保存"。

表 4.2-7　　　　　　　　　　　A105000 纳税调整项目明细表

行次	项目	账载金额	税收金额	调增金额	调减金额
		1	2	3	4
1	一、收入类调整项目（2+3+…+8+10+11）	*	*	3 000 000.00	0.00
2	（一）视同销售收入（填写 A105010）	*	0.00	0.00	*
3	（二）未按权责发生制原则确认的收入（填写 A105020）	0.00	0.00	0.00	0.00
4	（三）投资收益（填写 A105030）	500 000.00	3 500 000.00	3 000 000.00	0.00
5	（四）按权益法核算长期股权投资对初始投资成本调整确认收益	*	*	*	
6	（五）交易性金融资产初始投资调整	*	*		*
7	（六）公允价值变动净损益		*	0.00	0.00
8	（七）不征税收入	*	*		
9	其中：专项用途财政性资金（填写 A105040）	*	*	0.00	0.00
10	（八）销售折扣、折让和退回			0.00	0.00
11	（九）其他			0.00	0.00
12	二、扣除类调整项目（13+14+…+24+26+27+28+29+30）	*	*	0.00	0.00
13	（一）视同销售成本（填写 A105010）	*	0.00	*	0.00
14	（二）职工薪酬（填写 A105050）	0.00	0.00	0.00	0.00
15	（三）业务招待费支出			0.00	*
16	（四）广告费和业务宣传费支出（填写 A105060）	*	*	0.00	0.00
17	（五）捐赠支出（填写 A105070）	0.00	0.00	0.00	0.00
18	（六）利息支出			0.00	0.00
19	（七）罚金、罚款和被没收财物的损失		*	0.00	*
20	（八）税收滞纳金、加收利息		*	0.00	*
21	（九）赞助支出		*	0.00	*
22	（十）与未实现融资收益相关在当期确认的财务费用			0.00	0.00
23	（十一）佣金和手续费支出（保险企业填写 A105060）	0.00	0.00	0.00	0.00

续表

行次	项目	账载金额 1	税收金额 2	调增金额 3	调减金额 4
24	(十二)不征税收入用于支出所形成的费用	*	*		*
25	其中:专项用途财政性资金用于支出所形成的费用(填写 A105040)	*	*	0.00	*
26	(十三)跨期扣除项目			0.00	0.00
27	(十四)与取得收入无关的支出		*	0.00	*
28	(十五)境外所得分摊的共同支出	*	*	0.00	*
29	(十六)党组织工作经费				
30	(十七)其他			0.00	0.00
31	三、资产类调整项目(32+33+34+35)	*	*	0.00	0.00
32	(一)资产折旧、摊销(填写 A105080)	0.00	0.00	0.00	0.00
33	(二)资产减值准备金		*	0.00	0.00
34	(三)资产损失(填写 A105090)	0.00	0.00	0.00	0.00
35	(四)其他			0.00	0.00
36	四、特殊事项调整项目(37+38+…+43)	*	*	0.00	0.00
37	(一)企业重组及递延纳税事项(填写 A105100)	0.00	0.00	0.00	0.00
38	(二)政策性搬迁(填写 A105110)	*	*	0.00	0.00
39	(三)特殊行业准备金(填写 A105120)	0.00	0.00	0.00	0.00
40	(四)房地产开发企业特定业务计算的纳税调整额(填写 A105010)	*	0.00	0.00	0.00
41	(五)合伙企业法人合伙人应分得的应纳税所得额			0.00	0.00
42	(六)发行永续债利息支出			0.00	0.00
43	(七)其他	*	*		
44	五、特别纳税调整应税所得	*	*		
45	六、其他	*	*		
46	合计(1+12+31+36+44+45)	*	*	3 000 000.00	0.00

任务 4.2-4　收入类纳税调整项目——不征税收入

深圳喜燕科创有限公司 2014 年 2 月、2019 年 9 月分别从县科技主管部门取得技术改造专项资金，每年的专项资金支出情况详见下表。假设该专项资金符合不征税收入条件，且该企业已作为不征税收入处理，专项资金结余部分无须上缴相应资金拨付部门，留企业自行支配使用。企业将当年取得的财政性资金计入当期"营业外收入"核算。

单位：万元

纳税年度		2014 年	2019 年
当年取得的财政性资金		800.00	150.00
2014 年资金使用情况	费用化支出	120.00	
	资本化支出	110.00	
2015 年资金使用情况	费用化支出	100.00	
	资本化支出	90.00	
2016 年资金使用情况	费用化支出	80.00	
	资本化支出	70.00	
2017 年资金使用情况	费用化支出	60.00	
	资本化支出	50.00	
2018 年资金使用情况	费用化支出	40.00	
	资本化支出	30.00	
2019 年资金使用情况	费用化支出	20.00	70.00
	资本化支出	10.00	30.00

要求：根据以上业务，填写 A105040、A105000 申报表。

任务分析：

根据财政部、国家税务总局《关于专项用途财政性资金企业所得税处理问题的通知》（财税〔2011〕70 号）规定，企业将符合本通知第一条规定条件的财政性资金作不征税收入处理后，在 5 年（60 个月）内未发生支出且未缴回财政部门或其他拨付资金的政府部门的部分，应计入取得该资金第六年的应税收入总额；计入应税收入总额的财政性资金发生的支出，允许在计算应纳税所得额时扣除。

表 4.2-8：

（1）第 1 行第 2 列：8 000 000.00 元。

根据 2014 年取得的财政性资金 800 万元填列。

（2）第 1 行第 3 列：8 000 000.00 元。

根据 2014 年取得的财政性资金 800 万元填列。

（3）第 1 行第 5 列：2 300 000.00 元。

前五年度以前年度支出情况（2014 年）= 1 200 000+1 100 000 = 2 300 000.00（元）

（4）第 1 行第 6 列：1 900 000.00 元。

前四年度以前年度支出情况(2015年)=1 000 000+900 000=1 900 000.00(元)

(5) 第1行第7列：1 500 000.00元。

前三年度以前年度支出情况(2016年)=800 000+700 000=1 500 000.00(元)

(6) 第1行第8列：1 100 000.00元。

前二年度以前年度支出情况(2017年)=600 000+500 000=1 100 000.00(元)

(7) 第1行第9列：700 000.00元。

前一年度以前年度支出情况(2018年)=4000 000+300 000=700 000.00(元)

(8) 第1行第10列：300 000.00元。

本年支出金额=200 000+100 000=300 000.00(元)

(9) 第1行第11列：200 000.00元。

根据2019年财政性资金使用情况,其中费用化支出金额为20万元。

(10) 第1行第14列：200 000.00元。

结余金额20万元超过60个月未使用,应计入本年应税收入金额。

(11) 第6行第2列：1 500 000.00元。

根据2019年取得的财政性资金150万元填列。

(12) 第6行第3列：1 500 000.00元。

根据2019年取得的财政性资金150万元填列。

(13) 第6行第10列：1 000 000.00元。

本年支出2019年财政性资金金额=700 000+300 000=1 000 000.00(元)

(14) 第6行第11列：700 000.00元。

根据2019年财政性资金使用情况,其中费用化支出金额为70万元。

表4.2-8

A105040 专项用途财政性资金纳税调整明细表

行次	项目	取得年度	财政性资金	其中：符合不征税收入条件的财政性资金		以前年度支出情况					本年支出情况		本年结余情况		
				金额	其中：计入本年损益的金额	前五年度	前四年度	前三年度	前二年度	前一年度	支出金额	其中：费用化支出金额	结余金额	其中：上缴财政金额	计入本年应税收入金额
		1	2	3	4	5	6	7	8	9	10	11	12	13	14
1	前五年度		8 000 000.00	8 000 000.00		2 300 000.00	1 900 000.00	1 500 000.00	1 100 000.00	700 000.00	300 000.00	200 000.00	200 000.00	0.00	200 000.00
2	前四年度					*							0.00		
3	前三年度					*	*						0.00		
4	前二年度					*	*	*					0.00		
5	前一年度					*	*	*	*				0.00		
6	本年		1 500 000.00	1 500 000.00		*	*	*	*	*	1 000 000.00	700 000.00	500 000.00	0.00	0.00
7	合计(1+2+…+6)	*	9 500 000.00	9 500 000.00	0.00	*	*	*	*	*	1 300 000.00	900 000.00	700 000.00	0.00	200 000.00

表 4.2-9：

（1）第 9 行第 3 列：200 000.00 元。

根据表 4.2-8 第 1 行第 14 列应计入本年应税收入金额 20 万元填列。

（2）第 9 行第 4 列：1 500 000.00 元。

根据表 4.2-8 第 6 行第 3 列符合不征税收入条件的财政性资金 150 万元填列。

（3）第 25 行第 3 列：900 000.00 元。

根据表 4.2-8 第 7 行第 11 列费用化支出金额 90 万元填列。

表 4.2-9　　　　　　　　　　A105000 纳税调整项目明细表

行次	项目	账载金额	税收金额	调增金额	调减金额
		1	2	3	4
1	一、收入类调整项目（2+3+…+8+10+11）	*	*	200 000.00	1 500 000.00
2	（一）视同销售收入（填写 A105010）	*	0.00	0.00	*
3	（二）未按权责发生制原则确认的收入（填写 A105020）	0.00	0.00	0.00	0.00
4	（三）投资收益（填写 A105030）	0.00	0.00	0.00	0.00
5	（四）按权益法核算长期股权投资对初始投资成本调整确认收益	*	*	*	
6	（五）交易性金融资产初始投资调整	*	*		*
7	（六）公允价值变动净损益		*	0.00	0.00
8	（七）不征税收入	*	*	200 000.00	1 500 000.00
9	其中：专项用途财政性资金（填写 A105040）	*	*	200 000.00	1 500 000.00
10	（八）销售折扣、折让和退回			0.00	0.00
11	（九）其他			0.00	0.00
12	二、扣除类调整项目（13+14+…+24+26+27+28+29+30）	*	*	900 000.00	0.00
13	（一）视同销售成本（填写 A105010）	*	0.00	*	0.00
14	（二）职工薪酬（填写 A105050）	0.00	0.00	0.00	0.00
15	（三）业务招待费支出			0.00	*
16	（四）广告费和业务宣传费支出（填写 A105060）	*	*	0.00	0.00
17	（五）捐赠支出（填写 A105070）	0.00	0.00	0.00	0.00
18	（六）利息支出			0.00	0.00
19	（七）罚金、罚款和被没收财物的损失		*	0.00	*
20	（八）税收滞纳金、加收利息		*	0.00	*
21	（九）赞助支出		*	0.00	*

续表

行次	项目	账载金额 1	税收金额 2	调增金额 3	调减金额 4
22	（十）与未实现融资收益相关在当期确认的财务费用			0.00	0.00
23	（十一）佣金和手续费支出（保险企业填写A105060）	0.00	0.00	0.00	0.00
24	（十二）不征税收入用于支出所形成的费用	*	*	900 000.00	*
25	其中：专项用途财政性资金用于支出所形成的费用（填写A105040）	*	*	900 000.00	*
26	（十三）跨期扣除项目			0.00	0.00
27	（十四）与取得收入无关的支出		*	0.00	*
28	（十五）境外所得分摊的共同支出	*	*	0.00	*
29	（十六）党组织工作经费				
30	（十七）其他			0.00	0.00
31	三、资产类调整项目（32+33+34+35）	*	*	0.00	0.00
32	（一）资产折旧、摊销（填写A105080）	0.00	0.00	0.00	0.00
33	（二）资产减值准备金		*	0.00	0.00
34	（三）资产损失（填写A105090）	0.00	0.00	0.00	0.00
35	（四）其他			0.00	
36	四、特殊事项调整项目（37+38+…+43）	*	*	0.00	0.00
37	（一）企业重组及递延纳税事项（填写A105100）	0.00	0.00	0.00	0.00
38	（二）政策性搬迁（填写A105110）	*	*	0.00	0.00
39	（三）特殊行业准备金（填写A105120）	0.00	0.00	0.00	0.00
40	（四）房地产开发企业特定业务计算的纳税调整额（填写A105010）	*	0.00	0.00	0.00
41	（五）合伙企业法人合伙人应分得的应纳税所得额			0.00	0.00
42	（六）发行永续债利息支出			0.00	0.00
43	（七）其他	*	*		
44	五、特别纳税调整应税所得	*	*		
45	六、其他	*	*		
46	合计（1+12+31+36+44+45）	*	*	1 100 000.00	1 500 000.00

任务 4.2-5　工资薪金支出、职工福利费、职工教育经费、工会经费

厦门喜燕电器制造有限公司为增值税一般纳税人,2021 年发生业务如下:

(1) 全年计提工资薪金 1 200 万元,在 2021 年度实际发放工资 1 100 万元,100 万元年终奖在 2022 年 3 月发放。

(2) 全年职工福利费账载金额 192 万元,实际发生职工福利费 192 万元。

(3) 全年职工教育经费账载金额 99 万元,实际发生职工教育经费 99 万元,其中 10 万元为实际发生的职工培训费。以前年度结转可扣除职工教育经费金额为 10 万元。

(4) 全年工会经费账载金额 25 万元,实际申报缴纳工会经费 10 万元,取得工会经费收入专用收据,公司工会实际发生工会经费 15 万元。

要求:根据以上业务,填写 A105050 申报表。

任务分析:

(1) 根据《中华人民共和国企业所得税法实施条例》第三十四条规定,企业发生的合理的工资薪金支出,准予扣除。前款所称工资薪金,是指企业每一纳税年度支付给在本企业任职或者受雇的员工的所有现金形式或者非现金形式的劳动报酬,包括基本工资、奖金、津贴、补贴、年终加薪、加班工资,以及与员工任职或者受雇有关的其他支出。

第四十条规定,企业发生的职工福利费支出,不超过工资薪金总额 14% 的部分,准予扣除。

第四十一条规定,企业拨缴的工会经费,不超过工资薪金总额 2% 的部分,准予扣除。

第四十二条规定,除国务院财政、税务主管部门另有规定外,企业发生的职工教育经费支出,不超过工资薪金总额 2.5% 的部分,准予扣除;超过部分,准予在以后纳税年度结转扣除。

(2) 根据财政部、税务总局《关于企业职工教育经费税前扣除政策的通知》(财税〔2018〕51 号)规定,企业发生的职工教育经费支出,不超过工资薪金总额 8% 的部分,准予在计算企业所得税应纳税所得额时扣除;超过部分,准予在以后纳税年度结转扣除。

(3) 根据国家税务总局《关于企业工资薪金及职工福利费扣除问题的通知》(国税函〔2009〕3 号)规定,《实施条例》第三十四条所称的"合理工资薪金",是指企业按照股东大会、董事会、薪酬委员会或相关管理机构制定的工资薪金制度规定实际发放给员工的工资薪金。

《实施条例》第四十、四十一、四十二条所称的"工资薪金总额",是指企业按照本通知第一条规定实际发放的工资薪金总和,不包括企业的职工福利费、职工教育经费、工会经费及养老保险费、医疗保险费、失业保险费、工伤保险费、生育保险费等社会保险费和住房公积金。

(4) 根据国家税务总局《关于企业所得税若干问题的公告》(2011 年第 34 号)规定,企业当年度实际发生的相关成本、费用,由于各种原因未能及时取得该成本、费用的有效凭证,企业在预缴季度所得税时,可暂按账面发生金额进行核算;但在汇算清缴时,应补充提供该成本、费用的有效凭证。

(5) 根据财政部、国家税务总局《关于企业所得税若干优惠政策的通知》(财税〔2008〕

1号)规定,软件生产企业的职工培训费用,可按实际发生额在计算应纳税所得额时扣除。

表 4.2-10:

(1) 第 1 行第 1 列:12 000 000.00 元。

根据业务(1),全年计提工资薪金 1 200 万元。

(2) 第 1 行第 2 列:12 000 000.00 元。

根据业务(1),实际支付工资薪金 = 11 000 000+1 000 000 = 12 000 000.00(元)。

(3) 第 1 行第 5 列:12 000 000.00 元。

根据业务(1),实际支付工资薪金 = 11 000 000+1 000 000 = 12 000 000.00(元)。

(4) 第 3 行第 1 列:1 920 000.00 元。

根据业务(2),全年计提职工福利费 192 万元。

(5) 第 3 行第 2 列:1 920 000.00 元。

根据业务(2),实际发生职工福利费 192 万元。

(6) 第 5 行第 1 列:990 000.00 元。

根据业务(3),全年计提职工教育经费 99 万元。

(7) 第 5 行第 2 列:990 000.00 元。

根据业务(3),实际发生职工教育经费 99 万元。

> **☞ 提示**
>
> 软件生产企业的职工培训费用,可按实际发生额在计算应纳税所得额时扣除。非软件生产企业职工培训费用应计入职工教育经费,不超过工资薪金总额8%的部分,准予在计算企业所得税应纳税所得额时扣除;超过部分,准予在以后纳税年度结转扣除。

(8) 第 5 行第 4 列:100 000.00 元。

根据业务(3),以前年度结转可扣除职工教育经费金额为 10 万元。

(9) 第 7 行第 1 列:250 000.00 元。

根据业务(4),全年计提工会经费 25 万元。

(10) 第 7 行第 2 列:250 000.00 元。

根据业务(4),实际发生工会经费 = 100 000+150 000 = 250 000.00(元)。

表4.2-10

A105050 职工薪酬支出及纳税调整明细表

行次	项目	账载金额 1	实际发生额 2	税收规定扣除率 3	以前年度累计结转扣除额 4	税收金额 5	纳税调整金额 6(1-5)	累计结转以后年度扣除额 7(2+4-5)
1	一、工资薪金支出	12 000 000.00	12 000 000.00	*	*	12 000 000.00	0.00	*
2	其中:股权激励			*	*	0.00	0.00	*
3	二、职工福利费支出	1 920 000.00	1 920 000.00	14%	*	1 680 000.00	240 000.00	*
4	三、职工教育经费支出	990 000.00	990 000.00	*	100 000.00	960 000.00	30 000.00	130 000.00
5	其中:按税收规定比例扣除的职工教育经费	990 000.00	990 000.00	8%	100 000.00	960 000.00	30 000.00	130 000.00
6	按税收规定全额扣除的职工培训费用			100%	*	0.00	*	*
7	四、工会经费支出	250 000.00	250 000.00	2%	*	240 000.00	10 000.00	*
8	五、各类基本社会保障性缴款			*	*	0.00	0.00	*
9	六、住房公积金			*	*	0.00	0.00	*
10	七、补充养老保险			*	*	0.00	0.00	*
11	八、补充医疗保险			*	*	0.00	0.00	*
12	九、其他			*	*			*
13	合计(1+3+4+7+8+9+10+11+12)	15 160 000.00	15 160 000.00	*	100 000.00	14 880 000.00	280 000.00	130 000.00

任务 4.2-6 业务招待费

厦门喜燕电器制造有限公司为增值税一般纳税人,2022 年发生业务如下:
(1) 全年取得销售收入 2 亿元,不包括应确认的视同销售收入 1 000 万元。
(2) 发生与生产经营相关的业务招待费 200 万元。
要求:根据以上业务,填写 A105000 申报表。

任务分析:

(1) 根据《中华人民共和国企业所得税法实施条例》第二十五条规定,企业发生非货币性资产交换,以及将货物、财产、劳务用于捐赠、偿债、赞助、集资、广告、样品、职工福利或者利润分配等用途的,应当视同销售货物、转让财产或者提供劳务,但国务院财政、税务主管部门另有规定的除外。

第四十三条规定,企业发生的与生产经营活动有关的业务招待费支出,按照发生额的 60% 扣除,但最高不得超过当年销售(营业)收入的 5‰。

(2) 根据国家税务总局《关于企业所得税执行中若干税务处理问题的通知》(国税函〔2009〕202 号)规定,企业在计算业务招待费、广告费和业务宣传费等费用扣除限额时,其销售(营业)收入额应包括《实施条例》第二十五条规定的视同销售(营业)收入额。

表 4.2-11:
(1) 第 15 行第 1 列: 2 000 000.00 元。

根据业务(2),发生与生产经营相关的业务招待费 200 万元。

(2) 第 15 行第 2 列: 1 050 000.00 元。

根据业务(2),2022 年业务招待费扣除限额 =(200 000 000 + 10 000 000)×0.5% = 1 050 000.00(元)。

业务招待费 60% 部分 = 2 000 000×60% = 1 200 000.00(元),由于 105 万元 < 120 万元,因此业务招待费支出税收金额为 105 万元。

表 4.2-11   A105000 纳税调整项目明细表

行次	项目	账载金额	税收金额	调增金额	调减金额
		1	2	3	4
1	一、收入类调整项目(2+3+…+8+10+11)	*	*	0.00	0.00
2	(一)视同销售收入(填写 A105010)	*	0.00	0.00	*
3	(二)未按权责发生制原则确认的收入(填写 A105020)	0.00	0.00	0.00	0.00
4	(三)投资收益(填写 A105030)	0.00	0.00	0.00	0.00
5	(四)按权益法核算长期股权投资对初始投资成本调整确认收益	*	*	*	
6	(五)交易性金融资产初始投资调整	*	*		*
7	(六)公允价值变动净损益		*	0.00	0.00

续表

行次	项目	账载金额 1	税收金额 2	调增金额 3	调减金额 4
8	（七）不征税收入	*	*		
9	其中：专项用途财政性资金（填写A105040）	*	*	0.00	0.00
10	（八）销售折扣、折让和退回			0.00	0.00
11	（九）其他			0.00	0.00
12	二、扣除类调整项目（13+14+…+24+26+27+28+29+30）	*	*	950 000.00	0.00
13	（一）视同销售成本（填写A105010）	*	0.00	*	0.00
14	（二）职工薪酬（填写A105050）	0.00	0.00	0.00	0.00
15	（三）业务招待费支出	2 000 000.00	1 050 000.00	950 000.00	*
16	（四）广告费和业务宣传费支出（填写A105060）	*	*	0.00	0.00
17	（五）捐赠支出（填写A105070）	0.00	0.00	0.00	0.00
18	（六）利息支出			0.00	0.00
19	（七）罚金、罚款和被没收财物的损失		*	0.00	*
20	（八）税收滞纳金、加收利息		*	0.00	*
21	（九）赞助支出		*	0.00	*
22	（十）与未实现融资收益相关在当期确认的财务费用			0.00	0.00
23	（十一）佣金和手续费支出（保险企业填写A105060）	0.00	0.00	0.00	0.00
24	（十二）不征税收入用于支出所形成的费用	*	*		*
25	其中：专项用途财政性资金用于支出所形成的费用（填写A105040）	*	*	0.00	*
26	（十三）跨期扣除项目			0.00	0.00
27	（十四）与取得收入无关的支出		*	0.00	*
28	（十五）境外所得分摊的共同支出	*	*	0.00	*
29	（十六）党组织工作经费				
30	（十七）其他			0.00	0.00
31	三、资产类调整项目（32+33+34+35）	*	*	0.00	0.00
32	（一）资产折旧、摊销（填写A105080）	0.00	0.00	0.00	0.00

行次	项目	账载金额	税收金额	调增金额	调减金额
		1	2	3	4
33	（二）资产减值准备金		*	0.00	0.00
34	（三）资产损失（填写 A105090）	0.00	0.00	0.00	0.00
35	（四）其他				0.00
36	四、特殊事项调整项目(37+38+…+43)	*	*	0.00	0.00
37	（一）企业重组及递延纳税事项（填写 A105100）	0.00	0.00		
38	（二）政策性搬迁（填写 A105110）	*	*	0.00	0.00
39	（三）特殊行业准备金（填写 A105120）	0.00	0.00		
40	（四）房地产开发企业特定业务计算的纳税调整额（填写 A105010）	*	0.00		
41	（五）合伙企业法人合伙人应分得的应纳税所得额			0.00	
42	（六）发行永续债利息支出			0.00	
43	（七）其他	*	*		
44	五、特别纳税调整应税所得	*	*		
45	六、其他			*	*
46	合计(1+12+31+36+44+45)	*	*	950 000.00	0.00

任务 4.2-7　广告费和业务宣传费

广州喜燕化妆品有限公司为增值税一般纳税人，主营化妆品生产销售业务，2022 年发生业务如下：

（1）经审计，全年主营业务收入为 15 000 万元。其中，销售商品收入为 13 500 万元，提供劳务收入为 1 500 万元。

（2）经审计，全年其他业务收入为 3 000 万元。其中，销售材料收入为 2 000 万元，出租固定资产收入为 500 万元，出租包装物收入为 500 万元。

（3）经审计，全年用于职工奖励或福利视同销售收入为 2 000 万元，视同销售成本为 1 500 万元。

（4）经审计，债务重组利得为 1 000 万元。

（5）发生广告宣传费为 6 850 万元，非广告性赞助支出 150 万元。

要求：根据以上业务，填写 A101010、A105000、A105010、A105060 申报表。

任务分析：

（1）根据《中华人民共和国企业所得税法》第十条规定，在计算应纳税所得额时，下列支出不得扣除：

① 向投资者支付的股息、红利等权益性投资收益款项。
② 企业所得税税款。
③ 税收滞纳金。
④ 罚金、罚款和被没收财物的损失。
⑤ 本法第九条规定以外的捐赠支出。
⑥ 赞助支出。
⑦ 未经核定的准备金支出。
⑧ 与取得收入无关的其他支出。

(2) 根据《中华人民共和国企业所得税法实施条例》第二十五条规定,企业发生非货币性资产交换,以及将货物、财产、劳务用于捐赠、偿债、赞助、集资、广告、样品、职工福利或者利润分配等用途的,应当视同销售货物、转让财产或者提供劳务,但国务院财政、税务主管部门另有规定的除外。

第四十四条规定,企业发生的符合条件的广告费和业务宣传费支出,除国务院财政、税务主管部门另有规定外,不超过当年销售(营业)收入15%的部分,准予扣除;超过部分,准予在以后纳税年度结转扣除。

第五十四条规定,企业所得税法第十条第(六)项所称赞助支出,是指企业发生的与生产经营活动无关的各种非广告性质支出。

(3) 根据国家税务总局《关于企业所得税执行中若干税务处理问题的通知》(国税函〔2009〕202号)规定,企业在计算业务招待费、广告费和业务宣传费等费用扣除限额时,其销售(营业)收入额应包括《实施条例》第二十五条规定的视同销售(营业)收入额。

(4) 根据财政部、税务总局《关于广告费和业务宣传费支出税前扣除有关事项的公告》(2020年第43号)规定,对化妆品制造或销售、医药制造和饮料制造(不含酒类制造)企业发生的广告费和业务宣传费支出,不超过当年销售(营业)收入30%的部分,准予扣除;超过部分,准予在以后纳税年度结转扣除。

表4.2-12:
(1) 第3行:135 000 000.00元。
根据业务(1),销售商品收入为13 500万元。
(2) 第5行:15 000 000.00元。
根据业务(1),提供劳务收入为1 500万元。
(3) 第10行:20 000 000.00元。
根据业务(2),销售材料收入为2 000万元。
(4) 第12行:5 000 000.00元。
根据业务(2),出租固定资产收入为500万元。
(5) 第14行:5 000 000.00元。
根据业务(2),出租包装物收入为500万元。
(6) 第19行:10 000 000.00元。
根据业务(4),经审计,债务重组利得为1 000万元。

表 4.2-12　　　　　　　　A101010 一般企业收入明细表

行次	项目	金额
1	一、营业收入(2+9)	180 000 000.00
2	（一）主营业务收入(3+5+6+7+8)	150 000 000.00
3	1. 销售商品收入	135 000 000.00
4	其中：非货币性资产交换收入	
5	2. 提供劳务收入	15 000 000.00
6	3. 建造合同收入	
7	4. 让渡资产使用权收入	
8	5. 其他	
9	（二）其他业务收入(10+12+13+14+15)	30 000 000.00
10	1. 销售材料收入	20 000 000.00
11	其中：非货币性资产交换收入	
12	2. 出租固定资产收入	5 000 000.00
13	3. 出租无形资产收入	
14	4. 出租包装物和商品收入	5 000 000.00
15	5. 其他	
16	二、营业外收入(17+18+19+20+21+22+23+24+25+26)	10 000 000.00
17	（一）非流动资产处置利得	
18	（二）非货币性资产交换利得	
19	（三）债务重组利得	10 000 000.00
20	（四）政府补助利得	
21	（五）盘盈利得	
22	（六）捐赠利得	
23	（七）罚没利得	
24	（八）确实无法偿付的应付款项	
25	（九）汇兑收益	
26	（十）其他	

表 4.2-13：

第 21 行第 1 列：1 500 000.00 元。

根据业务(5)，非广告性赞助支出为 150 万元。

> **提示**
>
> 非广告性的赞助支出属于赞助支出；广告性的赞助支出属于广告费和业务宣传费支出，应在表 A105000 中填报。

表 4.2-13　　　　　　　　　A105000 纳税调整项目明细表

行次	项目	账载金额	税收金额	调增金额	调减金额
		1	2	3	4
1	一、收入类调整项目(2+3+…+8+10+11)	*	*	0.00	0.00
2	（一）视同销售收入（填写 A105010）	*	0.00	0.00	*
3	（二）未按权责发生制原则确认的收入（填写 A105020）	0.00	0.00	0.00	0.00
4	（三）投资收益（填写 A105030）	0.00	0.00	0.00	0.00
5	（四）按权益法核算长期股权投资对初始投资成本调整确认收益	*	*	*	
6	（五）交易性金融资产初始投资调整	*	*		*
7	（六）公允价值变动净损益		*	0.00	0.00
8	（七）不征税收入	*	*		
9	其中：专项用途财政性资金（填写 A105040）	*	*	0.00	0.00
10	（八）销售折扣、折让和退回			0.00	0.00
11	（九）其他			0.00	0.00
12	二、扣除类调整项目（13+14+…+24+26+27+28+29+30）	*	*	16 000 000.00	0.00
13	（一）视同销售成本（填写 A105010）	*	0.00	*	0.00
14	（二）职工薪酬（填写 A105050）	0.00	0.00	0.00	0.00
15	（三）业务招待费支出			0.00	*
16	（四）广告费和业务宣传费支出（填写 A105060）	68 500 000.00	54 000 000.00	14 500 000.00	0.00
17	（五）捐赠支出（填写 A105070）	0.00	0.00	0.00	0.00
18	（六）利息支出			0.00	0.00
19	（七）罚金、罚款和被没收财物的损失		*	0.00	*
20	（八）税收滞纳金、加收利息		*	0.00	*
21	（九）赞助支出	1 500 000.00	*	1 500 000.00	*

续表

行次	项目	账载金额 1	税收金额 2	调增金额 3	调减金额 4
22	（十）与未实现融资收益相关在当期确认的财务费用			0.00	0.00
23	（十一）佣金和手续费支出（保险企业填写A105060）	0.00	0.00	0.00	0.00
24	（十二）不征税收入用于支出所形成的费用	*	*		*
25	其中：专项用途财政性资金用于支出所形成的费用（填写A105040）	*	*	0.00	*
26	（十三）跨期扣除项目			0.00	0.00
27	（十四）与取得收入无关的支出		*	0.00	*
28	（十五）境外所得分摊的共同支出	*	*	0.00	*
29	（十六）党组织工作经费				
30	（十七）其他			0.00	0.00
31	三、资产类调整项目（32+33+34+35）	*	*	0.00	0.00
32	（一）资产折旧、摊销（填写A105080）	0.00	0.00	0.00	0.00
33	（二）资产减值准备金		*		
34	（三）资产损失（填写A105090）	0.00	0.00		
35	（四）其他			0.00	0.00
36	四、特殊事项调整项目（37+38+…+43）	*	*	0.00	0.00
37	（一）企业重组及递延纳税事项（填写A105100）	0.00	0.00	0.00	0.00
38	（二）政策性搬迁（填写A105110）	*	*		
39	（三）特殊行业准备金（填写A105120）	0.00	0.00		
40	（四）房地产开发企业特定业务计算的纳税调整额（填写A105010）	*	0.00		
41	（五）合伙企业法人合伙人应分得的应纳税所得额			0.00	0.00
42	（六）发行永续债利息支出			0.00	0.00
43	（七）其他	*	*		
44	五、特别纳税调整应税所得	*	*		
45	六、其他	*	*		
46	合计（1+12+31+36+44+45）	*	*	16 000 000.00	0.00

表 4.2-14：

（1）第 5 行第 1 列：20 000 000.00 元。

根据业务（3），全年视同销售收入为 2 000 万元。

（2）第 15 行第 1 列：15 000 000.00 元。

根据业务（3），全年视同销售成本为 1 500 万元。

表 4.2-14　A105010 视同销售和房地产开发企业特定业务纳税调整明细表

行次	项目	税收金额	纳税调整金额
		1	2
1	一、视同销售（营业）收入（2+3+4+5+6+7+8+9+10）	20 000 000.00	20 000 000.00
2	（一）非货币性资产交换视同销售收入		
3	（二）用于市场推广或销售视同销售收入		
4	（三）用于交际应酬视同销售收入		
5	（四）用于职工奖励或福利视同销售收入	20 000 000.00	20 000 000.00
6	（五）用于股息分配视同销售收入		
7	（六）用于对外捐赠视同销售收入		
8	（七）用于对外投资项目视同销售收入		
9	（八）提供劳务视同销售收入		
10	（九）其他		
11	二、视同销售（营业）成本（12+13+14+15+16+17+18+19+20）	15 000 000.00	−15 000 000.00
12	（一）非货币性资产交换视同销售成本		
13	（二）用于市场推广或销售视同销售成本		
14	（三）用于交际应酬视同销售成本		
15	（四）用于职工奖励或福利视同销售成本	15 000 000.00	−15 000 000.00
16	（五）用于股息分配视同销售成本		
17	（六）用于对外捐赠视同销售成本		
18	（七）用于对外投资项目视同销售成本		
19	（八）提供劳务视同销售成本		
20	（九）其他		
21	三、房地产开发企业特定业务计算的纳税调整额（22−26）	0.00	0.00
22	（一）地产企业销售未完工开发产品特定业务计算的纳税调整额（24−25）	0.00	0.00
23	1. 销售未完工产品的收入		*
24	2. 销售未完工产品预计毛利额		
25	3. 实际发生的税金及附加、土地增值税		
26	（二）房地产企业销售的未完工产品转完工产品特定业务计算的纳税调整额（28−29）	0.00	0.00
27	1. 销售未完工产品转完工产品确认的销售收入		*
28	2. 转回的销售未完工产品预计毛利额		
29	3. 转回实际发生的税金及附加、土地增值税		

表 4.2-15　　　A105060 广告费和业务宣传费跨年度纳税调整明细表

行次	项目	广告费和业务宣传费 1	保险企业手续费及佣金支出 2
1	一、本年支出	68 500 000.00	
2	减：不允许扣除的支出		
3	二、本年符合条件的支出(1-2)	68 500 000.00	0.00
4	三、本年计算扣除限额的基数	180 000 000.00	
5	乘：税收规定扣除率	30%	
6	四、本企业计算的扣除限额(4×5)	54 000 000.00	0.00
7	五、本年结转以后年度扣除额(3>6,本行＝3-6;3≤6,本行＝0)	14 500 000.00	0.00
8	加：以前年度累计结转扣除额	0.00	
9	减：本年扣除的以前年度结转额[3>6,本行＝0;3≤6,本行＝8 与(6-3)孰小值]	0.00	0.00
10	六、按照分摊协议归集至其他关联方的金额(10≤3 与 6 孰小值)		
11	按照分摊协议从其他关联方归集至本企业的金额		
12	七、本年支出纳税调整金额(3>6,本行＝2+3-6+10-11;3≤6,本行＝2+10-11-9)	14 500 000.00	0.00
13	八、累计结转以后年度扣除额(7+8-9)	14 500 000.00	0.00

任务 4.2-8　捐赠支出

杭州喜燕信息技术有限公司为增值税一般纳税人,2021 年发生业务如下：

(1) 通过中国红十字会捐赠 1 000 万元,专用于医学技术研究,取得中国红十字会开具的公益性捐赠票据。

(2) 通过镇政府捐赠 200 万元,用于建设希望小学。

(3) 捐赠 500 万元,用于新疆阿克苏目标脱贫地区扶贫。

(4) 2021 年提供技术服务取得收入 30 000 万元,相关劳务成本 20 000 万元,会计利润为 10 000 万元。2020 年度结转可扣除的捐赠额为 100 万元,2020 年以前无捐赠业务。

要求：根据以上业务,填写 A101010、A102010、A105000、A105070 申报表。

任务分析：

(1) 根据《中华人民共和国企业所得税法》第九条规定,企业发生的公益性捐赠支出,在年度利润总额 12% 以内的部分,准予在计算应纳税所得额时扣除；超过年度利润总额 12% 的部分,准予结转以后三年内在计算应纳税所得额时扣除。

(2) 根据《中华人民共和国企业所得税法实施条例》第五十一条规定,企业所得税法第九条所称公益性捐赠,是指企业通过公益性社会组织或者县级以上人民政府及其部门,用于符合法律规定的慈善活动、公益事业的捐赠。

第五十三条规定,企业当年发生及以前年度结转的公益性捐赠支出,不超过年度利润总额12%的部分,准予扣除。年度利润总额,是指企业依照国家统一会计制度的规定计算的年度会计利润。

(3)根据财政部、税务总局、国务院扶贫办《关于企业扶贫捐赠所得税税前扣除政策的公告》(2019年第49号)规定,自2019年1月1日至2022年12月31日,企业通过公益性社会组织或者县级(含县级)以上人民政府及其组成部门和直属机构,用于目标脱贫地区的扶贫捐赠支出,准予在计算企业所得税应纳税所得额时据实扣除。在政策执行期限内,目标脱贫地区实现脱贫的,可继续适用上述政策。"目标脱贫地区"包括832个国家扶贫开发工作重点县、集中连片特困地区县(新疆阿克苏地区6县1市享受片区政策)和建档立卡贫困村。

表4.2-16:

第5行:300 000 000.00元。

根据业务(4),2021年提供技术服务取得收入30 000万元。

表4.2-16　　　　　　　　A101010 一般企业收入明细表

行次	项目	金额
1	一、营业收入(2+9)	300 000 000.00
2	(一)主营业务收入(3+5+6+7+8)	300 000 000.00
3	1. 销售商品收入	
4	其中:非货币性资产交换收入	
5	2. 提供劳务收入	300 000 000.00
6	3. 建造合同收入	
7	4. 让渡资产使用权收入	
8	5. 其他	
9	(二)其他业务收入(10+12+13+14+15)	0.00
10	1. 销售材料收入	
11	其中:非货币性资产交换收入	
12	2. 出租固定资产收入	
13	3. 出租无形资产收入	
14	4. 出租包装物和商品收入	
15	5. 其他	
16	二、营业外收入(17+18+19+20+21+22+23+24+25+26)	0.00
17	(一)非流动资产处置利得	
18	(二)非货币性资产交换利得	

续表

行次	项目	金额
19	(三)债务重组利得	
20	(四)政府补助利得	
21	(五)盘盈利得	
22	(六)捐赠利得	
23	(七)罚没利得	
24	(八)确实无法偿付的应付款项	
25	(九)汇兑收益	
26	(十)其他	

表 4.2-17：

第 5 行：200 000 000.00 元。

根据业务(4),2021 年相关劳务成本 20 000 万元。

表 4.2-17　　　　A102010 一般企业成本支出明细表

行次	项目	金额
1	一、营业成本(2+9)	200 000 000.00
2	(一)主营业务成本(3+5+6+7+8)	200 000 000.00
3	1. 销售商品成本	
4	其中：非货币性资产交换成本	
5	2. 提供劳务成本	200 000 000.00
6	3. 建造合同成本	
7	4. 让渡资产使用权成本	
8	5. 其他	
9	(二)其他业务成本(10+12+13+14+15)	0.00
10	1. 销售材料成本	
11	其中：非货币性资产交换成本	
12	2. 出租固定资产成本	
13	3. 出租无形资产成本	
14	4. 包装物出租成本	
15	5. 其他	
16	二、营业外支出(17+18+19+20+21+22+23+24+25+26)	0.00
17	(一)非流动资产处置损失	
18	(二)非货币性资产交换损失	

续表

行次	项目	金额
19	（三）债务重组损失	
20	（四）非常损失	
21	（五）捐赠支出	
22	（六）赞助支出	
23	（七）罚没支出	
24	（八）坏账损失	
25	（九）无法收回的债券股权投资损失	
26	（十）其他	

表 4.2-18：
直接生成"保存"。

表 4.2-18　　　　　　　　　　A105000 纳税调整项目明细表

行次	项目	账载金额 1	税收金额 2	调增金额 3	调减金额 4
1	一、收入类调整项目(2+3+…+8+10+11)	*	*	0.00	0.00
2	（一）视同销售收入（填写 A105010）	*	0.00	0.00	*
3	（二）未按权责发生制原则确认的收入（填写 A105020）	0.00	0.00	0.00	0.00
4	（三）投资收益（填写 A105030）	0.00	0.00	0.00	0.00
5	（四）按权益法核算长期股权投资对初始投资成本调整确认收益	*	*	*	
6	（五）交易性金融资产初始投资调整	*	*		*
7	（六）公允价值变动净损益		*	0.00	0.00
8	（七）不征税收入	*	*		
9	其中：专项用途财政性资金（填写 A105040）	*	*	0.00	0.00
10	（八）销售折扣、折让和退回			0.00	0.00
11	（九）其他			0.00	0.00
12	二、扣除类调整项目(13+14+…+24+26+27+28+29+30)	*	*	2 000 000.00	1 000 000.00
13	（一）视同销售成本（填写 A105010）	*	0.00	*	0.00

续表

行次	项目	账载金额	税收金额	调增金额	调减金额
		1	2	3	4
14	(二)职工薪酬(填写 A105050)	0.00	0.00	0.00	0.00
15	(三)业务招待费支出			0.00	*
16	(四)广告费和业务宣传费支出(填写 A105060)	*	*	0.00	0.00
17	(五)捐赠支出(填写 A105070)	17 000 000.00	16 000 000.00	2 000 000.00	1 000 000.00
18	(六)利息支出			0.00	0.00
19	(七)罚金、罚款和被没收财物的损失		*	0.00	*
20	(八)税收滞纳金、加收利息		*	0.00	*
21	(九)赞助支出		*	0.00	*
22	(十)与未实现融资收益相关在当期确认的财务费用			0.00	0.00
23	(十一)佣金和手续费支出(保险企业填写 A105060)	0.00	0.00	0.00	0.00
24	(十二)不征税收入用于支出所形成的费用	*	*		*
25	其中:专项用途财政性资金用于支出所形成的费用(填写 A105040)	*	*	0.00	*
26	(十三)跨期扣除项目			0.00	0.00
27	(十四)与取得收入无关的支出		*	0.00	*
28	(十五)境外所得分摊的共同支出	*	*	0.00	*
29	(十六)党组织工作经费				
30	(十七)其他			0.00	0.00
31	三、资产类调整项目(32+33+34+35)	*	*	0.00	0.00
32	(一)资产折旧、摊销(填写 A105080)	0.00	0.00	0.00	0.00
33	(二)资产减值准备金		*	0.00	0.00
34	(三)资产损失(填写 A105090)	0.00	0.00	0.00	0.00
35	(四)其他			0.00	0.00
36	四、特殊事项调整项目(37+38+…+43)	*	*	0.00	0.00
37	(一)企业重组及递延纳税事项(填写 A105100)	0.00	0.00	0.00	0.00

续表

行次	项目	账载金额	税收金额	调增金额	调减金额
		1	2	3	4
38	(二)政策性搬迁(填写A105110)	*	*	0.00	0.00
39	(三)特殊行业准备金(填写A105120)	0.00	0.00	0.00	0.00
40	(四)房地产开发企业特定业务计算的纳税调整额(填写A105010)	*	0.00	0.00	0.00
41	(五)合伙企业法人合伙人应分得的应纳税所得额			0.00	0.00
42	(六)发行永续债利息支出			0.00	0.00
43	(七)其他	*	*		
44	五、特别纳税调整应税所得	*	*		
45	六、其他	*	*		
46	合计(1+12+31+36+44+45)	*	*	2 000 000.00	1 000 000.00

表 4.2-19：

(1) 第 1 行第 1 列：2 000 000.00 元。

根据业务(2)，通过镇政府捐赠 200 万元，用于建设希望小学。

(2) 第 2 行第 1 列：5 000 000.00 元。

根据业务(3)，捐赠 500 万元，用于新疆阿克苏目标脱贫地区扶贫。

(3) 第 3 行第 1 列：5 000 000.00 元。

根据业务(3)，捐赠 500 万元，用于新疆阿克苏目标脱贫地区扶贫。

(4) 第 7 行第 2 列：1 000 000.00 元。

根据业务(4)，2020 年度结转可扣除的捐赠额为 100 万元。

(5) 第 7 行第 6 列：1 000 000.00 元。

根据业务(4)，2020 年度结转可扣除的捐赠额为 100 万元。

(6) 第 8 行第 1 列：10 000 000.00 元。

根据业务(1)，通过中国红十字会捐赠 1 000 万元。

(7) 第 8 行第 4 列：11 000 000.00 元。

根据业务(1)(4)，本年账载金额+以前年度结转可扣除的捐赠额＝10 000 000＋1 000 000＝11 000 000.00(元)<扣除限额 1 200 万元，因此，税收金额为 1 100 万元。

(8) 第 10 行第 1 列：5 000 000.00 元。

根据业务(3)，捐赠 500 万元，用于新疆阿克苏目标脱贫地区扶贫。

(9) 第 10 行第 4 列：5 000 000.00 元。

根据业务(3)，捐赠 500 万元，用于新疆阿克苏目标脱贫地区扶贫。

税费计算与申报(第二版)

表 4.2-19　A105070 捐赠支出及纳税调整明细表

行次	项目	账载金额 1	以前年度结转可扣除的捐赠额 2	按税收规定计算的扣除限额 3	税收金额 4	纳税调增金额 5	纳税调减金额 6	可结转以后年度扣除的捐赠额 7
1	一、非公益性捐赠	2 000 000.00	*	*	*	2 000 000.00	*	*
2	二、全额扣除的公益性捐赠	5 000 000.00	*	*	5 000 000.00	*	*	*
3	其中：扶贫捐赠	5 000 000.00	*	*	5 000 000.00	*	*	*
4	三、限额扣除的公益性捐赠 (5+6+7+8)	10 000 000.00	1 000 000.00	12 000 000.00	11 000 000.00	0.00	1 000 000.00	0.00
5	前三年度(　　年)	*	*	*	*	*	*	*
6	前二年度(　　年)	*	*	*	*	*	*	*
7	前一年度(2020年)	*	1 000 000.00	*	*	*	1 000 000.00	0.00
8	本　年(2021年)	10 000 000.00	*	12 000 000.00	11 000 000.00	*	*	0.00
9	合计(1+2+4)	17 000 000.00	1 000 000.00	12 000 000.00	16 000 000.00	2 000 000.00	1 000 000.00	*
附列资料	2015年度至本年发生的公益性扶贫捐赠合计金额	5 000 000.00	*	*	5 000 000.00	*	*	*

任务 4.2-9　利息支出

厦门喜燕电器制造有限公司为增值税一般纳税人，2022年发生业务如下：

2022年6月30日，从其他非金融公司借入周转资金1 000万元，期限从2022年7月1日至2023年6月30日，年利率8%，到期一次还本付息，金融企业同期同类贷款利率为6%。

（1）2022年，借入资金和年末计提利息账务处理如下：

① 2022年6月30日，借入周转资金：

借：银行存款	10 000 000
贷：短期借款	10 000 000

② 2022年12月31日，计提借款利息：

借：财务费用	400 000
贷：应付利息	400 000

要求：根据以上业务，填写2022年A105000申报表。

（2）2023年6月30日，一次还本付息账务处理如下：

借：短期借款	10 000 000
应付利息	400 000
财务费用	400 000
贷：银行存款	10 800 000

要求：根据以上业务，填写2023年A105000申报表。

任务分析：

（1）根据《中华人民共和国企业所得税法实施条例》第三十八条规定，企业在生产经营活动中发生的下列利息支出，准予扣除：非金融企业向非金融企业借款的利息支出，不超过按照金融企业同期同类贷款利率计算的数额的部分。

（2）根据《中华人民共和国企业所得税法》及《中华人民共和国企业所得税法实施条例》规定，企业实际发生的与取得收入有关的、合理的支出，包括成本、费用、税金、损失和其他支出，准予在计算应纳税所得额时扣除。

企业在生产经营活动中发生的合理的不需要资本化的借款费用，符合下列条件的准予扣除：① 企业向金融企业借款的利息支出。② 企业向非金融企业借款的利息支出，不超过按照金融企业同期同类贷款利率计算的数额的部分。《中华人民共和国企业所得税法》及《中华人民共和国企业所得税法实施条例》规定发生的借款利息准予扣除，这里的利息支出要求实际发生，也即实际支付。

表 4.2-20：

（1）第18行第1列：400 000.00元。

根据业务（1），计提的财务费用为40万元。

（2）第18行第3列：400 000.00元。

准予扣除的借款利息支出要求实际发生，因此需要调增金额40万元。

表 4.2-20　　　　　A105000 纳税调整项目明细表(2022 年)

行次	项目	账载金额 1	税收金额 2	调增金额 3	调减金额 4
1	一、收入类调整项目(2+3+…+8+10+11)	*	*	0.00	0.00
2	(一)视同销售收入(填写 A105010)	*	0.00	0.00	*
3	(二)未按权责发生制原则确认的收入(填写 A105020)	0.00	0.00	0.00	0.00
4	(三)投资收益(填写 A105030)	0.00	0.00	0.00	0.00
5	(四)按权益法核算长期股权投资对初始投资成本调整确认收益	*	*	*	
6	(五)交易性金融资产初始投资调整	*	*		*
7	(六)公允价值变动净损益		*	0.00	0.00
8	(七)不征税收入	*	*		
9	其中:专项用途财政性资金(填写 A105040)	*	*	0.00	0.00
10	(八)销售折扣、折让和退回			0.00	0.00
11	(九)其他			0.00	0.00
12	二、扣除类调整项目(13+14+…+24+26+27+28+29+30)	*	*	400 000.00	0.00
13	(一)视同销售成本(填写 A105010)	*	0.00	*	0.00
14	(二)职工薪酬(填写 A105050)	0.00	0.00	0.00	0.00
15	(三)业务招待费支出			0.00	*
16	(四)广告费和业务宣传费支出(填写 A105060)	*	*	0.00	0.00
17	(五)捐赠支出(填写 A105070)	0.00	0.00	0.00	0.00
18	(六)利息支出	400 000.00	0.00	400 000.00	0.00
19	(七)罚金、罚款和被没收财物的损失		*	0.00	*
20	(八)税收滞纳金、加收利息		*	0.00	*
21	(九)赞助支出		*	0.00	*
22	(十)与未实现融资收益相关在当期确认的财务费用			0.00	0.00
23	(十一)佣金和手续费支出(保险企业填写 A105060)	0.00	0.00	0.00	0.00
24	(十二)不征税收入用于支出所形成的费用	*	*		*
25	其中:专项用途财政性资金用于支出所形成的费用(填写 A105040)	*	*	0.00	*

续表

行次	项目	账载金额 1	税收金额 2	调增金额 3	调减金额 4
26	(十三)跨期扣除项目			0.00	0.00
27	(十四)与取得收入无关的支出		*	0.00	*
28	(十五)境外所得分摊的共同支出	*	*	0.00	*
29	(十六)党组织工作经费				
30	(十七)其他			0.00	0.00
31	三、资产类调整项目(32+33+34+35)	*	*	0.00	0.00
32	(一)资产折旧、摊销(填写A105080)	0.00	0.00	0.00	0.00
33	(二)资产减值准备金		*	0.00	0.00
34	(三)资产损失(填写A105090)	0.00	0.00	0.00	0.00
35	(四)其他			0.00	0.00
36	四、特殊事项调整项目(37+38+…+43)	*	*	0.00	0.00
37	(一)企业重组及递延纳税事项(填写A105100)	0.00	0.00	0.00	0.00
38	(二)政策性搬迁(填写A105110)	*	*	0.00	0.00
39	(三)特殊行业准备金(填写A105120)	0.00	0.00	0.00	0.00
40	(四)房地产开发企业特定业务计算的纳税调整额(填写A105010)	*	0.00	0.00	0.00
41	(五)合伙企业法人合伙人应分得的应纳税所得额			0.00	0.00
42	(六)发行永续债利息支出			0.00	0.00
43	(七)其他	*	*		
44	五、特别纳税调整应税所得	*	*		
45	六、其他	*	*		
46	合计(1+12+31+36+44+45)	*	*	400 000.00	0.00

表4.2-21:

(1)第18行第1列:400 000.00元。

根据业务(2),计提的财务费用为40万元。

(2)第18行第2列:600 000.00元。

按照金融企业同期同类贷款利率计算的利息金额60万元填列。

(3)第18行第4列:200 000.00元。

表 4.2-21　　　　A105000 纳税调整项目明细表（2023 年）

行次	项目	账载金额	税收金额	调增金额	调减金额
		1	2	3	4
1	一、收入类调整项目（2+3+…+8+10+11）	*	*	0.00	0.00
2	（一）视同销售收入（填写 A105010）	*	0.00	0.00	*
3	（二）未按权责发生制原则确认的收入（填写 A105020）	0.00	0.00	0.00	0.00
4	（三）投资收益（填写 A105030）	0.00	0.00	0.00	0.00
5	（四）按权益法核算长期股权投资对初始投资成本调整确认收益	*	*	*	
6	（五）交易性金融资产初始投资调整	*	*		*
7	（六）公允价值变动净损益		*	0.00	0.00
8	（七）不征税收入	*	*		
9	其中：专项用途财政性资金（填写 A105040）	*	*	0.00	0.00
10	（八）销售折扣、折让和退回			0.00	0.00
11	（九）其他			0.00	0.00
12	二、扣除类调整项目（13+14+…+24+26+27+28+29+30）	*	*	0.00	200 000.00
13	（一）视同销售成本（填写 A105010）	*	0.00	*	0.00
14	（二）职工薪酬（填写 A105050）	0.00	0.00	0.00	0.00
15	（三）业务招待费支出			0.00	*
16	（四）广告费和业务宣传费支出（填写 A105060）	*	*	0.00	0.00
17	（五）捐赠支出（填写 A105070）	0.00	0.00	0.00	0.00
18	（六）利息支出	400 000.00	600 000.00	0.00	200 000.00
19	（七）罚金、罚款和被没收财物的损失		*	0.00	*
20	（八）税收滞纳金、加收利息		*	0.00	*
21	（九）赞助支出		*	0.00	*
22	（十）与未实现融资收益相关在当期确认的财务费用			0.00	0.00
23	（十一）佣金和手续费支出（保险企业填写 A105060）	0.00	0.00	0.00	0.00
24	（十二）不征税收入用于支出所形成的费用	*	*		*

续表

行次	项目	账载金额 1	税收金额 2	调增金额 3	调减金额 4
25	其中：专项用途财政性资金用于支出所形成的费用(填写A105040)	*	*	0.00	*
26	(十三)跨期扣除项目			0.00	0.00
27	(十四)与取得收入无关的支出		*	0.00	*
28	(十五)境外所得分摊的共同支出	*	*	0.00	*
29	(十六)党组织工作经费				
30	(十七)其他			0.00	0.00
31	三、资产类调整项目(32+33+34+35)	*	*	0.00	0.00
32	(一)资产折旧、摊销(填写A105080)	0.00	0.00	0.00	0.00
33	(二)资产减值准备金		*	0.00	0.00
34	(三)资产损失(填写A105090)	0.00	0.00	0.00	0.00
35	(四)其他			0.00	0.00
36	四、特殊事项调整项目(37+38+…+43)	*	*	0.00	0.00
37	(一)企业重组及递延纳税事项(填写A105100)	0.00	0.00	0.00	0.00
38	(二)政策性搬迁(填写A105110)	*	*	0.00	0.00
39	(三)特殊行业准备金(填写A105120)	0.00	0.00	0.00	0.00
40	(四)房地产开发企业特定业务计算的纳税调整额(填写A105010)	*	0.00	0.00	0.00
41	(五)合伙企业法人合伙人应分得的应纳税所得额			0.00	0.00
42	(六)发行永续债利息支出			0.00	0.00
43	(七)其他	*	*		
44	五、特别纳税调整应税所得	*	*		
45	六、其他		*	*	
46	合计(1+12+31+36+44+45)	*	*	0.00	200 000.00

任务 4.2-10 罚金、罚款、被没收财物的损失和税收滞纳金

武汉喜燕钢铁有限公司为增值税一般纳税人,2022年发生业务如下：
(1)因少申报税款,被税务机关处以税收滞纳金3万元,罚款8万元。
(2)因违反环境保护法被生态环境局处以行政罚款5万元。
(3)公司车辆因交通违规被处以交通罚款0.1万元。
(4)因产品质量问题被工商管理部门罚没商品一批,产品生产成本6万元。账务处理

如下：

借：营业外支出——罚没支出　　　　　　　　　　　　67 800
　　贷：库存商品　　　　　　　　　　　　　　　　　60 000
　　　　应交税费——应交增值税(进项税额转出)　　　7 800

(5) 因经济合同未履行，支付甲公司违约金12万元。

(6) 因购买发票构成虚开发票等偷税行为，被税务机关处以罚金10万元。

要求：根据以上业务，填写A105000申报表。

任务分析：

(1) 根据《中华人民共和国企业所得税法》第十条规定，在计算应纳税所得额时，下列支出不得扣除：

① 向投资者支付的股息、红利等权益性投资收益款项。

② 企业所得税税款。

③ 税收滞纳金。

④ 罚金、罚款和被没收财物的损失。

⑤ 本法第九条规定以外的捐赠支出。

⑥ 赞助支出。

⑦ 未经核定的准备金支出。

⑧ 与取得收入无关的其他支出。

(2) 经济法中，罚款与罚金的区别：

① 法律性质不同。罚款属于行政处罚，而罚金则属于刑事处罚。

② 执法机关不同。罚款一般由行政执法机关决定，而罚金则由人民法院依法判决。

③ 适用对象不同。罚款适用于违反行政法律、法规尚未构成犯罪的一般违法分子，而罚金则适用于违反刑事法律的犯罪分子。

表4.2-22：

(1) 第19行第1列：2 988 00.00元。

根据业务(1)，因少申报税款被罚款8万元；根据业务(2)，因违反环境保护法被生态环境局处以行政罚款5万元；根据业务(3)，公司车辆因交通违规被处以交通罚款0.1万元；根据业务(4)，因产品质量问题被工商管理部门罚没商品一批，营业外支出为6.78万元；根据业务(6)，因购买发票构成虚开发票等偷税行为，被税务机关处以罚金10万元。因此，罚金、罚款和被没收财物的损失账载金额＝80 000＋50 000＋1 000＋67 800＋100 000＝298 800.00(元)。

(2) 第20行第1列30 000.00元。

根据业务(1)，因少申报税款，被税务机关处以税收滞纳金3万元。

表 4.2-22　　　　　　　　　　A105000 纳税调整项目明细表

行次	项目	账载金额 1	税收金额 2	调增金额 3	调减金额 4
1	一、收入类调整项目(2+3+…+8+10+11)	*	*	0.00	0.00
2	（一）视同销售收入（填写 A105010）	*	0.00	0.00	*
3	（二）未按权责发生制原则确认的收入（填写 A105020）	0.00	0.00	0.00	0.00
4	（三）投资收益（填写 A105030）	0.00	0.00	0.00	0.00
5	（四）按权益法核算长期股权投资对初始投资成本调整确认收益	*	*	*	
6	（五）交易性金融资产初始投资调整	*	*		*
7	（六）公允价值变动净损益		*	0.00	0.00
8	（七）不征税收入	*	*		
9	其中：专项用途财政性资金（填写 A105040）	*	*	0.00	0.00
10	（八）销售折扣、折让和退回			0.00	0.00
11	（九）其他			0.00	0.00
12	二、扣除类调整项目(13+14+…+24+26+27+28+29+30)	*	*	328 800.00	0.00
13	（一）视同销售成本（填写 A105010）	*	0.00	*	0.00
14	（二）职工薪酬（填写 A105050）	0.00	0.00		
15	（三）业务招待费支出			0.00	*
16	（四）广告费和业务宣传费支出（填写 A105060）	*	*	0.00	0.00
17	（五）捐赠支出（填写 A105070）	0.00	0.00	0.00	0.00
18	（六）利息支出			0.00	0.00
19	（七）罚金、罚款和被没收财物的损失	298 800.00	*	298 800.00	*
20	（八）税收滞纳金、加收利息	30 000.00	*	30 000.00	*
21	（九）赞助支出		*	0.00	*
22	（十）与未实现融资收益相关在当期确认的财务费用			0.00	0.00
23	（十一）佣金和手续费支出（保险企业填写 A105060）	0.00	0.00	0.00	0.00
24	（十二）不征税收入用于支出所形成的费用	*	*		*
25	其中：专项用途财政性资金用于支出所形成的费用（填写 A105040）	*	*	0.00	*

续表

行次	项目	账载金额	税收金额	调增金额	调减金额
		1	2	3	4
26	（十三）跨期扣除项目			0.00	0.00
27	（十四）与取得收入无关的支出		*	0.00	*
28	（十五）境外所得分摊的共同支出	*	*	0.00	*
29	（十六）党组织工作经费				
30	（十七）其他			0.00	0.00
31	三、资产类调整项目(32+33+34+35)	*	*	0.00	0.00
32	（一）资产折旧、摊销（填写A105080）	0.00	0.00	0.00	0.00
33	（二）资产减值准备金		*	0.00	
34	（三）资产损失（填写A105090）	0.00	0.00	0.00	0.00
35	（四）其他			0.00	
36	四、特殊事项调整项目(37+38+…+43)	*	*		
37	（一）企业重组及递延纳税事项（填写A105100）	0.00	0.00	0.00	0.00
38	（二）政策性搬迁（填写A105110）	*	*	0.00	0.00
39	（三）特殊行业准备金（填写A105120）	0.00	0.00	0.00	0.00
40	（四）房地产开发企业特定业务计算的纳税调整额（填写A105010）	*	0.00	0.00	0.00
41	（五）合伙企业法人合伙人应分得的应纳税所得额			0.00	0.00
42	（六）发行永续债利息支出			0.00	
43	（七）其他	*	*		
44	五、特别纳税调整应税所得	*	*		
45	六、其他	*	*		
46	合计(1+12+31+36+44+45)	*	*	328 800.00	0.00

任务 4.2-11　资产折旧摊销

杭州喜燕信息技术有限公司为增值税一般纳税人，执行《企业会计准则》，2019年发生业务如下：

（1）2019年6月30日，购入一台不需要安装的电子设备，不含税价格为300万元，企业选择年限平均法计提折旧，会计折旧年限为3年，预计净残值为0。企业选择享受国家税务总局公告2018年第46号一次性税前扣除政策。

（2）2019年利润总额为2 000万元（假设提供劳务收入为10 000万元，提供劳务成本为8 000万元）。

要求：根据以上业务，填写 A105080 申报表。

任务分析：

（1）根据国家税务总局《关于设备、器具扣除有关企业所得税政策执行问题的公告》（2018年第46号）规定，企业在2018年1月1日至2020年12月31日期间新购进的设备、器具，单位价值不超过500万元的，允许一次性计入当期成本费用在计算应纳税所得额时扣除，不再分年度计算折旧（以下简称"一次性税前扣除政策"）。

所称设备、器具，是指除房屋、建筑物以外的固定资产（以下简称"固定资产"）；所称购进，包括以货币形式购进或自行建造，其中以货币形式购进的固定资产包括购进的使用过的固定资产；以货币形式购进的固定资产，以购买价款和支付的相关税费及直接归属使该资产达到预定用途发生的其他支出确定单位价值，自行建造的固定资产，以竣工结算前发生的支出确定单位价值。

（2）根据《中华人民共和国企业所得税法实施条例》第六十条规定，除国务院财政、税务主管部门另有规定外，固定资产计算折旧的最低年限如下：

① 房屋、建筑物，为20年。
② 飞机、火车、轮船、机器、机械和其他生产设备，为10年。
③ 与生产经营活动有关的器具、工具、家具等，为5年。
④ 飞机、火车、轮船以外的运输工具，为4年。
⑤ 电子设备，为3年。

表 4.2-23：

（1）第6行第1列：3 000 000.00 元。

根据业务（1），购入一台不需要安装的电子设备，不含税价格为300万元。

> **提示**
>
> 购入电子设备时，账务处理如下：
>
> | 借：固定资产 | 3 000 000 |
> | 　应交税费——应交增值税（进项税额） | 390 000 |
> | 　贷：银行存款 | 3 390 000 |
>
> 因此，固定资产的账面成本为300万元。

（2）第6行第2列：500 000.00 元。

根据业务（1），本年折旧 = 3 000 000÷(3×12)×6 = 500 000.00（元）。

（3）第6行第3列：500 000.00 元。

根据业务（1），累计折旧 = 3 000 000÷(3×12)×6 = 500 000.00（元）。

（4）第6行第4列：3 000 000.00 元。

根据业务（1），购入一台不需要安装的电子设备，不含税价格为300万元，企业选择享受一次性税前扣除政策。因此，资产计税基础等于资产账面价值即300万元。

表 4.2-23　A105080 资产折旧、摊销及纳税调整明细表

行次	项目	账载金额			税收金额					纳税调整金额
		资产原值	本年折旧、摊销额	累计折旧、摊销额	资产计税基础	税收折旧、摊销额	享受加速折旧政策的资产按税收一般规定计算的折旧、摊销额	加速折旧、摊销统计额	累计折旧、摊销额	
		1	2	3	4	5	6	7=5-6	8	9(2-5)
1	一、固定资产(2+3+4+5+6+7)	3 000 000.00	500 000.00	500 000.00	3 000 000.00	3 000 000.00	*	*	0.00	-2 500 000.00
2	(一)房屋、建筑物						*	*		0.00
3	(二)飞机、火车、轮船、机器、机械和其他生产设备						*	*		0.00
4	(三)与生产经营活动有关的器具、工具、家具等						*	*		0.00
5	(四)飞机、火车、轮船以外的运输工具						*	*		0.00
6	(五)电子设备	3 000 000.00	500 000.00	500 000.00	3 000 000.00	3 000 000.00	*	*	0.00	-2 500 000.00
7	(六)其他						*	*		0.00
8	其中:享受固定资产加速折旧及一次性扣除政策的资产折旧大于一般折旧额的部分							0.00	*	*
9	(一)重要行业固定资产加速折旧(不含一次性扣除)						*	0.00	*	*
10	(二)其他行业研发设备加速折旧						*	0.00	*	*
11	(三)固定资产一次性扣除						*	0.00	*	*
12	(四)技术进步、更新换代固定资产						*	0.00	*	*
13	(五)常年强震动、高腐蚀固定资产						*	0.00	*	*
14	(六)外购软件折旧						*	*	*	*
15	(七)集成电路企业生产设备	0.00	0.00	0.00	0.00	0.00	*	*	0.00	0.00
16	二、生产性生物资产(16+17)						*	*	*	0.00
17	(一)林木类						*	*	*	0.00
	(二)畜类						*	*	*	0.00

续表

行次	项目	账载金额			税收金额					纳税调整金额
		资产原值	本年折旧、摊销额	累计折旧、摊销额	资产计税基础	税收折旧、摊销额	享受加速折旧政策的资产按税收一般规定计算的折旧、摊销额	加速折旧、摊销统计额	累计折旧、摊销额	
		1	2	3	4	5	6	7=5-6	8	9(2-5)
18	三、无形资产(19+20+21+22+23+24+25+27)	0.00	0.00	0.00	0.00	0.00	*	*	0.00	0.00
19	(一)专利权						*	*		0.00
20	(二)商标权						*	*		0.00
21	(三)著作权						*	*		0.00
22	(四)土地使用权						*	*		0.00
23	(五)非专利技术						*	*		0.00
24	(六)特许权使用费						*	*		0.00
25	(七)软件						*	*		0.00
26	其中:享受企业外购软件加速摊销政策							0.00		*
27	(八)其他						*	*		0.00
28	四、长期待摊费用(29+30+31+32+33)	0.00	0.00	0.00	0.00	0.00	*	*		0.00
29	(一)已足额提取折旧的固定资产的改建支出						*	*		0.00
30	(二)租入固定资产的改建支出						*	*		0.00
31	(三)固定资产的大修理支出						*	*		0.00
32	(四)开办费						*	*		0.00
33	(五)其他						*	*		0.00
34	五、油气工期探采投资						*	*		0.00
35	六、油气开发投资						*	*		0.00
36	合计(1+15+18+28+34+35)	3 000 000.00	500 000.00	500 000.00	3 000 000.00	3 000 000.00	0.00	0.00	0.00	−2 500 000.00
附列资料	全民所有制企业公司制改制资产评估增值政策资产						*	*		

任务 4.2-12 资产减值准备

泉州喜燕体育用品有限公司为增值税一般纳税人,2022 年发生业务如下:

(1) 应收账款经减值测试本年应计提坏账准备 30 万元。

(2) 因客户甲资金周转困难,公司确实无法收回应收账款 50 万元,均为逾期 3 年以上应收账款。

(3) 2022 年 12 月 31 日,坏账准备贷方余额为 150 万元。2023 年,应收账款借方余额为 9 000 万元,经减值测试应收账款预计可收回 8 890 万元。

(4) 收回上年度因客户甲资金周转困难而无法收回的应收账款 15 万元。

要求:(1) 根据业务(1)(2),填写 2022 年 A105000、A105090 申报表。

(2) 根据业务(3)(4),填写 2023 年 A105000 申报表。

任务分析:

根据《中华人民共和国企业所得税法实施条例》第五十六条规定,企业的各项资产,包括固定资产、生物资产、无形资产、长期待摊费用、投资资产、存货等,以历史成本为计税基础。前款所称历史成本,是指企业取得该项资产时实际发生的支出。企业持有各项资产期间资产增值或者减值,除国务院财政、税务主管部门规定可以确认损益外,不得调整该资产的计税基础。

表 4.2-24:

第 33 行第 1 列:300 000.00 元。

根据业务(1),应收账款经减值测试本年应计提坏账准备 30 万元。

> ☞ **提示**
>
> 业务(1)账务处理如下:
>
> 借:信用减值损失　　　　　　　　　　　　　　　　300 000
> 　　贷:坏账准备　　　　　　　　　　　　　　　　　　300 000

会计上已经作为信用减值损失确认损失 30 万元;税务上由于未实际发生损失,因此不能确认为损失,即确认损失为 0。

表 4.2-24　A105000 纳税调整项目明细表(2022 年)

行次	项目	账载金额 1	税收金额 2	调增金额 3	调减金额 4
1	一、收入类调整项目(2+3+…+8+10+11)	*	*	150 000.00	0.00
2	(一)视同销售收入(填写 A105010)	*	0.00	0.00	*
3	(二)未按权责发生制原则确认的收入(填写 A105020)	0.00	0.00	0.00	0.00
4	(三)投资收益(填写 A105030)	0.00	0.00	0.00	0.00

续表

行次	项目	账载金额 1	税收金额 2	调增金额 3	调减金额 4
5	（四）按权益法核算长期股权投资对初始投资成本调整确认收益	*	*	*	
6	（五）交易性金融资产初始投资调整	*	*		*
7	（六）公允价值变动净损益		*	0.00	0.00
8	（七）不征税收入	*	*		
9	其中：专项用途财政性资金（填写A105040）	*	*		0.00
10	（八）销售折扣、折让和退回			0.00	0.00
11	（九）其他	150 000.00		150 000.00	0.00
12	二、扣除类调整项目（13+14+…+24+26+27+28+29+30）	*	*	0.00	0.00
13	（一）视同销售成本（填写A105010）	*	0.00	*	0.00
14	（二）职工薪酬（填写A105050）	0.00	0.00	0.00	0.00
15	（三）业务招待费支出			0.00	*
16	（四）广告费和业务宣传费支出（填写A105060）	*	*	0.00	0.00
17	（五）捐赠支出（填写A105070）	0.00	0.00	0.00	0.00
18	（六）利息支出	0.00	0.00	0.00	0.00
19	（七）罚金、罚款和被没收财物的损失		*	0.00	*
20	（八）税收滞纳金、加收利息		*	0.00	*
21	（九）赞助支出		*	0.00	*
22	（十）与未实现融资收益相关在当期确认的财务费用			0.00	0.00
23	（十一）佣金和手续费支出（保险企业填写A105060）	0.00	0.00	0.00	0.00
24	（十二）不征税收入用于支出所形成的费用	*	*		*
25	其中：专项用途财政性资金用于支出所形成的费用（填写A105040）	*	*	0.00	*
26	（十三）跨期扣除项目			0.00	0.00
27	（十四）与取得收入无关的支出		*	0.00	*
28	（十五）境外所得分摊的共同支出	*		0.00	*
29	（十六）党组织工作经费				
30	（十七）其他			0.00	0.00
31	三、资产类调整项目（32+33+34+35）	*	*	300 000.00	500 000.00

续表

行次	项目	账载金额	税收金额	调增金额	调减金额
		1	2	3	4
32	(一)资产折旧、摊销(填写 A105080)	0.00	0.00	0.00	0.00
33	(二)资产减值准备金	300 000.00	*	300 000.00	0.00
34	(三)资产损失(填写 A105090)	0.00	500 000.00	0.00	500 000.00
35	(四)其他			0.00	0.00
36	四、特殊事项调整项目(37+38+…+43)	*	*	0.00	0.00
37	(一)企业重组及递延纳税事项(填写 A105100)	0.00	0.00	0.00	0.00
38	(二)政策性搬迁(填写 A105110)	*	*	0.00	0.00
39	(三)特殊行业准备金(填写 A105120)	0.00	0.00	0.00	0.00
40	(四)房地产开发企业特定业务计算的纳税调整额(填写 A105010)	*	0.00	0.00	0.00
41	(五)合伙企业法人合伙人应分得的应纳税所得额			0.00	0.00
42	(六)发行永续债利息支出			0.00	0.00
43	(七)其他	*	*		
44	五、特别纳税调整应税所得	*	*		
45	六、其他	*	*		
46	合计(1+12+31+36+44+45)	*	*	450 000.00	500 000.00

表 4.2-25：

第 2 行第 4 列：500 000.00 元。

根据业务(2)，因客户甲资金周转困难，公司确实无法收回应收账款 50 万元。

> ☞ 提示
>
> 业务(2)账务处理如下：
> 借：坏账准备　　　　　　　　　　　　　　　　500 000
> 　　贷：应收账款　　　　　　　　　　　　　　　　500 000

无损益变化，因此会计上确认的损失为 0；税务上由于应收账款确认无法收回，应确认损失 50 万元。

表 4.2-25　　A105090 资产损失税前扣除及纳税调整明细表

行次	项目	资产损失的账载金额	资产处置收入	赔偿收入	资产计税基础	资产损失的税收金额	纳税调整金额
		1	2	3	4	5(4-2-3)	6(1-5)
1	一、现金及银行存款损失					0.00	0.00
2	二、应收及预付款项坏账损失	0.00	0.00	0.00	500 000.00	500 000.00	-500 000.00
3	其中：逾期三年以上的应收款项损失	0.00	0.00	0.00	500 000.00	500 000.00	-500 000.00
4	逾期一年以上的小额应收款项损失					0.00	0.00
5	三、存货损失					0.00	0.00
6	其中：存货盘亏、报废、损毁、变质或被盗损失					0.00	0.00
7	四、固定资产损失					0.00	0.00
8	其中：固定资产盘亏、丢失、报废、损毁或被盗损失					0.00	0.00
9	五、无形资产损失					0.00	0.00
10	其中：无形资产转让损失					0.00	0.00
11	无形资产被替代或超过法律保护期限形成的损失					0.00	0.00
12	六、在建工程损失					0.00	0.00
13	其中：在建工程停建、报废损失					0.00	0.00
14	七、生产性生物资产损失					0.00	0.00
15	其中：生产性生物资产盘亏、非正常死亡、被盗、丢失等产生的损失					0.00	0.00
16	八、债权性投资损失(17+22)	0.00	0.00	0.00	0.00	0.00	0.00
17	（一）金融企业债权性投资损失(18+21)	0.00	0.00	0.00	0.00	0.00	0.00
18	1. 符合条件的涉农和中小企业贷款损失					0.00	0.00
19	其中：单户贷款余额300万(含)以下的贷款损失					0.00	0.00
20	单户贷款余额300万元至1 000万元(含)的贷款损失					0.00	0.00
21	2. 其他债权性投资损失					0.00	0.00

续表

行次	项目	资产损失的账载金额	资产处置收入	赔偿收入	资产计税基础	资产损失的税收金额	纳税调整金额
		1	2	3	4	5(4-2-3)	6(1-5)
22	（二）非金融企业债权性投资损失					0.00	0.00
23	九、股权(权益)性投资损失					0.00	0.00
24	其中:股权转让损失					0.00	0.00
25	十、通过各种交易场所、市场买卖债券、股票、期货、基金以及金融衍生产品等发生的损失					0.00	0.00
26	十一、打包出售资产损失					0.00	0.00
27	十二、其他资产损失					0.00	0.00
28	合计(1+2+5+7+9+12+14+16+23+25+26+27)	0.00	0.00	0.00	500 000.00	500 000.00	-500 000.00
29	其中:分支机构留存备查的资产损失						

表 4.2-26：

（1）第 33 行第 1 列：-400 000.00 元。

根据业务(3)，应收账款经减值测试本年应计提坏账准备＝(90 000 000-88 900 000)-1 500 000＝-400 000.00（元）。

> ☞ 提示
>
> 业务(3)账务处理如下：
> 借：坏账准备　　　　　　　　　　　　　　400 000
> 　贷：信用减值损失　　　　　　　　　　　　　　400 000

会计上已经作为信用减值损失确认损失-40 万元；税务上由于未实际发生损失，因此不能确认为损失，即确认损失为 0。

（2）第 11 行第 2 列：150 000.00 元。

根据业务(4)，收回上年度因客户甲资金周转困难而无法收回的应收账款 15 万元。

> ☞ 提示
>
> 业务(4)账务处理如下：
> 借：应收账款　　　　　　　　　　　　　　150 000
> 　贷：坏账准备　　　　　　　　　　　　　　　150 000
> 借：银行存款　　　　　　　　　　　　　　150 000
> 　贷：应收账款　　　　　　　　　　　　　　　150 000

表 4.2-26　　　　　A105000 纳税调整项目明细表（2023 年）

行次	项目	账载金额 1	税收金额 2	调增金额 3	调减金额 4
1	一、收入类调整项目(2+3+…+8+10+11)	*	*	0.00	0.00
2	（一）视同销售收入（填写 A105010）	*	0.00	0.00	*
3	（二）未按权责发生制原则确认的收入（填写 A105020）	0.00	0.00	0.00	0.00
4	（三）投资收益（填写 A105030）	0.00	0.00	0.00	0.00
5	（四）按权益法核算长期股权投资对初始投资成本调整确认收益	*	*	*	
6	（五）交易性金融资产初始投资调整	*	*		*
7	（六）公允价值变动净损益		*	0.00	0.00
8	（七）不征税收入	*	*		
9	其中：专项用途财政性资金（填写 A105040）	*	*	0.00	0.00
10	（八）销售折扣、折让和退回			0.00	0.00
11	（九）其他		150 000.00	0.00	0.00
12	二、扣除类调整项目(13+14+…+24+26+27+28+29+30)	*	*	0.00	0.00
13	（一）视同销售成本（填写 A105010）	*	0.00	*	0.00
14	（二）职工薪酬（填写 A105050）	0.00	0.00	0.00	0.00
15	（三）业务招待费支出			0.00	*
16	（四）广告费和业务宣传费支出（填写 A105060）	*	*	0.00	0.00
17	（五）捐赠支出（填写 A105070）	0.00	0.00	0.00	0.00
18	（六）利息支出			0.00	0.00
19	（七）罚金、罚款和被没收财物的损失		*	0.00	*
20	（八）税收滞纳金、加收利息		*	0.00	*
21	（九）赞助支出		*	0.00	*
22	（十）与未实现融资收益相关在当期确认的财务费用			0.00	0.00
23	（十一）佣金和手续费支出（保险企业填写 A105060）	0.00	0.00	0.00	0.00
24	（十二）不征税收入用于支出所形成的费用	*	*		*
25	其中：专项用途财政性资金用于支出所形成的费用（填写 A105040）	*	*	0.00	*
26	（十三）跨期扣除项目			0.00	0.00
27	（十四）与取得收入无关的支出		*	0.00	*
28	（十五）境外所得分摊的共同支出	*	*	0.00	*
29	（十六）党组织工作经费				

续表

行次	项目	账载金额	税收金额	调增金额	调减金额
		1	2	3	4
30	（十七）其他			0.00	0.00
31	三、资产类调整项目(32+33+34+35)	*	*	0.00	400 000.00
32	（一）资产折旧、摊销（填写 A105080）	0.00	0.00	0.00	0.00
33	（二）资产减值准备金	−400 000.00	*	0.00	400 000.00
34	（三）资产损失（填写 A105090）	0.00	0.00	0.00	0.00
35	（四）其他			0.00	0.00
36	四、特殊事项调整项目(37+38+⋯+43)	*	*	0.00	0.00
37	（一）企业重组及递延纳税事项（填写 A105100）	0.00	0.00	0.00	0.00
38	（二）政策性搬迁（填写 A105110）	*	*	0.00	0.00
39	（三）特殊行业准备金（填写 A105120）	0.00	0.00	0.00	0.00
40	（四）房地产开发企业特定业务计算的纳税调整额（填写 A105010）	*		0.00	0.00
41	（五）合伙企业法人合伙人应分得的应纳税所得额			0.00	0.00
42	（六）发行永续债利息支出			0.00	0.00
43	（七）其他	*	*		
44	五、特别纳税调整应税所得	*	*		
45	六、其他	*	*		
46	合计(1+12+31+36+44+45)	*	*	0.00	400 000.00

任务 4.2-13 亏损弥补

泉州喜燕体育用品有限公司为增值税一般纳税人，执行《企业会计准则》，2023 年发生业务如下：

（1）2023 年实现会计利润 1 000 万元（假设销售商品收入 10 000 万元，销售商品成本 9 000 万元）。

（2）公司成立于 2017 年，近几年经营情况如下：

单位：万元

年度	2017	2018	2019	2020	2021	2022	2023
当年盈利额	−500.00	100.00	−150.00	350.00	−120.00	−230.00	1 000.00

要求：根据以上业务，填写 A101010、A102010、A106000、A100000 申报表。

任务分析：

（1）根据《中华人民共和国企业所得税法》第十八条规定，企业纳税年度发生的亏损，准予向以后年度结转，用以后年度的所得弥补，但结转年限最长不得超过 5 年。

（2）根据财政部、税务总局《关于延长高新技术企业和科技型中小企业亏损结转年限的通知》（财税〔2018〕76 号，以下简称《通知》）规定，自 2018 年 1 月 1 日起，当年具备高新技术企业或科技型中小企业资格(以下统称"资格")的企业,其具备资格年度之前5个年度发生的尚未弥补完的亏损,准予结转以后年度弥补,最长结转年限由5年延长至10年。

(3)根据国家税务总局《关于延长高新技术企业和科技型中小企业亏损结转弥补年限有关企业所得税处理问题的公告》(2018年第45号)规定,《通知》第一条所称当年具备高新技术企业或科技型中小企业资格(以下统称"资格")的企业,其具备资格年度之前5个年度发生的尚未弥补完的亏损,是指当年具备资格的企业,其前5个年度无论是否具备资格,所发生的尚未弥补完的亏损。

2018年具备资格的企业,无论2013年至2017年是否具备资格,其2013年至2017年发生的尚未弥补完的亏损,均准予结转以后年度弥补,最长结转年限为10年。2018年以后年度具备资格的企业,依此类推,进行亏损结转弥补税务处理。

表4.2-27:

第3行:100 000 000.00元。

根据业务(1),销售商品收入10 000万元。

表4.2-27　　A101010 一般企业收入明细表

行次	项目	金额
1	一、营业收入(2+9)	100 000 000.00
2	(一)主营业务收入(3+5+6+7+8)	100 000 000.00
3	1. 销售商品收入	100 000 000.00
4	其中:非货币性资产交换收入	
5	2. 提供劳务收入	
6	3. 建造合同收入	
7	4. 让渡资产使用权收入	
8	5. 其他	
9	(二)其他业务收入(10+12+13+14+15)	0.00
10	1. 销售材料收入	
11	其中:非货币性资产交换收入	
12	2. 出租固定资产收入	
13	3. 出租无形资产收入	
14	4. 出租包装物和商品收入	
15	5. 其他	
16	二、营业外收入(17+18+19+20+21+22+23+24+25+26)	0.00
17	(一)非流动资产处置利得	
18	(二)非货币性资产交换利得	
19	(三)债务重组利得	
20	(四)政府补助利得	
21	(五)盘盈利得	
22	(六)捐赠利得	
23	(七)罚没利得	
24	(八)确实无法偿付的应付款项	
25	(九)汇兑收益	
26	(十)其他	

表 4.2-28：

第 3 行：90 000 000.00 元。

根据业务(1)，销售商品成本 9 000 万元。

表 4.2-28　　A102010 一般企业成本支出明细表

行次	项目	金额
1	一、营业成本(2+9)	90 000 000.00
2	（一）主营业务成本(3+5+6+7+8)	90 000 000.00
3	1. 销售商品成本	90 000 000.00
4	其中：非货币性资产交换成本	
5	2. 提供劳务成本	
6	3. 建造合同成本	
7	4. 让渡资产使用权成本	
8	5. 其他	
9	（二）其他业务成本(10+12+13+14+15)	0.00
10	1. 销售材料成本	
11	其中：非货币性资产交换成本	
12	2. 出租固定资产成本	
13	3. 出租无形资产成本	
14	4. 包装物出租成本	
15	5. 其他	
16	二、营业外支出(17+18+19+20+21+22+23+24+25+26)	0.00
17	（一）非流动资产处置损失	
18	（二）非货币性资产交换损失	
19	（三）债务重组损失	
20	（四）非常损失	
21	（五）捐赠支出	
22	（六）赞助支出	
23	（七）罚没支出	
24	（八）坏账损失	
25	（九）无法收回的债券股权投资损失	
26	（十）其他	

表 4.2-29：

(1) 第 6—10 行第 2 列：1 000 000.00 元、−1 500 000.00 元、3 500 000.00 元、

-1 200 000.00 元、-2 300 000.00 元。

根据业务(2),当年盈利额填列。

(2) 第6—11行第6列:100。

公司为增值税一般纳税人,选择代码100。

(3) 第7、9、10行第7列:-1 500 000.00 元、-1 200 000.00 元、-2 300 000.00 元。

根据2—5列分析填列。当年亏损额一般等于第2列-第3列+第4列+第5列。

(4) 第7行第8列:-1 500 000.00 元。

由于2018年100万元加上2020年350万元盈利额有限弥补2017年的亏损额,因此,2019年的亏损额均未被弥补,即当年待弥补的亏损额为150万元。

另外,2017年亏损额余50万元因超过5年年限无法用2023年的盈利额弥补。

(5) 第7行第9列:1 500 000.00 元。

由于2023年的盈利额为1 000万元,超过150万元,因此,150万元亏损额均可使用境内所得弥补。

(6) 第9、10行第8列:-1 200 000.00 元、-2 300 000.00 元。

由于亏损额均未被弥补,因此等于本年亏损额。

(7) 第9、10行第9列:1 200 000.00 元、2 300 000.00 元。

由于2023年的盈利额为1 000万元,远超过前5年亏损额,因此均可使用境内所得弥补。

表 4.2-29　A106000 企业所得税弥补亏损明细表

行次	项目	年度	当年境内所得额	分立转出的亏损额	合并、分立转入的亏损额		弥补亏损企业类型	当年亏损额	当年待弥补的亏损额	用本年度所得额弥补以前年度亏损额		当年可结转以后年度弥补的亏损额
					可弥补年限5年	可弥补年限10年				使用境内所得弥补	使用境外所得弥补	
		1	2	3	4	5	6	7	8	9	10	11
1	前十年度	2013										0.00
2	前九年度	2014										0.00
3	前八年度	2015										0.00
4	前七年度	2016										0.00
5	前六年度	2017										0.00
6	前五年度	2018	1 000 000.00				100					0.00
7	前四年度	2019	−1 500 000.00				100	−1 500 000.00	−1 500 000.00	1 500 000.00		0.00
8	前三年度	2020	3 500 000.00				100					0.00
9	前二年度	2021	−1 200 000.00				100	−1 200 000.00	−1 200 000.00	1 200 000.00		1 500 000.00
10	前一年度	2022	−2 300 000.00				100	−2 300 000.00	−2 300 000.00	2 300 000.00	0.00	1 200 000.00
11	本年度	2023	10 000 000.00							5 000 000.00		2 300 000.00
12	可结转以后年度弥补的亏损额合计											0.00

表 4.2-30：
直接生成"保存"。

表 4.2-30　A100000 中华人民共和国企业所得税年度纳税申报表（A类）

行次	类别	项目	金额
1	利润总额计算	一、营业收入（填写 A101010\101020\103000）	100 000 000.00
2		减：营业成本（填写 A102010\102020\103000）	90 000 000.00
3		减：税金及附加	
4		减：销售费用（填写 A104000）	0.00
5		减：管理费用（填写 A104000）	0.00
6		减：财务费用（填写 A104000）	0.00
7		减：资产减值损失	
8		加：公允价值变动收益	
9		加：投资收益	
10		二、营业利润（1-2-3-4-5-6-7+8+9）	10 000 000.00
11		加：营业外收入（填写 A101010\101020\103000）	0.00
12		减：营业外支出（填写 A102010\102020\103000）	0.00
13		三、利润总额（10+11-12）	10 000 000.00
14	应纳税所得额计算	减：境外所得（填写 A108010）	0.00
15		加：纳税调整增加额（填写 A105000）	0.00
16		减：纳税调整减少额（填写 A105000）	0.00
17		减：免税、减计收入及加计扣除（填写 A107010）	0.00
18		加：境外应税所得抵减境内亏损（填写 A108000）	
19		四、纳税调整后所得（13-14+15-16-17+18）	10 000 000.00
20		减：所得减免（填写 A107020）	0.00
21		减：弥补以前年度亏损（填写 A106000）	5 000 000.00
22		减：抵扣应纳税所得额（填写 A107030）	0.00
23		五、应纳税所得额（19-20-21-22）	5 000 000.00

续表

行次	类别	项目	金额
24	应纳税额计算	税率(25%)	25%
25		六、应纳所得税额(23×24)	1 250 000.00
26		减：减免所得税额(填写A107040)	0.00
27		减：抵免所得税额(填写A107050)	0.00
28		七、应纳税额(25-26-27)	1 250 000.00
29		加：境外所得应纳所得税额(填写A108000)	0.00
30		减：境外所得抵免所得税额(填写A108000)	0.00
31		八、实际应纳所得税额(28+29-30)	1 250 000.00
32		减：本年累计实际已缴纳的所得税	
33		九、本年应补(退)所得税额(31-32)	1 250 000.00
34		其中：总机构分摊本年应补(退)所得税额(填写A109000)	0.00
35		财政集中分配本年应补(退)所得税额(填写A109000)	0.00
36		总机构主体生产经营部门分摊本年应补(退)所得税额(填写A109000)	0.00

任务 4.2-14 免税、减计收入及加计扣除

北京喜燕啤酒有限公司为增值税一般纳税人，执行《企业会计准则》，2022 年发生业务如下：

2019 年 7 月 1 日，购入面值为 100 万元的 3 年期国债，票面利率为 4%，到期一次还本付息。2022 年 6 月 30 日，收到本金 100 万元，利息 12 万元。

要求：根据以上业务，填写 2022 年 A105020、A105000、A107010 申报表。

任务分析：

（1）根据《中华人民共和国企业所得税法》第二十六条规定，企业的下列收入为免税收入：

① 国债利息收入。

② 符合条件的居民企业之间的股息、红利等权益性投资收益。

③ 在中国境内设立机构、场所的非居民企业从居民企业取得与该机构、场所有实际联系的股息、红利等权益性投资收益。

④ 符合条件的非营利组织的收入。

第六条规定，企业以货币形式和非货币形式从各种来源取得的收入，为收入总额。包括：

① 销售货物收入。

② 提供劳务收入。

③ 转让财产收入。

④ 股息、红利等权益性投资收益。

⑤ 利息收入。
⑥ 租金收入。
⑦ 特许权使用费收入。
⑧ 接受捐赠收入。
⑨ 其他收入。

(2) 根据《中华人民共和国企业所得税法实施条例》第八十二条规定,企业所得税法第二十六条第(一)项所称国债利息收入,是指企业持有国务院财政部门发行的国债取得的利息收入。

第十八条规定,企业所得税法第六条第(五)项所称利息收入,是指企业将资金提供他人使用但不构成权益性投资,或者因他人占用本企业资金取得的收入,包括存款利息、贷款利息、债券利息、欠款利息等收入。利息收入,按照合同约定的债务人应付利息的日期确认收入的实现。

(3) 账务处理分析。

① 购入国债时,账务处理如下:

借:持有至到期投资——成本　　　　　　　　　　　　　　　　1 000 000
　　贷:银行存款　　　　　　　　　　　　　　　　　　　　　　　 1 000 000

2019 年 12 月 31 日,计提国债利息如下:

借:持有至到期投资——应计利息　　　　　　　　　　　　　　　20 000
　　贷:投资收益　　　　　　　　　　　　　　　　　　　　　　　 20 000

② 2020 年 12 月 31 日和 2021 年 12 月 31 日,计提国债利息如下:

借:持有至到期投资——应计利息　　　　　　　　　　　　　　　40 000
　　贷:投资收益　　　　　　　　　　　　　　　　　　　　　　　 40 000

③ 2022 年 6 月 30 日收到本金、利息,账务处理如下:

借:银行存款　　　　　　　　　　　　　　　　　　　　　　　 1 120 000
　　贷:持有至到期投资——成本　　　　　　　　　　　　　　　 1 000 000
　　　　　　　　　　　——应计利息　　　　　　　　　　　　　　 100 000
　　　　投资收益　　　　　　　　　　　　　　　　　　　　　　　 20 000

表 4.2-31:

(1) 第 3 行第 1 列:120 000.00 元。

合同金额(交易金额) = 1 000 000×4%×3 = 120 000.00(元)

(2) 第 3 行第 2 列:20 000.00 元。

利息本年账载金额即为账务处理①中投资收益金额 2 万元。

(3) 第 3 行第 3 列:120 000.00 元。

利息累计账载金额即为账务处理①②③中投资收益总额 12 万元。

(4) 第 3 行第 4 列:120 000.00 元。

2022 年 6 月 30 日,收到的利息金额 12 万元。

(5) 第 3 行第 5 列:120 000.00 元。

由于国债是到期一次还本付息,所以利息累计税收金额等于利息本年税收金额即 12 万元。

表 4.2-31　A105020 未按权责发生制确认收入纳税调整明细表

行次	项目	合同金额（交易金额）	账载金额 本年	账载金额 累计	税收金额 本年	税收金额 累计	纳税调整金额
		1	2	3	4	5	6(4-2)
1	一、跨期收取的租金、利息、特许权使用费收入(2+3+4)	120 000.00	20 000.00	120 000.00	120 000.00	120 000.00	100 000.00
2	（一）租金						
3	（二）利息	120 000.00	20 000.00	120 000.00	120 000.00	120 000.00	100 000.00
4	（三）特许权使用费						0.00
5	二、分期确认收入(6+7+8)	0.00	0.00	0.00	0.00	0.00	0.00
6	（一）分期收款方式销售货物收入						0.00
7	（二）持续时间超过12个月的建造合同收入						0.00
8	（三）其他分期确认收入						0.00
9	三、政府补助递延收入(10+11+12)	0.00	0.00	0.00	0.00	0.00	0.00
10	（一）与收益相关的政府补助						0.00
11	（二）与资产相关的政府补助						0.00
12	（三）其他						0.00
13	四、其他未按权责发生制确认收入						0.00
14	合计(1+5+9+13)	120 000.00	20 000.00	120 000.00	120 000.00	120 000.00	100 000.00

表 4.2-32：

(1) 第 3 行第 1 列：20 000.00 元。

(2) 第 3 行第 2 列：120 000.00 元。

(3) 第 3 行第 3 列：100 000.00 元。

表 4.2-32　　　　　　　　　　A105000 纳税调整项目明细表

行次	项目	账载金额 1	税收金额 2	调增金额 3	调减金额 4
1	一、收入类调整项目(2+3+…+8+10+11)	*	*	100 000.00	0.00
2	（一）视同销售收入（填写 A105010）	*	0.00	0.00	*
3	（二）未按权责发生制原则确认的收入（填写 A105020）	20 000.00	120 000.00	100 000.00	0.00
4	（三）投资收益（填写 A105030）	0.00	0.00	0.00	0.00
5	（四）按权益法核算长期股权投资对初始投资成本调整确认收益	*	*	*	
6	（五）交易性金融资产初始投资调整	*	*		*
7	（六）公允价值变动净损益		*	0.00	0.00
8	（七）不征税收入	*	*		
9	其中：专项用途财政性资金（填写 A105040）	*	*	0.00	0.00
10	（八）销售折扣、折让和退回			0.00	0.00
11	（九）其他			0.00	0.00
12	二、扣除类调整项目(13+14+…+24+26+27+28+29+30)	*	*	0.00	0.00
13	（一）视同销售成本（填写 A105010）	*	0.00	*	0.00
14	（二）职工薪酬（填写 A105050）	0.00	0.00	0.00	0.00
15	（三）业务招待费支出			0.00	*
16	（四）广告费和业务宣传费支出（填写 A105060）	*	*	0.00	0.00
17	（五）捐赠支出（填写 A105070）	0.00	0.00	0.00	0.00
18	（六）利息支出			0.00	0.00
19	（七）罚金、罚款和被没收财物的损失		*	0.00	*
20	（八）税收滞纳金、加收利息		*	0.00	*
21	（九）赞助支出		*	0.00	*
22	（十）与未实现融资收益相关在当期确认的财务费用			0.00	0.00
23	（十一）佣金和手续费支出（保险企业填写 A105060）	0.00	0.00	0.00	0.00
24	（十二）不征税收入用于支出所形成的费用	*	*		*
25	其中：专项用途财政性资金用于支出所形成的费用（填写 A105040）	*	*	0.00	*
26	（十三）跨期扣除项目			0.00	0.00
27	（十四）与取得收入无关的支出		*	0.00	*

续表

行次	项目	账载金额	税收金额	调增金额	调减金额
		1	2	3	4
28	（十五）境外所得分摊的共同支出	*	*	0.00	*
29	（十六）党组织工作经费				
30	（十七）其他			0.00	0.00
31	三、资产类调整项目(32+33+34+35)	*	*	0.00	0.00
32	（一）资产折旧、摊销（填写A105080）	0.00	0.00	0.00	0.00
33	（二）资产减值准备金		*		
34	（三）资产损失（填写A105090）	0.00	0.00	0.00	0.00
35	（四）其他			0.00	0.00
36	四、特殊事项调整项目(37+38+…+43)	*	*	0.00	0.00
37	（一）企业重组及递延纳税事项（填写A105100）	0.00	0.00	0.00	0.00
38	（二）政策性搬迁（填写A105110）	*	*	0.00	0.00
39	（三）特殊行业准备金（填写A105120）	0.00	0.00	0.00	0.00
40	（四）房地产开发企业特定业务计算的纳税调整额（填写A105010）	*	0.00	0.00	0.00
41	（五）合伙企业法人合伙人应分得的应纳税所得额			0.00	
42	（六）发行永续债利息支出			0.00	
43	（七）其他	*	*		
44	五、特别纳税调整应税所得	*	*		
45	六、其他	*	*		
46	合计(1+12+31+36+44+45)	*	*	100 000.00	0.00

表4.2-33：

直接生成"保存"。

表4.2-33　A107010 免税、减计收入及加计扣除优惠明细表

行次	项目	金额
1	一、免税收入(2+3+9+…+16)	120 000.00
2	（一）国债利息收入免征企业所得税	120 000.00
3	（二）符合条件的居民企业之间的股息、红利等权益性投资收益免征企业所得税(4+5+6+7+8)	0.00
4	1.一般股息红利等权益性投资收益免征企业所得税（填写A107011）	0.00
5	2.内地居民企业通过沪港通投资且连续持有H股满12个月取得的股息红利所得免征企业所得税（填写A107011）	0.00

续表

行次	项目	金额
6	3.内地居民企业通过深港通投资且连续持有H股满12个月取得的股息红利所得免征企业所得税(填写A107011)	0.00
7	4.居民企业持有创新企业CDR取得的股息红利所得免征企业所得税(填写A107011)	0.00
8	5.符合条件的永续债利息收入免征企业所得税(填写A107011)	0.00
9	(三)符合条件的非营利组织的收入免征企业所得税	
10	(四)中国清洁发展机制基金取得的收入免征企业所得税	
11	(五)投资者从证券投资基金分配中取得的收入免征企业所得税	
12	(六)取得的地方政府债券利息收入免征企业所得税	
13	(七)中国保险保障基金有限责任公司取得的保险保障基金等收入免征企业所得税	
14	(八)中国奥委会取得北京冬奥组委支付的收入免征企业所得税	
15	(九)中国残奥委会取得北京冬奥组委分期支付的收入免征企业所得税	
16	(十)其他	
17	二、减计收入(18+19+23+24)	0.00
18	(一)综合利用资源生产产品取得的收入在计算应纳税所得额时减计收入	
19	(二)金融、保险等机构取得的涉农利息、保费减计收入(20+21+22)	0.00
20	1.金融机构取得的涉农贷款利息收入在计算应纳税所得额时减计收入	
21	2.保险机构取得的涉农保费收入在计算应纳税所得额时减计收入	
22	3.小额贷款公司取得的农户小额贷款利息收入在计算应纳税所得额时减计收入	
23	(三)取得铁路债券利息收入减半征收企业所得税	
24	(四)其他(24.1+24.2)	0.00
24.1	1.取得的社区家庭服务收入在计算应纳税所得额时减计收入	
24.2	2.其他	
25	三、加计扣除(26+27+28+29+30)	0.00
26	(一)开发新技术、新产品、新工艺发生的研究开发费用加计扣除(填写A107012)	0.00
27	(二)科技型中小企业开发新技术、新产品、新工艺发生的研究开发费用加计扣除(填写A107012)	0.00
28	(三)企业为获得创新性、创意性、突破性的产品进行创意设计活动而发生的相关费用加计扣除	
29	(四)安置残疾人员所支付的工资加计扣除	
30	(五)其他	
31	合计(1+17+25)	120 000.00

任务 4.2-15　所得减免优惠

济南喜燕农业有限公司从事蔬菜和花卉种植,不同项目收入成本能够合理划分。2022年发生业务如下:

(1) 销售蔬菜,取得营业收入 8 000 万元,发生营业成本 5 000 万元。
(2) 销售花卉,取得营业收入 4 000 万元,发生营业成本 2 000 万元。
(3) 全年发生管理费用 600 万元,销售费用 840 万元,均为职工薪酬。未发生其他相关税金及附加。

企业选择按照收入比例分摊相关费用,无纳税调整项目。

要求:根据以上业务,填写 A101010、A102010、A104000、A107020、A100000 申报表。

任务分析:

根据《中华人民共和国企业所得税法实施条例》第八十六条规定,企业所得税法第二十七条第(一)项规定的企业从事农、林、牧、渔业项目的所得,可以免征、减征企业所得税。它是指:

(1) 企业从事下列项目的所得,免征企业所得税:
① 蔬菜、谷物、薯类、油料、豆类、棉花、麻类、糖料、水果、坚果的种植。
② 农作物新品种的选育。
③ 中药材的种植。
④ 林木的培育和种植。
⑤ 牲畜、家禽的饲养。
⑥ 林产品的采集。
⑦ 灌溉、农产品初加工、兽医、农技推广、农机作业和维修等农、林、牧、渔服务业项目。
⑧ 远洋捕捞。

(2) 企业从事下列项目的所得,减半征收企业所得税:
① 花卉、茶及其他饮料作物和香料作物的种植。
② 海水养殖、内陆养殖。

企业从事国家限制和禁止发展的项目,不得享受本条规定的企业所得税优惠。

表 4.2-34:

第 3 行:120 000 000.00 元。

根据业务(1)(2),销售商品收入 = 80 000 000 + 40 000 000 = 120 000 000.00(元)。

表 4.2-34　　　　　　　A101010　一般企业收入明细表

行次	项目	金额
1	一、营业收入(2+9)	120 000 000.00
2	(一)主营业务收入(3+5+6+7+8)	120 000 000.00
3	1. 销售商品收入	120 000 000.00
4	其中:非货币性资产交换收入	

续表

行次	项目	金额
5	2. 提供劳务收入	
6	3. 建造合同收入	
7	4. 让渡资产使用权收入	
8	5. 其他	
9	（二）其他业务收入（10+12+13+14+15）	0.00
10	1. 销售材料收入	
11	其中：非货币性资产交换收入	
12	2. 出租固定资产收入	
13	3. 出租无形资产收入	
14	4. 出租包装物和商品收入	
15	5. 其他	
16	二、营业外收入（17+18+19+20+21+22+23+24+25+26）	0.00
17	（一）非流动资产处置利得	
18	（二）非货币性资产交换利得	
19	（三）债务重组利得	
20	（四）政府补助利得	
21	（五）盘盈利得	
22	（六）捐赠利得	
23	（七）罚没利得	
24	（八）确实无法偿付的应付款项	
25	（九）汇兑收益	
26	（十）其他	

表 4.2-35：

第 3 行：70 000 000.00 元。

根据业务（1）（2），销售商品成本 = 50 000 000 + 20 000 000 = 70 000 000.00（元）。

表 4.2-35　　　　　　　　　A102010 一般企业成本支出明细表

行次	项目	金额
1	一、营业成本（2+9）	70 000 000.00
2	（一）主营业务成本（3+5+6+7+8）	70 000 000.00
3	1. 销售商品成本	70 000 000.00
4	其中：非货币性资产交换成本	

续表

行次	项目	金额
5	2. 提供劳务成本	
6	3. 建造合同成本	
7	4. 让渡资产使用权成本	
8	5. 其他	
9	(二)其他业务成本(10+12+13+14+15)	0.00
10	1. 销售材料成本	
11	其中:非货币性资产交换成本	
12	2. 出租固定资产成本	
13	3. 出租无形资产成本	
14	4. 包装物出租成本	
15	5. 其他	
16	二、营业外支出(17+18+19+20+21+22+23+24+25+26)	0.00
17	(一)非流动资产处置损失	
18	(二)非货币性资产交换损失	
19	(三)债务重组损失	
20	(四)非常损失	
21	(五)捐赠支出	
22	(六)赞助支出	
23	(七)罚没支出	
24	(八)坏账损失	
25	(九)无法收回的债券股权投资损失	
26	(十)其他	

表 4.2-36:

(1) 第1行第1列:8 400 000.00 元。

根据业务(3),销售费用840万元为职工薪酬。

(2) 第1行第3列:6 000 000.00 元。

根据业务(3),管理费用600万元为职工薪酬。

表 4.2-36　　　　　　　　　　A104000 期间费用明细表

行次	项目	销售费用	其中：境外支付	管理费用	其中：境外支付	财务费用	其中：境外支付
		1	2	3	4	5	6
1	一、职工薪酬	8 400 000.00	*	6 000 000.00	*	*	*
2	二、劳务费					*	*
3	三、咨询顾问费					*	*
4	四、业务招待费		*		*	*	*
5	五、广告费和业务宣传费		*		*	*	*
6	六、佣金和手续费						
7	七、资产折旧摊销费		*		*	*	*
8	八、财产损耗、盘亏及毁损损失		*		*	*	*
9	九、办公费		*		*	*	*
10	十、董事会费		*		*	*	*
11	十一、租赁费					*	*
12	十二、诉讼费		*		*	*	*
13	十三、差旅费		*		*	*	*
14	十四、保险费		*		*	*	*
15	十五、运输、仓储费					*	*
16	十六、修理费					*	*
17	十七、包装费		*		*	*	*
18	十八、技术转让费					*	*
19	十九、研究费用					*	*
20	二十、各项税费		*		*	*	*
21	二十一、利息收支	*	*	*	*		
22	二十二、汇兑差额	*	*	*	*		
23	二十三、现金折扣	*	*	*	*		*
24	二十四、党组织工作经费	*	*			*	*
25	二十五、其他						
26	合计(1+2+3+…+25)	8 400 000.00	0.00	6 000 000.00	0.00	0.00	0.00

表 4.2-37：

（1）第 1 行第 3 列：免税。

销售蔬菜收入免税。

（2）第 1 行第 4 列：80 000 000.00 元。

根据业务（1），销售蔬菜，取得营业收入 8 000 万元。

（3）第 1 行第 5 列：50 000 000.00 元。

根据业务（1），销售蔬菜，发生营业成本 5 000 万元。

（4）第 1 行第 7 列：9 600 000.00 元。

根据业务（3），应分摊期间费用＝（6 000 000＋8 400 000）÷（80 000 000＋40 000 000）×80 000 000＝9 600 000.00（元）。

（5）第 1 行第 9 列：20 400 000.00 元。

免税项目所得额＝80 000 000－50 000 000－9 600 000＝20 400 000.00（元）

（6）第 2 行第 3 列：减半征收。

销售花卉减半征收企业所得税。

（7）第 2 行第 4 列：40 000 000.00 元。

根据业务（2），销售花卉，取得营业收入 4 000 万元。

（8）第 2 行第 5 列：20 000 000.00 元。

根据业务（2），销售花卉，发生营业成本 2 000 万元。

（9）第 2 行第 7 列：4 800 000.00 元。

根据业务（3），应分摊期间费用＝（6 000 000＋8 400 000）÷（80 000 000＋40 000 000）×40 000 000＝4 800 000.00（元）。

（10）第 2 行第 10 列：15 200 000.00 元。

减半项目所得额＝40 000 000－20 000 000－4 800 000＝15 200 000.00（元）

表 4.2-37

A107020 所得减免优惠明细表

行次	减免项目	项目名称 1	优惠事项名称 2	优惠方式 3	项目收入 4	项目成本 5	相关税费 6	应分摊期间费用 7	纳税调整额 8	项目所得额 免税项目 9	项目所得额 减半项目 10	减免所得额 11(9+10×50%)
1	一、农、林、牧、渔业项目									20 400 000.00	0.00	20 400 000.00
2				免税	80 000 000.00	50 000 000.00		9 600 000.00		20 400 000.00		
3				减半征收	40 000 000.00	20 000 000.00		4 800 000.00		0.00	15 200 000.00	7 600 000.00
		小计	*	*	120 000 000.00	70 000 000.00	0.00	14 400 000.00	0.00	20 400 000.00	15 200 000.00	28 000 000.00
4	二、国家重点扶持的公共基础设施项目									0.00	0.00	0.00
5				*								
		小计	*	*	0.00	0.00	0.00	0.00	0.00	0.00	0.00	0.00
6	三、符合条件的环境保护、节能节水项目			*						0.00	0.00	0.00
7				*								
8				*								
		小计	*	*	0.00	0.00	0.00	0.00	0.00	0.00	0.00	0.00
9	四、符合条件的技术转让项目			*						*	*	*
10				*						*	*	*
11				*								
		小计	*	*	0.00	0.00	0.00	0.00	0.00	0.00	0.00	0.00
12	五、清洁发展机制项目			*						0.00	0.00	0.00
13				*								
14				*								
		小计	*	*	0.00	0.00	0.00	0.00	0.00	0.00	0.00	0.00
15	六、符合条件的节能服务公司实施的合同能源管理项目			*						0.00	0.00	0.00
16				*								
17				*								
		小计	*	*	0.00	0.00	0.00	0.00	0.00	0.00	0.00	0.00

续表

行次	减免项目	优惠事项名称 2	优惠方式 3	项目收入 4	项目成本 5	相关税费 6	应分摊期间费用 7	纳税调整额 8	项目所得额		减免所得额 11(9+10×50%)
									免税项目 9	减半项目 10	
19	七、线宽小于130纳米的集成电路生产项目	*							0.00	0.00	0.00
20		*							0.00	0.00	0.00
21	小计		*	0.00	0.00	0.00	0.00	0.00	0.00	0.00	0.00
22	八、线宽小于65纳米或投资额超过150亿元的集成电路生产项目	*							0.00	0.00	0.00
23		*							0.00	0.00	0.00
24	小计		*	0.00	0.00	0.00	0.00	0.00	0.00	0.00	0.00
25	九、其他	*							0.00	0.00	0.00
26		*							0.00	0.00	0.00
27	小计		*	0.00	0.00	0.00	0.00	0.00	0.00	0.00	0.00
28	合计	*	*	120 000 000.00	70 000 000.00	0.00	14 400 000.00	0.00	20 400 000.00	15 200 000.00	28 000 000.00

表 4.2-38：
直接生成"保存"。

表 4.2-38　A100000 中华人民共和国企业所得税年度纳税申报表（A 类）

行次	类别	项目	金额
1	利润总额计算	一、营业收入（填写 A101010\101020\103000）	120 000 000.00
2		减：营业成本（填写 A102010\102020\103000）	70 000 000.00
3		减：税金及附加	
4		减：销售费用（填写 A104000）	8 400 000.00
5		减：管理费用（填写 A104000）	6 000 000.00
6		减：财务费用（填写 A104000）	0.00
7		减：资产减值损失	
8		加：公允价值变动收益	
9		加：投资收益	
10		二、营业利润（1-2-3-4-5-6-7+8+9）	35 600 000.00
11		加：营业外收入（填写 A101010\101020\103000）	0.00
12		减：营业外支出（填写 A102010\102020\103000）	0.00
13		三、利润总额（10+11-12）	35 600 000.00
14	应纳税所得额计算	减：境外所得（填写 A108010）	0.00
15		加：纳税调整增加额（填写 A105000）	0.00
16		减：纳税调整减少额（填写 A105000）	0.00
17		减：免税、减计收入及加计扣除（填写 A107010）	0.00
18		加：境外应税所得抵减境内亏损（填写 A108000）	
19		四、纳税调整后所得（13-14+15-16-17+18）	35 600 000.00
20		减：所得减免（填写 A107020）	28 000 000.00
21		减：弥补以前年度亏损（填写 A106000）	0.00
22		减：抵扣应纳税所得额（填写 A107030）	0.00
23		五、应纳税所得额（19-20-21-22）	7 600 000.00
24	应纳税额计算	税率（25%）	25%
25		六、应纳所得税额（23×24）	1 900 000.00
26		减：减免所得税额（填写 A107040）	0.00
27		减：抵免所得税额（填写 A107050）	0.00
28		七、应纳税额（25-26-27）	1 900 000.00
29		加：境外所得应纳所得税额（填写 A108000）	0.00
30		减：境外所得抵免所得税额（填写 A108000）	0.00
31		八、实际应纳所得税额（28+29-30）	1 900 000.00
32		减：本年累计实际已缴纳的所得税额	
33		九、本年应补（退）所得税额（31-32）	1 900 000.00
34		其中：总机构分摊本年应补（退）所得税额（填写 A109000）	0.00
35		财政集中分配本年应补（退）所得税额（填写 A109000）	0.00
36		总机构主体生产经营部门分摊本年应补（退）所得税额（填写 A109000）	0.00

任务三 企业所得税的申报

杭州喜燕信息科技有限公司于2021年6月30日被认定为高新技术企业,2022年发生业务如下:

(1) 本年企业总收入10 000万元,销售(营业)收入9 650万元。本年高新技术产品(服务)收入8 000万元,其中产品(服务)收入5 000万元、技术性收入3 000万元。

(2) 从事研发和相关技术创新活动的科技人员数600人,本年职工总数1 000人。

(3) 本年按照高新技术企业研发费用归集口径,内部研究开发投入达到4 800万元,其中人员人工费用1 500万元、直接投入费用900万元、折旧费用与长期待摊费用350万元、设计费用250万元、装备调试费400万元、无形资产摊销费用300万元、其他费用1 100万元;委托外部研究开发费用250万元,其中境内的外部研发费为180万元、境外的外部研发费为70万元。无其他年度研发费用。

(4) 本年应纳税所得额为3 200万元,不涉及以前年度亏损弥补。

高新技术领域为"一、电子信息(一)软件1.系统软件",本年未发生违法行为。

1. 判断案例企业适用的税率。
2. 根据以上业务,填写A107041、A107040申报表。

一、企业所得税的纳税地点

(一) 居民企业的纳税地点

居民企业以企业登记注册地为纳税地点;但登记注册地在境外的,以实际管理机构所在地为纳税地点,另有规定的除外。

(二) 非居民企业的纳税地点

(1) 非居民企业在中国境内设立机构、场所的,以机构、场所所在地为纳税地点。

(2) 非居民企业在中国境内未设立机构、场所的,或者虽设立机构、场所但取得的所得与其所在地机构、场所没有实际联系的,以扣缴义务人所在地为纳税地点。

二、企业所得税的纳税年度

（1）企业所得税按纳税年度计算。纳税年度自公历 1 月 1 日起至 12 月 31 日止。

（2）企业在一个纳税年度中间开业,或者终止经营活动,使该纳税年度的实际经营期不足 12 个月的,应当以其实际经营期为一个纳税年度。

（3）企业依法清算时,应当以清算期间作为一个纳税年度。

三、企业所得税的纳税期限

（1）企业所得税分月或者分季预缴,企业应当自月份或者季度终了之日起 15 日内,向税务机关报送预缴企业所得税申报表,预缴税款。

（2）企业应当自年度终了之日起 5 个月内,向税务机关报送年度企业所得税纳税申报表,并汇算清缴,结清应缴应退税款。

（3）企业在纳税年度内无论盈利或者亏损,都应当依照规定期限,向税务机关报送预缴企业所得税纳税申报表、年度企业所得税纳税申报表、财务会计报告和税务机关规定应当报送的其他有关资料。

四、纳税申报操作流程（图 4.3-1、图 4.3-2）

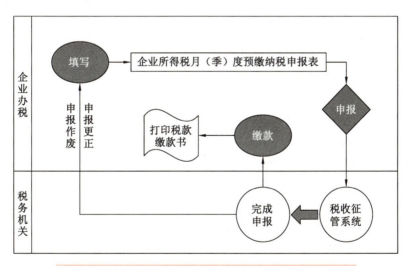

图 4.3-1　企业所得税月(季)度纳税申报操作流程图

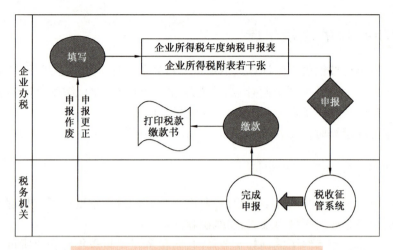

图 4.3-2　企业所得税年度纳税申报流程图

任务 4.3-1　问题见本任务的任务描述

1. 符合条件的小型微利企业,减按 20% 的税率征收企业所得税。国家需要重点扶持的高新技术企业,减按 15% 的税率征收企业所得税。

2. 填写 A107041、A107040 申报表:

表 4.3-1:

(1) 第 5 行: 50 000 000.00 元。

根据业务(1),产品(服务)收入为 5 000 万元。

(2) 第 6 行: 30 000 000.00 元。

根据业务(1),技术性收入为 3 000 万元。

(3) 第 8 行: 100 000 000.00 元。

根据业务(1),本年企业总收入为 10 000 万元。

(4) 第 11 行: 600 人。

根据业务(2),从事研发和相关技术创新活动的科技人员数为 600 人。

(5) 第 12 行: 1 000 人。

根据业务(2),本年职工总数为 1 000 人。

(6) 第 17 行: 15 000 000.00 元。

根据业务(3),人员人工费用为 1 500 万元。

(7) 第 18 行: 9 000 000.00 元。

根据业务(3),直接投入费用为 900 万元。

(8) 第 19 行: 3 500 000.00 元。

根据业务(3),折旧费用与长期待摊费用为 350 万元。

(9) 第 20 行: 3 000 000.00 元。

根据业务(3),无形资产摊销费用为 300 万元。

(10) 第21行：2 500 000.00元。

根据业务(3)，设计费用为250万元。

(11) 第22行：4 000 000.00元。

根据业务(3)，装备调试费为400万元。

(12) 第23行：11 000 000.00元。

根据业务(3)，其他费用为1 100万元。

(13) 第24行：9 250 000.00元。

可计入研发费用的其他费用=min[1 100,(1 500+900+350+300+250+400)×20%÷(1-20%)]=925.00(万元)

(14) 第26行：1 800 000.00元。

根据业务(3)，境内的外部研发费为180万元。

(15) 第27行：700 000.00元。

根据业务(3)，境外的外部研发费为70万元。

(16) 第28行：700 000.00元。

可计入研发费用的境外的外部研发费=min[70,(1 500+900+350+300+250+400+1 100+180)×40%÷(1-40%)]=70.00(万元)

(17) 第29行：96 500 000.00元。

根据业务(1)，销售(营业)收入为9 650万元。

(18) 第31行：3 200 000.00元。

国家需要重点扶持的高新技术企业减征企业所得税=3 200×(25%-15%)=320.00(万元)

表4.3-1　　　　　　　A107041 高新技术企业优惠情况及明细表

		税收优惠基本信息		
1	企业主要产品(服务)发挥核心支持作用的技术所属范围	国家重点支持的高新技术领域	一级领域	
2			二级领域	
3			三级领域	
		税收优惠有关情况		
4	收入指标	一、本年高新技术产品(服务)收入(5+6)		80 000 000.00
5		其中：产品(服务)收入		50 000 000.00
6		技术性收入		30 000 000.00
7		二、本年企业总收入(8-9)		100 000 000.00
8		其中：收入总额		100 000 000.00
9		不征税收入		
10		三、本年高新技术产品(服务)收入占企业总收入的比例(4÷7)		80.00%
11	人员指标	四、本年科技人员数		600
12		五、本年职工总数		1 000
13		六、本年科技人员占企业当年职工总数的比例(11÷12)		60.00%

续表

		高新研发费用归集年度	本年度	前一年度	前二年度	合计
			1	2	3	4
14						
15	研发费用指标	七、归集的高新研发费用金额（16+25）	0.00	0.00	0.00	48 250 000.00
16		（一）内部研究开发投入（17+…+22+24）	0.00	0.00	0.00	46 250 000.00
17		1. 人员人工费用				15 000 000.00
18		2. 直接投入费用				9 000 000.00
19		3. 折旧费用与长期待摊费用				3 500 000.00
20		4. 无形资产摊销费用				3 000 000.00
21		5. 设计费用				2 500 000.00
22		6. 装备调试费与实验费用				4 000 000.00
23		7. 其他费用				11 000 000.00
24		其中：可计入研发费用的其他费用		0.00	0.00	9 250 000.00
25		（二）委托外部研发费用［（26+28）×80%］	0.00	0.00	0.00	2 000 000.00
26		1. 境内的外部研发费				1 800 000.00
27		2. 境外的外部研发费				700 000.00
28		其中：可计入研发费用的境外的外部研发费	0.00	0.00	0.00	700 000.00
29		八、销售（营业）收入				96 500 000.00
30		九、三年研发费用占销售（营业）收入的比例（15行4列÷29行4列）	0.00%			50.00%
31	减免税额	十、国家需要重点扶持的高新技术企业减征企业所得税				3 200 000.00
32		十一、经济特区和上海浦东新区新设立的高新技术企业定期减免税额				

表4.3-2：
直接生成"保存"。

表 4.3-2　　　　　　　　　A107040 减免所得税优惠明细表

行次	项目	金额
1	一、符合条件的小型微利企业减免企业所得税	
2	二、国家需要重点扶持的高新技术企业减按15%的税率征收企业所得税（填写A107041）	3 200 000.00
3	三、经济特区和上海浦东新区新设立的高新技术企业在区内取得的所得定期减免企业所得税（填写A107041）	0.00
4	四、受灾地区农村信用社免征企业所得税	
5	五、动漫企业自主开发、生产动漫产品定期减免企业所得税	
6	六、线宽小于0.8微米（含）的集成电路生产企业减免企业所得税（填写A107042）	0.00
7	七、线宽小于0.25微米的集成电路生产企业减按15%的税率征收企业所得税（填写A107042）	0.00
8	八、投资额超过80亿元的集成电路生产企业减按15%的税率征收企业所得税（填写A107042）	0.00
9	九、线宽小于0.25微米的集成电路生产企业减免企业所得税（填写A107042）	0.00
10	十、投资额超过80亿元的集成电路生产企业减免企业所得税（填写A107042）	0.00
11	十一、新办集成电路设计企业减免企业所得税（填写A107042）	0.00
12	十二、国家规划布局内集成电路设计企业可减按10%的税率征收企业所得税（填写A107042）	0.00
13	十三、符合条件的软件企业减免企业所得税（填写A107042）	0.00
14	十四、国家规划布局内重点软件企业可减按10%的税率征收企业所得税（填写A107042）	0.00
15	十五、符合条件的集成电路封装、测试企业定期减免企业所得税（填写A107042）	0.00
16	十六、符合条件的集成电路关键专用材料生产企业、集成电路专用设备生产企业定期减免企业所得税（填写A107042）	0.00
17	十七、经营性文化事业单位转制为企业的免征企业所得税	
18	十八、符合条件的生产和装配伤残人员专门用品企业免征企业所得税	
19	十九、技术先进型服务企业（服务外包类）减按15%的税率征收企业所得税	
20	二十、技术先进型服务企业（服务贸易类）减按15%的税率征收企业所得税	
21	二十一、设在西部地区的鼓励类产业企业减按15%的税率征收企业所得税	
22	二十二、新疆困难地区新办企业定期减免企业所得税	
23	二十三、新疆喀什、霍尔果斯特殊经济开发区新办企业定期免征企业所得税	
24	二十四、广东横琴、福建平潭、深圳前海等地区的鼓励类产业企业减按15%的税率征收企业所得税	
25	二十五、北京冬奥组委、北京冬奥会测试赛事组委会免征企业所得税	

续表

行次	项目	金额
26	二十六、线宽小于130纳米的集成电路生产企业减免企业所得税（填写A107042）	0.00
27	二十七、线宽小于65纳米或投资额超过150亿元的集成电路生产企业减免企业所得税（填写A107042）	0.00
28	二十八、其他（28.1+28.2+28.3）	0.00
28.1	（一）从事污染防治的第三方企业减按15%的税率征收企业所得税	
28.2	（二）其他1	
28.3	（三）其他2	
29	二十九、减：项目所得额按法定税率减半征收企业所得税叠加享受减免税优惠	
30	三十、支持和促进重点群体创业就业企业限额减征企业所得税（30.1+30.2）	0.00
30.1	（一）企业招用建档立卡贫困人口就业扣减企业所得税	
30.2	（二）企业招用登记失业半年以上人员就业扣减企业所得税	
31	三十一、扶持自主就业退役士兵创业就业企业限额减征企业所得税	
32	三十二、民族自治地方的自治机关对本民族自治地方的企业应缴纳的企业所得税中属于地方分享的部分减征或免征（□免征 □减征：减征幅度____%）	
33	合计（1+2+…+28−29+30+31+32）	3 200 000.00

税惠为民

税惠春风助企发展添动能

企业是市场经济的主体，通过高水平科技自立自强支撑经济高质量发展。我国要成为社会主义现代化强国，企业必须成为主体。近年来，步步加力的税费支持政策正持续为市场主体创新发展"添动能"：从科技型中小企业研发费用加计扣除比例提高至100%，到大规模增值税留抵退税实施并扩围，再到推出2022年四季度支持企业创新的阶段性减税政策，我国不断完善税费制度体系，税费优惠政策已覆盖创业投资、创新主体、研发活动等创新全链条。企业所得税税收优惠政策增强了广大企业敢创敢闯的底气，给予了企业"抓创新、专研发"的全方位支持。

2022年，我国实施了系列税费支持政策，企业获得感增强。税收优惠政策也将更加注重精准性，这既有利于促进产业的发展，增强市场的预期，也有利于财政的可持续性。我国将延续和优化实施部分阶段性税费优惠政策，以进一步稳预期、强信心，包括将符合条件行业企业研发费用税前加计扣除比例由75%提高至100%的政策，作为制度性安排长期实施；将减征残疾人就业保障金政策，延续实施至2027年年底；将减征小型微利企业和个体工商户年应纳税所得额不超过100万元部分所得税政策、降低失业和工伤保险费率政策，延续实施至2024年年底，为助力企业发展、稳住宏观经济大盘发挥关键作用。

职业能力测评表   （★掌握，○基本掌握，□未掌握）

评价指标	自测结果
1. 了解企业所得税的纳税人、征税范围及适用税率	★　○　□
2. 了解企业所得税的税收优惠政策	★　○　□
3. 掌握企业所得税应纳税额的计算	★　○　□
4. 规范填报企业所得税纳税申报表	★　○　□
5. 掌握企业所得税纳税申报流程及年终汇算清缴	★　○　□
6. 具备终身学习的职业发展理念	★　○　□
7. 养成自觉纳税、依法纳税的意识	★　○　□
教师评语：	

项目五

个人所得税的计算与申报

 项目描述

  个人所得税是国家对本国公民、居住在本国境内的个人的所得和境外个人来源于本国的所得征收的一种税。2018年6月19日,个人所得税法修正案草案提请十三届全国人大常委会第三次会议审议,这是个人所得税法自1980年出台以来第七次大修。全国人大常委会关于修改个人所得税法的决定草案于2018年8月27日提请十三届全国人大常委会第五次会议审议。依据决定草案,基本减除费用标准拟确定为每年6万元,即每月5 000元,3%到45%的新税率级距不变。2018年8月31日,修改个人所得税法的决定通过,基本减除费用标准调至每月5 000元,自2018年10月1日起实施。2020年4月1日,国家税务总局发布2019年度个人所得税综合所得年度汇算办税指引。本项目依据新修订的个人所得税法引导学生对个人所得税进行基本认知,进而对个人所得税的计算及申报进行详细阐释。通过本项目的学习,学生可以更加深入地理解个人所得税的原理,掌握个人所得税的计算及申报,从而提高自身实践能力。

 学习目标

- **知识目标**
1. 了解个人所得税的概念
2. 熟悉个人所得税的纳税人、征税对象及适用税率
3. 掌握个人所得税应纳税额的计算
4. 了解个人所得税纳税申报流程及汇算清缴
- **能力目标**
1. 通过学习综合所得的计税项目,掌握综合所得的计税方法
2. 通过学习专项附加扣除及专项扣除的相关规定,掌握个人所得税应纳税额的计算
3. 通过学习应税所得项目、个人所得税税率及其他所得项目的计税方法,掌握个人所得税纳税申报流程及汇算清缴并学会编制相关纳税申报表
4. 通过学习个人所得税纳税义务发生时间、申报地点、纳税期限,能描述个人所得税纳税申报流程

项目五　个人所得税的计算与申报

- **素质目标**
1. 树立开拓创新、终身学习的职业发展理念
2. 培养遵守财经法规意识、责任意识
3. 培养依法纳税意识

任务一　个人所得税认知

张某兴办甲个人独资企业 2022 年相关财务资料如下：

（1）向非金融企业借款 200 万元用于生产经营，期限 1 年，年利率 8%，利息支出 16 万元已计入财务费用。

（2）实发合理工资中包括张某工资 6 万元、雇员工资 20 万元。

（3）实际发生雇员职工教育经费支出 0.8 万元。

（4）营业外支出中包括行政罚款 3 万元、合同违约金 4 万元。

（5）张某 2022 年 3 月以个人名义购入境内上市公司股票（非限售股），同年 9 月出售，持有期间取得股息 1.9 万元；从境内非上市公司取得股息 0.7 万元。

已知：甲个人独资企业适用查账征收法，银行同期同类贷款利率为 4.8%。在计算个人所得税应纳税所得额时，职工教育经费支出不超过工资薪金总额 2.5% 的部分准予扣除。股息所得个人所得税税率为 20%。

根据上述资料，假定不考虑其他因素，请你思考下列问题：

（1）甲个人独资企业在计算 2022 年度个人所得税应纳税所得额时，准予扣除的利息支出是多少万元？该如何计算？

（2）甲个人独资企业在计算 2022 年度个人所得税应纳税所得额时，准予扣除的雇员职工教育经费支出是多少万元？该如何计算？

（3）甲个人独资企业发生的上述支出，在计算 2022 年度个人所得税应纳税所得额时，准予扣除的有哪些？为什么？

（4）张某取得股息应缴纳个人所得税多少万元？该如何计算？

知识储备

一、个人所得税纳税义务人

（一）居民企业和非居民企业（表 5.1-1）

表 5.1-1　　居民企业和非居民企业

类型	在中国境内成立	实际管理机构在中国境内
居民企业	√	√
	√	×
	×	√
非居民企业	×	×

（二）居民个人和非居民个人

个人所得税是以个人（自然人）取得的各项应税所得为征税对象所征收的一种税。

个人所得税纳税人，包括中国公民（含香港、澳门、台湾同胞）、个体工商户、个人独资企业投资者和合伙企业自然人合伙人等。

个人所得税纳税人依据住所和居住时间两个标准，分为居民个人和非居民个人，见表 5.1-2。

表 5.1-2　　个人所得税纳税义务人知识一览

类型	判定标准	纳税义务
居民个人	在中国境内有住所的个人	就其从中国境内和境外取得的所得，向中国政府缴纳个人所得税
	在中国境内无住所而一个纳税年度内在中国境内居住累计满 183 天的个人	
非居民个人	在中国境内无住所又不居住的个人	仅就其从中国境内取得的所得，向中国政府缴纳个人所得税
	在中国境内无住所而一个纳税年度内在中国境内居住累计不满 183 天的个人	

注：(1) 居民个人和非居民个人的界定有两个标准：① 住所标准；② 居住时间标准。二者符合其一即为我国个人所得税的居民纳税人，二者均不符合则为非居民纳税人。

(2) 在中国境内有住所，是指因户籍、家庭、经济利益关系而在中国境内习惯性居住。

(3) 一个纳税年度（公历 1 月 1 日至 12 月 31 日）。

(4) "累计满 183 天"应当在一个纳税年度内计算。

二、个人所得税应税所得项目(表 5.1-3)

表 5.1-3　　　　　　　　　　个人所得税应税所得项目

应税所得类型	计税规则
工资薪金所得	(1) 居民个人:这四项所得均纳入综合所得,按纳税年度合并计算个人所得税 (2) 非居民个人:① 按月或者按次分项计算个人所得税。② 非居民个人取得的劳务报酬所得、稿酬所得、特许权使用费所得,属于一次性收入的,以取得该项收入为一次;属于同一项目连续性收入的,以一个月内取得的收入为一次
劳务报酬所得	
稿酬所得	
特许权使用费所得	
经营所得	按年
利息、股息、红利所得	按次
财产租赁所得	按次(以一个月内取得的收入为一次)
财产转让所得	按次
偶然所得	按次

三、个人所得税税率

(一) 综合所得

居民个人每一纳税年度内取得的综合所得,包括工资薪金所得、劳务报酬所得、稿酬所得、特许权使用费所得。

综合所得适用3%~45%的超额累进税率。具体税率见表5.1-4。

表 5.1-4　　　　　　　个人所得税税率表(综合所得适用)

级数	全年应纳税所得额	税率/%	速算扣除数/元
1	不超过36 000元的	3	0
2	超过36 000元至144 000元的部分	10	2 520
3	超过144 000元至300 000元的部分	20	16 920
4	超过300 000元至420 000元的部分	25	31 920
5	超过420 000元至660 000元的部分	30	52 920
6	超过660 000元至960 000元的部分	35	85 920
7	超过960 000元的部分	45	181 920

注:(1) 本表所称全年应纳税所得额是指依照法律规定,居民个人取得综合所得以每一纳税年度收入额减除费用6万元及专项扣除、专项附加扣除和依法确定的其他扣除后的余额。
(2) 非居民个人取得工资薪金所得、劳务报酬所得、稿酬所得和特许权使用费所得,依照本表按月换算后计算应纳税额。

(二) 经营所得

经营所得适用5%~35%的超额累进税率。具体税率见表5.1-5。

表 5.1-5　　　　　　　　个人所得税税率表（经营所得适用）

级数	全年应纳税所得额	税率/%	速算扣除数/元
1	不超过 30 000 元的	5	0
2	超过 30 000 元至 90 000 元的部分	10	1 500
3	超过 90 000 元至 300 000 元的部分	20	10 500
4	超过 300 000 元至 500 000 元的部分	30	40 500
5	超过 500 000 元的部分	35	65 500

（三）利息、股息、红利所得，财产租赁所得，财产转让所得和偶然所得

利息、股息、红利所得，财产租赁所得，财产转让所得和偶然所得适用比例税率，税率为 20%。

任务实施

任务 5.1-1　问题见本任务的任务描述

任务分析：

（1）甲个人独资企业在计算 2022 年度个人所得税应纳税所得额时，准予扣除的利息支出是 9.6 万元。

① 实行查账征税办法的个人独资企业和合伙企业的个人投资者的生产经营所得比照"经营所得"税目征收个人所得税。

② 个体工商户向非金融企业借款的利息支出，不超过按照金融企业同期同类贷款利率计算的数额的部分，准予税前扣除；超出部分，不得扣除。

③ 利息支出的税前扣除限额 = 200×4.8% = 9.6（万元）< 实际发生额 16 万元，应按限额 9.6 万元扣除。

（2）甲个人独资企业在计算 2022 年度个人所得税应纳税所得额时，准予扣除的雇员职工教育经费支出是 0.5 万元。

职工教育经费税前扣除限额 = 20×2.5% = 0.5（万元）< 实际发生额 0.8 万元，应按较小者扣除。

（3）甲个人独资企业发生的上述支出，在计算 2022 年度个人所得税应纳税所得额时，准予扣除的是雇员工资 20 万元和合同违约金 4 万元。

行政罚款不得税前扣除；个体工商户业主的工资薪金支出不得税前扣除；属于经济性质的罚款，可以在税前扣除；个体工商户实际支付给从业人员的、合理的工资薪金支出，准予在税前扣除。

（4）张某取得股息应缴纳个人所得税 0.33 万元。

① 个人从公开发行和转让市场取得的上市公司股票，持股期限在 1 个月以上至 1 年（含 1 年）的，其股息红利所得暂减按 50% 计入应纳税所得额。

② 个人从非上市公司取得的股息所得，照章缴纳个人所得税。

③ 张某股息所得应缴纳个人所得税 = 1.9×50%×20% + 0.7×20% = 0.33（万元）。

任务二 个人所得税的计算

钱振宁(身份证号:110100198808020523)在北京喜燕信息科技有限公司(纳税人识别号:91110105248639845S)任职,2022年工资薪酬如下:

(1) 2022年每月在北京喜燕信息科技有限公司取得工资薪金收入15 000元,无免税收入。

(2) 每月缴纳三险一金3 333元,其中基本养老保险费1 200元、基本医疗保险费303元、失业保险费30元、住房公积金1 800元。

(3) 每月享受子女教育专项附加扣除1 000元,住房租金专项附加扣除1 500元,无其他扣除。

1. 根据上述案例,请思考专项附加扣除有哪些相关政策规定可以帮助小钱降低税负。
2. 请思考该如何计算小钱每个月的个人所得税应纳税额,并列出算式。
3. 根据以上业务,请帮助小钱代扣代缴1月、2月、9月个人所得税,并试着编制个人所得税申报表。

知识储备

新个人所得税法在2019年1月1日正式实施,起征点提高到5 000元,还可以享受专项附加扣除,包括子女教育、继续教育、3岁以下婴幼儿照护、赡养老人、大病医疗、住房贷款利息及住房租金,住房贷款利息和住房租金扣除不能同时享受,以上七项专项附加都有各自的扣除规定,工资薪金所得扣除以上七项专项附加和三险一金的费用,达到了起征点就需要缴纳个人所得税。个人所得税改革后,我们工作一个月拿到手的工资会变多。在本任务学习中,要求学生掌握个人所得税应纳税额的计算方法,掌握工资薪金所得的计税方法,熟悉累积预扣法和个人所得税的代扣代缴,并能结合案例正确计算个人所得税应纳税额。

下列各项个人所得,应当缴纳个人所得税:工资薪金所得,劳务报酬所得,稿酬所得,特许权使用费所得,经营所得,利息、股息、红利所得,财产租赁所得,财产转让所得,偶然所得。

居民个人取得上述第一项至第四项所得(以下称"综合所得"),按纳税年度合并计算个人所得税;非居民个人取得上述第一项至第四项所得,按月或者按次分项计算个人所得税。纳税人取得上述第五项至第九项所得,依照个人所得税法规定分别计算个人所得税。

一、居民个人综合所得的计税方法

综合所得,包括工资薪金所得、劳务报酬所得、稿酬所得、特许权使用费所得四项。

居民个人的综合所得,以每一纳税年度的收入额减除费用 6 万元及专项扣除、专项附加扣除和依法确定的其他扣除后的余额,为应纳税所得额。

综合所得应纳税额的计算公式为

应纳税额=应纳税所得额×适用税率-速算扣除数

=(每一纳税年度收入额-法定扣除项目)×适用税率-速算扣除数

=(每一纳税年度收入额-费用 6 万元-专项扣除-专项附加扣除-依法确定的其他扣除)×适用税率-速算扣除数

在计算每一纳税年度收入额时,应当注意:

(1)劳务报酬所得、稿酬所得、特许权使用费所得以收入减除 20% 的费用后的余额为收入额。

(2)稿酬所得的收入额减按 70% 计算。

自 2019 年 1 月 1 日起,新修订的个人所得税法及其实施条例实施,新增子女教育、继续教育、大病医疗、住房贷款利息、住房租金、赡养老人六项专项附加扣除。

自 2022 年 1 月 1 日起,将 3 岁以下婴幼儿子女照护费用纳入专项附加扣除,让广大纳税人进一步享受红利。

居民个人综合所得扣除项目见表 5.2-1,七项专项附加扣除见表 5.2-2。

表 5.2-1　　居民个人综合所得扣除项目简表

项目	主要规定
减除费用	60 000 元/年
专项扣除	包括居民个人按照国家规定的范围和标准缴纳的基本养老保险、基本医疗保险、失业保险等社会保险费和住房公积金等
专项附加扣除	子女教育专项附加扣除
	继续教育专项附加扣除
	大病医疗专项附加扣除
	住房贷款利息专项附加扣除
	住房租金专项附加扣除
	赡养老人专项附加扣除
	3 岁以下婴幼儿照护专项附加扣除
依法确定的其他扣除	包括个人缴付符合国家规定的企业年金、职业年金,个人购买符合国家规定的商业健康保险、税收递延型商业养老保险的支出,以及国务院规定可以扣除的其他项目

表 5.2-2 七项专项附加扣除具体内容表

项目	扣除范围	扣除标准	扣除方式		注意事项
子女教育	学前教育支出	年满3岁至小学入学前（不包括0—3岁阶段）	每个子女1 000元/月（定额扣除）	父母（监护人）可以选择由其中一方按扣除标准的100%扣除	父母（监护人）也可以选择由双方分别按扣除标准的50%扣除	子女在境内或境外接受学历（学位）教育、接受民办或公办学历教育均可享受；子女接受学历教育须为全日制学历教育
	学历教育支出	小学、初中、普通高中、中等职业、技工、大学专科、大学本科、硕士研究生、博士研究生				
继续教育	学历（学位）继续教育支出	境内学历（学位）教育期间同	400元/月 最长不超过48个月（定额扣除）	本人扣除	个人接受本科及以下学历（学位）继续教育支出，可以选择由其父母扣除	同一学历（学位）继续教育支出，不得重复扣除
	技能人员职业资格继续教育支出 专业技术人员职业资格继续教育支出	取得相关证书的当年	3 600元/年（定额扣除）	本人扣除		
大病医疗	在一个纳税年度内，纳税人发生的与基本医保相关的医药费用支出，扣除医保报销后个人负担累计超过15 000元的部分	每年在不超过80 000元标准限额内据实扣除	本人医药费用支出可以选择由本人或其配偶扣除	未成年子女医药费用支出可以选择由其父母一方扣除	次年汇算清缴时享受；个人负担部分是指医保目录范围内的自付部分
住房贷款利息	首套住房贷款利息支出	在实际发生年度的贷款利息的年度（不超过240个月）	1 000元/月（定额扣除）	纳税人未婚：本人扣除	纳税人已婚：夫妻双方可以选择由其中一方扣除	夫妻双方婚前分别发生的首套住房贷款利息，选择一套购买的住房由购买方按扣除标准的100%扣除或对各自购买的住房分别按扣除标准的50%扣除	不得与住房租金专项附加扣除同时享受；具体扣除方式在一个纳税年度内不得变更；纳税人本人或其配偶购买住房须为中国境内住房；纳税人只能享受一次首套住房贷款的利息扣除

续表

项目	扣除范围	扣除标准	扣除方式	注意事项
住房租金	在主要工作城市没有自有住房的纳税人发生的住房租金支出	直辖市、省会(首府)城市、计划单列市及国务院确定的其他城市	1 500元/月(定额扣除)	纳税人未婚：本人扣除 纳税人已婚且夫妻主要工作城市相同：由一方扣除 纳税人已婚且夫妻双方主要工作城市不同：分别扣除	不得与住房贷款利息专项附加扣除同时享受
		除第一项所列城市以外，市辖区户籍人口超过100万的城市	1 100元/月(定额扣除)		
		除第一项所列城市以外，市辖区户籍人口不超过100万的城市	800元/月(定额扣除)		
赡养老人	赡养一位及以上年满60岁的父母，以及子女均已去世的年满60岁的祖父母、外祖父母的支出	独生子女	2 000元/月(定额扣除)	本人扣除	指定分摊与约定分摊须签订书面分摊协议；指定分摊与约定分摊不一致的，以指定分摊为准；具体分摊方式和额度在一个纳税年度内不能变更
		非独生子女	合计2 000元/月，每人分摊的额度不能超过每月1 000元(定额扣除)	平均分摊；赡养人平均分摊 约定分摊：赡养人自行约定分摊比例 指定分摊：由被赡养人指定分摊比例	
3岁以下婴幼儿照护	照护3岁以下婴幼儿子女的相关支出	每个婴幼儿1 000元/月(定额扣除)	父母(监护人)可以选择其中一方按扣除标准的100%扣除 父母(监护人)也可以选择由双方分别按扣除标准的50%扣除	具体扣除方式在一个纳税年度内不能变更

案例 5.2-1　中国公民杨某2022年总计取得工资收入105 600元,专项扣除20 250元。杨某夫妇有个在上小学的孩子,子女教育专项附加扣除由杨某夫妇分别按扣除标准的50%扣除。

要求:计算杨某2022年综合所得个人所得税应纳税额。

案例解析

应纳税所得额 = 105 600-60 000-20 250-12 000×50% = 19 350(元)。查找税率表,适用税率为3%、速算扣除数为0。应纳税额 = 19 350×3%-0 = 580.5(元)。具体分析见表5.2-3。

表5.2-3　居民个人综合所得个人所得税应纳税额计算实例

	项目	计税收入额/元	扣除项目
居民个人综合所得	工资薪金所得	105 600	(1) 减除费用:60 000元 (2) 专项扣除:20 250元 (3) 专项附加扣除:6 000(12 000×50%)元 (4) 依法确定的其他扣除:0
	劳务报酬所得	0	
	稿酬所得	0	
	特许权使用费所得	0	

二、工资薪金所得的计税方法

(一) 累计预扣预缴应纳税所得额

累计预扣预缴应纳税所得额 = 累计收入-累计免税收入-累计减除费用-累计专项扣除-累计专项附加扣除-累计依法确定的其他扣除

(二) 本期应预扣预缴税额

本期应预扣预缴税额 = (累计预扣预缴应纳税所得额×预扣率-速算扣除数)-累计减免税额-累计已预扣预缴税额

余额为负值时,暂不退税。纳税年度终了后余额仍为负值时,由纳税人通过办理综合所得年度汇算清缴,税款多退少补。累计减除费用,按照5 000元/月乘以纳税人当年截至本月在本单位的任职受雇月份数计算。

(三) 预扣率、速算扣除数(表5.2-4)

表5.2-4　个人所得税预扣率表(居民个人工资薪金所得预扣预缴适用)

级数	累计预扣预缴应纳税所得额	预扣率/%	速算扣除数/元
1	不超过36 000元的	3	0
2	超过36 000元至144 000元的部分	10	2 520
3	超过144 000元至300 000元的部分	20	16 920
4	超过300 000元至420 000元的部分	25	31 920
5	超过420 000元至660 000元的部分	30	52 920
6	超过660 000元至960 000元的部分	35	85 920
7	超过960 000元的部分	45	181 920

案例 5.2-2　中国境内甲公司职工李某 2023 年前 3 个月每月取得工资薪金收入均为 12 000 元,当地规定的社会保险和住房公积金个人缴存比例为:基本养老保险 8%,基本医疗保险 2%,失业保险 0.5%,住房公积金 12%。社保部门核定的李某 2023 年社会保险费的缴费工资基数为 10 000 元。李某前 2 个月累计已预扣预缴个人所得税税额 200 元。

要求:计算李某 3 月份应预扣预缴的个人所得税税额。(不考虑专项附加扣除等其他因素)

案例解析

前 3 个月累计收入 = 12 000×3 = 36 000(元)

前 3 个月累计减除费用 = 5 000×3 = 15 000(元)

前 3 个月累计专项扣除 = 10 000×(8%+2%+0.5%+12%)×3 = 6 750(元)

前 3 个月累计预扣预缴应纳税所得额 = 36 000−15 000−6 750 = 14 250(元)

3 月份应预扣预缴税额 = 14 250×3%−200 = 227.5(元)

任务实施

任务 5.2-1　问题见本任务的任务描述(工资薪金所得)

任务分析:

表 5.2-5:

扣缴义务人名称:北京喜燕信息科技有限公司。

扣缴义务人纳税人识别号(统一社会信用代码):91110105248639845S。

(1) 第 2 列:钱振宁。

(2) 第 3 列:居民身份证。

(3) 第 4 列:0523。

(4) 第 7 列:工资薪金所得。

(5) 第 8 列:15 000.00 元。

根据业务(1)填列。

(6) 第 11 列:5 000.00 元。

本月减除费用为 5 000 元。

(7) 第 12 列:1 200.00 元。

根据业务(2)填列。

(8) 第 13 列:303.00 元。

根据业务(2)填列。

(9) 第 14 列:30.00 元。

根据业务(2)填列。

(10) 第 15 列:1 800.00 元。

根据业务(2)填列。

(11) 第 22 列:15 000.00 元。

根据业务(1),累计收入额 = 15 000×1 = 15 000.00(元)。

(12) 第 23 列：5 000.00 元。

累计减除费用=5 000×1=5 000.00(元)

(13) 第 24 列：3 333.00 元。

根据业务(2)，累计专项扣除=3 333×1=3 333.00(元)。

(14) 第 25 列：1 000.00 元。

根据业务(3)，累计子女教育专项附加扣除=1 000×1=1 000.00(元)。

(15) 第 28 列：1 500.00 元。

根据业务(3)，累计住房租金专项附加扣除=1 500×1=1 500.00(元)。

(16) 第 33 列：4 167.00 元。

应纳税所得额=15 000-5 000-3 333-1 000-1 500=4 167.00(元)

(17) 第 34 列：3%。

查看居民个人工资薪金所得个人所得税预扣率表可知，预扣率为 3%，速算扣除数为 0。

表 5.2-5

个人所得税申报表

税款所属期：2022 年 01 月 01 日至 2022 年 01 月 31 日
扣缴义务人名称：北京喜燕信息科技有限公司
扣缴义务人纳税人识别号（统一社会信用代码）：91110105248639845S

金额单位：人民币元（列至角分）

序号	姓名	身份证件类型	身份证件号码（后四位）	纳税人识别号（略）	是否为非居民个人	所得项目	收入额计算			减除费用	专项扣除				其他扣除					累计收入额	累计减除费用	累计专项扣除	累计情况 - 累计专项附加扣除							累计其他扣除	减按计税比例	准予扣除的捐赠额	应纳税所得额	税率/预扣率	速算扣除数	税款计算			备注
							收入	费用	免税收入		基本养老保险费	基本医疗保险费	失业保险费	住房公积金	年金	商业健康保险	税延养老保险	财产原值	允许扣除的税费	其他				子女教育	赡养老人	住房贷款利息	住房租金	继续教育							应纳税额	减免税额	已缴税额	应补/退税额	
1	2	3	4	5	6	7	8	9	10	11	12	13	14	15	16	17	18	19	20	21	22	23	24	25	26	27	28	29	30	31	32	33	34	35	36	37	38	39	40
1	钱振宁	居民身份证	0523			工资薪金所得	15 000.00			5 000.00	1 200.00	303.00	30.00	1 800.00							15 000.00	5 000.00	3 333.00	1 000.00			1 500.00					4 167.00	3%	0.00	125.01			125.01	
合计							15 000.00	0.00	0.00	5 000.00	1 200.00	303.00	30.00	1 800.00	0.00	0.00	0.00	0.00	0.00	0.00	15 000.00	5 000.00	3 333.00	1 000.00	0.00	0.00	1 500.00	0.00	0.00	0.00	0.00	4 167.00		0.00	125.01	0.00	0.00	125.01	

谨声明：本表是根据国家税收法律法规及相关规定填报的，是真实的、可靠的、完整的。

经办人签字：
经办人身份证件号码：
代理机构签章：
代理机构统一社会信用代码：

扣缴义务人（签章）：北京喜燕信息科技有限公司　2022 年 01 月 31 日

受理人：
受理税务机关（章）：
受理日期：　　年　月　日

表 5.2-6：

扣缴义务人名称：北京喜燕信息科技有限公司。

扣缴义务人纳税人识别号（统一社会信用代码）：91110105248639845S。

（1）第2列：钱振宁。

（2）第3列：居民身份证。

（3）第4列：0523。

（4）第7列：工资薪金所得。

（5）第8列：15 000.00元。

根据业务（1）填列。

（6）第11列：5 000.00元。

本月减除费用为5 000元。

（7）第12列：1 200.00元。

根据业务（2）填列。

（8）第13列：303.00元。

根据业务（2）填列。

（9）第14列：30.00元。

根据业务（2）填列。

（10）第15列：1 800.00元。

根据业务（2）填列。

（11）第22列：30 000.00元。

根据业务（1），累计收入额=15 000×2=30 000.00（元）。

（12）第23列：10 000.00元。

累计减除费用=5 000×2=10 000.00（元）

（13）第24列：6 666.00元。

根据业务（2），累计专项扣除=3 333×2=6 666.00（元）。

（14）第25列：2 000.00元。

根据业务（3），累计子女教育专项附加扣除=1 000×2=2 000.00（元）。

（15）第28列：3 000.00元。

根据业务（3），累计住房租金专项附加扣除=1 500×2=3 000.00（元）。

（16）第33列：8 334.00元。

应纳税所得额=30 000-10 000-6 666-2 000-3 000=8 334.00（元）

（17）第34列：3%。

查看居民个人工资薪金所得个人所得税预扣率表可知，预扣率为3%，速算扣除数为0。

（18）第38列：125.01元。

已缴税额=（15 000-5 000-3 333-1 000-1 500）×3%=125.01（元）

表 5.2-6

个人所得税申报表

税款所属期：2022 年 02 月 01 日至 2022 年 02 月 28 日
扣缴义务人名称：北京喜燕信息科技有限公司
扣缴义务人纳税人识别号（统一社会信用代码）：91110105248639845S

序号	姓名	身份证件类型	身份证件号码（后四位）	纳税人识别号（略）	是否为非居民个人	所得项目	收入额计算				本月(次)情况									累计情况										税款计算					备注
											专项扣除				其他扣除						累计减除费用	累计专项扣除	累计专项附加扣除					累计其他扣除	准予扣除的捐赠额	减按计税比例					
							收入	费用	免税收入	减除费用	基本养老保险费	基本医疗保险费	失业保险费	住房公积金	年金	商业健康保险费	税延养老保险费	财产原值	允许扣除的税费	其他	累计收入额			子女教育	赡养老人	住房贷款利息	住房租金	继续教育				应纳税所得额	税率/预扣率	速算扣除数	应纳税额	减免税额	已缴税额	应补/退税额
1	2	3	4	5	6	7	8	9	10	11	12	13	14	15	16	17	18	19	20	21	22	23	24	25	26	27	28	29	30	31	32	33	34	35	36	37	38	39	40
1	钱振宁	居民身份证	0523			工资薪金所得	15 000.00		0.00	5 000.00	1 200.00	303.00	30.00	1 800.00							30 000.00	10 000.00	6 666.00	2 000.00			3 000.00		0.00	0.00		8 334.00	3%	0.00	250.02		125.01	125.01	
																																			0.00		0.00	0.00	
																																			0.00		0.00	0.00	
合计							15 000.00		0.00	5 000.00	1 200.00	303.00	30.00	1 800.00	0.00	0.00	0.00	0.00	0.00	0.00	30 000.00	10 000.00	6 666.00	2 000.00	0.00	0.00	3 000.00	0.00	0.00	0.00	0.00	8 334.00	0.03	0.00	250.02	0.00	125.01	125.01	

谨声明：本表是根据国家税收法律法规及相关规定填报的，是真实的、可靠的、完整的。

经办人签字：
经办人身份证件号码：
代理机构签章：
代理机构统一社会信用代码：

扣缴义务人(签章)：北京喜燕信息科技有限公司　　2022 年 02 月 28 日

受理人：
受理税务机关（章）：
受理日期：　年　月　日

表 5.2-7：

扣缴义务人名称：北京喜燕信息科技有限公司。
扣缴义务人纳税人识别号（统一社会信用代码）：91110105248639845S。

(1) 第 2 列：钱振宁。
(2) 第 3 列：居民身份证。
(3) 第 4 列：0523。
(4) 第 7 列：工资薪金所得。
(5) 第 8 列：15 000.00 元。
根据业务(1)填列。
(6) 第 11 列：5 000.00 元。
本月减除费用为 5 000 元。
(7) 第 12 列：1 200.00 元。
根据业务(2)填列。
(8) 第 13 列：303.00 元。
根据业务(2)填列。
(9) 第 14 列：30.00 元。
根据业务(2)填列。
(10) 第 15 列：1 800.00 元。
根据业务(2)填列。
(11) 第 22 列：135 000.00 元。
根据业务(1)，累计收入额 = 15 000×9 = 135 000.00（元）。
(12) 第 23 列：45 000.00 元。
累计减除费用 = 5 000×9 = 45 000.00（元）
(13) 第 24 列：29 997.00 元。
根据业务(2)，累计专项扣除 = 3 333×9 = 29 997.00（元）。
(14) 第 25 列：9 000.00 元。
根据业务(3)，累计子女教育专项附加扣除 = 1 000×9 = 9 000.00（元）。
(15) 第 28 列：13 500.00 元。
根据业务(3)，累计住房租金专项附加扣除 = 1 500×9 = 13 500.00（元）。
(16) 第 33 列：37 503.00 元。
应纳税所得额 = 135 000−45 000−29 997−9 000−13 500 = 37 503.00（元）
(17) 第 34 列：10%。
查看居民个人工资薪金所得个人所得税预扣率表可知，预扣率为 10%。
(18) 第 35 列：2 520.00 元。
查看居民个人工资薪金所得个人所得税预扣率表可知，速算扣除数为 2 520 元。
(19) 第 38 列：1 000.08 元。
前 8 个月应纳税所得额 = (15 000−5 000−3 333−1 000−1 500)×8 = 33 336.00（元）
已缴税额 = 33 336×3% = 1 000.08（元）

表 5.2-7

个人所得税申报表

税款所属期：2022 年 09 月 01 日至 2022 年 09 月 30 日

扣缴义务人名称：北京喜燕信息科技有限公司

金额单位：人民币元（列至角分）

扣缴义务人纳税人识别号（统一社会信用代码）：91110105248639845S

序号	姓名	身份证件类型	身份证件号码（后几位）（略）	纳税人识别号（略）	是否为非居民个人	所得项目	收入额计算			本月（次）情况													累计情况											税款计算						
										专项扣除				其他扣除							累计收入额	累计减除费用	累计专项扣除	累计专项附加扣除					累计其他扣除	减按计税比例	准予扣除的捐赠额	应纳税所得额	税率/预扣率	速算扣除数	应纳税额	减免税额	已缴税额	应补/退税额	备注
							收入	费用	免税收入	减除费用	基本养老保险费	基本医疗保险费	失业保险费	住房公积金	年金	商业健康保险	税延养老保险	财产原值	允许扣除的税费	其他				子女教育	赡养老人	住房贷款利息	住房租金	继续教育											
1	2	3	4	5	6	7	8	9	10	11	12	13	14	15	16	17	18	19	20	21	22	23	24	25	26	27	28	29	30	31	32	33	34	35	36	37	38	39	40
1	钱振宁	居民身份证	0523			工资薪金所得	15 000.00			5 000.00	1 200.00	303.00	30.00	1 800.00							135 000.00	45 000.00	29 997.00	9 000.00			13 500.00		0.00			37 503.00	10%	2 520.00	1 230.30	0.00	1 000.08	230.22	
	合计						15 000.00	0.00	0.00	5 000.00	1 200.00	303.00	30.00	1 800.00	0.00	0.00	0.00	0.00	0.00	0.00	135 000.00	45 000.00	29 997.00	9 000.00	0.00	0.00	13 500.00	0.00	0.00		0.00	37 503.00		2 520.00	1 230.30	0.00	1 000.08	230.22	

谨声明：本表是根据国家税收法律法规及相关规定填报的，是真实的、可靠的、完整的。

经办人签字：

经办人身份证件号码：

代理机构签章：

代理机构统一社会信用代码：

扣缴义务人（签章）：北京喜燕信息科技有限公司　2022 年 09 月 30 日

受理人：

受理税务机关（章）：

受理日期：　年　月　日

三、其他综合所得的计税方法

扣缴义务人向居民个人支付劳务报酬所得、稿酬所得、特许权使用费所得,按次或者按月预扣预缴个人所得税。劳务报酬所得、稿酬所得、特许权使用费所得,属于一次性收入的,以取得该项收入为一次;属于同一项目连续性收入的,以 1 个月内取得的收入为一次。其他综合所得的计税方法见表 5.2-8。

表 5.2-8　　　　　　　　　　其他综合所得计税方法简表

序号	项目	内容及公式
1	收入额	劳务报酬所得、特许权使用费所得的收入额=收入×(1−20%) 稿酬所得的收入额=收入×(1−20%)×70%
2	减除费用	劳务报酬所得、稿酬所得、特许权使用费所得每次收入不超过 4 000 元的,减除费用按 800 元计算;每次收入 4 000 元以上的,减除费用按 20% 计算
3	应纳税所得额	劳务报酬所得、稿酬所得、特许权使用费所得,以每次收入额为预扣预缴应纳税所得额
4	预扣率	劳务报酬所得适用 20%~40% 的超额累进预扣率,稿酬所得、特许权使用费所得适用 20% 的比例预扣率 劳务报酬所得应预扣预缴税额=预扣预缴应纳税所得额×预扣率−速算扣除数 稿酬所得、特许权使用费所得应预扣预缴税额=预扣预缴应纳税所得额×20%

案例 5.2-3

请根据表 5.2-9"题目"列的内容,计算张某应预扣预缴的个人所得税税额。

表 5.2-9　　　　　　　　　　个人所得税计算实例

序号	题目	预扣预缴税额
1	张某 2023 年 4 月取得特许权使用费所得 3 000 元	
2	张某 2023 年 4 月取得特许权使用费所得 50 000 元	
3	张某 2023 年 4 月取得稿酬所得 3 800 元	
4	张某 2023 年 4 月取得稿酬所得 50 000 元	
5	张某 2023 年 4 月取得劳务报酬所得 3 000 元	
6	张某 2023 年 4 月取得劳务报酬所得 5 000 元	
7	张某 2023 年 4 月取得劳务报酬所得 50 000 元	

案例解析

(1) 张某 2023 年 4 月取得特许权使用费所得 3 000 元,应预扣预缴税额=(3 000−800)×20%=440(元)。

(2) 张某 2023 年 4 月取得特许权使用费所得 50 000 元,应预扣预缴税额=50 000×(1−20%)×20%=8 000(元)。

(3) 张某 2023 年 4 月取得稿酬所得 3 800 元,应预扣预缴税额=(3 800-800)×70%×20%=420(元)。

(4) 张某 2023 年 4 月取得稿酬所得 50 000 元,应预扣预缴税额=50 000×(1-20%)×70%×20%=5 600(元)。

(5) 张某 2023 年 4 月取得劳务报酬所得 3 000 元,应预扣预缴税额=(3 000-800)×20%=440(元)。

(6) 张某 2023 年 4 月取得劳务报酬所得 5 000 元,应预扣预缴税额=5 000×(1-20%)×20%=800(元)。

(7) 张某 2023 年 4 月取得劳务报酬所得 50 000 元,应预扣预缴税额=50 000×(1-20%)×30%-2 000=10 000(元)。

任务 5.2-2 其他综合所得(劳务报酬所得、稿酬所得、特许权使用费所得)

刘福强(身份证号:110105198610250098)在北京东大正保科技有限公司(纳税人识别号:911101087239566045)兼职讲授注册会计师课程。2023 年 3 月取得所得如下:

(1) 从事注册会计师培训,取得劳务报酬收入 5 万元。
(2) 编写注册会计师培训教材,印刷成册,取得东大正保支付的稿酬所得 10 万元。
(3) 转让个人提供的专利权,取得东大正保支付的特许权使用费 20 万元。

要求:计算刘福强 2023 年 3 月应缴纳的个人所得税税额。

任务分析:

表 5.2-10:
扣缴义务人名称:北京东大正保科技有限公司。
扣缴义务人纳税人识别号(统一社会信用代码):911101087239566045。

(1) 第 1 行第 2 列:刘福强。
(2) 第 1 行第 3 列:居民身份证。
(3) 第 1 行第 4 列:0098。
(4) 第 1 行第 7 列:劳务报酬所得。
(5) 第 1 行第 8 列:50 000.00 元。

根据业务(1)可知。

(6) 第 1 行第 9 列:10 000.00 元。

劳务报酬所得费用=50 000×20%=10 000.00(元)

(7) 第 1 行第 33 列:40 000.00 元。

应纳税所得额=50 000-10 000=40 000.00(元)

(8) 第 1 行第 34 列:30%。

查看居民个人劳务报酬所得个人所得税预扣率表可知,所得额为 4 万元时,预扣率为 30%。

(9) 第 1 行第 35 列:2 000.00 元。

查看居民个人劳务报酬所得个人所得税预扣率表可知,所得额为 4 万元时,速算扣除数为 2 000 元。

(10) 第 2 行第 2 列：刘福强。

(11) 第 2 行第 3 列：居民身份证。

(12) 第 2 行第 4 列：0098。

(13) 第 2 行第 7 列：稿酬所得。

(14) 第 2 行第 8 列：100 000.00 元。

根据业务(2)可知。

(15) 第 2 行第 9 列：20 000.00 元。

稿酬所得费用 = 100 000×20% = 20 000.00(元)

(16) 第 2 行第 10 列：24 000.00 元。

稿酬所得免税收入 = 100 000×(1−20%)×30% = 24 000.00(元)

(17) 第 2 行第 33 列：56 000.00 元。

应纳税所得额 = 100 000−20 000−24 000 = 56 000.00(元)

(18) 第 2 行第 34 列：20%。

(19) 第 3 行第 2 列：刘福强。

(20) 第 3 行第 3 列：居民身份证。

(21) 第 3 行第 4 列：0098。

(22) 第 3 行第 7 列：特许权使用费所得。

(23) 第 3 行第 8 列：200 000.00 元。

根据业务(3)可知。

(24) 第 3 行第 9 列：40 000.00 元。

特许权使用费所得费用 = 200 000×20% = 40 000.00(元)

(25) 第 3 行第 33 列：160 000.00 元。

应纳税所得额 = 200 000−40 000 = 160 000.00(元)

(26) 第 3 行第 34 列：20%。

表 5.2-10

个人所得税申报表

税款所属期：2023 年 03 月 01 日至 2023 年 03 月 31 日

金额单位：人民币元（列至角分）

扣缴义务人名称：北京东大正保科技有限公司

扣缴义务人纳税人识别号（统一社会信用代码）：91110108723566045

序号	姓名	身份证件类型	身份证件号码（后四位）（略）	纳税人识别号	是否为非居民个人	所得项目	收入额计算			减除费用	专项扣除				其他扣除						累计收入额	累计减除费用	累计专项扣除	累计专项附加扣除					累计其他扣除	减按计税比例	准予扣除的捐赠额	税款计算					备注
							收入	费用	免税收入		基本养老保险费	基本医疗保险费	失业保险费	住房公积金	年金	商业健康保险	税延养老保险	允许扣除的财产原值	许可费	其他				子女教育	赡养老人	住房贷款利息	住房租金	继续教育				应纳税所得额	税率/预扣率	速算扣除数	应纳税额	减免税额	已缴税额	应补/退税额	
1	2	3	4	5	6	7	8	9	10	11	12	13	14	15	16	17	18	19	20	21	22	23	24	25	26	27	28	29	30	31	32	33	34	35	36	37	38	39	40
1	刘福强	居民	0098		居民个人	劳务报酬所得	50 000.00	10 000.00																									40 000.00	30%	2 000.00	10 000.00			10 000.00	
2	刘福强	居民	0098		居民个人	稿酬所得	100 000.00	20 000.00	24 000.00																								56 000.00	20%		11 200.00			11 200.00	
3	刘福强	居民	0098		居民个人	特许权使用费所得	200 000.00	40 000.00																									160 000.00	20%		32 000.00			32 000.00	
	合计						350 000.00	70 000.00	24 000.00	0.00	0.00	0.00	0.00	0.00	0.00	0.00	0.00	0.00	0.00	0.00	0.00	0.00	0.00	0.00	0.00	0.00	0.00	0.00	0.00	0.00	0.00	256 000.00		2 000.00	53 200.00	0.00	0.00	53 200.00	

谨声明：本表是根据国家税收法律法规及相关规定填报的，是真实的、可靠的、完整的。

纳税人签字：

经办人身份证件号码：
代理机构签章：
代理机构统一社会信用代码：

扣缴义务人（签章）：北京东大正保科技有限公司　2023 年 03 月 31 日

受理人：

受理税务机关（章）：

受理日期：　年　月　日

四、经营所得的计税方法

（一）经营所得的界定

经营所得包括：

（1）个体工商户从事生产经营活动取得的所得,个人独资企业投资人、合伙企业的个人合伙人来源于境内注册的个人独资企业、合伙企业生产经营的所得。

（2）个人依法从事办学、医疗、咨询及其他有偿服务活动取得的所得。

（3）个人对企业、事业单位承包经营、承租经营及转包、转租取得的所得。

（4）个人从事其他生产经营活动取得的所得。

（二）经营所得适用5%~35%的五级超额累进税率（表5.1-5）

（三）经营所得应纳税额的计算（表5.2-11）

表5.2-11　　　　　　　　经营所得应纳税额的计算

序号	项目	内容及公式
1	应纳税额	应纳税额=应纳税所得额×适用税率-速算扣除数 =（每一纳税年度的收入总额-成本、费用、损失等准予扣除项目）×适用税率-速算扣除数
2	成本、费用	成本、费用是指个体工商户、个人独资企业、合伙企业及个人从事其他生产经营活动发生的各项直接支出和分配计入成本的间接费用及销售费用、管理费用、财务费用
3	损失	损失是指个体工商户、个人独资企业、合伙企业及个人从事其他生产经营活动发生的固定资产和存货的盘亏、毁损、报废损失,转让财产损失,坏账损失,自然灾害等不可抗力因素造成的损失及其他损失
4	应纳税所得额	应纳税所得额是指个体工商户业主、个人独资企业投资者、合伙企业个人合伙人及从事其他生产经营活动的个人,以其每一纳税年度来源于个体工商户、个人独资企业、合伙企业及其他生产经营活动的所得,减除费用60 000元、专项扣除及依法确定的其他扣除后的余额

案例 5.2-4　个体工商户张某2022年度取得营业收入200万元,当年发生业务宣传费25万元,上年度结转未扣除的业务宣传费15万元。已知业务宣传费不超过当年营业收入15%的部分,准予扣除；超过部分,准予在以后纳税年度结转扣除。个体工商户张某在计算当年个人所得税应纳税所得额时,允许扣除的业务宣传费为多少万元？

案例解析

业务宣传费税前扣除限额=200×15%=30（万元）,2022年度待扣金额=本年度发生额+以前年度结转额=25+15=40（万元）,超过了税前扣除限额,2022年度税前准予扣除的业务宣传费为30万元。

任务 5.2-3　经营所得（合伙企业）

吴浩明与张嘉译在佛山共同创立佛山喜燕企业咨询合伙企业（纳税人识别号：91440606MA5W2GUZ7X）,合伙协议约定利润分配比例吴浩明（身份证号：440603198506221512）

60%，张嘉译40%。征收方式选择查账征收（据实预缴）。2023年3月发生业务如下：

（1）佛山喜燕企业咨询合伙企业累计实现收入100万元，累计发生成本费用72万元。

（2）吴浩明每月缴纳三险一金2 220元，其中基本养老保险费800元、基本医疗保险费200元、失业保险费20元、住房公积金1 200元。

（3）本年吴洁明已缴经营所得个人所得税10 012元。

要求：计算吴浩明应缴纳的个人所得税。

任务分析：

表5.2-12：

纳税人姓名：吴浩明。

纳税人识别号：440603198506221512。

被投资单位名称：佛山喜燕企业咨询合伙企业。

纳税人识别号（统一社会信用代码）：91440606MA5W2GUZ7X。

征收方式：查账征收（据实预缴）。

（1）第1行：1 000 000.00元。

根据业务（1）填列。

（2）第2行：720 000.00元。

根据业务（1）填列。

（3）第6行：60%。

吴浩明经营利润分配比例为60%。

（4）第8行：15 000.00元。

投资者减除费用=5 000×3=15 000.00（元）

（5）第10行：2 400.00元。

根据业务（2），基本养老保险费=800×3=2 400.00（元）。

（6）第11行：600.00元。

根据业务（2），基本医疗保险费=200×3=600.00（元）。

（7）第12行：60.00元。

根据业务（2），失业保险费=20×3=60.00（元）。

（8）第13行：3 600.00元。

根据业务（2），住房公积金=1 200×3=3 600.00（元）。

（9）第19行：146 340.00元。

应纳税所得额=280 000×60%−21 660=146 340.00（元）

（10）第20行：20%。

查看经营所得个人所得税税率表可知，应纳税所得额为146 340元时，税率为20%。

（11）第21行：10 500.00元。

查看经营所得个人所得税税率表可知，应纳税所得额为146 340元时，速算扣除数为10 500元。

（12）第24行：10 012.00元。

根据业务（3），本年吴浩明已缴经营所得个人所得税10 012元。

表 5.2-12　个人所得税经营所得纳税申报表(A 表)

税款所属期：2023 年 03 月 01 日 至 2023 年 03 月 31 日
纳税人姓名：吴浩明
纳税人识别号：440603198506221512　　　　　　　　　金额单位：人民币元(列至角分)

被投资单位信息	
名称	佛山喜燕企业咨询合伙企业
纳税人识别号(统一社会信用代码)	91440606MA5W2GUZ7X

征收方式(单选)

☑ 查账征收(据实预缴)　　□ 查账征收(按上年应纳税所得额预缴)　　□ 核定应税所得率征收
□ 核定应纳税所得额征收　　□ 税务机关认可的其他方式 _____

个人所得税计算

项目	行次	金额/比例
一、收入总额	1	1 000 000.00
二、成本费用	2	720 000.00
三、利润总额(3=1-2)	3	280 000.00
四、弥补以前年度亏损	4	
五、应税所得率(%)	5	
六、合伙企业个人合伙人分配比例(%)	6	60%
七、允许扣除的个人费用及其他扣除(7=8+9+14)	7	21 660.00
(一)投资者减除费用	8	15 000.00
(二)专项扣除(9=10+11+12+13)	9	6 660.00
1. 基本养老保险费	10	2 400.00
2. 基本医疗保险费	11	600.00
3. 失业保险费	12	60.00
4. 住房公积金	13	3 600.00
(三)依法确定的其他扣除(14=15+16+17)	14	0.00
1.	15	
2.	16	
3.	17	
八、准予扣除的捐赠额(附报《个人所得税公益慈善事业捐赠扣除明细表》)	18	
九、应纳税所得额	19	146 340.00
十、税率(%)	20	20%
十一、速算扣除数	21	10 500.00
十二、应纳税额(22=19×20-21)	22	18 768.00
十三、减免税额(附报《个人所得税减免税事项报告表》)	23	
十四、已缴税额	24	10 012.00
十五、应补/退税额(25=22-23-24)	25	8 756.00

备注

谨声明：本表是根据国家税收法律法规及相关规定填报的，是真实的、可靠的、完整的。
纳税人签字：吴浩明　2023 年 03 月 31 日

经办人：	受理人：
经办人身份证件号码：	
代理机构签章：	受理税务机关(章)：
代理机构统一社会信用代码：	受理日期：　　年　　月　　日

国家税务总局监制

任务三　个人所得税的申报与年度汇算清缴

个人基本情况

姓名：施廷。

身份证号：420103198208080023。

手机号码：13638607676。

电子邮箱：st13638607676@163.com。

邮政编码：430000。

联系地址：湖北省武汉市江汉区万松街道万松园横路68号。

银行账号：6214856514302738。

开户银行名称：招商银行（武汉分行营业部）。

开户银行省份：湖北省。

个人所得详情

施廷受雇于武汉市喜燕软件有限公司（纳税人识别号：91420100176881208B），2022年取得的综合所得如下：

（1）2022年度平均每月工资20 000元，基本养老保险（个人）、基本医疗保险（个人）、住房公积金（个人）分别为1 600元/月、400元/月、2 000元/月，子女教育、住房贷款利息、赡养老人专项附加扣除均为1 000元/月，全年累计预扣预缴个人所得税12 480元。

（2）2022年取得全年一次性奖金20 000元，预扣预缴个人所得税600元，选择不并入当年综合所得。

（3）利用业余时间授课，培训机构累计支付劳务报酬60 000元，累计预扣预缴个人所得税9 600元。

（4）将授课讲义出版成书籍，取得稿酬所得80 000元，出版社预扣预缴个人所得税8 960元。

1. 请思考个人所得税有哪几种纳税申报方法，并试着给施廷选取最便捷的方法提供一些建议。

2. 根据以上业务，试着按要求规范填报个人所得税年度自行纳税申报表。

知识储备

根据财政部、税务总局《关于个人所得税法修改后有关优惠政策衔接问题的通知》（财税〔2018〕164号）规定，居民个人取得全年一次性奖金，符合国家税务总局《关于调整个人取得全年一次性奖金等计算征收个人所得税方法问题的通知》（国税发〔2005〕9号）规定的，在2021年12月31日前，不并入当年综合所得，以全年一次性奖金收入除以12个月得到的数额，按照本通知所附按月换算后的综合所得税率表（以下简称"月度税率表"），确定适用税率和速算扣除数，单独计算纳税。计算公式为

应纳税额＝全年一次性奖金收入×适用税率－速算扣除数

居民个人取得全年一次性奖金，也可以选择并入当年综合所得计算纳税。

自2022年1月1日起，居民个人取得全年一次性奖金，应并入当年综合所得计算缴纳个人所得税。

一、个人所得税的会计核算（表5.3-1）

表5.3-1　个人所得税会计核算知识概要

序号	项目	内容
		代扣代缴个人所得税的会计核算
1	账户设置	"应交税费"总账下设置"应交个人所得税"明细账，贷方登记代扣的个人所得税，借方登记已缴纳代扣的个人所得税，期末贷方余额为尚未上交代扣的个人所得税
2	会计处理	代扣时： 借：应付职工薪酬、应付股利、其他应付款、管理费用、销售费用等 　　贷：应交税费——应交个人所得税 实际缴纳税款时： 借：应交税费——应交个人所得税 　　贷：银行存款
		个体工商户生产经营所得个人所得税的会计核算
1	账户设置	通过"所得税费用"和"应交税费——应交个人所得税"两个账户进行会计处理
2	会计处理	计算应纳所得税额时： 借：所得税费用 　　贷：应交税费——应交个人所得税 实际缴纳税款时： 借：应交税费——应交个人所得税 　　贷：银行存款

二、个人所得税纳税义务发生时间

我国个人所得税法将个人应税所得分为九个类别，以按次计征、按月计征和按年计征三种方式确定纳税义务发生时间，见表5.3-2。

表 5.3-2　　　　　　　　　　　　个人所得税纳税义务发生时间

计征方式	纳税义务发生时间	适用情形
按次计征	当实行按次计征时,每次取得所得的时间为纳税义务发生时间	(1) 属于一次性收入的劳务报酬所得 (2) 以每次出版、发表取得的收入为一次的稿酬所得 (3) 以一项特许权的一次许可使用所取得的收入为一次的特许权使用费所得 (4) 以支付利息、股息、红利时取得的收入为一次的利息、股息、红利所得 (5) 以每次取得该项收入为一次的偶然所得
按月计征	当实行分月预缴时,每一月份的最后一日为纳税义务发生时间	(1) 财产租赁所得 (2) 属于同一项目连续性收入的,以一个月内取得的收入为一次的劳务报酬所得 (3) 工资薪金所得
按年计征	当实行按年计征时,纳税年度的最后一日为纳税义务发生时间	(1) 个体工商户经营所得 (2) 承包、承租经营所得

三、个人所得税纳税申报地点

(1) 在中国境内有任职、受雇单位的,向任职、受雇单位所在地主管税务机关申报。

(2) 在中国境内有两处或者两处以上任职、受雇单位的,选择并固定向其中一处单位所在地主管税务机关申报。

(3) 在中国境内无任职、受雇单位,年所得项目中有个体工商户的生产经营所得或者对企事业单位的承包经营、承租经营所得(以下统称"生产经营所得")的,向其中一处实际经营所在地主管税务机关申报。

(4) 在中国境内无任职、受雇单位,年所得项目中无生产经营所得的,向户籍所在地主管税务机关申报。在中国境内有户籍,但户籍所在地与中国境内经常居住地不一致的,选择并固定向其中一地主管税务机关申报。在中国境内没有户籍的,向中国境内经常居住地主管税务机关申报。

四、个人所得税纳税期限

(1) 居民个人取得综合所得,按年计算个人所得税;有扣缴义务人的,由扣缴义务人按月或者按次预扣预缴税款;需要办理汇算清缴的,应当在取得所得的次年 3 月 1 日至 6 月 30 日内办理汇算清缴。预扣预缴办法由国务院税务主管部门制定。

(2) 非居民个人取得工资薪金所得、劳务报酬所得、稿酬所得和特许权使用费所得,有扣缴义务人的,由扣缴义务人按月或者按次代扣代缴税款,不办理汇算清缴。

(3) 纳税人取得经营所得,按年计算个人所得税,由纳税人在月度或者季度终了后 15 日内向税务机关报送纳税申报表,并预缴税款;在取得所得的次年 3 月 31 日前办理汇算清缴。

(4) 纳税人取得利息、股息、红利所得,财产租赁所得,财产转让所得和偶然所得,按月或者按次计算个人所得税,有扣缴义务人的,由扣缴义务人按月或者按次代扣代缴税款。

(5)纳税人取得应税所得没有扣缴义务人的,应当在取得所得的次月15日内向税务机关报送纳税申报表,并缴纳税款。

(6)纳税人取得应税所得,扣缴义务人未扣缴税款的,纳税人应当在取得所得的次年6月30日前,缴纳税款;税务机关通知限期缴纳的,纳税人应当按照期限缴纳税款。

(7)居民个人从中国境外取得所得的,应当在取得所得的次年3月1日至6月30日内申报纳税。

(8)非居民个人在中国境内从两处以上取得工资薪金所得的,应当在取得所得的次月15日内申报纳税。

(9)纳税人因移居境外注销中国户籍的,应当在注销中国户籍前办理税款清算。

(10)扣缴义务人每月或者每次预扣、代扣的税款,应当在次月15日内缴入国库,并向税务机关报送扣缴个人所得税申报表。

五、个人所得税申报流程(图 5.3-1)

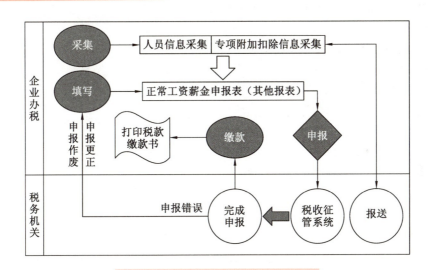

图 5.3-1 个人所得税申报流程图

任务实施

任务 5.3-1 问题见本任务的任务描述(综合所得)

任务分析:

表 5.3-3:
纳税人姓名:施廷。
纳税人识别号:420103198208080023。
手机号码:13638607676。

电子邮箱：st13638607676@163.com。

邮政编码：430000。

联系地址：湖北省武汉市江汉区万松街道万松园横路68号。

任职受雇单位名称：武汉市喜燕软件有限公司。

任职受雇单位纳税人识别号：91420100176881208B。

(1) 第2行：240 000.00元。

工资薪金=20 000×12=240 000.00(元)

(2) 第3行：60 000.00元。

根据业务(3)可知。

(3) 第4行：80 000.00元。

根据业务(4)可知。

(4) 第10行：60 000.00元。

减除费用=5 000×12=60 000.00(元)

(5) 第12行：19 200.00元。

基本养老保险费=1 600×12=19 200.00(元)

(6) 第13行：4 800.00元。

基本医疗保险费=400×12=4 800.00(元)

(7) 第15行：24 000.00元。

住房公积金=2 000×12=24 000.00(元)

(8) 第17行：12 000.00元。

子女教育=1 000×12=12 000.00(元)

(9) 第20行：12 000.00元。

住房贷款利息=1 000×12=12 000.00(元)

(10) 第22行：12 000.00元。

赡养老人=1 000×12=12 000.00(元)

(11) 第31行：20%。

查找综合所得个人所得税税率表可知，应纳税所得额188 800元对应的税率为20%。

(12) 第32行：16 920.00元。

查找综合所得个人所得税税率表可知，应纳税所得额188 800元对应的速算扣除数为16 920元。

(13) 第43行：31 040.00元。

已缴税额=12 480+9 600+8 960=31 040.00(元)

开户银行名称：招商银行(武汉分行营业部)。

开户银行省份：湖北省。

银行账号：6214856514302738。

表 5.3-3　个人所得税年度自行纳税申报表（A 表）

（仅取得境内综合所得年度汇算适用）

税款所属期：2022 年 01 月 01 日至 2022 年 12 月 31 日
纳税人姓名：施廷
纳税人识别号：420103198208080023　　　　　　　　　金额单位：人民币元（列至角分）

基本情况					
手机号码	13638607676	电子邮箱	st13638607676@163.com	邮政编码	430000
联系地址	湖北 省(区、市) 武汉 市 江汉 区(县) 万松 街道(乡、镇) 万松园横路68号				
纳税地点（单选）					
1. 有任职受雇单位的，需选本项并填写"任职受雇单位信息"：				☑ 任职受雇单位所在地	
任职受雇单位信息	名称	武汉市喜燕软件有限公司			
	纳税人识别号	91420100176881208B			
2. 没有任职受雇单位的，可以从本栏次选择一地：				□户籍所在地 □经常居住地	
户籍所在地/经常居住地	＿＿省(区、市)＿＿市＿＿区(县)＿＿街道(乡、镇)				
申报类型（单选）					
□首次申报			□更正申报		

综合所得个人所得税计算		
项目	行次	金额
一、收入合计（第1行=第2行+第3行+第4行+第5行）	1	380 000.00
（一）工资、薪金	2	240 000.00
（二）劳务报酬	3	60 000.00
（三）稿酬	4	80 000.00
（四）特许权使用费	5	
二、费用合计［第6行=（第3行+第4行+第5行）×20%］	6	28 000.00
三、免税收入合计（第7行=第8行+第9行）	7	19 200.00
（一）稿酬所得免税部分［第8行=第4行×(1-20%)×30%］	8	19 200.00
（二）其他免税收入（附报《个人所得税减免税事项报告表》）	9	
四、减除费用	10	60 000.00
五、专项扣除合计（第11行=第12行+第13行+第14行+第15行）	11	48 000.00
（一）基本养老保险费	12	19 200.00
（二）基本医疗保险费	13	4 800.00
（三）失业保险费	14	
（四）住房公积金	15	24 000.00
六、专项附加扣除合计（附报《个人所得税专项附加扣除信息表》） （第16行=第17行+第18行+第19行+第20行+第21行+第22行）	16	36 000.00

续表

项目	行次	金额
（一）子女教育	17	12 000.00
（二）继续教育	18	
（三）大病医疗	19	
（四）住房贷款利息	20	12 000.00
（五）住房租金	21	
（六）赡养老人	22	12 000.00
七、其他扣除合计（第23行=第24行+第25行+第26行+第27行+第28行）	23	0.00
（一）年金	24	
（二）商业健康保险（附报《商业健康保险税前扣除情况明细表》）	25	
（三）税延养老保险（附报《个人税收递延型商业养老保险税前扣除情况明细表》）	26	
（四）允许扣除的税费	27	
（五）其他	28	
八、准予扣除的捐赠额（附报《个人所得税公益慈善事业捐赠扣除明细表》）	29	
九、应纳税所得额 （第30行=第1行-第6行-第7行-第10行-第11行-第16行-第23行-第29行）	30	188 800.00
十、税率（%）	31	20%
十一、速算扣除数	32	16 920.00
十二、应纳税额（第33行=第30行×第31行-第32行）	33	20 840.00
全年一次性奖金个人所得税计算 **（无住所居民个人预判为非居民个人取得的数月奖金，选择按全年一次性奖金计税的填写本部分）**		
一、全年一次性奖金收入	34	
二、准予扣除的捐赠额（附报《个人所得税公益慈善事业捐赠扣除明细表》）	35	
三、税率（%）	36	
四、速算扣除数	37	
五、应纳税额[第38行=（第34行-第35行）×第36行-第37行]	38	0.00
税额调整		
一、综合所得收入调整额（需在"备注"栏说明调整具体原因、计算方式等）	39	
二、应纳税额调整额	40	
应补/退个人所得税计算		
一、应纳税额合计（第41行=第33行+第38行+第40行）	41	20 840.00
二、减免税额（附报《个人所得税减免税事项报告表》）	42	

续表

项目	行次	金额
三、已缴税额	43	31 040.00
四、应补/退税额(第44行=第41行-第42行-第43行)	44	-10 200.00
无住所个人附报信息		
纳税年度内在中国境内居住天数　　　　　　　　已在中国境内居住年数		
退税申请 (应补/退税额小于0的填写本部分)		
□申请退税(需填写"开户银行名称""开户银行省份""银行账号")　　□放弃退税		
开户银行名称　招商银行(武汉分行营业部)　　开户银行省份　　湖北省		
银行账号　6214856514302738		
备注		

谨声明：本表是根据国家税收法律法规及相关规定填报的，本人对填报内容(附带资料)的真实性、可靠性、完整性负责。

　　　　　　　　　　　　　　　　　　　　　　　纳税人签字：施廷　2022 年 12 月 31 日

经办人签字：　　　　　　　　　　受理人：
经办人身份证件类型：
经办人身份证件号码：　　　　　　受理税务机关(章)：
代理机构签章：
代理机构统一社会信用代码：　　　受理日期：　　　年　　月　　日

国家税务总局监制

任务 5.3-2　经营所得

刘嘉兴(身份证号：350582198605020368)投资一家个体工商户晋江喜燕电器经营部(纳税人识别号：92350582MA3322MM2X)，主要从事生活电器批发销售，2022 年发生业务如下：

(1) 取得营业收入 208 万元。

(2) 营业成本 123 万元，税金及附加 6 万元。

(3) 营业费用 15 万元，其中业务宣传费 5 万元、其他营业费用 10 万元。

(4) 管理费用 35 万元，其中刘嘉兴的工资薪金 9.6 万元、其他员工的工资薪金 18.4 万元、职工福利费 1.2 万元、业务招待费 5 万元、其他管理费用 0.8 万元。

(5) 财务费用 0.5 万元。

(6) 行政性罚款 0.5 万元。

(7) 刘嘉兴个人缴纳三险一金 1.92 万元，其中基本养老保险费 0.768 万元、基本医疗保险费 0.192 万元、住房公积金 0.96 万元。

(8) 专项附加扣除 3 万元，其中子女教育 1.2 万元、住房贷款利息 1.8 万元。

(9) 已预缴个人所得税 4.55 万元。

刘嘉兴除以上经营所得外,未取得综合所得。

要求:根据以上业务填报个人所得税经营所得纳税申报表。

任务分析:

表 5.3-4:

纳税人姓名:刘嘉兴。

纳税人识别号:350582198605020368。

被投资单位名称:晋江喜燕电器经营部。

被投资单位纳税人识别号:92350582MA3322MM2X。

(1)第1行:2 080 000.00元。

(2)第4行:1 230 000.00元。

(3)第5行:150 000.00元。

(4)第6行:350 000.00元。

(5)第7行:5 000.00元。

(6)第8行:60 000.00元。

(7)第10行:5 000.00元。

(8)第18行:39 600.00元。

(9)第30行:5 000.00元。

(10)第35行:96 000.00元。

(11)第44行:7 680.00元。

(12)第45行:1 920.00元。

(13)第47行:9 600.00元。

(14)第49行:12 000.00元。

(15)第52行:18 000.00元。

(16)第62行:371 400.00元。

(17)第63行:30%。

(18)第64行:40 500.00元。

(19)第67行:45 500.00元。

| 表 5.3-4 | 个人所得税经营所得纳税申报表(B 表) |

税款所属期:2022 年 01 月 01 日 至 2022 年 12 月 31 日

纳税人姓名:刘嘉兴

纳税人识别号:350582198605020368　　　　　　　　　　金额单位:人民币元(列至角分)

被投资单位信息	名称	晋江喜燕电器经营部	纳税人识别号 (统一社会信用代码)	92350582MA3322MM2X	
		项目		行次	金额/比例
		一、收入总额		1	2 080 000.00
		其中:国债利息收入		2	

续表

项目	行次	金额/比例
二、成本费用(3＝4+5+6+7+8+9+10)	3	1 800 000.00
（一）营业成本	4	1 230 000.00
（二）营业费用	5	150 000.00
（三）管理费用	6	350 000.00
（四）财务费用	7	5 000.00
（五）税金	8	60 000.00
（六）损失	9	
（七）其他支出	10	5 000.00
三、利润总额(11＝1-2-3)	11	280 000.00
四、纳税调整增加额(12＝13+27)	12	140 600.00
（一）超过规定标准的扣除项目金额 　(13＝14+15+16+17+18+19+20+21+22+23+24+25+26)	13	39 600.00
1. 职工福利费	14	
2. 职工教育经费	15	
3. 工会经费	16	
4. 利息支出	17	
5. 业务招待费	18	39 600.00
6. 广告费和业务宣传费	19	
7. 教育和公益事业捐赠	20	
8. 住房公积金	21	
9. 社会保险费	22	
10. 折旧费用	23	
11. 无形资产摊销	24	
12. 资产损失	25	
13. 其他	26	
（二）不允许扣除的项目金额(27＝28+29+30+31+32+33+34+35+36)	27	101 000.00
1. 个人所得税税款	28	
2. 税收滞纳金	29	
3. 罚金、罚款和被没收财物的损失	30	5 000.00
4. 不符合扣除规定的捐赠支出	31	
5. 赞助支出	32	
6. 用于个人和家庭的支出	33	
7. 与取得生产经营收入无关的其他支出	34	
8. 投资者工资薪金支出	35	96 000.00
9. 其他不允许扣除的支出	36	
五、纳税调整减少额	37	
六、纳税调整后所得(38＝11+12-37)	38	420 600.00
七、弥补以前年度亏损	39	

续表

项目	行次	金额/比例
八、合伙企业个人合伙人分配比例(%)	40	
九、允许扣除的个人费用及其他扣除(41＝42+43+48+55)	41	49 200.00
（一）投资者减除费用	42	
（二）专项扣除(43＝44+45+46+47)	43	19 200.00
1. 基本养老保险费	44	7 680.00
2. 基本医疗保险费	45	1 920.00
3. 失业保险费	46	
4. 住房公积金	47	9 600.00
（三）专项附加扣除(48＝49+50+51+52+53+54)	48	30 000.00
1. 子女教育	49	12 000.00
2. 继续教育	50	
3. 大病医疗	51	
4. 住房贷款利息	52	18 000.00
5. 住房租金	53	
6. 赡养老人	54	
（四）依法确定的其他扣除(55＝56+57+58+59)	55	0.00
1. 商业健康保险	56	
2. 税延养老保险	57	
3.	58	
4.	59	
十、投资抵扣	60	
十一、准予扣除的个人捐赠支出	61	
十二、应纳税所得额 　　(62＝38-39-41-60-61) 或 [62＝(38-39)×40-41-60-61]	62	371 400.00
十三、税率(%)	63	30%
十四、速算扣除数	64	40 500.00
十五、应纳税额(65＝62×63-64)	65	70 920.00
十六、减免税额(附报《个人所得税减免税事项报告表》)	66	
十七、已缴税额	67	45 500.00
十八、应补/退税额(68＝65-66-67)	68	25 420.00
谨声明：本表是根据国家税收法律法规及相关规定填报的，是真实的、可靠的、完整的。 　　　　　　　　　　　　　　纳税人签字：刘嘉兴　2022 年 12 月 31 日		

经办人： 经办人身份证件号码： 代理机构签章： 代理机构统一社会信用代码：	受理人： 受理税务机关（章）： 受理日期：　　　年　　月　　日

国家税务总局监制

税惠为民

新个人所得税法增强了人民的获得感、幸福感和安全感

个人所得税对自然人取得的各类应税所得征税,是国家财政收入的重要来源,也是调节个人收入分配、调节贫富差距、实现社会公平的有效手段。2018年8月31日,第十三届全国人民代表大会常务委员会第五次会议通过了《关于修改〈中华人民共和国个人所得税法〉的决定》,新个人所得税法自2019年1月1日起施行。这是自1980年9月10日《中华人民共和国个人所得税法》实施以来的第七次修正,与此前修改大大不同的是,此次修改统筹考虑了城镇居民人均基本消费支出、居民消费价格指数等因素,将工资薪金、劳务报酬、稿酬和特许权使用费所得作为综合所得,按年计税,同时,综合所得的基本费用扣除标准提高至每年6万元,优化调整综合所得的税率结构,扩大3%、10%、20%三档低税率的级距,缩小25%税率的级距,并首次设立了子女教育、继续教育、大病医疗、住房贷款利息或者住房租金、赡养老人支出等专项附加扣除。2022年3月19日,国务院发布《关于设立3岁以下婴幼儿照护个人所得税专项附加扣除的通知》,自2022年1月1日起,将3岁以下婴幼儿照护费用纳入个人所得税专项附加扣除。设立专项附加扣除不仅有助于进一步减轻纳税人税负,而且考虑了个人负担的差异性。新个人所得税法贯彻以人民为中心的发展理念,降低了中低收入群体税负,注重保障纳税人的教育权、健康权、居住权等基本人权,使税法的收入调节效果得以强化,增强了纳税人的获得感,进一步提高了税制的公平性。

职业能力测评表

(★掌握,○基本掌握,□未掌握)

评价指标	自测结果
1. 了解个人所得税的纳税人、征税对象及适用税率	★ ○ □
2. 掌握个人所得税应纳税额的计算	★ ○ □
3. 规范填报个人所得税纳税申报表	★ ○ □
4. 掌握个人所得税纳税申报流程及汇算清缴	★ ○ □
5. 具备依法办事、防范风险的法治素养	★ ○ □
6. 养成依法纳税的法律意识	★ ○ □
教师评语:	

项目六

其他税种的计算与申报

 **项目描述**

小税种作为税收体系的一部分，也在生产经营过程中发挥着重要作用，用好小税种，可以为企业带来积极的经济效益。本项目中的小税种主要包括关税、城市维护建设税、教育费附加、印花税、车船税。本项目首先引导学生对小税种进行认知，进而对小税种的计算及申报进行详细阐释。本项目还介绍了社会保险费的计算与申报。通过本项目的学习，学生可以更加深入地理解关税、城市维护建设税、教育费附加、印花税、车船税及社会保险费的原理、计算及申报，从而提高自身实践能力。

 学习目标

- **知识目标**
1. 理解关税、城市维护建设税、教育费附加、印花税、车船税的概念、征税范围及适用税率
2. 掌握关税、城市维护建设税、教育费附加、印花税、车船税应纳税额的计算
3. 掌握关税、城市维护建设税、教育费附加、印花税、车船税的纳税申报流程与纳税申报表的填制
4. 掌握社会保险费的计算与申报

- **能力目标**
1. 能够准确进行关税、城市维护建设税、教育费附加、印花税、车船税的计算
2. 能够独立办理关税、城市维护建设税、教育费附加、印花税、车船税的纳税申报
3. 能够准确进行社会保险费的计算与申报表的填制

- **素质目标**
1. 培养爱国情怀，认识到社会主义制度的优越性
2. 培养依法纳税、依法节税的意识
3. 培养爱岗敬业、诚实守信的职业精神

项目六 其他税种的计算与申报

任务一 关税的计算与申报

李静是天津市喜燕贸易有限公司的报关员,该公司具有进出口经营权,单位编号为91120118686310905F。2023年1月15日,从意大利进口家用壁挂炉一批,报关单见表6.1-1,当日外汇折算率1欧元=人民币7.8元,运费按照商品总价占比分配,壁挂炉关税税率为8%。

表6.1-1　　　　　　中华人民共和国海关进口货物报关单

预录入编号:850187062　　　　　　　　　　　　　　海关编号:020220200115311616

收发货人: 天津市喜燕贸易有限公司		进口口岸: 新港海关 0202		进口日期: 2023-01-15		申报日期: 2023-01-15	
消费使用单位: 天津市喜燕贸易有限公司		运输方式: 水路运输		运输工具名称: BINHAI V.508		提运单号: T1566828	
申报单位: 91120118686310905F		监管方式: 一般贸易		征免性质: 一般征税		备案号:	
贸易国(地区): 中国(142)		起运国(地区): 意大利(307)		装货港: 威尼斯(2291)		境内目的地: 天津滨海新区(塘12079)	
批准文号:		成交方式: FOB		运费: 人民币 264 500.00		保费: 0.3%		杂费:
合同协议号: XY-2020001		件数: 980		包装种类: 台		毛重(千克): 42 980.82		净重(千克): 32 881.80
集装箱号: ECMU4120280×4(1)		随附单据: 120000112129361000				用途:	
标记唛码及备注: A/0							
项号	商品编号	商品名称、规格型号	数量及单位	原产国(地区)	单价	总价	币制	征免
1	84031010	家用壁挂炉 MAINFOU	350 台	意大利(307)	6 000.00	2 100 000.00	欧元	照章征税
2	84031010	家用壁挂炉 LUNA3	170 台	意大利(307)	10 000.00	1 700 000.00	欧元	照章征税
3	84031010	家用壁挂炉 PRO	360 台	意大利(307)	12 500.00	4 500 000.00	欧元	照章征税
4	84031010	家用壁挂炉 PLUS	60 台	意大利(307)	15 000.00	900 000.00	欧元	照章征税
5	84031010	家用壁挂炉 MAS	40 台	意大利(307)	20 000.00	800 000.00	欧元	照章征税
特殊关系确认:		价格影响确认:		支付特许权使用费确认:			
录入员　　　录入单位		兹申明对以上内容承担如实申报、依法纳税之法律责任			海关批注及签章:		
报关人员		申报单位(签章)					

349

任务描述

1. 李静作为公司的报关员应如何计算关税完税价格？
2. 李静作为公司的报关员应如何计算应缴纳的关税税额？
3. 李静作为公司的报关员应如何填报海关进口关税专用缴款书？

知识储备

关税是对进出国境或关境的货物、物品征收的一种税。

一、关税知识概要

（一）关税的纳税义务人

关税的纳税义务人是进口货物的收货人、出口货物的发货人、进境物品的所有人。

（二）关税的征税对象

关税的征税对象是进出境的货物、物品。货物是指贸易性商品。物品是指入境旅客随身携带的行李物品、个人邮递物品、各种运输工具上的服务人员携带进口的自用物品、馈赠物品及其他方式入境的个人物品。

（三）关税税率

1. 进口税率

根据《中华人民共和国进出口关税条例》规定，自 2004 年 1 月 1 日起，我国进口关税设置最惠国税率、协定税率、特惠税率、关税配额税率、普通税率等税率。对进口货物在一定期限内可以实行暂定税率。进口货物适用何种税率以进口货物的原产地为标准。

（1）最惠国税率。

① 原产于与我国共同适用最惠国待遇条款的世界贸易组织成员的进口货物。

② 原产于与我国签订含有相互给予最惠国待遇条款的双边贸易协定的国家或者地区的进口货物。

③ 原产于我国境内的进口货物。

（2）协定税率。对原产于与我国签订含有关税优惠条款的区域性贸易协定的国家或者地区的进口货物，按协定税率征收关税。

（3）特惠税率。对原产于与我国签订含有特殊关税优惠条款的贸易协定的国家或者地区的进口货物，按特惠税率征收关税。

（4）关税配额税率。关税配额是进口国限制进口货物数量的措施，将征收关税和进口配额相结合以限制进口；对于在配额内进口的货物可以适用较低的关税配额税率，对于配额之外的则适用较高税率。

（5）暂定税率。在最惠国税率的基础上，对于一些国内需要降低进口关税的货物，以及出于国际双边关系的考虑需要个别安排的进口货物，可以实行暂定税率。

（6）普通税率。

① 原产于未与我国共同适用最惠国待遇条款的世界贸易组织成员的进口货物，未与我国签订含有相互给予最惠国待遇条款的双边贸易协定、含有关税优惠条款的区域性贸易协定或含有特殊关税优惠条款的贸易协定的国家或者地区的进口货物，适用普通税率。

② 原产地不明的进口货物，适用普通税率。

2. 出口税率

我国出口关税则为一栏税率，即出口税率。国家仅对少数资源性产品及易于竞相杀价、盲目出口、需要规范出口秩序的半制成品征收出口关税。现行税则对100余种商品计征出口关税，其中对部分商品实行0~25%的暂定税率。

二、关税的计算

（一）关税完税价格的确认

1. 进口货物的完税价格

一般贸易项下进口的货物以海关审定的成交价格为基础的到岸价格作为完税价格。到岸价格包括：货价；货物运抵我国关境内输入地点起卸前的包装费、运费、保险费和其他劳务费等费用；为了在境内生产、制造、使用或出版、发行而向境外支付的与该进口货物有关的专利、商标、著作权，以及专有技术、计算机软件和资料等费用。

（1）CIF 价格。"CIF"是"成本加运费、保险费"价格术语的简称，习惯上又称"到岸价格"。这一价格术语是指卖方负责将合同规定的货物装上买方指定运往目的港的船上，同时办理保险手续，并负责支付运费和保险费。计算公式为

$$完税价格 = CIF\ 价格$$

（2）FOB 价格。"FOB"是"船上交货"价格术语的简称，又称"离岸价格"。这一价格术语是指卖方在合同规定的装运港把货物装上买方指定的船上，并负责货物装上船为止的一切费用和风险。计算公式为

$$完税价格 = (FOB\ 价格 + 运费) \div (1 - 保险费率)$$

（3）CFR 价格。"CFR"是"成本加运费"价格术语的简称，又称"离岸加运费价格"。这一价格术语是指卖方负责将合同规定的货物装上买方指定运往目的港的船上，负责货物装上船为止的一切费用和风险，并支付运费。计算公式为

$$完税价格 = CFR\ 价格 \div (1 - 保险费率)$$

> ☞ 知识链接
>
> **特殊贸易下进口货物的完税价格**
>
> 1. 运往境外加工的货物
>
> 出境时已向海关报明，并在海关规定期限内复运进境的，以境外加工费和料件费及复运进境的运输及其相关费用和保险费审查确定完税价格。

> 2. 运往境外修理的机械器具、运输工具或者其他货物
>
> 出境时已向海关报明,并在海关规定期限内复运进境的,以经海关审定的修理费和料件费作为完税价格。
>
> 3. 租借和租赁进口货物
>
> 以海关审定的租金作为完税价格。

2. 出口货物的完税价格

出口货物应当以海关审定的货物售予境外的离岸价格,扣除出口关税后作为完税价格。

(1) CIF 价格。计算公式为

$$完税价格=(CIF 价格-保险费-运费)\div(1+出口关税税率)$$

(2) FOB 价格。计算公式为

$$完税价格=FOB 价格\div(1+出口关税税率)$$

(3) CFR 价格。计算公式为

$$完税价格=(CFR 价格-运费)\div(1+出口关税税率)$$

(二) 关税应纳税额的计算

1. 进口货物关税应纳税额的计算

关税应纳税额的计算分为从价计税、从量计税、复合计税和滑准计税四种方法,其适用范围和计算公式见表6.1-2。

表6.1-2　　　　　进口货物关税应纳税额的计算

计算方法	适用范围	计算公式
从价计税	一般的进(出)口货物	应纳税额=应税进(出)口货物数量×单位完税价格×适用税率
从量计税	进口啤酒、原油等	应纳税额=应税进口货物数量×关税单位税额
复合计税	进口广播用录像机、放像机、摄像机等	应纳税额=应税进口货物数量×关税单位税额+应税进口货物数量×单位完税价格×适用税率
滑准计税	进口规定适用滑准的货物	进口商品价格越高,(比例)税率越低;税率与商品进口价格反方向变动

2. 出口货物关税应纳税额的计算

$$应纳税额=出口货物完税价格\times 出口税率$$

三、关税的申报

(一) 关税的征收时间

关税是在货物实际进出境时,即在纳税人按进出口货物通关规定向海关申报后、海关放行前一次性缴纳。

（二）关税的纳税地点

关税的纳税地点为货物进出境所在地海关。

（三）关税的纳税期限

进出口货物的收发货人或者代理人应当自海关填发税款缴款书之日起 15 日内向指定银行缴纳税款。

（四）关税纳税申报流程（图 6.1-1）

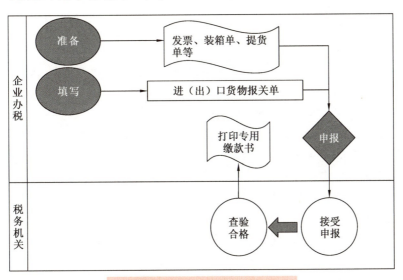

图 6.1-1　关税纳税申报流程图

（五）税款的退还、补征与追征

1. 税款的退还

（1）适用情形：

① 由于海关误征，多缴纳税款的。

② 海关核准免验的进口货物在完税后，发现有短缺情况，经海关审查认可的。

③ 已征进口关税的货物，因品质或者规格原因，原状退货复运出境的。

④ 已征出口关税的货物，因品质或者规格原因，原状退货复运进境，并已重新缴纳因出口而退还的国内环节有关税收的。

⑤ 已征出口关税的货物，因故未装运出口，申报退关，经海关查验属实的。

（2）纳税人可以自缴纳税款之日起 1 年内申请退税，逾期不予受理。

2. 税款的补征和追征

（1）进出口货物完税后，如发现少征或漏征税款（非因收发货人或其代理人违规），海关有权在 1 年内予以补征。

（2）进出口货物完税后，如因收发货人或其代理人违反规定而造成少征或漏征税款，海关可以在 3 年内追征。

（六）海关暂不予放行旅客行李物品的有关事项

旅客携运进出境的行李物品有下列情形之一的，海关暂不予放行：

（1）旅客不能当场缴纳进境物品税款的。

（2）进出境的物品属于许可证件管理的范围，但旅客不能当场提交的。

（3）进出境的物品超出自用合理数量，按规定应当办理货物报关手续或其他海关手续，其尚未办理的。

（4）对进出境物品的属性、内容存疑，需要由有关主管部门进行认定、鉴定、验核的。

（5）按规定暂不予以放行的其他行李物品。

> ☞ **知识链接**
>
> ### 关税的税收优惠
>
> 1. 法定减免
>
> （1）关税税额在人民币"50元"以下的一票货物。
>
> （2）"无商业价值"的广告品及货样。
>
> （3）"国际组织、外国政府"无偿赠送的物资。
>
> （4）在海关放行前损失的货物。
>
> （5）进出境运输工具装载的途中"必需"的燃料、物料和饮食用品。
>
> 2. 酌情减免
>
> （1）在境外运输途中或者在起卸时，遭受损坏或者损失的。
>
> （2）起卸后海关放行前，因不可抗力遭受损坏或者损失的。
>
> （3）海关查验时已经破漏、损坏或者腐烂，经证明不是保管不善造成的。

任务实施

任务 6.1-1 问题见本任务的任务描述

任务分析：

1. 关税完税价格的计算：

（1）家用壁挂炉 MAINFOU 完税价格：16 485 000.00 元。

家用壁挂炉 MAINFOU 完税价格 =（6 000×350×7.8+2 100 000÷10 000 000×264 500）÷（1-0.3%）= 16 485 000.00（元）

（2）家用壁挂炉 LUNA3 完税价格：13 345 000.00 元。

家用壁挂炉 LUNA3 完税价格 =（10 000×170×7.8+1 700 000÷10 000 000×264 500）÷（1-0.3%）= 13 345 000.00（元）

（3）家用壁挂炉 PRO 完税价格：35 325 000.00 元。

家用壁挂炉 PRO 完税价格 =（12 500×360×7.8+4 500 000÷10 000 000×264 500）÷（1-

0.3%)=35 325 000.00(元)

（4）家用壁挂炉 PLUS 完税价格：7 065 000.00 元。

家用壁挂炉 PLUS 完税价格=(15 000×60×7.8+900 000÷10 000 000×264 500)÷(1-0.3%)=7 065 000.00(元)

（5）家用壁挂炉 MAS 完税价格：6 280 000.00 元。

家用壁挂炉 MAS 完税价格=(20 000×40×7.8+800 000÷10 000 000×264 500)÷(1-0.3%)=6 280 000.00(元)

2. 应缴纳的关税税额的计算：

（1）家用壁挂炉 MAINFOU 税款金额：1 318 800.00 元。

家用壁挂炉 MAINFOU 税款金额=16 485 000×8%=1 318 800.00(元)

（2）家用壁挂炉 LUNA3 税款金额：1 067 600.00 元。

家用壁挂炉 LUNA3 税款金额=13 345 000×8%=1 067 600.00(元)

（3）家用壁挂炉 PRO 税款金额：2 826 000.00 元。

家用壁挂炉 PRO 税款金额=35 325 000×8%=2 826 000.00(元)

（4）家用壁挂炉 PLUS 税款金额：565 200.00 元。

家用壁挂炉 PLUS 税款金额=7 065 000×8%=565 200.00(元)

（5）家用壁挂炉 MAS 税款金额：502 400.00 元。

家用壁挂炉 MAS 税款金额=6 280 000×8%=502 400.00(元)

3. 海关进口关税专用缴款书(表 6.1-3)的填制：

（1）税号、货物名称、数量、单位根据报关单资料一次填列。

（2）完税价格根据第 1 部分计算出的结果填列。

（3）税率：8%。

（4）税款金额根据第 2 部分计算出的结果填列。

（5）金额人民币(大写)：陆佰贰拾捌万元整。

（6）合计(¥)：6 280 000.00。

（7）申请单位编号：91120118686310905F。

（8）报关单编号：020220200115311616。

（9）合同(批文)号：XY-2023001。

（10）运输工具(号)：BINHAI V.508。

（11）缴款期限：2023-01-29。

关税的申报时间：进口货物的纳税义务人应当自运输工具申报进境之日起 14 日内，向货物的进境地海关申报。

（12）提/装货单号：T1566828。

表 6.1-3　　　　　　　　　海关进口关税专用缴款书

收入系统：　　　　　海关系统　　　填发日期：2023 年 01 月 15 日　　号码 No.

收款单位	收入机关	中央金库			缴款单位（人）	名称	天津市喜燕贸易有限公司
	科目	进口关税	预算级次	中央		账号	6217256500000003382
	收款国库	国家金库天津市中心支库 6217256500000008210				开户银行	中国银行天津保税区分行

税号	货物名称	数量	单位	完税价格（¥）	税率（%）	税款金额（¥）
84031010	家用壁挂炉 MAINFOU	350	台	16 485 000.00	8%	1 318 800.00
84031010	家用壁挂炉 LUNA3	170	台	13 345 000.00	8%	1 067 600.00
84031010	家用壁挂炉 PRO	360	台	35 325 000.00	8%	2 826 000.00
84031010	家用壁挂炉 PLUS	60	台	7 065 000.00	8%	565 200.00
84031010	家用壁挂炉 MAS	40	台	6 280 000.00	8%	502 400.00
金额人民币（大写）			陆佰贰拾捌万元整		合计（¥）	6 280 000.00
申请单位编号	91120118686310905F		报关单编号	020220200115311616	填制单位	收款国库（银行）
合同（批文）号	XY-2023001		运输工具（号）	BINHAI V.508		
缴款期限	2023-01-29		提/装货单号	T1566828	制单人 复核人	
备注						

自填发缴款书之日起 15 日内缴纳税款（期末遇星期六、星期日或法定节假日顺延），逾期缴纳按日加收税款总额万分之五的滞纳金。

任务二　城市维护建设税、教育费附加的计算与申报

案例导入

北京市喜燕啤酒有限公司是增值税一般纳税人，企业经营范围包括：啤酒（熟啤酒、鲜啤酒、特种啤酒）生产（在许可证件有效期限内经营）；包装材料制造、加工；啤酒瓶回收；酵母泥批发。2023 年 1 月发生业务如下：

（1）销售啤酒本月增值税应纳税额为 80 万元，被税务机关查补增值税 10 万元并处以 5 万元罚款。

（2）进口啤酒缴纳增值税 8 万元。

（3）销售啤酒本月消费税应纳税额为 100 万元。

任务描述

1. 北京市喜燕啤酒有限公司2023年1月应缴纳的城市维护建设税、教育费附加和地方教育附加如何计算？

2. 北京市喜燕啤酒有限公司2023年1月城市维护建设税、教育费附加和地方教育附加申报表应如何填制？

一、城市维护建设税知识概要

（一）城市维护建设税的纳税人

城市维护建设税的纳税人是指在中华人民共和国境内缴纳增值税、消费税的单位和个人，包括各类企业（含外商投资企业、外国企业）、行政单位、事业单位、军事单位、社会团体及其他单位，以及个体工商户和其他个人（含外籍个人）。

（二）城市维护建设税税率

城市维护建设税实行地区差别比例税率。由受托方代扣代缴、代收代缴增值税、消费税的单位和个人，其代扣代缴、代收代缴的城市维护建设税按受托方所在地适用税率执行。流动经营等无固定纳税地点的单位和个人，在经营地缴纳增值税、消费税的，其城市维护建设税的缴纳按经营地适用税率执行。城市维护建设税的税率共分三档，具体如下：

（1）纳税人所在地在市区的，税率为7%。

（2）纳税人所在地在县城、镇的，税率为5%。

（3）纳税人所在地不在市区、县城或者镇的，税率为1%。

（三）城市维护建设税的计税依据

城市维护建设税的计税依据，为纳税人实际缴纳（而非应当缴纳）的增值税、消费税税额，以及出口货物、劳务或者跨境销售服务、无形资产增值税免抵税额。

二、城市维护建设税的计算

城市维护建设税应纳税额=（实际缴纳的增值税税额+实际缴纳的消费税税额+出口货物、劳务或者跨境销售服务、无形资产增值税免抵税额）×适用税率

三、教育费附加知识概要

（一）教育费附加的纳税人

税法规定缴纳增值税、消费税的单位和个人。

（二）教育费附加的征收比率

教育费附加的征收比率为3%。
地方教育附加的征收比率为2%。

（三）教育费附加的计税依据

教育费附加的计税依据，为纳税人实际缴纳的增值税、消费税税额，以及出口货物、劳务或者跨境销售服务、无形资产增值税免抵税额。

四、教育费附加的计算

应纳教育费附加＝（实际缴纳的增值税税额＋实际缴纳的消费税税额＋出口货物、劳务或者跨境销售服务、无形资产增值税免抵税额）×3%

应纳地方教育附加＝（实际缴纳的增值税税额＋实际缴纳的消费税税额＋出口货物、劳务或者跨境销售服务、无形资产增值税免抵税额）×2%

五、城市维护建设税、教育费附加的申报

（一）城市维护建设税、教育费附加的征收时间

城市维护建设税、教育费附加纳税义务发生时间为缴纳增值税、消费税的当日。

（二）城市维护建设税、教育费附加的纳税地点

（1）城市维护建设税、教育费附加纳税地点为实际缴纳增值税、消费税的地点。
（2）扣缴义务人应当向其机构所在地或者居住地的主管税务机关申报缴纳其扣缴的税款。
（3）代扣代缴、代收代缴增值税、消费税的单位和个人，同时也是城市维护建设税、教育费附加的代扣代缴、代收代缴义务人，其纳税地点为代扣、代收地。
（4）对流动经营等无固定纳税地点的单位和个人，应随同增值税、消费税在经营地纳税。

（三）城市维护建设税、教育费附加的纳税期限

（1）城市维护建设税、教育费附加按月或者按季计征；不能按固定期限计征的，可以按次计征。
（2）实行按月或者按季计征的，纳税人应当于月度或者季度终了之日起15日内申报并缴纳税款；实行按次计征的，纳税人应当于纳税义务发生之日起15日内申报并缴纳税款。

(四)城市维护建设税、教育费附加、地方教育附加纳税申报流程(图 6.2-1)

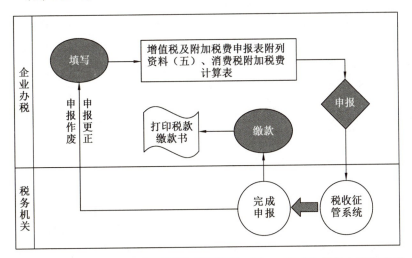

图 6.2-1 城市维护建设税、教育费附加、地方教育附加纳税申报流程图

任务实施

任务 6.2-1 问题见本任务的任务描述

任务分析:

1. 城市维护建设税、教育费附加和地方教育附加的计算:
(1) 本月增值税应纳税额 = 80+10 = 90(万元)
罚款不属于增值税,不需要缴纳附加税费。对于附加税费,进口不征、出口不退,因此进口啤酒缴纳增值税,相关附加税费不征收。
(2) 本月消费税应纳税额 = 100(万元)
(3) 本月增值税对应的城市维护建设税 = 90×7% = 6.3(万元)
本月消费税对应的城市维护建设税 = 100×7% = 7(万元)
(4) 本月增值税对应的教育费附加 = 90×3% = 2.7(万元)
本月消费税对应的教育费附加 = 100×3% = 3(万元)
(5) 本月增值税对应的地方教育附加 = 90×2% = 1.8(万元)
本月消费税对应的地方教育附加 = 100×2% = 2(万元)

2. 城市维护建设税、教育费附加和地方教育附加申报表的填制:
表 6.2-1:
(1) 第 1 列:900 000.00 元。
(2) 第 4 列:城市维护建设税 7%;教育费附加 3%;地方教育附加 2%。

表 6.2-1

增值税及附加税费申报表附列资料（五）
（附加税费情况表）

税（费）款所属时间：2023 年 01 月 01 日至 2023 年 01 月 31 日

纳税人名称：（公章）北京市喜燕啤酒有限公司

金额单位：元（列至角分）

税（费）种		计税（费）依据		税（费）率（%）	本期应纳税（费）额	本期减免税（费）额		试点建设培育产教融合型企业		本期已缴税（费）额	本期应补（退）税（费）额
		增值税税额	增值税免抵税额			减免性质代码	减免税（费）额	减免性质代码	本期抵免金额		
		1	2	留抵退税本期扣除额 3	4	5=(1+2-3)×4	6	7	8	9	10	11=5-7-9-10
城市维护建设税	1	900 000.00	900 000.00		7%	63 000.00						63 000.00
教育费附加	2	900 000.00	900 000.00		3%	27 000.00						27 000.00
地方教育附加	3	900 000.00	900 000.00		2%	18 000.00						18 000.00
合计	4	—	—	—	—	108 000.00	—	—	—	—		108 000.00

本期是否适用试点建设培育产教融合型企业抵免政策　□是　☑否

可用于扣除的增值税留抵退税税额使用情况

当期新增投资额	
上期留抵可抵免金额	5
当期新增可抵免金额	6
结转下期可用于扣除的留抵退税税额	7
当期新增可用于扣除的留抵退税税额	8
上期结存可用于扣除的留抵退税税额	9
结转下期可用于扣除的留抵退税税额	10

表 6.2-2：
(1) 第 1 列：1 000 000.00 元。
(2) 第 2 列：城市维护建设税 7%；教育费附加 3%；地方教育附加 2%。

表 6.2-2　　　　　　　　　　消费税附加税费计算表

金额单位：元(列至角分)

税(费)种	计税(费)依据 消费税税额	税(费)率(%)	本期应纳税(费)额	本期减免税(费)额		本期是否适用增值税小规模纳税人"六税两费"减征政策 □是 ☑否		本期已缴税(费)额	本期应补(退)税(费)额
				减免性质代码	减免税(费)额	减征比例(%)	减征额		
	1	2	3=1×2	4	5	6	7=(3-5)×6	8	9=3-5-7-8
城市维护建设税	1 000 000.00	7%	70 000.00						70 000.00
教育费附加	1 000 000.00	3%	30 000.00						30 000.00
地方教育附加	1 000 000.00	2%	20 000.00						20 000.00
合计	—	—	120 000.00	—			—		120 000.00

☞ 知识链接

城市维护建设税的税收优惠

城市维护建设税属于增值税、消费税的一种附加税，原则上不单独规定税收减免条款。如果税法规定减免增值税、消费税，也就相应地减免了城市维护建设税。现行城市维护建设税的减免规定主要有：

(1) 对进口货物或者境外单位和个人向境内销售劳务、服务、无形资产缴纳的增值税、消费税税额，不征收城市维护建设税。

(2) 对出口货物、劳务和跨境销售服务、无形资产及因优惠政策退还增值税、消费税的，不退还已缴纳的城市维护建设税。

(3) 对增值税、消费税实行先征后返、先征后退、即征即退办法的，除另有规定外，对随增值税、消费税附征的城市维护建设税，一律不予退(返)还。

教育费附加的税收优惠

(1) 海关对进口产品代征的增值税、消费税，不征收教育费附加。

(2) 对出口产品退还增值税、消费税的，不退还已征的教育费附加；但对由于减免增值税、消费税而发生退税的，可同时退还已征收的教育费附加。

任务三 印花税的计算与申报

北京市喜燕啤酒有限公司是增值税一般纳税人,企业经营范围包括:啤酒(熟啤酒、鲜啤酒、特种啤酒)生产(在许可证件有效期限内经营);包装材料制造、加工;啤酒瓶回收;酵母泥批发。2023年1—3月发生业务如下:

(1) 注册公司,领取营业执照正副本各1份。

(2) 1月10日,股东认缴注册资本500万元,股东实缴注册资本100万元。

(3) 2月10日,购入房产,交易合同记载房屋金额250万元。取得土地使用证、房屋产权证各1份。

(4) 3月5日,与建设银行签订流动资金周转性借款合同,合同额度为120万元,本月实际借入资金50万元。

印花税采用按季汇缴方式缴纳。

1. 北京市喜燕啤酒有限公司2023年3月有哪些应税凭证需要缴纳印花税?
2. 北京市喜燕啤酒有限公司2023年3月需要缴纳的印花税应如何计算?
3. 北京市喜燕啤酒有限公司2023年3月的印花税税源明细表应如何填制?

知识储备

一、印花税知识概要

(一) 印花税的纳税人

印花税的纳税人是指在中华人民共和国境内书立应税凭证、进行证券交易的单位和个人,以及在中华人民共和国境外书立在境内使用的应税凭证的单位和个人。

（二）印花税的税目和税率（表6.3-1）

表6.3-1　　　　　　　　　　印花税税目和税率表

税目		税率	备注
合同（指书面合同）	借款合同	借款金额的0.05‰	指银行业金融机构、经国务院银行业监督管理机构批准设立的其他金融机构与借款人（不包括同业拆借）的借款合同
	融资租赁合同	租金的0.05‰	
	买卖合同	价款的0.3‰	指动产买卖合同（不包括个人书立的动产买卖合同）
	承揽合同	报酬的0.3‰	
	建设工程合同	价款的0.3‰	
	运输合同	运输费用的0.3‰	指货运合同和多式联运合同（不包括管道运输合同）
	技术合同	价款、报酬或者使用费的0.3‰	不包括专利权、专有技术使用权转让书据
	租赁合同	租金的1‰	
	保管合同	保管费的1‰	
	仓储合同	仓储费的1‰	
	财产保险合同	保险费的1‰	不包括再保险合同
产权转移书据	土地使用权出让书据	价款的0.5‰	转让包括买卖（出售）、继承、赠与、互换、分割
	土地使用权、房屋等建筑物和构筑物所有权转让书据（不包括土地承包经营权和土地经营权转移）	价款的0.5‰	
	股权转让书据（不包括应缴纳证券交易印花税的）	价款的0.5‰	
	商标专用权、著作权、专利权、专有技术使用权转让书据	价款的0.3‰	
营业账簿		实收资本（股本）、资本公积合计金额的0.25‰	
证券交易		成交金额的1‰	

（三）印花税的计税依据

（1）应税合同的计税依据，为合同所列的金额，不包括列明的增值税税款。

（2）应税产权转移书据的计税依据，为产权转移书据所列的金额，不包括列明的增值税税款。

（3）应税营业账簿的计税依据，为账簿记载的实收资本（股本）、资本公积合计金额。

（4）证券交易的计税依据，为成交金额。

二、印花税的计算

印花税的应纳税额按照计税依据乘以适用税率计算。

$$应纳税额 = 计税依据 \times 适用税率$$

三、印花税的申报

（一）印花税的征收时间

印花税的征收时间为纳税人书立应税凭证或者完成证券交易的当日。证券交易印花税扣缴义务发生时间为证券交易完成的当日。

（二）印花税的纳税地点

单位纳税人、证券交易印花税扣缴义务人的纳税地点为机构所在地的税务机关。个人纳税人的纳税地点为应税凭证订立或者居住地的税务机关。出让或者转让不动产产权的纳税地点为不动产所在地的税务机关。纳税人为境外单位或者个人，在境内有代理人的，以其境内代理人为扣缴义务人；在境内没有代理人的，由纳税人自行申报缴纳印花税，具体办法由国务院税务主管部门规定。

（三）印花税的纳税期限

印花税按季、按年或者按次计征。实行按季、按年计征的，纳税人应当自季度、年度终了之日起15日内申报缴纳税款；实行按次计征的，纳税人应当自纳税义务发生之日起15日内申报缴纳税款。证券交易印花税按周解缴。证券交易印花税扣缴义务人应当自每周终了之日起5日内申报解缴税款及银行结算的利息。

(四) 印花税纳税申报流程（图6.3-1）

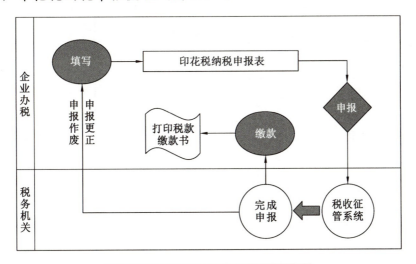

图6.3-1 印花税纳税申报流程图

 **任务实施**

任务6.3-1 问题见本任务的任务描述（一般纳税人）

任务分析：

1. 需要缴纳印花税的应税凭证：
(1) 借款合同。
(2) 产权转移书据。
(3) 营业账簿（记载资金的账簿）。

2. 需要缴纳的印花税的计算：
(1) 借款合同应缴纳的印花税 = 1 200 000×0.05‰ = 60（元）。
(2) 产权转移书据应缴纳的印花税 = 2 500 000×0.5‰ = 1 250（元）。
(3) 营业账簿应缴纳的印花税 = 1 000 000×0.25‰ = 250（元）。

3. 印花税税源明细表（表6.3-2）的填制：
(1) 第1行第11列：1 200 000.00元。
流动资金周转性借款合同以其规定的最高限额为计税依据，在签订时贴花一次。
(2) 第2行第11列：2 500 000.00元。
房屋购销按照"产权转移书据"缴纳印花税，房屋购销双方均应缴纳。
(3) 第3行第11列：1 000 000.00元。
股东认缴注册资本无须缴纳印花税，等股东实际注资再缴纳印花税。

表 6.3-2 印花税税源明细表

纳税人识别号（统一社会信用代码）：91110115368583259F
纳税人（缴费人）名称：北京市喜燕啤酒有限公司

金额单位：人民币元（列至角分）

序号	应税凭证税务编号	应税凭证编号	*应税凭证名称	*申报期限类型	应税凭证数量	*税目	子目	*税款所属期起	*税款所属期止	*应税凭证书立日期	*计税金额	实际结算日期	实际结算金额	*税率	减免性质代码和项目名称	对方书立人信息			对方书立人涉及金额
																对方书立人名称	对方书立人纳税人识别号（统一社会信用代码）		
1			合同	按期申报	1	借款合同	银行业金融机构借款合同	2023-01-01	2023-03-31	2023-03-05	1 200 000.00			0.05‰					
2			产权转移书据	按期申报	1	产权转移书据	房屋等建筑物和构筑物所有权转让书据	2023-01-01	2023-03-31	2023-02-10	2 500 000.00			0.5‰					
3			营业账簿	按期申报	1	营业账簿		2023-01-01	2023-03-31	2023-01-10	1 000 000.00			0.25‰					

知识链接

印花税的税收优惠

下列凭证免征印花税：

（1）应税凭证的副本或者抄本。

（2）依照法律规定应当予以免税的外国驻华使馆、领事馆和国际组织驻华代表机构为获得馆舍书立的应税凭证。

（3）中国人民解放军、中国人民武装警察部队书立的应税凭证。

（4）农民、家庭农场、农民专业合作社、农村集体经济组织、村民委员会购买农业生产资料或者销售农产品书立的买卖合同和农业保险合同。

（5）无息或者贴息借款合同、国际金融组织向中国提供优惠贷款书立的借款合同。

（6）财产所有权人将财产赠与政府、学校、社会福利机构、慈善组织书立的产权转移书据。

（7）非营利性医疗卫生机构采购药品或者卫生材料书立的买卖合同。

（8）个人与电子商务经营者订立的电子订单。

根据国民经济和社会发展的需要，国务院对居民住房需求保障、企业改制重组、破产、支持小型微型企业发展等情形可以规定减征或者免征印花税，报全国人民代表大会常务委员会备案。

税惠为民

印花税法施行为稳经济、稳预期注入动力

第十三届全国人民代表大会常务委员会第二十九次会议表决通过的《中华人民共和国印花税法》，于2022年7月1日起施行。印花税由暂行条例上升为法律，显示出我国落实税收法定原则和完善现代税收制度的步伐加快。印花税法施行将给经济社会带来积极而深远的影响，特别是在全国稳定经济大盘新形势下，将为稳经济、稳预期注入动力。

印花税年纪"大"，与现代生活息息相关

印花税是世界现存最古老的税种之一，诞生于1624年的荷兰。最初收缴方式是用刻花滚筒在应税凭证上印上带有特殊花纹的戳记，故取名"印花税"。当下在我国提起印花税，老百姓最先想到的可能就是证券交易卖方应当承担的千分之一税率的印花税，并常常将其与其他国家的证券交易税相提并论。其实准确来说，在我国，证券交易印花税只是印花税这一税种的一个税目。

我国印花税是对书立应税凭证、进行证券交易征收的一种行为税，其中对各种合同、产权转移书据、营业账簿等应税凭证征收的税，可以称作凭证印花税；对证券交易所交易的股票和以股票为基础的存托凭证征收的税，可以称作证券交易印花税。对于凭证印花税，由于人们认为凭证由政府盖印后就成为合法凭证，在诉讼时可以有法律保障，所以被广泛接受。随着社会主义市场经济的发展和经济法制的健全，依法书立经济凭证的现象愈来愈普

遍,凭证印花税征收范围也越来越广泛。例如,合同是现代经济活动和经济交往中最常用的重要法律文件,只要书立合同,无论是正式合同,还是具有合同性质的其他凭证,都需要缴纳印花税。股民常说的印花税,指的是证券交易印花税,自1990年以来经历了多次调整,证券市场对印花税的调整变化存在一定的敏感度。2021年,我国证券交易印花税收入为2 478亿元,同比增长39.7%,增长迅速。

印花税规模"小",但功能作用并不小

从收入金额来看,印花税是一个"小"税种。2021年,我国印花税收入为4 076亿元,占税收收入总额的比重为2.36%,在18个税种中排名第8位,远远低于增值税、消费税、企业所得税、个人所得税等主要税种占税收收入总额的比重。

印花税虽然规模小,但是功能作用并不小。印花税的功能作用主要体现在以下几个方面:一是筹集财政收入。印花税征收面大、税源广,广集资金,积少成多,可为政府财政收入积极做贡献。从1988年恢复征收到2021年,我国印花税累计收入已经超过3.3万亿元。二是监督经济活动。印花税的征收既有利于配合各种经济法规的实施,加强经济合同的监督管理,也有利于税务部门以合同凭证管理为契机,加强对货物劳务税、所得税等主体税种的税源监控。三是调控国民经济。证券交易印花税能够改变证券市场交易成本,是政府对证券市场进行调控的政策手段之一。随着我国资本市场日益活跃,证券交易印花税在政府财政收入中的占比越来越高,对市场的调控作用越来越显著。四是培养纳税意识。印花税实行由纳税人自行计算应纳税额、自行购买印花税票、自行贴花并销花的缴税方式,有助于培养纳税人自觉纳税的意识。五是体现文化价值。税务部门监制的印花税票不仅外表精美,而且具有丰富的历史文化内涵,折射出不同时代的政治、经济、税收制度状况和社会演进,具有一定的历史文化教育意义,逐渐成为一类颇具收藏意义的艺术品。

印花税法"新",实施意义深远

印花税法是新中国第一部关于印花税的法律,相较于以前的暂行条例,印花税法的法律地位更高、内容更完善,必然对我国经济社会产生深远影响。当前全国稳定经济大盘急需政策组合拳,印花税法正式实施将为稳经济、稳预期注入动力。

激发市场主体活力。印花税法在保持原有政策优惠的基础上,适当简并税目税率,减轻税负。例如,取消对权利、许可证照每件征收5元印花税的规定,降低承揽合同、建设工程合同、运输合同和部分产权转移书据及营业账簿的税率,顺应了当前减税降费的政策导向,有助于降低企业交易成本,激发市场主体活力,稳定经济大盘。

稳定市场主体预期。印花税法将税制改革、减税降费的经验做法制度化、固定化,增强了印花税法律制度的科学性、稳定性和权威性,有助于降低企业对未来预期的不确定性。证券交易印花税被纳入征收范围,可消除市场对单独设置证券交易税的顾虑。证券交易印花税税率调整权由行政机关调整至立法机关,有利于保持税率稳定,稳定资本市场预期。印花税法对国务院可以减征免征的范围和要求规定更为具体,增强了税法的确定性,有利于稳定市场主体预期。

推进税收治理现代化。印花税法使得我国现行18个税种中有12个税种上升到法律层级,是我国税法体系建设的又一大进展,有助于推动税收法定进程。印花税法总体上维持原有税制框架不变,根据实际情况对税目税率进行适当调整,明确计税依据、纳税期限和纳税地点,新增印花税扣缴义务人,有助于推进现代税收制度建设。印花税法改变暂行条例中轻税重罚的传统做法,统一按照印花税法和税收征收管理法的规定征收管理,有助于推进税收征管规范化,加快税收治理现代化步伐。

（资料来源:《中国税务报》）

任务四　车船税的计算与申报

北京市喜燕物流有限公司是增值税一般纳税人,经营范围主要是国内快递、普通货运、货物专用运输(集装箱)、大型物件运输、仓储服务。公司的车辆购置明细见表6.4-1。

表6.4-1　车辆购置明细表

车牌号	车辆识别号	车辆类型	购置使用时间	单位数量	是否代扣代缴
京 A80001	LZZAEJND8BC138577	1.8升小轿车	2020年12月	1辆	是
京 A80002	LZZAEJND8BC138578	3.0升小轿车	2020年12月	1辆	是
京 A80003	LZZAEJND8BC138579	53座客车	2021年12月	1辆	是
京 A80004	LZZAEJND8BC138580	9.6米货车	2021年12月	1辆/11.105吨	是
京 A80005	LZZAEJND8BC138581	挂车	2021年6月	1辆/9.98吨	是
京 A80006	LZZAEJND8BC138582	客货两用车	2021年7月	1辆/3.85吨	是
京 A80007	LZZAEJND8BC138583	洒水车	2021年8月	1辆/6.66吨	否
京 A80008	LZZAEJND8BC138584	柴油叉车	2021年9月	1辆/4.38吨	否

北京市车船税税目税额见表6.4-2。

表6.4-2　北京市车船税税目税额表

税目	子目	计税单位	每年税额	备注
乘用车	1.0升(含)以下的	每辆	270元	乘用车按发动机气缸容量(排气量)分档;核定载客人数9人(含)以下
	1.0升以上至1.6升(含)的		390元	
	1.6升以上至2.0升(含)的		450元	
	2.0升以上至2.5升(含)的		900元	
	2.5升以上至3.0升(含)的		1 800元	
	3.0升以上至4.0升(含)的		3 000元	
	4.0升以上的		4 500元	

续表

税目	子目	计税单位	每年税额	备注
商用车	中型客车	每辆	990元	核定载客人数9人以上且20人以下,包括电车
	大型客车		1 140元	核定载客人数20人(含)以上,包括电车
	货车	整备质量每吨	96元	包括半挂牵引车、三轮汽车和低速载货汽车等
挂车	挂车	整备质量每吨	96元	按照货车税额的50%计算
其他车辆	专用作业车	整备质量每吨	96元	不包括拖拉机
	轮式专用机械车			

1. 根据北京市喜燕物流有限公司的车辆购置明细表,2022年哪些车辆需要缴纳车船税?
2. 北京市喜燕物流有限公司2022年需要缴纳的车船税如何计算?
3. 北京市喜燕物流有限公司2022年车船税税源明细表如何填制?

一、车船税知识概要

(一)车船税的纳税人

车船税的纳税人是指在我国境内拥有或管理车辆、船舶的单位和个人。

(二)车船税的征税对象

车船税的征税对象是依法应当在车船登记管理部门登记的机动车辆和船舶,以及依法"不需要"在车船登记管理部门登记的在单位内部场所行驶或者作业的机动车辆和船舶。

(三)车船税税率

车船税采用定额税率,实行从量定额计税办法,具体税目税额见表6.4-3。

表 6.4-3　　　　　　　　　　车船税税目税额表

税目	子目	计税单位	每年税额	备注
乘用车	1.0 升(含)以下的	每辆	60~360 元	乘用车按发动机气缸容量(排气量)分档;核定载客人数 9 人(含)以下
	1.0 升以上至 1.6 升(含)的		300~540 元	
	1.6 升以上至 2.0 升(含)的		360~660 元	
	2.0 升以上至 2.5 升(含)的		660~1 200 元	
	2.5 升以上至 3.0 升(含)的		1 200~2 400 元	
	3.0 升以上至 4.0 升(含)的		2 400~3 600 元	
	4.0 升以上的		3 600~5 400 元	
商用车	客车	每辆	480~1 440 元	核定载客人数 9 人以上,包括电车
	货车	整备质量每吨	16~120 元	包括半挂牵引车、三轮汽车和低速载货汽车等
挂车		整备质量每吨	按照货车税额的 50%计算	
其他车辆	专用作业车	整备质量每吨	16~120 元	不包括拖拉机
	轮式专用机械车			
摩托车		每辆	36~180 元	
机动船舶		净吨位每吨	3~6 元	拖船、非机动驳船分别按照机动船舶税额的 50%计算
游艇		艇身长度每米	600~2 000 元	

(四) 车船税的计税依据

车船税根据车船的种类等情况,按照辆、整备质量、净吨位、艇身长度从量定额征收。乘用车、客车和摩托车以辆为计税依据;货车、挂车和其他车辆以整备质量为计税依据;机动船舶以净吨位为计税依据;游艇以艇身长度为计税依据。

二、车船税的计算

车船税执行从量定额的征收方式。车船税应纳税额具体计算公式如下:

年应纳税额=计税依据×适用税额

购置的新车船,购置当年的应纳税额自纳税义务发生的当月起按月计算。计算公式如下:

应纳税额=(年应纳税额÷12)×应纳税月份数

三、车船税的申报

(一)车船税的征收时间

取得车船所有权或者管理权的当月。

(二)车船税的纳税地点

车船税的纳税地点为车船的登记地或者车船税扣缴义务人所在地。扣缴义务人代收代缴车船税的,纳税地点为扣缴义务人所在地。纳税人自行申报缴纳车船税的,纳税地点为车船登记地的主管税务机关所在地。依法不需要办理登记的车船,车船税的纳税地点为车船的所有人或者管理人所在地。

(三)车船税的纳税期限

车船税按年申报,分月计算,一次性缴纳。

(四)车船税纳税申报流程(图6.4-1)

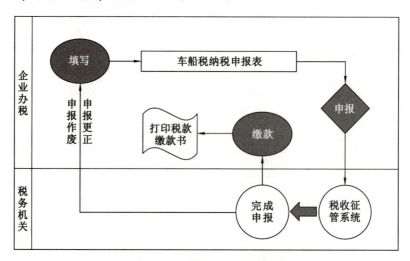

图 6.4-1 车船税纳税申报流程图

任务实施

任务 6.4-1 问题见本任务的任务描述

任务分析:

1. 2022 年需要缴纳车船税的车辆:
京 A80007,LZZAEJND8BC138583,洒水车。
专用作业车是指在其设计和技术特性上用于特殊工作的车辆,不包括以载运人员或货物为主要目的,装置有专用设备或器具,用来专项作业的汽车。洒水车符合专用作业车定义。

2. 车船税的计算:
洒水车应缴纳的车船税=96×6.66=639.36(元)

3. 车船税税源明细表(表6.4-4)的填制:
(1)第1行第1列:京A80007。
(2)第1行第2列:LZZAEJND8BC138583。
(3)第1行第3列:专用作业车。
(4)第1行第6列:2021-08-31。
(5)第1行第9列:6.66吨。
(6)第1行第10列:96元。

专用作业车按照整备质量缴纳车船税。

表 6.4.4 车船税税源明细表

纳税人识别号（统一社会信用代码）：91110115368582828F
纳税人名称：北京市喜燕物流有限公司

体积单位：升；质量单位：吨；功率单位：千瓦；长度单位：米

车辆税源明细

序号	车牌号码	*车辆识别代码（车架号）	*车辆类型	车辆品牌	车辆型号	*车辆发票日期或注册登记日期	排(气)量	核定载客	整备质量	*单位税额	减免性质代码和项目名称	纳税义务终止时间
1	京A80007	LZZAEJND8BC138583	专用作业车			2021-08-31			6.66	96		
2												
3												

船舶税源明细

序号	船舶登记号	*船舶识别号	*船舶种类	*中文船名	初次登记号码	船籍港	发证日期	取得所有权日期	建成日期	净吨位	主机功率	艇身长度（总长）	*单位税额	减免性质代码和项目名称	纳税义务终止时间
1															
2															
3															

项目六　其他税种的计算与申报

☞ 知识链接

车船税的税收优惠

下列车船免征车船税：

（1）捕捞、养殖渔船。

（2）军队、武装警察部队专用的车船。

（3）警用车船。

（4）悬挂应急救援专用号牌的国家综合性消防救援车辆和国家综合性消防救援专用船舶。

（5）依照法律规定应当予以免税的外国驻华使领馆、国际组织驻华代表机构及其有关人员的车船。

（6）新能源车船。

免征车船税的新能源汽车是指纯电动商用车、插电式（含增程式）混合动力汽车、燃料电池商用车。

免征车船税的新能源船舶应符合以下标准：船舶的主推进动力装置为纯天然气发动机；发动机采用微量柴油引燃方式且引燃油热值占全部燃料总热值的比例不超过5%的，视同纯天然发动机。

支持绿色发展税费优惠政策指引

"绿水青山就是金山银山"，节约资源、保护环境是我国基本国策，关乎人民福祉，关乎国家民族未来。为助力经济社会发展全面绿色转型，实施可持续发展战略，国家从支持环境保护、促进节能环保、鼓励资源综合利用、推动低碳产业发展四个方面，实施了56项支持绿色发展的税费优惠政策。其中，在支持新能源车船使用方面，主要有新能源车船免征车船税、节能汽车减半征收车船税、新能源汽车免征车辆购置税三项税收优惠政策。

任务五　社会保险费的计算与申报

案例导入

北京美琳有限公司是增值税一般纳税人，主要从事酒店灯饰、工程灯饰、商务灯饰的制造与销售。北京美琳有限公司2023年部分职工月平均工资见表6.5-1。

表 6.5-1　　　　　　　　　　部分职工月平均工资　　　　　　　　　　单位：元

人员编码	姓名	居民身份证号码	性别	月平均工资
1102233133	曾立国	略	男	5 000
1102233134	陈明珠	略	女	4 500
1102233135	祝敬天	略	男	4 800
1102233136	徐寿珍	略	女	4 700
1102233137	郭永明	略	男	4 500
1102233138	范平	略	男	6 000
1102233139	范绍洪	略	男	3 500
1102233140	裴富菊	略	女	8 000
1102233141	雷利成	略	男	7 500

任务描述

1. 北京美琳有限公司 2023 年职工社会保险费应如何计算？
2. 北京美琳有限公司 2023 年社会保险费申报表应如何填制？

知识储备

社会保险费是指在社会保险基金的筹集过程中，雇员和雇主按照规定的数额和期限向社会保险管理机构缴纳的费用，它是社会保险基金最主要的来源。

、社会保险费知识概要

社会保险费包括基本养老保险费、基本医疗保险费、失业保险费、工伤保险费、生育保险费。

（一）社会保险费缴费人（表 6.5-2）

表 6.5-2　　　　　　　　　　社会保险费缴费人

社会保险费类型	社会保险费缴费人
基本养老保险费	国有企业、城镇集体企业、外商投资企业、城镇私营企业和其他城镇企业及其职工，实行企业化管理的事业单位及其职工
基本医疗保险费	国有企业、城镇集体企业、外商投资企业、城镇私营企业和其他城镇企业及其职工，国家机关及其工作人员，事业单位及其职工，民办非企业单位及其职工，社会团体及其专职人员
失业保险费	国有企业、城镇集体企业、外商投资企业、城镇私营企业和其他城镇企业及其职工，事业单位及其职工
工伤保险费	我国境内的企业、事业单位、社会团体、民办非企业单位、基金会、律师事务所、会计师事务所等组织和有雇工的个体工商户
生育保险费	我国境内的国家机关、企业、事业单位、有雇工的个体经济组织及其他社会组织

（二）社会保险费缴费（表6.5-3）

表6.5-3　　　　　　　　　　　社会保险费缴费

社会保险费类型	社会保险费缴费
基本养老保险费	企业单位:坚持社会统筹与个人账户相结合原则,保险费由用人单位和职工共同负担 事业单位:对费率的规定因地区不同而各不相同,具体由社保经办机构核定
基本医疗保险费	基本医疗保险坚持社会统筹与个人账户相结合原则,保险费由用人单位和职工共同负担
失业保险费	失业保险费由用人单位和职工共同负担
工伤保险费	工伤保险费由企业缴纳
生育保险费	生育保险费由企业缴纳

（三）社会保险费费率及计费依据（表6.5-4）

表6.5-4　　　　　　　　　　社会保险费费率及计费依据

社会保险费类型	社会保险费费率	计费依据
基本养老保险费	企业单位: 单位:16% 个人:8%	企业缴费部分的计费依据为上年职工月平均工资,职工个人缴费的计费依据由社保经办机构核定 说明: (1) 过低:低于当地职工月平均工资60%的,按当地职工月平均工资的60%作为缴费基数 (2) 过高:高于当地职工月平均工资300%的,按当地职工月平均工资的300%作为缴费基数
基本医疗保险费	企业单位: 单位:10% 个人:2%	企业缴费部分的计费依据为上年职工月平均工资,职工个人缴费的计费依据由社保经办机构核定
失业保险费	企业单位: 单位:0.8% 个人:0.2%	企业缴费部分的计费依据为上年职工月平均工资,职工个人缴费的计费依据为本人工资
工伤保险费	企业单位: 单位:0.5%	计费依据为企业上年职工月平均工资
生育保险费	企业单位: 单位:0.8%	计费依据为企业上年职工月平均工资

二、社会保险费的计算

需要缴纳的社会保险费=计费依据×缴费比例

三、社会保险费的申报

（一）社会保险费申报规定

缴费单位个人必须于每月 15 日前，全额向主管地方税务机关缴纳社会保险费。社会保险费实行属地征收原则。

（二）社会保险费申报流程（图 6.5-1）

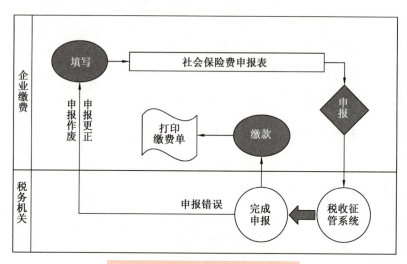

图 6.5-1　社会保险费申报流程图

任务实施

任务 6.5-1　问题见本任务的任务描述

任务分析：

1. 社会保险费的计算见表 6.5-5。

表 6.5-5　　　　　　　　　社会保险费计算表

单位：元

姓名	月平均工资	企业缴纳				个人缴纳			合计
		医疗保险 10.00%	工伤保险 0.20%	养老保险 16.00%	失业保险 0.80%	医疗保险 2.00%	养老保险 8.00%	失业保险 0.20%	
曾立国	5 000	500	10	800	40	100	400	10	1 860
陈明珠	4 500	450	9	720	36	90	360	9	1 674
祝敬天	4 800	480	9.6	768	38.4	96	384	9.6	1 785.6
徐寿珍	4 700	470	9.4	752	37.6	94	376	9.4	1 748.4

续表

姓名	月平均工资	企业缴纳				个人缴纳			合计
		医疗保险	工伤保险	养老保险	失业保险	医疗保险	养老保险	失业保险	
		10.00%	0.20%	16.00%	0.80%	2.00%	8.00%	0.20%	
郭永明	4 500	450	9	720	36	90	360	9	1 674
范平	6 000	600	12	960	48	120	480	12	2 232
范绍洪	3 500	350	7	560	28	70	280	7	1 302
裴富菊	8 000	800	16	1 280	64	160	640	16	2 976
雷利成	7 500	750	15	1 200	60	150	600	15	2 790
合计	48 500	4 850	97	7 760	388	970	3 880	97	18 042

(1) 基本养老保险费=7 760+3 880=11 640(元)

(2) 基本医疗保险费=4 850+970=5 820(元)

(3) 失业保险费=388+97=485(元)

(4) 工伤保险费=97(元)

2. 社会保险费申报表(表6.5-6)的填制：

(1) 第1行第9列：11 640.00 元。

包括企业与个人两部分。

(2) 第2行第9列：485.00 元。

包括企业与个人两部分。

(3) 第3行第9列：5 820.00 元。

包括企业与个人两部分。

(4) 第4行第9列：97.00 元。

仅企业缴纳。

表 6.5-6

社会保险费申报表

金额单位：人民币元(列至角分)

填表日期	2023-06-07						
社会保险代码	03001837147			税务登记证号	91110115368583265F		
缴费人名称	北京姜琳有限公司			地址	北京市西城区德胜街道114号		
缴纳方式	网上申报			电话(或手机)			
序号	批次	征收机关	项目	险种	险种子目	所属期起	所属期止	应纳金额	实缴金额
1	20230607080319682		企业职工基本养老保险费	职工基本养老保险(单位缴纳)	基本养老保险费收入(北京)	2023-06-01	2023-06-30	11 640.00	0
2	20230607080319683		失业保险费	失业保险(单位缴纳)	失业保险费收入(北京)	2023-06-01	2023-06-30	485.00	0
3	20230607080319684		基本医疗保险费	职工基本医疗保险(单位缴纳)	基本医疗保险费收入(北京)	2023-06-01	2023-06-30	5 820.00	0
4	20230607080319685		工伤保险费	工伤保险	工伤保险费收入(北京)	2023-06-01	2023-06-30	97.00	0
合计								18 042.00	0

缴费人声明：本社会保险费缴纳表是按照有关规定填写的，我确信是真实的、合法的，如有不实，愿负法律责任。以上费款请从账号划拨。

法人代表(业主)签字：
经办人签字：
　　　　年　月　日

授权人声明：我单位(公司)现授权为本单位的代理申请人，其法定代表人、电话，任何与申请有关往来文件都可寄与此代理机构。

委托代理合同号码：
授权人(法定代表人)签字：
　　　　年　月　日

代理人声明：本社会保险费缴纳表是按照有关规定填写的，我确信是真实的，有不实，愿负法律责任。

法定代理人签名：
代理人签章：
　　　　年　月　日

380

职业能力测评表

（★掌握，○基本掌握，□未掌握）

评价指标	自测结果
1. 了解关税、城市维护建设税、教育费附加、车船税、印花税的纳税人、征税对象及适用税率	★ ○ □
2. 掌握关税、城市维护建设税、教育费附加、车船税、印花税应纳税额的计算	★ ○ □
3. 规范填报关税、城市维护建设税、教育费附加、车船税、印花税纳税申报表	★ ○ □
4. 掌握关税、城市维护建设税、教育费附加、车船税、印花税纳税申报流程及汇算清缴	★ ○ □
5. 掌握社会保险费的计算与申报	★ ○ □
6. 具备依法办事、防范风险的法治素养	★ ○ □
7. 养成依法纳税、依法节税的意识	★ ○ □
教师评语：